Joerg Dreckmann

SHANGHAI

Nicht verpassen!

1 Der Bund [L2]
Die Uferpromenade mit den Bauten des „European Settlement" am Huangpu-Fluss ist das bekannteste Wahrzeichen Shanghais. Überwältigend ist der Blick auf Pudong, das Sinnbild für den Ruf Shanghais als wirtschaftlicher Motor Chinas (s. S. 120).

2 Nanjing Donglu [K2]
Der östliche Teil der Nanjing Lu ist eine der bekanntesten Shoppingmeilen Asiens. Abends macht das Bummeln entlang der Geschäfte, Kaufhäuser und Restaurants mit den unzähligen Neonfassaden besonders viel Spaß (s. S. 135).

6 Shanghai Museum [I3]
Großartige Sammlung von über 120.000 Exponaten aus chinesischer Kunst und Kultur (u. a. eine Porzellan-, Bronze- und Kalligrafieausstellung), regelmäßige Sonderausstellungen (s. S. 141).

15 Yu Garten [K4]
Eine Oase der Ruhe in der Altstadt von Shanghai. Die Anlage wurde von der reichen Familie Pan Mitte des 16. Jh. erbaut. Besonders beeindruckend sind die kleinen künstlichen Seen, die Holzschnitzereien und der Jade-Felsen (s. S. 153).

17 Xintiandi [H4]
Rund um die Gründungsstätte der Kommunistischen Partei reihen sich Szenelokale, Restaurants und Boutiquen aneinander (s. S. 157).

33 Longhua Tempel und Pagode [bj]
Der Tempel ist die größte und älteste Anlage dieser Art in der Stadt (s. S. 173).

41 Oriental Pearl Tower [M2]
Vom mit 468 m dritthöchsten Fernsehturm Asiens bietet sich der schönste Ausblick auf Shanghai (s. S. 180).

43 Shanghai World Financial Center [N3]
Das dritthöchste Gebäude Chinas beherbergt das zweithöchste Hotel und die zweithöchste Aussichtsplattform der Welt (s. S. 185).

66 Garten des Meisters der Netze in Suzhou [S. 216]
Der Garten gilt als einer der schönsten der Stadt. Abends wird der Besucher mit chinesischer Musik unterhalten (s. S. 218).

76 Westsee in Hangzhou [S. 234]
Die romantischen Uferpromenaden des berühmten Sees mit ihren Teehäusern sind ein beliebtes sonntägliches Ausflugsziel chinesischer Familien (s. S. 236).

Leichte Orientierung mit dem cleveren Nummernsystem
Die Sehenswürdigkeiten der Stadt sind zum schnellen Auffinden mit **fortlaufenden Nummern** versehen. Diese verweisen auf die ausführliche Beschreibung **im Kapitel „Shanghai entdecken"** und zeigen auch die genaue Lage **im Stadtplan**.

Shanghai auf einen Blick

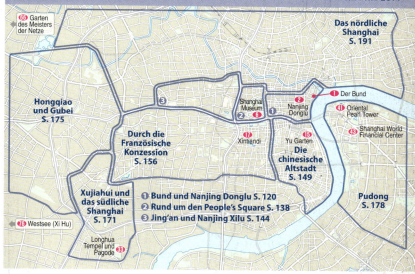

Inhalt

Nicht verpassen!	1
Benutzungshinweise	7
Impressum	8

Das Beste auf einen Blick   9

Shanghai an einem Tag	10
Shanghai an einem Wochenende	13
Shanghai in fünf Tagen	16
Zur richtigen Zeit am richtigen Ort	21

Auf ins Vergnügen   27

Shanghai für Citybummler	28
Shanghai für Architektur- und Kunstfreunde	30
Shanghai für Kauflustige	40
Shanghai für Genießer	51
Shanghai am Abend	72
Shanghai zum Träumen und Entspannen	83
Shanghai für den Nachwuchs	85
Shanghai Tower – oder: „auf die Spitze getrieben"	88

Am Puls der Stadt   91

Das Antlitz der Metropole	92
Von den Anfängen bis zur Gegenwart	95
Leben in Shanghai	109
Die Shanghaier und ihr Alltag	114

Shanghai entdecken   119

Bund und Nanjing Donglu   120

❶ Der Bund ★★★	120
❷ Nanjing Donglu ★★★	135

Rund um den People's Square (Renmin Guangchang)   138

❸ Um den Volksplatz ★	139
❹ People's Park (Renmin Gongyuan) ★★	139
❺ Stadtplanungsmuseum ★★	140

◁ *Shanghais Skyline ist nicht nur bei Tag ein echter Hingucker (Foto: jd)*

⑥ Shanghai Museum ★★★	141	⑪ Jade Buddha Tempel ★★	147
⑦ Shanghai Grand Theatre ★★	142	⑫ Kinderpalast ★★	148
⑧ Madame Tussaud's Museum ★	143		

Jing'an und Nanjing Xilu — 144
⑨ An der Nanjing Xilu ★★ — 144
⑩ Jing'an Tempel ★★ — 146

Die chinesische Altstadt — 149
⑬ Fangbang Zhonglu Antiquitätenmarkt ★★★ — 150
⑭ Stadtgott-Tempel ★★ — 151
⑮ Yu Garten ★★★ — 153
⑯ Konfuzius-Tempel ★ — 155

Durch die Französische Konzession — 156
⑰ Xintiandi ★★★ — 157
⑱ Erster KP-Kongress ★ — 163
⑲ Yandang Lu ★ — 163
⑳ Fuxing Park ★★ — 163
㉑ Russisch-Orthodoxe St.-Nikolas-Kirche ★ — 164
㉒ Sun Yat-sen Residenz ★★ — 164
㉓ Zhou Enlai Residenz ★★ — 165
㉔ Ruijin Park ★ — 166
㉕ Changle Lu und Umgebung ★★ — 167
㉖ Russisch-orthodoxe Missionskirche ★ — 167
㉗ Shanghai Museum of Arts and Crafts ★★ — 168
㉘ Taiyuan Guesthouse – Marshall Villa ★ — 168
㉙ Hengshan Lu ★★ — 168
㉚ Soong Qingling Residenz ★★ — 169
㉛ Tianzifang ★★★ — 169

Xujiahui und das südliche Shanghai — 171
㉜ Xujiahui Kathedrale ★★ — 172
㉝ Longhua Tempel und Pagode ★★★ — 173
㉞ Gedenkpark der Märtyrer ★ — 173
㉟ Botanischer Garten ★★ — 174
㊱ Shanghai Stadium ★ — 174

Hongqiao und Gubei — 175
㊲ Zoo Shanghai ★ — 175
㊳ Zhongshan Park ★ — 177
㊴ Soong Qingling Mausoleum und Park ★ — 177
㊵ Qibao ★★ — 177

Exkurse zwischendurch

Golden Week 22
Shoppen auf Reisen –
 die Rechtslage. 47
Shanghai Crab –
 der „Große-Schleuse-Krebs". . . 54
Essen mit Stäbchen 56
Teetrinken in China. 60
Three on the Bund 71
Smoker's Guide. 76
Hong Xiuquan und die Taiping 98
Der Boxeraufstand 100
Lass dich nicht shanghaien! 101
Für Chinesen und Hunde verboten . 121
Der deutsche „Club Concordia". . . 129
Das Peace Hotel –
 die Legende ist zurück 131
„Großohr Du" und die Grüne Bande 158
Matteo Ricci. 170
Soong Qingling 176
Maglev – der Transrapid
 in Shanghai 187
Brücken über den Huangpu 188
Der Schriftsteller Lu Xun 192
Die Geschichte der Juden
 in Shanghai 195
Yue Fei. 240
Qiantang-Flutfestival. 250
Reiseapotheke 272
Spucken in die Tüte 283
Die Farben der Taxis 316

Inhalt

Pudong 178
- ㊶ Oriental Pearl Tower ★★★ 180
- ㊷ Jin Mao Tower ★★★ 184
- ㊸ Shanghai World Financial Center ★★ 185
- ㊹ Shanghai Ocean Aquarium ★★ 186
- ㊺ Century Park ★★ 186
- ㊻ Shanghai Science & Technology Museum ★★ 187
- ㊼ Shanghai Natural Wild Insect Kingdom ★ 190
- ㊽ Museum of Traditional Chinese Medicine ★★ 190
- ㊾ International Finance Centre (IFC) ★ 190

Das nördliche Shanghai 191
- ㊿ Lu Xun Park ★★ 191
- ㊀ Duolun Lu ★★ 193
- ㊁ Duolun Museum of Modern Art ★★ 194
- ㊂ Changfeng Park ★★ 194
- ㊃ Ohel Moishe Synagoge ★ 196

Entdeckungen außerhalb 197

Ausflug ins Wasserland im Südwesten Shanghais 198
- ㊄ Qingpu ★★ 199
- ㊅ Sheshan ★★★ 200
- ㊆ Songjiang ★★ 202
- ㊇ Zhujiajiao ★★★ 203
- ㊈ Zhouzhuang ★★ 205

Ausflug in den Nordwesten Shanghais 209
- ㊉ Anting – Chinas deutsche Stadt ★ 210
- ㉑ Jiading ★ 211
- ㉒ Nanxiang ★★ 212

Suzhou 213
- ㉓ Nordtempel-Pagode ★★ 214
- ㉔ Garten der Politik des einfachen Mannes ★★★ 215
- ㉕ Löwenwald-Garten ★★ 218
- ㉖ Garten des Meisters der Netze ★★★ 218
- ㉗ Garten des Verweilens ★★★ 219
- ㉘ Guanqian Jie ★★ 220
- ㉙ Tempel des Geheimnisses ★★★ 220
- ㉚ Tigerhill ★★★ 220
- ㉛ Pavillon der azurblauen Wellen ★★ 222
- ㉜ Seidenmuseum ★★ 222
- ㉝ Suzhou Museum ★★★ 223
- ㉞ Museum der Oper und des Theaters ★ 223
- ㉟ Panmen-Tor ★★ 224

Hangzhou 232
- ㊱ Westsee (Xi Hu) ★★★ 236
- ㊲ Lingyin Tempel ★★★ 239
- ㊳ Sechs-Harmonien-Pagode ★★ 239
- ㊴ Yue Feis Grab und Tempel ★ 240
- ㊵ Qinghefang Jie und Hu Qingyu Apotheke (Hu Qingyu Tang) ★★ 241
- ㊶ Baochu Pagode ★★★ 242
- ㊷ Leifeng Pagode ★★ 242
- ㊸ Jingci-Tempel ★★ 243
- ㊹ Qian-Wang-Tempel ★ 243
- ㊺ Teemuseum ★★ 244
- ㊻ Porzellanmuseum ★ 244
- ㊼ Zhejiang-Provinz-Museum ★★ 245
- ㊽ Seidenmuseum ★★★ 246
- ㊾ West Lake Museum ★★ 246

Vor dem Citytrip 253

An- und Rückreise	254
Ausrüstung und Kleidung	256
Barrierefreies Reisen	257
Diplomatische Vertretungen	258
Ein- und Ausreisebestimmungen	258
Informationsquellen	264
Geldfragen	270
Gesundheitsvorsorge	271
Versicherungen	272
Wetter und Reisezeit	273

Inhalt

Praktische Reisetipps 275

Arbeiten und Studieren in Shanghai	276
Autofahren	278
Diplomatische Vertretungen, Visaangelegenheiten	279
Elektrizität	280
Fernsehen	280
Film und Foto	280
Hygiene	282
Internet	284
Mit Kindern unterwegs	285
Maße und Gewichte	286
Medizinische Versorgung	287
Notfälle	290
Öffnungszeiten	292
Post	292
Radfahren	292
Schwule und Lesben	294
Sicherheit	294
Sport und Erholung	295
Sprache	299
Stadttouren	301
Telefonieren	302
Uhrzeit	304
Unterkunft	304
Verhaltenstipps und chinesische Sitten	310
Verkehrsmittel	313

Anhang 321

Glossar	322
Zweisprachige Ortsliste	324
Kleine Sprachhilfe Chinesisch	328
Register	341
Shanghai mit PC, Smartphone & Co.	347
Über den Autor	348

Cityatlas 349

Shanghai, Umgebung	350
Shanghai, Cityatlas	352
Liste der Karteneinträge	367
Metroplan Shanghai	372

Detailkarten

Bund	122
Yu Yuan (Yu Garten)	152
Zhouzhuang	206
Suzhou	216
Hangzhou	234

Hinweise zur Benutzung

Orientierungssystem

Eine **Liste der im Buch beschriebenen Örtlichkeiten** wie Sehenswürdigkeiten, Restaurants, Cafés, Hotels usw. befindet sich auf S. 367.

Bewertung der Sehenswürdigkeiten

★★★ auf keinen Fall verpassen
★★ besonders sehenswert
★ wichtige Sehenswürdigkeit für speziell interessierte Besucher

Vorwahlen

> **Volksrepublik China:** +86
> **Shanghai:** (0)21
> **Hangzhou:** (0)571
> **Suzhou:** (0)512

Zur schnelleren Orientierung tragen alle Hauptsehenswürdigkeiten und Lokalitäten die gleiche Nummer sowohl im Text als auch im Kartenmaterial:

❶ Mit einer fortlaufenden magentafarbenen Nummer sind die Hauptsehenswürdigkeiten gekennzeichnet. Steht die Nummer im Fließtext, verweist sie auf die Beschreibung dieser Sehenswürdigkeit im Kapitel „Shanghai entdecken".

❼201 Mit Symbol und fortlaufender Nummer werden die sonstigen Lokalitäten wie Cafés, Geschäfte, Restaurants, Hotels, Infostellen usw. gekennzeichnet.

> Die farbigen Linien markieren den Verlauf der Stadtspaziergänge.

[K2] In eckigen Klammern steht das Planquadrat im Kartenmaterial, in diesem Beispiel Planquadrat K2.

Ortsmarken ohne Angabe des Planquadrats liegen außerhalb unserer Karten. Sie können aber wie alle Örtlichkeiten in unseren speziellen Luftbildkarten auf der Produktseite dieses Buches unter www.reise-know-how.de oder direkt unter http://ctp-shanghai.reise-know-how.de lokalisiert werden.

Straßenbezeichnungen

> **Lu:** Straße/Road
> **Beilu (Bei Lu):** North Road
> **Nanlu:** South Road
> **Xilu:** West Road
> **Donglu:** East Road
> **Zhonglu:** Middle Road

Stadtspaziergänge

Spaziergang 1: Vom Bund über die Nanjing Donglu zum Volksplatz 126
Spaziergang 2: Durch die Französische Konzession 160
Spaziergang 3: Pudong 182

Impressum

Joerg Dreckmann

CityTrip PLUS
Shanghai

erschienen im
REISE KNOW-HOW Verlag Peter Rump GmbH,
Osnabrücker Str. 79, 33649 Bielefeld
© REISE KNOW-HOW Verlag
   Peter Rump GmbH 2009, 2011
**3., neu bearbeitete und
komplett aktualisierte Auflage 2014**
Alle Rechte vorbehalten.

ISBN 978-3-8317-2532-8
PRINTED IN GERMANY

Dieses Buch ist erhältlich in jeder Buchhandlung Deutschlands, der Schweiz, Österreichs, Belgiens und der Niederlande. Bitte informieren Sie Ihren Buchhändler über folgende Bezugsadressen:
   Deutschland: Prolit GmbH, Postfach 9,
   D-35461 Fernwald (Annerod)
   sowie alle Barsortimente
   Schweiz: AVA Verlagsauslieferung AG,
   Postfach 27, CH-8910 Affoltern
   Österreich: Mohr Morawa Buchvertrieb
   GmbH, Sulzengasse 2, A-1230 Wien
   Niederlande, Belgien: Willems Adventure,
   www.willemsadventure.nl

Ebenfalls erhältlich in unserem Internet-Bookshop: **www.reise-know-how.de**

Herausgeber: Klaus Werner
Lektorat und Layout: amundo media GmbH
Karten: Ingenieurbüro B. Spachmüller,
   amundo media GmbH
Druck und Bindung:
   Media-Print, Paderborn
Fotos: siehe Bildnachweis S. 348
Anzeigenvertrieb: KV Kommunalverlag
   GmbH & Co. KG, Alte Landstraße 23,
   85521 Ottobrunn, Tel. 089 928096-0,
   info@kommunal-verlag.de

Alle Informationen in diesem Buch sind vom Autor mit größter Sorgfalt gesammelt und vom Lektorat des Verlages gewissenhaft bearbeitet und überprüft worden.
Da inhaltliche und sachliche Fehler nicht ausgeschlossen werden können, erklärt der Verlag, dass alle Angaben im Sinne der Produkthaftung ohne Garantie erfolgen und dass Verlag wie Autor keinerlei Verantwortung und Haftung für inhaltliche und sachliche Fehler übernehmen.
Die Nennung von Firmen und ihren Produkten und ihre Reihenfolge sind als Beispiel ohne Wertung gegenüber anderen anzusehen. Qualitäts- und Quantitätsangaben sind rein subjektive Einschätzungen des Autors und dienen keinesfalls der Bewerbung von Firmen oder Produkten.

Wir freuen uns über Kritik, Kommentare und Verbesserungsvorschläge:
info@reise-know-how.de

Aktuelle Informationen nach Redaktionsschluss

Unter www.reise-know-how.de werden aktuelle Ergänzungen und Änderungen der Autoren und Leser bereitgestellt. Sie sind auch in der **Gratis-App** zum Buch abrufbar.

www.reise-know-how.de
› Ergänzungen nach Redaktionsschluss
› kostenlose Zusatzinfos und Downloads
› das komplette Verlagsprogramm
› aktuelle Erscheinungstermine
› Newsletter abonnieren
Verlagsshop mit Sonderangeboten

Das Beste auf einen Blick

Das Beste auf einen Blick
Shanghai an einem Tag

Shanghai bietet dem Besucher auf den ersten Blick nicht die Konzentration an berühmten kulturellen Sehenswürdigkeiten, die man vielleicht in anderen chinesischen Großstädten wie Beijing oder auch Xi'an sowie asiatischen Metropolen wie Bangkok an fast jeder Straßenecke vorfindet. Doch Shanghai ist heute – auch aufgrund der kolonialen Vergangenheit – nicht nur die mit Abstand westlichste und fortschrittlichste Stadt Chinas, sondern gerade wegen ihrer Vielfältigkeit und Kontraste eine der aufregendsten Metropolen Asiens.

Man kann sich in dieser modernen Megacity täglich 24 Stunden treiben lassen und zu jeder Tages- oder Nachtzeit kulturelle, kulinarische und andere aufregende Dinge erleben und genießen. Shanghai schläft nie und ist dabei für Reisende so sicher wie kaum eine andere Stadt dieser Größenordnung. Dieser Abschnitt gibt Empfehlungen, wie man seinen Aufenthalt von einem Tag bis zu einer Woche abwechslungsreich gestalten und möglichst viele der Höhepunkte erleben kann. Neben den Sehenswürdigkeiten gibt es Tipps für kulinarische Freuden, kleine Pausen und aufregendes Nachtleben.

▷ Architektonische Meisterleistungen: der Jin Mao Tower ㊷, links das World Financial Center ㊸ und rechts der Shanghai Tower (s. S. 88) in Pudong

◁ Vorseite: Blick auf den nördlichen Bund

Shanghai an einem Tag

Vielleicht ist man nur auf der Durchreise nach Japan, in andere chinesische Landesteile oder hat nach einem Geschäftstermin einfach nur einen Tag Zeit, um Shanghai zu entdecken? Selbst in diesem Fall können – unter der Voraussetzung, man wählt einen zentral gelegenen Ausgangspunkt – viele der Hauptsehenswürdigkeiten bestaunt werden. Auch Gaumenfreuden und kulturelle Eindrücke sollten nicht zu kurz kommen.

Vormittags

Morgens sollte man schon sehr früh auf den Beinen sein und sich bei gutem Wetter unbedingt den **Sonnenaufgang am Bund** ❶ mit der faszinierenden Aussicht auf das Wahrzeichen der Stadt, den **Oriental Pearl Tower** ㊶, und die moderne Skyline von Pudong mit dem **Jin Mao Tower** ㊷, dem **World Financial Center** ㊸ und dem alles in den Schatten stellenden, 632 m hohen **Shanghai Tower** (s. S. 88) nicht entgehen lassen. Zu dieser Stunde versammeln sich hier viele Einheimische zum Tanz, Tai-Chi (Schattenboxen), Drachensteigen oder zu anderen sportlichen Aktivitäten. Es macht Spaß, dieses frühmorgendliche Treiben zu beobachten und dabei langsam über die Uferpromenade mit den vielen historischen Gebäuden unterschiedlicher Architekturstile zu schlendern. Zu diesen frühen Stunden ist es noch relativ ruhig, doch spätestens nach 8 Uhr öffnen die ersten Verkaufsstände und Souvenirhändler und sogleich beherrschen wieder Myriaden von chinesischen und ausländischen Touristen die „Flaniermeile Bund".

Das Beste auf einen Blick
Shanghai an einem Tag

Einige Schritte westlich, an der Ecke Zhongshan Lu/Nanjing Lu, liegt das altehrwürdige **Fairmont Peace Hotel** (s. S. 306) im Art-déco-Stil aus den 1930er-Jahren. Man kann sich die imposante Lobby ansehen und von der Dachterrasse den herrlichen Blick über den Huangpu und Pudong genießen. Abends spielt im Peace Hotel immer noch die berühmte sechsköpfige Jazzband. Die Musiker sind alle schon fast 80 Jahre alt und spielen zeitlose Klassiker wie „In the Mood" oder „You are my Sunshine".

Über die **Nanjing Donglu** ❷ in westliche und die Henan Lu in südliche Richtung erreicht man die immer noch quirlige „**Alte Chinesenstadt**" (s. S. 149). Der Kontrast zum modernen Pudong und der berühmtesten Einkaufsmeile Chinas, der Nanjing Donglu, könnte größer nicht sein. Rund um die kleinen Gassen Xuegong Jie, Xicangqiao Jie oder Xueqian Jie westlich der Henan Zhonglu findet man noch das alte Shanghai mit seinen vielen alten Holzhäusern, kleinen Läden, zahlreichen einfachen Imbissständen, Garküchen und kleinen Lebensmittelmärkten. An diesem Ort kann man sich eine ganze Weile treiben lassen und den einen oder anderen leckeren Snack oder Tee zu sich nehmen. Leider wird auch dieser letzte kleine Teil der Altstadt wohl schon bald dem Fortschritt mit modernen Hochhäusern und Bürogebäuden weichen müssen.

Danach lohnt ein Abstecher ins **Shanghai Museum** ❻ am People's Square mit Sammlungen von Exponaten aus über 3000 Jahren chinesischer Kunst- und Kulturgeschichte. Zu bewundern sind unter anderem eine Porzellan-, Bronze-, Malerei- und Kalligrafieausstellung. Das Shanghai Museum gilt als eines der

besten Museen in ganz China – und das wohl auch zu Recht.

In **Xintiandi** ⓱, einem trendigen Ausgehviertel in Shanghai, findet man zahlreiche gehobene Restaurants und Cafés für eine ausgiebige Mittagspause. Bei gutem Wetter und angenehmen Temperaturen sitzt man in den Straßencafés inmitten der alten restaurierten Shikumen-Häuser aus der Kolonialzeit. Interessant wäre – so es die Zeit zulässt – ein Besuch des **Shikumen Open House** (s. S. 37). Dieses kleine Museum vermittelt einen Einblick in die Lebensweise der Shanghaier, die in diesen kleinen Gassenhäusern gelebt haben.

Nachmittags

Am Nachmittag lockt zunächst eine ausgiebige **Shoppingtour auf der Huaihai Lu** [D–J3] mit ihren vielen exklusiven Boutiquen und beeindruckenden Shoppingmalls, die alle namhaften Modemarken beherbergen. Alternativ bummelt man durch die Fangbang Zhonglu mit ihren zahlreichen Antiquitäten- und Souvenirläden. Wer dem Shopping absolut nichts abgewinnen kann, entspannt vielleicht einige Zeit bei einer traditionellen chinesischen **Massage**. Massagesalons finden sich überall in Shanghai und sind im Vergleich zu Europa äußerst preiswert. Empfehlenswert und professionell sind u. a. die Salons der Kette Dragonfly (siehe „Sport und Erholung").

Am späten Nachmittag lohnt ein kurzer Ausflug nach Pudong, um sich den **Jin Mao Tower** ❹ anzusehen, den fantastischen Blick vom Observation Deck aus dem 88. Stock in 340 m Höhe über die Stadt zu genießen und einen Blick durch das 152 m hohe Atrium des Grand Hyatt Hotels zu werfen. Um nach Pudong zu gelangen, hat man mehrere Möglichkeiten. Die interessantesten sind der **Bund Sightseeing Tunnel** (s. S. 134) oder eine der öffentlichen Fähren, die den Huangpu überqueren. Die Fahrt in den kleinen Wagen durch den Sightseeing Tunnel inklusive Musikberieselung und Lichteffekte mag insbesondere für Kinder eine spannende Angelegenheit sein. Auf alle Fälle spart man vor allem zu Hauptverkehrszeiten gegenüber dem Taxi eine Menge Zeit.

Vom Jin Mao Tower aus ist es nicht weit zur Uferpromenade Binjiang Dadao [M–N2]. Hier kann man am späten Nachmittag im Starbucks einen guten Kaffee oder Cappuccino trinken und mit etwas Glück den **Sonnenuntergang über dem Bund** bestaunen.

Abends

Den Abend versüßen danach **kulinarische Genüsse** in einem der besten chinesischen Restaurants der Stadt. Das 1221 The Dining Room (s. S. 63) an der Yan'an Xilu ist bei Touristen und Einheimischen gleichermaßen beliebt. Es ist typisch chinesisch: hektisch und laut. Die Speisekarte bietet überwiegend feinste regionale Shanghai-Küche und eine große Auswahl an vegetarischen Gerichten zu angemessenen Preisen. Beeindruckend sind die Teekannen mit einem bis

◁ *Straßenakrobatik auf der Nanjing Donglu* ❷

zu 80 cm langen Hals, aus denen immer wieder nachgeschenkt wird.

Hat man nach diesem erlebnisreichen Tag noch die nötige Energie, beschließt man den Abend in einer Bar der **zahlreichen Vergnügungsviertel** wie der Hengshan Lu [B6–D4] samt Nebenstraßen. Wer es ruhiger mag, findet in Tianzifang mit den zahlreichen originellen und gemütlichen Kneipen oder der Barbarossa Lounge (s. S. 74) im People's Park ❹ romantische Alternativen. Oder man genießt den spektakulären Ausblick auf das Lichtermeer Shanghais aus der Cloud 9 Bar (s. S. 77) des Grand Hyatt Hotels im Jin Mao Tower.

Shanghai an einem Wochenende

Shanghai boomt seit Jahren und ein Ende der rasanten Stadtentwicklung ist bis heute nicht absehbar. Ein aufregendes Wochenende der Gegensätze zwischen alten Traditionen, modernem Großstadtdschungel und ausschweifendem Nachtleben ist in dieser Stadt garantiert. Mit den folgenden Tipps wird das Wochenende unvergesslich. Natürlich kann man es auch mit den Highlights aus dem Kapitel „Shanghai an einem Tag" beginnen.

Tag 1: Quer durch Shanghai

Am frühen Morgen lohnt ein Ausflug zum **Fuxing Park** ❷⓿ **im ehemaligen Französischen Viertel**, denn zu dieser Zeit versammeln sich hier die Einheimischen zu mannigfaltigen Aktivitäten. Neben Walzer- und Tai-Chi-Gruppen beherrschen Dutzende kleiner Menschenansammlungen die Parkanlage. Überwiegend ältere Chinesen treffen sich zu Brettspielen wie Schach oder Mah-Jongg. In dieser Gegend findet man noch das einzigartige Shanghai der vorletzten Jahrhundertwende mit alten platanengesäumten Alleen und vielen sehenswerten Kolonialvillen. Dieses architektonische Erbe verleiht Shanghai ein ganz eigenes Flair, das sich deutlich von dem anderer chinesischer Großstädte unterscheidet. Geschichtlich Interessierte können die in unmittelbarer Nähe gelegenen Residenzen von Sun Yat-sen ㉒ und Zhou Enlai ㉓ besuchen.

Der Vormittag gehört den **Türmen in Pudong**. Vom Oriental Pearl Tower ❹❶ genießt man einen fantastischen Blick aus der Vogelperspektive auf den Finanz- und Wirtschaftsdistrikt und über den Huangpu auf den Bund und ganz Puxi, den westlich vom Fluss gelegenen Teil Shanghais. Eine Zeitreise in die Vergangenheit Shanghais mit vielen historischen Aufnahmen und Nachbauten alter Straßenzüge aus der Kolonialzeit zeigt das **Museum für Stadtgeschichte,** das sich direkt unter dem Oriental Pearl Tower befindet. Von hier aus ist es nur ein Katzensprung zur Riverside Promenade (Binjiang Dadao). Im Paulaner Brauhaus (s. S. 191) sitzt man mittags bei Weißbier und rustikaler deutscher Küche auf der Terrasse am Fluss, genießt den Ausblick auf die Kolonialbauten am Bund und sieht den vorbeifahrenden Schiffen zu.

Gut gestärkt geht es am Nachmittag zurück in den westlichen Teil Shanghais, nach Puxi. Das Viertel um den **Yu Garten** ⓯ oder Yu Yuan mit den verwinkelten Gassen und Gebäuden im Stil der

Das Beste auf einen Blick
Shanghai an einem Wochenende

Ming- und Qing-Dynastie nördlich der Fangbang Zhonglu ist ein riesiger Basar und ein Schlemmerparadies zugleich. Es zieht chinesische und ausländische Touristen gleichermaßen an. Das Zentrum des Areals ist der kleine See mit dem berühmten Teehaus Huxin Ting (s. S. 156) an der Neun-Biegungen-Brücke. Von hier aus hat man bei einer Tasse Tee einen schönen Ausblick auf das muntere Treiben in diesem lebhaften, aber auch sehr touristischen Teil Shanghais.

Es geht zurück in den westlichen Teil der ehemaligen Französischen Konzession. An der Ecke Xinle Lu, durch die sich herrlich entlang der vielen kleinen Läden bummeln lässt, und Xiangyang Lu findet man die **Russisch-Orthodoxe Missionskirche** ㉖ mit ihren spektakulären blauen Zwiebeltürmen, die man in einer Stadt wie Shanghai eigentlich nicht erwartet. Das Gebäude aus dem Jahr 1931 wird heute für verschiedene kommerzielle Zwecke genutzt.

Weiter westlich führt die Hengshan Lu nach **Xujiahui** (s. S. 171). Hier und in den Nebenstraßen laden viele Restaurants und Bars zum Verweilen ein. Vor allem abends und nachts ist in dem Viertel einiges los, aber auch tagsüber lohnt ein Spaziergang auf dieser schönen Allee. Erreicht man Xujiahui, kann man sich die größte Kirche Shanghais, eine römisch-katholische Kathedrale ㉜, ansehen oder in einer der riesigen Shoppingmalls seine Koffer füllen. Eine **Flussfahrt auf dem Huangpu** ist besonders am Abend ein Erlebnis aufgrund des atemberaubenden Blicks auf die beleuchteten Wolkenkratzer von Pudong und die alten Kolonialbauten am Bund. (Tickets für die Ausflugsboote bekommt man am südlichen Bund nahe der Jinling Donglu oder am **Oriental Pearl Tower** ㊶.

Durch die Nanjing Donglu ❷ mit dem funkelnden Meer an Neonreklamen geht man vom Bund zurück in Richtung **People's Square** (s. S. 138) – zweifellos einer der Höhepunkte einer jeden Shanghaireise und auch ein beliebtes Fotomotiv. Am Volksplatz erreicht man die Huanghe Lu [I1] mit ihren vielen typisch chinesischen Restaurants – eine der bekanntesten Essensmeilen der Stadt. In den Lokalen wird viel Seafood und Fisch serviert. Ein idealer Ort, um den Tag in Shanghai bei einheimischen Spezialitäten ausklingen zu lassen.

◁ *Tai-Chi (Schattenboxen) am Bund* ❶

▷ *Im Stadtgott-Tempel* ⑭

Tag 2: Tempel, Zukunft, Akrobaten

Zunächst geht es ins südwestliche Shanghai zum Longhua Tempel 33, der ältesten und wohl auch **schönsten Tempelanlage der Stadt**. Hier ist es nicht so überlaufen wie im bekannteren Jade Buddha Tempel 11, den alle Touristenunternehmen auf ihren Touren ansteuern. Insgesamt herrscht in der Anlage eine beruhigende Atmosphäre, die den Betondschungel und die Hektik der Metropole vergessen lässt. Vor dem Haupttor steht die aus dem Jahr 977 stammende Longhua-Pagode. Wer möchte, kann sich noch einen weiteren Tempel ansehen: Der Jing'an Tempel 10 liegt an der Ecke Nanjing Xilu und Huashan Lu inmitten eines lebendigen Viertels mit vielen Geschäften, Bars und Restaurants.

Anschließend folgt ein Besuch im **Stadtplanungsmuseum** 5 am People's Square, dessen größte Attraktion ein riesiges Modell Shanghais im Maßstab 1:500 ist, das sich mittlerweile auf über 650 m² erstreckt, Tendenz steigend. Hier findet man jedes bestehende und geplante Gebäude, jede Straße, jede Brücke der Stadt und bekommt einen Eindruck von dem, was zukünftig noch entstehen wird – ein sehr beeindruckender Nachbau der City!

Wer am Nachmittag dem Lärm und der Hektik ein wenig entfliehen möchte, findet im **Lu Xun Park** 50 im Nordosten Shanghais ein beliebtes Ausflugsziel der einheimischen Bevölkerung. Hier kann man herrlich spazieren und die Gedenkhalle und das Grab des berühmtesten chinesischen Schriftstellers der Moderne, Lu Xun, besichtigen. Anschließend lohnt ein gemütlicher Bummel durch die südlich des Parks gelegene Fußgängerzone Duolun Lu 51 mit ihren vielen kleinen Antiquitätengeschäften und Lokalen. Kunstinteressierte werden noch das Duolun Museum of Modern Art 52 am südlichen Ende der Straße besuchen wollen. Es zeigt Ausstellungen zeitgenössischer chinesischer Kunst. Eine Pause kann man im schönen Old Film Café (s. S. 196) einlegen und sich dort in die 1920er-Jahre zurückversetzen lassen.

Ein Besuch der **weltberühmten Akrobatikshow** im Shanghai Centre Theatre (s. S. 82) an der Nanjing Lu bildet einen schönen Abschluss eines erlebnisreichen Wochenendes. Die Show mit atemberaubender Akrobatik gilt als eine der besten in China und wurde bereits auf weltweiten Tourneen gezeigt. Die Aufführungen beginnen normalerweise um 19.30 Uhr und dauern ca. 90 Minuten, Tickets kann man auch in den meisten gehobenen Hotels buchen.

Das Beste auf einen Blick
Shanghai in fünf Tagen

Der berühmte Dichter und Schriftsteller Lu Xun

Shanghai in fünf Tagen

Mit fünf Tagen ist man schon länger in der Stadt als der Durchschnittsbesucher auf seiner Chinarundreise. Man sollte in diesem Glücksfall unbedingt einen Tag für einen Ausflug in die Umgebung Shanghais einplanen. In diesem Abschnitt gibt es Tipps für einen spannenden Aufenthalt in der Metropole der Superlative und einen Ausflug in das ursprüngliche, traditionelle Ostchina.

Tag 1: Rund um den Volksplatz

Der erste Tag in Shanghai führt zunächst zum **People's Square** und seinen umliegenden Straßen und Gassen. Beginnen können Kunstfreunde den Tag mit einem **Besuch des Museum of Contemporary Art** (s. S. 36) im People's Park ❹. Das Museum befindet sich direkt neben dem ehemaligen Shanghai Art Museum, dem früheren Klubgebäude der Rennbahn. Es finden regelmäßig Ausstellungen zeitgenössischer chinesischer Werke statt. Gleich südlich befindet sich der beeindruckende Bau des Shanghai Grand Theatre ❼. Westlich hinter dem Museum sticht der 285 m hohe **Rocket Tower** am Tomorrow Square mit seinen vier auffälligen Spitzen in den Himmel. In diesem futuristischen Bau befindet sich auch das JW Marriott Shanghai (s. S. 305), in dessen Café im 38. Stock man fantastische Ausblicke auf den People's Square und das Häusermeer der Stadt genießen kann.

Folgt man der Nanjing Lu in Richtung Osten, findet man etwas weiter südlich an der Kreuzung mit der Xizang Lu die **Moore Memorial Church**, eine frühere Methodistenkirche und die heutige Mu'en Kirche. Hier rund um den Volksplatz gibt es den ganzen Tag über etwas zu sehen und zu erleben. Wer mit Kindern unterwegs ist, kann einen Blick in **Madame Tussaud's Wachsfigurenmuseum** ❽ werfen, wo zahlreiche chinesische und internationale Stars vertreten sind.

Abends geht es in die Yunnan Lu [l2] mit unzähligen **Spezialitätenrestaurants**. Da sich Touristen selten hierhin verirren, ist es hier noch preiswerter als z. B. in der Huanghe Lu, aber eben wirklich typisch chinesisch. Das bedeutet auch, dass einige der Restaurants keine englischen Speisekarten haben. Man zeigt dann einfach auf die entsprechenden Begriffe im Anhang dieses Buches oder deutet auf Gerichte auf einem der Nachbartische, die einem schmackhaft erscheinen, und lässt sich überraschen. Es lohnt sich, auf einer kleinen kulinarischen Reise mehrere dieser Restaurants zu besuchen und jeweils nur einige kleinere Gerichte zum Probieren zu bestellen – es schmeckt in allen hervorragend.

Tag 2: Durch das neue Wirtschaftszentrum Pudong

Heute geht es in den östlich vom Huangpu gelegenen Stadtbezirk Pudong, **das Manhattan Chinas und neues Wirtschafts- und Finanzzentrum Shanghais**. Die Skyline ist beeindruckend, wenn man sich auf der Hochstraße Yan'an Lu mit ständigem Blick auf den Oriental Pearl Tower von Westen nähert. Nach der Fahrt durch den Yan'an Lu Tunnel erreicht man zunächst den **Jin Mao Tower** 42, das mit 421 m für viele schönste Gebäude Chinas. Von der Aussichtsplattform im 88. Stockwerk genießt man eine fantastische Aussicht auf die Stadt und den schwindelerregenden Blick in die 35 Etagen tiefer gelegene Lobby des Grand Hyatt Hotels. Gleich nebenan steht mit dem 2008 fertiggestellten, wahrlich beeindruckenden **World Financial Center** 43 der mit einer Höhe von 492 m zurzeit dritthöchste Wolkenkratzer des Landes.

Läuft man die Shiji Dadao von hier in nordwestliche Richtung, kommt man direkt zur „Perle des Orients" 41 (Oriental Pearl Tower), dem Wahrzeichen Shanghais und Symbol einer glänzenden Zu-

kunft der Stadt. Gleich nebenan kann man sich im **Ocean Aquarium** 44 in eine spektakuläre Unterwasserwelt mit dem längsten Unterwassertunnel der Welt und einem Streichelbecken mit kleinen Haien begeben. Der Nachmittag ist ideal für einen **Aufenthalt im Century Park** 45. Dieser größte Park Shanghais ist gerade an Wochenenden ein beliebtes Ausflugsziel der einheimischen Bevölkerung. Man kann Fahrräder oder Tretboote ausleihen, sich einfach nur an dem künstlich angelegten See ausruhen oder an einem der Eingänge die von den Händlern angebotenen Köstlichkeiten genießen.

Ganz hoch hinaus:
die Wolkenkratzer in Pudong

Für Kinder ist ein Abstecher in das in der Nähe gelegene **Science & Technology Museum** 46 interessant. Hier werden die Wunder der Technik und Natur in mehreren Themenbereichen in einer auch für Kinder verständlichen Weise dargestellt und erklärt.

Auch am Abend hat Pudong mittlerweile einiges zu bieten, immer mehr Restaurants und Bars haben in letzter Zeit hier eröffnet. Im **South Beauty** (s. S. 65) in der Super Brand Mall bekommt man feinste Sichuan-Küche zu moderaten Preisen. Der Service ist ebenso hervorragend wie die Ausblicke auf die Stadt. Von der **Jade on 36 Bar** (s. S. 76) aus dem 36. Stock des Shangri-La Hotels genießt man nach dem Dinner bei einem Cocktail die traumhaften Panoramablicke auf den Oriental Pearl Tower und die beleuchteten Gebäude am Bund.

Tag 3: Ausflug ins Wasserland

Einen Tag sollte man nun in jedem Fall nutzen, um der lärmenden Großstadt zu entfliehen. Nur wenige Kilometer außerhalb Shanghais findet man **beschauliche, traditionelle Dörfer und kleinere, geschichtsträchtige Städte**, durchzogen von unzähligen Kanälen. Man unternimmt diesen Ausflug am besten mit einem gecharterten Taxi und lässt sich seine Route und die gewünschten Ziele vorher im Hotel ins Chinesische übersetzen und aufschreiben.

Die wichtigste Sehenswürdigkeit der **Kreisstadt Qingpu** 55 mit ihren mittlerweile mehr als 500.000 Einwohnern ist der **Garten des mäandernden Flusses** mit vielen künstlich angelegten Flussläufen in einer weiten Hügellandschaft. Qingpu wird noch nicht von vielen Touristengruppen angefahren und es herrscht daher eine ruhige und entspannte Atmosphäre. Weiter geht es in eines der berühmtesten Wasserdörfer der ganzen Region: **Zhouzhuang** 59 mit seiner über 900 Jahre alten Geschichte ist allerdings mittlerweile zu einer Touristenattraktion verkommen. Dennoch lohnt ein Besuch der vielen kleinen, von Souvenirständen gesäumten Gassen mit den über 300 Jahre alten Häusern aus der Ming- und Qing-Zeit. Hauptattraktion Zhouzhuangs sind die berühmten steinernen Brücken über die unzähligen Kanäle. Kommt man nicht gerade an einem Feiertag oder Wochenende nach Zhouzhuang, kann man auch hier noch das alte und dörfliche China entdecken.

Wer möchte, kann noch in eine der berühmtesten und ältesten Städte der Region, nach **Suzhou** (s. S. 213), das „Venedig des Ostens", weiterfahren. Um wenigstens einige der vielen Sehenswürdigkeiten und prachtvoll angelegten Gärten bestaunen zu können, sollte man jedoch am selben Ort übernachten und erst am nächsten Tag nach Shanghai zurückreisen.

Tag 4: Durch die Französische Konzession

Am vierten Tag führt ein Spaziergang durch das ehemalige Gebiet der **Französischen Konzession**. An vielen historischen Stätten vorbei geht es über die **Huaihai Lu** [A5–J3], eine der bekanntesten Shoppingmeilen Shanghais. Wer diese Straße entlangschlendert, kommt an modernsten Shoppingcentern und teuren Boutiquen vorbei, die auch in Paris, London oder New York stehen könnten. Abseits dieser Straße findet man ruhige

Plätze, Parks und Restaurants in schönen Kolonialvillen und Gärten zum Ausruhen bzw. für eine erfrischende Pause.

Der **Fuxing Park** ❷⓿ diente ursprünglich als französisches Militärcamp, bevor ihn der französische Stadtrat ab 1909 zum Pendant des Huangpu-Parks im International Settlement umgestalten ließ. Hier steht heute ein Denkmal für die Vordenker des Kommunismus: Karl Marx (1818–1883) und Friedrich Engels (1820–1895). In der französischen Villa in der 73 Sinan Lu lebte 1946 der ehemalige Premierminister Zhou Enlai ❷❸. Man kann die Villa und den ehemaligen offiziellen Sitz der Delegation der KPCh mit dem alten Mobiliar und vielen Fotos besichtigen.

Folgt man der Sinan Lu Richtung Norden, kommt man an der Ecke Xiangshan Lu zur interessanten **Sun Yat-sen Residenz** ❷❷. Sun Yat-sen oder Sun Zhongshan ist Chinas berühmtester Revolutionär, auch wenn er nicht sonderlich erfolgreich war – sämtliche seiner Aufstände schlugen fehl. Der Gründungsvater der Republik China musste 1911 nach nur wenigen Tagen Präsidentschaft die Macht an Yuan Shikai abgeben.

Über den Fuxing Park geht es zur Nanchang Lu [E–G4], der früheren **Route Vallon**, benannt nach dem französischen Piloten und Flugpionier René Vallon, der 1909 als erster mit einem Doppeldecker von Frankreich nach China flog. Im Mai 1911 gab er in Shanghai eine Vorführung seiner Flugkünste – es sollte seine letzte werden. Vallon startete in Chiang Wan im Norden der Stadt und wollte,

△ *Im Künstlerviertel Tianzifang* ❸❶

KLEINE PAUSE

Gesund Schlemmen
Die Restaurantkette **Element Fresh** (s. S. 143) bietet einen bunten Mix aus Salaten, Sandwiches, Pasta und asiatischen Gerichten. Auf Frische und Qualität der Zutaten legt man im Element Fresh besonderen Wert. Von der Dachterrasse der Filiale an der Huaihai Zhonglu wird man zudem mit dem Blick auf die gegenüberliegenden Gärten des historischen Donghu Hotels verwöhnt, früher eine der Residenzen von „Großohr" Du Yuesheng (s. S. 158). WLAN.

新元素, 淮海中路1028号
🅟1 [E3] **Element Fresh**,
   1028 Huaihai Zhonglu, Tel. 54038865,
   www.elementfresh.com

nachdem er eine eindrucksvolle Schleife über dem ehrfürchtig staunenden und applaudierenden Publikum gezogen hatte, auf der Pferderennbahn landen. Unglücklicherweise stürzte er vor seinem Ziel ab.

Wendet man sich nach Westen, stößt man nach wenigen Metern auf die frühere **Russisch-Orthodoxe Kirche St. Nikolas** ㉑. Der Kuppelsaal der Kirche mit ihren hübschen Zwiebeltürmen ist sehenswert. Für die gepflegte Mittagspause lohnt der Weg in die Filiale des Element Fresh im Kwah Centre an der Huaihai Zhonglu (s. S. 19). Auf der gemütlichen Dachterrasse kann man frische Salate, köstliche Sandwiches und vitaminreiche Fruchtshakes genießen. Leckere Dim Sum gibt es im Fu Lin Xuan Cantonese Seafood Restaurant (s. S. 65).

Den Rest des Tages kann man wunderbar im Künstlerviertel **Tianzifang** ㉛ an der Taikang Lu verbringen. In dieser vor einigen Jahren noch vom Abriss bedrohten Gegend kommen nicht nur Architektur- und Kunstfreunde, sondern auch Citybummler, Kauflustige und Genießer auf ihre Kosten. In den engen, von Shikumen-Häusern (s. S. 31) gesäumten, verwinkelten Gassen findet der Besucher unzählige Galerien, Werkstätten, Kunsthandwerksläden, Cafés, Bars und Restaurants. Einer der bekanntesten lokalen Künstler ist der Fotograf **Deke Erh**, der in seinem **Art Scene** (s. S. 38) bemerkenswerte Momentaufnahmen der Stadt Shanghai ausstellt.

▷ *Broadway Mansion (links) und Garden Bridge (s. S. 124) am nördlichen Bund*

Tag 5: Sundaybrunch und Huangpu

Ist man an einem Sonntag in Shanghai, sollte man seinen Aufenthalt zunächst mit einem ausgiebigen **Brunch in einem der Luxushotels** ausklingen lassen. In allen 5-Sterne-Hotels der Stadt wird das angeboten. Beliebt sind hierfür das an der Nanjing Lu gelegene JW Marriott (s. S. 305) – inklusive traumhaftem Ausblick auf die Stadt und den People's Square – oder das Westin (s. S. 308) an der Henan Zhonglu. Es gibt in allen Hotels eine reichliche Auswahl an Seafood sowie internationalen warmen und kalten Gerichten. Die Preise sind im Vergleich zu Europa auf alle Fälle ein Schnäppchen und beinhalten ein „All you can eat"-Buffet sowie Champagner und oftmals auch alle anderen Getränke.

Nachmittags lohnt der Besuch im **Jade Buddha Tempel** ⓫ mit seinen zwei aus Myanmar stammenden, jeweils aus einem Stück Jade gearbeiteten Buddhastatuen.

Eine **abendliche Fahrt mit einem Ausflugsdampfer** auf dem Huangpu-Fluss ist eines der Highlights, die man in Shanghai unternehmen kann und nach Möglichkeit auch sollte (s. S. 135). Es werden Touren von unterschiedlicher Dauer angeboten. Die längeren dreistündigen Fahrten gehen bis zur Mündung des Huangpu in den Yangzi und man kommt, wenn man nachmittags startet, bei Dunkelheit in das Lichtermeer der Stadt zurück. Im Falle einer kürzeren, einstündigen Fahrt startet man am besten (je nach Jahreszeit) zwischen 17 und 18 Uhr. Dies ist sicherlich die schönste Art, um nach einigen Tagen Abschied von dieser faszinierenden Metropole zu nehmen.

Zur richtigen Zeit am richtigen Ort

Shanghai lohnt, sieht man von den häufig extrem ungemütlichen Wetterbedingungen im Sommer und Winter einmal ab, eigentlich zu jeder Jahreszeit einen Besuch. In der Stadt finden neben den traditionellen Feiertagsfestivitäten während des ganzen Jahres zahlreiche Veranstaltungen, Festivals, Konzerte oder auch Sportereignisse von Weltformat statt.

Die traditionellen chinesischen Feiertage und Feste **richten sich nach dem Mondkalender.** Vom westlichen Kalender weichen die Termine daher in jedem Jahr um bis zu mehrere Wochen ab. Viele der Feierlichkeiten wird man als Tourist aber nur am Rande erleben können, da sich die meisten feiertäglichen Aktivitäten im Kreise der Familie abspielen.

Frühjahr

› Anfang April findet an zehn Tagen das mehr als 300 Jahre alte **Tempelfest im Longhua Tempel** ㉝ zu Ehren Buddhas statt. Das Fest ist eines der ältesten Volksfeste im Osten des Landes und heute ein bunter Jahrmarkt rund um den Tempel und die Pagode mit Aufführungen von Tanzgruppen und Akrobaten sowie vielen Souvenir- und Imbissständen. (Nächste Termine: 21. April 2015, 9. April 2016 und 30. März 2017.)

› Das **Pfirsichfest** lockt jedes Jahr von Ende März bis Anfang April Zehntausende Besucher in den südöstlich vom Stadtzentrum gelegenen Distrikt Nanhui. Nanhui ist weit über die Grenzen Shanghais hinaus bekannt für seine mehrere tausend Hektar großen Pfirsichgärten und präsentiert zu dieser Zeit stolz die vor Ort produzierten Früchte und die bis zu zehn Meter hohen Bäume mit ihren rosaroten Blüten. Diese gelten in China als ein Symbol für Glück, Hoffnung und Unsterblichkeit. Die ersten Pfirsichbäume wurden hier bereits vor 3000 Jahren angepflanzt.

› Eine ganze Woche im Mai dauert das **Music Festival**. In der ganzen Stadt finden sich dann Musikfreunde zu Konzerten und musikalischen Aufführungen zusammen. Wo gerade etwas los ist, kann man den Stadtmagazinen That's Shanghai oder Cityweekend entnehmen.

Golden Week

*Bei der „Golden Week" (Huángjīn Zhōu) handelt es sich eigentlich um **mehrere arbeitsfreie Wochen:** das Frühlingsfest im Januar oder Februar, ab dem 1. Mai die Woche der Arbeit („Labour Day Golden Week") und ab dem 1. Oktober die Woche um den Nationalfeiertag („National Day Golden Week"). Diese staatlichen Feiertage wurden 1999 von der chinesischen Regierung eingeführt. Ziel war es, den Tourismus im eigenen Land zu fördern, den Lebens- und Freizeitstandard der Bevölkerung zu erhöhen und Verwandtschaftsbesuche über weite Strecken zu ermöglichen. Wie in Japan bedeutet „Golden Week" auch in China in jedem Fall eine **intensive Reisezeit**.*

› Das **Shanghai International Literary Festival** ist seit 2003 ein fester Bestandteil des Shanghaier Veranstaltungskalenders. Nobelpreisträger darf man hier nicht erwarten, doch die Glamour Bar des M on the Bund (s. S. 76) als Austragungsort vereint alljährlich Literaturfreunde und prominente Schriftsteller aus China und dem Rest der Welt. Eintritt: 75 ¥ inkl. 1 Getränk, www.m-restaurantgroup.com/mbund/literary-festival.html.

› Das **Tea Culture Festival** widmet sich ganz der chinesischen Tradition und Kultur des Teetrinkens. Das 1994 erstmals ausgerichtete Festival vereint Teeproduzenten, Fachleute und passionierte Teetrinker bei Vorträgen, Seminaren – und natürlich bei Teezeremonien. Hauptveranstaltungsort des Festivals ist das INTEX Shanghai (77 Xingyi Lu, Informationen unter Tel. 64752979, www.tea-shexpo.com/en/index.asp). Teezeremonien veranstaltet das Soong Garden Tea House am Zhabei Park (1667 Gonghexin Lu, Informationen unter Tel. 56335282).

› Seit 2004 findet der **Große Preis von China** der **Formel 1 in Anting**, 30 km nordwestlich von Shanghai, auf dem Shanghai International Circuit statt. Detaillierte Angaben hierzu finden sich im Abschnitt „Sport und Erholung".

Sommer

› Beim **Drachenbootfest** im Juni wird an den chinesischen Nationalhelden Qu Yuan erinnert, der sich im 3. Jh. n. Chr. aus Frust über und Protest gegen das eigene Königshaus des Staates Chu im Fluss Miluojiang ertränkte (siehe „Traditionelle Feste in China"). Zum Fest finden auf der Regattastrecke in Qingpu und auf dem Huangpu in Shanghai zahlreiche Drachenbootrennen statt. Die Mannschaften auf diesen langen, schmalen Booten bestehen aus bis zu 24 Ruderern und einem Trommler, der den Takt angibt.

› Ebenfalls im Juni bittet seit 1993 das **Shanghai International Film Festival** Filmfreunde aus aller Welt nach Shanghai. Internationale Film- und Fernsehproduktionen werden zu dieser Zeit dem Publikum vorgestellt und mit Preisen ausgezeichnet. Das neuntägige Filmfestival zählt zu den zehn größten weltweit und findet seit 2002 in allen geradzahligen Jahren statt. Oliver Stone war einer der prominentesten Juroren im Eröffnungsjahr. Das Filmfestival ist ein Ereignis, das man sich als Filmfan nicht entgehen lassen sollte, wenn man in der Stadt weilt. Informationen zum Festival bekommt man bei den Veranstaltern unter Tel. 62537115 und www.siff.com.

Herbst

Der Herbst ist für eine Reise nach Shanghai ganz besonders geeignet. Die Temperaturen sind angenehm und es gibt eine ganze Reihe interessanter Veranstaltungen.

› Das Shanghai **International Tourist Festival** (von Mitte September bis Oktober) lockt nationale und internationale Besucher zu verschiedenen Veranstaltungen in der ganzen Stadt. Neben zahlreichen Zeremonien und Umzügen gibt es auch das German Beer Festival, eine International Food Fair und ein großes Feuerwerk im Century Park 45.

› Im achten Monat des Mondkalenders (Mitte September bis Anfang Oktober) findet im Guilin Park in Xuhui das **Shanghai Sweet Osmanthus Festival** statt. Man trifft sich dann im Familienkreis unter den herrlich blühenden und duftenden Bäumen und genießt den aus Duftblüten hergestellten Wein. Dieses Fest wird auch am Westsee in Hangzhou mit vielen Souvenir- und Imbissständen gefeiert.

› Am 1. Oktober, dem **Nationalfeiertag**, gedenkt man der Gründung der Volks-

Offizielle Feiertage

› 1. Januar: **Neujahrstag**
› Januar/Februar: **Frühlingsfest, chinesisches Neujahr**
   (1. bis 3. Tag des 1. Mondes)
› 8. März: **Internationaler Frauentag**
› 5. April: **Qingming-Fest** zu Ehren der Verstorbenen
› 1. Mai: **Tag der Arbeit**
› 4. Mai: **Internationaler Jugendtag**
› 1. Juni: **Kindertag**
› Juni: **Drachenbootfest**
   (am 5. Tag des 5. Mondes)
› 1. Juli: **Gründungstag der Kommunistischen Partei Chinas** (KPCh) (Am 1. Juli wird ebenfalls die Rückgabe Hongkongs an die Volksrepublik China gefeiert.)
› 1. August: **Gründungstag der Volksbefreiungsarmee**
› September/Oktober: **Mondfest**
   (am 15. Tag des 8. Mondes)
› 1. Oktober: **Nationalfeiertag**
   (Gründungstag der Volksrepublik China)
› Oktober: **Chongyang-Fest** (am 9. Tag des 9. Mondes, meist gegen Ende Oktober), das Erntefest der chinesischen Bauern

republik China. Die Straßen und Parks werden zu diesem Anlass festlich geschmückt, an fast allen Wohnhäusern und Restaurants weht die chinesische Nationalflagge. In sämtlichen Stadtteilen finden zahlreiche kulturelle Veranstaltungen wie Konzerte oder Theateraufführungen statt, die am Abend – wie sollte es in China auch anders sein – mit exzessiven Feuerwerken abgeschlossen werden.

> Meistens Anfang Oktober – am 15. Tag des achten Mondes – wird das **Mondfest** gefeiert (auch „Herbstfest" genannt). Nach einer alten Tradition beobachtet man an diesem Abend den Vollmond und beschenkt sich mit „Mondkuchen", einem mit vielen Köstlichkeiten gefüllten Gebäck.
> Das **Shanghai International Arts Festival** lockt Kunstfreunde von Ende November bis Anfang Dezember mit einem bunten Programm aus kulturellen Veranstaltungen in die Stadt. In allen Stadtteilen gibt es zu dieser Zeit unzählige Konzerte internationaler Musikgruppen, Kunstausstellungen, akrobatische Aufführungen sowie Opern- und Tanzaufführungen. Viele Veranstaltungen finden im Grand Theatre am People's Square statt. Näheres zu Auftrittsorten und Kartenverkauf erfährt man auf der englischen Homepage des Festivals: www.artsbird.com.
> Im Dezember lockt der **Shanghai Marathon**. Informationen im Internet unter www.shmarathon.com.

Zum Laternenfest ist das ganze Land aufwendig geschmückt

Traditionelle Feste in China

Frühlingsfest, chinesisches Neujahrsfest

春节 (Chūnjié)

Das chinesische Frühlings- oder Neujahrsfest ist **das bedeutendste Fest der Chinesen** und wird – ähnlich wie Weihnachten in Europa – zusammen mit der Familie begangen. Es findet vom ersten bis dritten Tag des ersten Mondes statt, also gegen Ende Januar oder Anfang Februar. Genau genommen handelt es sich um den Zeitraum vom Anfang des zwölften Mondes im alten Mondjahr bis zum Laternenfest, dem 15. Tag des neuen Jahres. Die wichtigsten Tage sind jedoch der Silvesterabend und die ersten drei Tage des neuen Jahres. (Die nächsten Neujahr-Termine: 19. Februar 2015, 8. Februar 2016 und 28. Januar 2017.)

Wer es einrichten kann, sollte zum Frühlingsfest nach Shanghai reisen. Die Wetterverhältnisse sind zu dieser Jahreszeit nicht ideal, aber die **farbenfrohen Neujahrsmärkte** in den Tempeln und Parkanlagen sind überaus sehenswert und entschädigen für die feuchtkalte Witterung. Die Märkte beginnen häufig am Neujahrstag und dauern einige Tage. Die ganzen Festlichkeiten werden begleitet von **ohrenbetäubenden Feuerwerken**, die ihren Höhepunkt in der Silvesternacht erreichen und darüber hinaus noch tagelang andauern. Besonders beeindruckend ist der Jahreswechsel in Shanghai an den Ufern des Huangpu, wo sich Hunderttausende von Menschen zu diesem Spektakel versammeln.

Bedenken sollte man, dass zu dieser Zeit fast die ganze chinesische Bevölkerung – so scheint es jedenfalls – auf Reisen ist, um zu ihren Familien in den Heimatprovinzen zu gelangen – eine **riesige, alljährliche Migrationsbewegung**. Zum Frühlingsfest 2013 am 10. Februar sollen mehr als 210 Mio. Menschen gleichzeitig unterwegs gewesen sein! Wer es einrichten kann, sollte daher in diesem Zeitraum auf Reisen in China und Ausflüge in die Umgebung verzichten und auf einen anderen Zeitpunkt verschieben. Öffentliche Verkehrsmittel sind hoffnungslos überfüllt und es ist nahezu unmöglich, ohne rechtzeitige Reservierung überhaupt noch Tickets oder gar Sitzplätze zu bekommen.

Eine alte Tradition ist es, am Neujahrstag Jiaozi (gefüllte Teigtaschen, siehe „Shanghai für Genießer") zu essen und die **Familienmitglieder zu beschenken.** Typisch sind Geldgeschenke in roten Umschlägen.

Laternenfest

元宵节 (Yuánxiāojié)

Das Laternenfest wird in der ersten Vollmondnacht nach dem Frühlingsfest am 15. Tag des ersten Mondes gefeiert. Es bildet den Abschluss der Neujahrsfeierlichkeiten und reicht mit seiner fast 2000 Jahre alten Tradition bis in die Zeit der Han-Dynastie (206 v. Chr.– 220 n. Chr.) zurück. Das ganze Land scheint zu diesem Fest mit **farbenfrohen, aufwendig hergestellten Laternen und Lampions** geschmückt zu sein. Diese mit Darstellungen von Tierkreiszeichen oder Fabelwesen, mit Motiven aus Legenden und Erzählungen verzierten Lampions werden jedes Jahr aus Holz, Perlmutt, Pergament und Papier neu hergestellt.

Traditionell werden zum Laternenfest Tangyuan (in Südchina) bzw. Yuanxiao (in Nordchina), kleine klebrige Klöße aus Reismehl, genossen, die den Zusammenhalt der Familie symbolisieren. Tangyuan und Tuanyuan (= Familientreffen) klingen im Chinesischen schließlich fast gleich. Besonders schön und aufwendig geschmückt sind zu dieser Zeit die **Shanghaier Altstadt** rund um den Antikmarkt in der Fangbang Zhonglu ⑬ und den Yu Garten (Yu Yuan) ⑮. Außerdem sind dort zahlreiche Laternenausstellungen und Aufführungen von klassischen Opern und Tänzen zu bestaunen.

Qingming-Fest

清明节 (Qīngmíngjié)

Das Qingming-Fest findet genau 106 Tage nach der Wintersonnenwende („Dongzhi") statt und ist das **wichtigste Opferfest in China.** An diesem Tag (5. April, in Schaltjahren 4. April) werden die verstorbenen Vorfahren und Angehörigen geehrt. Man besucht und pflegt an diesem Tag deren Gräber oder Urnen und opfert Gaben wie Obst oder Blumen. Die Opferzeremonien – dazu gehören auch das Anzünden von Räucherstäbchen und das Verbrennen von Totengeld – finden auf Friedhöfen, Tempeln oder in den eigenen vier Wänden statt. Die Zeremonien beginnen häufig bereits zehn Tage vor dem Qingming-Fest und können bis zu einen Monat nach dem eigentlichen Festtag andauern. Viele Chinesen essen während des Qingming-Fests ausschließlich kalte Speisen.

Viele Familien unternehmen zum Fest **Ausflüge in die frühlingshafte, erwachende Natur.** Man lässt Drachen steigen, erfreut sich an den steigenden Temperaturen und genießt die Landschaft. Daher wird das Qingming-Fest von vielen Chinesen auch „Taqing-Fest" genannt, was übersetzt „auf grünes Gras treten" bedeutet.

Drachenbootfest

端午节 (Duānwǔjié)

Das Drachenbootfest am fünften Tag des fünften Monats nach dem Mondkalender **erinnert an den berühmten chinesischen Dichter Qu Yuan** (340–278 v. Chr.). Qu Yuan lebte während der Zeit der Streitenden Reiche als Mitglied des Königshauses im Staat Chu. Das Königreich Chu verlor zu dieser Zeit immer mehr von seiner Macht, während der nordwestliche Staat Qin immer mächtiger und einflussreicher wurde. Qu setzte sich bei seinem König dafür ein, das Reich zu stärken und sich mit den Kampfeinheiten dem Reich Qin zu widersetzen. Er scheiterte jedoch aufgrund von Intrigen der Opposition um Zi Lan und anderer Adliger und wurde in die Verbannung geschickt. Auch der König des Reiches Chu wurde seines Amtes enthoben und aus seinem eigenen Königreich vertrieben.

278 v. Chr. wurde die Hauptstadt von Chu vom Staat Qin erobert und Qu beging aus Frust und tiefer Verzweiflung Selbstmord. Er stürzte sich mit Steinen beschwert in den Fluss Miluojiang. Die an den Ufern des Flusses lebenden Menschen fuhren mit ihren Booten zur Bergung des Dichters auf den Miluojiang hinaus. An diese Geschichte wird noch heute mit den Drachenbootrennen erinnert.

Zum Drachenbootfest werden noch heute in Bambusblätter gewickelte Klebreisklöße, sogenannte *Zongzi*, gegessen. Diese sollen an die *Zongzi* erinnern, welche die am Fluss lebenden Menschen der Legende nach in das Gewässer geworfen haben sollen, um die Fische abzulenken und daran zu hindern, den Leichnam von Qu Yuan zu fressen. Das Drachenbootfest ist heute ein **riesiges Spektakel,** an dem auch viele Boote ausländischer Firmen auf der Regattastrecke in Qingpu teilnehmen. (Nächste Termine: 20. Juni 2015 und 9. Juni 2016.)

Mond- oder Herbstfest

中秋节 (Zhōngqiūjié)

Das Herbstfest ist die **Zeit der Mondkuchen.** Dieses traditionelle, mit vielen Köstlichkeiten gefüllte Gebäck wird am 15. Tag des achten Monats dem Mondgott geopfert – und natürlich nach der Zeremonie genussvoll im Freundes- oder Familienkreis verspeist.

Das Mondfest ist auch ein **Fest der getrennt lebenden Partner und Ehepaare** – und davon gibt es aus beruflichen Gründen viele in China. Traditionell beobachtet man am Abend den Vollmond, denkt an den Partner und beschenkt sich gegenseitig mit Mondkuchen.

Auf ins Vergnügen

Dieser Abschnitt vermittelt Anregungen für Unternehmungen unterschiedlicher Interessensgruppen. Ob nun ausgiebige Spaziergänge, Sightseeingtouren, kulinarische Erlebnisse oder pulsierendes Nachtleben – Shanghai bietet jedem etwas und davon nicht zu wenig. Das Kultur- und Freizeitangebot ist fast grenzenlos. Auch der Nachwuchs kommt nicht zu kurz. In der individuellen Kombination der Aktivitäten erlebt jeder Reisende sein eigenes, ganz persönliches Shanghai.

Shanghai für Citybummler

Viele der interessanten Plätze und Stadtviertel kann und sollte man in Shanghai zu Fuß erschließen. Das eigentliche Zentrum der Stadt ist nicht zu groß, der Stadtplan mit seinen Hauptverkehrswegen übersichtlich und viele der interessantesten Sehenswürdigkeiten liegen in den einzelnen Stadtteilen dicht beieinander.

Für **ausgedehnte Spaziergänge** eignen sich die mit Bäumen gesäumten Straßen und Gassen der ehemaligen **Französischen Konzession** hervorragend. Südlich der Hauptverkehrsader und Shoppingmeile Huaihai Lu [A5–J3] findet man neben vielen geschichtsträchtigen Gebäuden, grünen Ruheoasen für gestresste Citybummler, hervorragenden Restaurants und Gaststätten sowie den unzähligen kleinen Geschäften noch ursprüngliches Shanghaier Alltagsleben. Besonders Hobbyfotografen werden in diesem Viertel auf ihre Kosten kommen.

Beginnen kann man diesen Rundgang an der Gründungsstätte der Kommunistischen Partei Chinas ⓲ an der Xingye Lu im trendigen **Vergnügungs- und Ausgehviertel Xintiandi**. In diesem Shikumen-Haus tagten am 23. Juli 1921 Abgeordnete verschiedener Organisationen zur Gründung einer Kommunistischen Partei. Zu sehen gibt es für an Chinas Geschichte interessierte Reisende Fotoausstellungen sowie den damaligen Konferenzraum.

Von hier aus geht es durch den etwas weiter westlich gelegenen Fuxing Park ⓴ direkt ins Herz der ehemaligen Französischen Konzession. Dort kann man sich herrlich einfach eine Weile treiben lassen und entdeckt immer wieder interessante Straßenszenen und den **Shanghaier Alltag hautnah**. In den Straßen abseits der Huaihai Lu wie Maoming, Changle oder Xinle Lu laden viele Mode- und andere Geschäfte zu einem Schaufensterbummel ein. Wer nach einem langen Spaziergang müde ist, findet im Künstlerviertel **Tianzifang** ㉛ zahlreiche urige Bars und gemütliche Restaurants. Bei gutem Wetter kann man draußen in den engen Gassen sitzen und sich stärken.

Herrlich bummeln unter Bäumen kann man auf der **Xinhua Lu** [A4]. Diese Straße wurde immer schon gerne als Route bei Staatsbesuchen genutzt, auch Richard Nixon wurde 1972 bei seinem Besuch und Treffen mit Zhou Enlai in Shanghai hier entlang chauffiert. An dieser Straße finden Citybummler einige Restaurants, nette Bars und Boutiquen. Etwas dahinter liegen einige Kolonialvillen

◁ *Vorseite: Kauflustige auf der Nanjing Donglu* ❷

Auf ins Vergnügen
Shanghai für Citybummler

in großzügig angelegten grünen Gärten, die einen näheren Blick wert sind.

Für ausgedehnte **Touren mit dem Fahrrad** eignet sich **Pudong** hervorragend. Die Straßen hier sind breiter und es herrscht (noch) nicht so ein Verkehrschaos wie im westlichen Teil der Stadt. Im Biyun International District in der Nähe der Yangpu-Brücke macht das Radfahren am meisten Spaß, denn hier gibt es breite Radwege.

Trubel und Menschenmassen findet man gerade an Wochenenden in **Xujiahui** (s. S. 171). Dieses Viertel mit den vielen Shoppingmalls, Supermärkten und kleineren Geschäften ist wohl eines der lebendigsten der Stadt. Stündlich passieren mehr als 10.000 Fahrzeuge die große Kreuzung von Hongqiao Lu, Huashan Lu, Zhaojiabang Lu und Caoxi Beilu an den markanten Zwillingstürmen des Ganghui Commercial Centers. Von den Fußgängerbrücken, auf denen man diese Kreuzung überqueren kann, hat man eine schöne Sicht auf das muntere Treiben und alltägliche Verkehrschaos. Hier befindet sich auch die Grand Gateway Shoppingmall. Hungrige Citybummler finden in dieser Gegend eine ganze Reihe typisch chinesischer Restaurants, die einen Besuch lohnen. Lohnenswert ist ein Abstecher zur südlich gelegenen Xujiahui Kathedrale ㉜ oder einige entspannende Momente im Xujiahui Park [B6] nördlich der Zhaojiabang Lu.

Als Citybummler sollte man sich natürlich auch einen Spaziergang durch das **nächtliche Shanghai** nicht entgehen las-

△ *Am Wegesrand finden sich auch immer wieder Orte der Besinnung*

▷ *Gemütlicher Bummel im Künstlerviertel Tianzifang* ㉛

sen. Gerade in den spärlich beleuchteten Straßen und Gassen der ehemaligen Französischen Konzession abseits der Hauptverkehrsadern macht das abendliche Bummeln Spaß. Ein Spaziergang über die Changle Lu, Yongjia Lu oder Nanchang Lu bietet keine herausragenden Sehenswürdigkeiten, aber eröffnet dem Besucher Einblicke in das Alltagsleben der lokalen Bevölkerung. Auch hier finden sich noch bis in den späten Abend viele Möglichkeiten für kulinarische Expeditionen an den zahlreichen Garküchen, Straßenständen und kleinen Restaurants.

Nicht nur bei chinesischen Touristen beliebt ist ein gemütlicher **Bummel am Huangpu**. An beiden Ufern, am Bund ❶ in Puxi und an der Riverside Promenade in Pudong, lässt es sich mit Blick auf die funkelnde Stadt und die beleuchteten Ausflugsdampfer wunderbar flanieren.

Shanghai ist **eine der sichersten Großstädte der Welt** und so kann man auch noch weit nach Mitternacht ohne Bedenken durch die Straßen laufen. Und sollte man sich verirrt haben, dauert es garantiert nicht lange, bis einen das nächste Taxi ins vertraute Hotel oder zum nächsten Ziel bringt.

Shanghai für Architektur- und Kunstfreunde

Modernste Wolkenkratzer mit Hochglanzfassaden wie der Jin Mao Tower ㊷, das 492 m hohe World Financial Center ㊸ oder der Rocket Tower am Tomorrow Square prägen auf den ersten Blick das architektonische Erscheinungsbild Shanghais. Und es wird stetig im Eiltempo und 24 Stunden am Tag an diesem Hochhauswald weitergebaut. Das Stadtbild Shanghais in der Zukunft, kann man schon heute im Stadtplanungsmuseum ❺ erahnen und am Modell bestaunen.

In Shanghai ist aber neben einer großen Anzahl an Gebäuden und Villen aus der Kolonialzeit auch noch **traditionelle chinesische Bauweise** zu finden. Es ist die Vielfalt an unterschiedlichen Stilen, die Gegensätze zwischen Alt und Neu, die Shanghai für Architekturfreunde so spannend, sehens-, liebenswert und weltweit einmalig machen.

Kunstfreunde wird es in die **unzähligen Museen und Galerien** der Stadt ziehen. Die Kulturszene hat sich gerade in den letzten Jahren explosionsartig entwickelt. Zahlreiche Einrichtungen mit Sammlungen zeitgenössischer chinesischer und internationaler Künstler sowie traditionelle chinesische Kunstausstellungen sind zu bewundern.

Architektur

Traditionelle chinesische Architektur

Zu den ältesten Häusern im Shanghaier Stadtgebiet gehören die **hölzernen, zweistöckigen Gebäude der Altstadt**, die leider nach und nach in ganzen Straßenzügen abgerissen und durch moderne Gebäude ersetzt werden. Man sollte sich beeilen, um noch einiges vom typisch chinesischen Flair in den engen Gassen zu erleben.

Einen wunderbaren Einblick in die Architektur der Ming- und Qing-Zeit bieten die prächtigen restaurierten Gebäude rund um den Yu Yuan ⓯ und die

Shanghai für Architektur- und Kunstfreunde

Fangbang Zhonglu. Traditionelle chinesische Bauweisen findet man auch etwas außerhalb Shanghais. Restaurierte Häuser aus der Ming- und Qing-Zeit prägen das Bild in den zahlreichen von Kanälen durchzogenen uralten Dörfern der Umgebung. Sehenswert sind u. a. Zhouzhuang und Zhujiajiao.

Li Long und Shikumen

Zwischen 1853 und den 1940er-Jahren entstand in der Stadt eine charakteristische und nur in Shanghai in dieser Art existierende Architektur: die Li Long oder Long Tang. Diese kleinen, von einer Hauptstraße abzweigenden Sackgassen werden von zwei Häuserreihen aus Backstein gebildet, die man üblicherweise durch ein Steintor mit Türsturz und einem verzierten Giebel, das **Shikumen**, betritt. In den 1940ern lebten fast 80 % der Shanghaier Bevölkerung in Li Long, die bis in die 1990er-Jahre das Bild Shanghais prägten.

Die Taiping-Rebellion (1853–1863) vertrieb Zehntausende Shanghaier aus der Chinesenstadt in die sicheren ausländischen Konzessionen. Hinzu kamen die massenhaft vom Land in die Stadt ziehenden Arbeitskräfte. Die explosionsartig ansteigende Bevölkerungszahl machte schon sehr bald den Bau **neuer und billiger Unterkünfte** notwendig. Nach britischem Vorbild entstanden innerhalb weniger Jahre Tausende dieser als Shikumen bekannten Reihenhäuser als Arbeitersiedlungen.

Der Aufbau eines Li Long ist immer gleich: Von einer schmalen Sackgasse aus betritt man zunächst einen Hof, von dem aus man in die dahinter liegenden Wohn- und Essräume gelangt. Die Schlafräume befinden sich im oberen Stockwerk, die Küche in einem häufig durch einen Hof getrennten hinteren Teil des Gebäudes. Die **Wohnverhältnisse sind sehr beengt** – im Normalfall lebten und leben noch heute mehrere Generationen zusammen unter einem Dach – und so finden viele Aktivitäten wie Waschen oder Kochen zwangsläufig im Freien statt. Die Räume sind nur durch Vorhänge unterteilt, häufig fehlen sanitäre Einrichtungen komplett. Die meisten Shikumen in der Nähe der Altstadt mussten modernen Hochhäusern weichen. Eine heute noch existierende und sehenswerte Siedlung ist die **Cité Bourgogne** bzw. Bu Gao Li (chinesisch) aus den 1930er-Jahren an der Ecke Shaanxi Nanlu/Jianguo Lu [F5]. Gebaut wurde die Wohnanlage ursprünglich für 78 Familien, heute ist sie Heimat von mehr als 450 Familien.

Obwohl weltweit einmalig, verschwendete man lange Zeit im modernen Shanghai keinen Gedanken daran, diese Form der Architektur zu erhalten. Die meisten dieser Viertel, allen voran im Luwan-Distrikt, wurden gegen Ende der 1990er-Jahre ohne Rücksicht auf das architektonische Erbe der Stadt großflächig abgerissen.

> **EXTRATIPP**
>
> **Shikumen Museum**
> Wer sich für die Lebensweise in den Shikumen interessiert, dem sei das kleine **Shikumen Open House** (s. S. 37) in Xintiandi empfohlen. Dieses Museum zeigt eine liebevoll mit Möbeln und alltäglichen Dingen eingerichtete Wohnung sowie viele Fotos und Zeichnungen, die das Leben in den Li Long illustrieren.

| Steintor | 石库门 | Shí Kù Mén |

Shanghai für Architektur- und Kunstfreunde

Architektur der Kolonialzeit

Bummelt man den Bund ❶ entlang – am schönsten und ruhigsten ist es in den frühen Morgenstunden – könnte man meinen, man sei in einer einzigen riesigen internationalen Architekturausstellung gelandet. In diesem Freilichtmuseum für Architekturinteressierte reihen sich mehr als fünfzig Kolonialgebäude unterschiedlicher Stilrichtungen aus den frühen Jahren des letzten Jahrhunderts aneinander.

Ausländer erhielten bereits nach dem Opiumkrieg 1842 das Recht, in Shanghai Grundstücke zu erwerben, und so entstanden die ausländischen Niederlassungen. In der Architektur der ersten Jahrzehnte des 20. Jh. spiegelt sich hier noch heute der ausländische Einfluss wider. Der Bund war zu dieser Zeit das politische, kommerzielle und kulturelle Zentrum in Shanghai. **Prachtvolle Hotels, Konsulate, Banken und ausländische Wohnviertel** in allen Stilrichtungen entstanden in der Zeit zwischen den beiden Weltkriegen und prägten das Stadtbild des ostchinesischen Manhattans.

KURZ & KNAPP: Siegelstempel

In China und anderen asiatischen Ländern wie Japan oder Korea ist es bis heute üblich, handgeschriebene Texte wie auch offizielle Dokumente mit einem Siegelstempel zu unterzeichnen.

Das Siegelschnitzen ist wie auch die Malerei und die Kalligrafie in China ein wichtiger Bestandteil der bildenden Künste. Auch Kalligrafen und Maler unterzeichnen ihre Werke mit ihrem Siegel.

Eines der ersten Gebäude am Bund war die im Stil der französischen Klassik mit vielen barocken Elementen errichtete Bank de l'Indochine (1914). Viele koloniale Gebäude wie das Zollamt (1927), die Bank of China (1921) und das Peace Hotel (1930) folgten und erinnern noch heute an die Kolonialzeit. Das **Zollamt** ist mit der in England angefertigten Glocke und Uhr dem Big Ben in London nachempfunden.

Aber nicht nur am Bund, auch in anderen Stadtteilen werden Architekturfreunde auf ihre Kosten kommen. Das Park Hotel (1933) des tschechischen Architekten Ladislaus Hudec an der Nanjing Lu [I1] mit seiner restaurierten Inneneinrichtung im Stil des Art déco war für ein halbes Jahrhundert das höchste Gebäude Shanghais.

In der ehemaligen Französischen Konzession findet man **zahlreiche frei stehende Villen**, z. B. das ehemalige Anwesen der Familie Morriss im Ruijin Park 24, die rote ehemalige Soong-Villa aus den 1920er-Jahren an der Dongping Lu (Nr. 11) oder die wunderschöne französische Villa und Wohnhaus der Soong Qingling an der Huaihai Lu 32 (Nr. 1843).

Ein schönes Beispiel kolonialer Architektur ist auch der Cercle Sportif Française von 1926, heute Teil des Okura Garden Hotels (s. S. 307) in der Maoming Lu. Sehenswert ist dort insbesondere die farbenprächtige, gläserne Art-déco-Decke.

Wer an historischen Gebäuden und traditioneller Bauweise interessiert ist, kann sich an die **Shanghai Historic House Association** (SHHA) wenden (www.historic-shanghai.com, Tel. 13701682037). Diese organisiert regelmäßig Touren durch das alte Shanghai und Veranstaltungen zur Architektur der Stadt.

Religiöse Bauwerke

Wer auf Reisen gerne Kirchen, Tempel oder andere religiöse Bauwerke besichtigt, ist in Shanghai und den Ausflugszielen der Umgebung sehr gut aufgehoben.

Der **Longhua Tempel** 33 oder „Tempel der Drachenblume" im Süden der Stadt stammt aus der Zeit der Drei Reiche und ist über 1700 Jahre alt. Auf einer Fläche von 20.000 m² umfasst er fünf Haupthallen und gehört somit zu den größten und ältesten Tempeln Shanghais. Sehenswert ist die mehr als zwei Meter hohe und 6500 kg schwere Bronzeglocke aus der Qing-Dynastie, Schriftrollen aus der Ming-Dynastie, die Buddhafiguren und ein goldener Stempel des Ming-Kaisers Wanli (1563–1620) aus dem Jahr 1598.

Die **Xujiahui Kathedrale** 32 ist eine der berühmtesten Kirchen Chinas und die größte Kathedrale in Shanghai. Zwischen den Jahren 1905 und 1910 wurde sie im neogotischen Stil erbaut. Sie besitzt fünf Stockwerke aus Backstein und Holz und erhebt sich mit ihren Türmen 50 m in den Shanghaier Himmel. Die Maria- und Jesusfiguren im Kircheninneren wurden 1919 von Paris nach China gebracht. Das Gotteshaus bietet Platz für 3000 Gläubige. Die „Xujiahui Catholic Church", so ihre englische Bezeichnung, wird mit ihren umliegenden Gebäuden auch oft als Vatikan Shanghais bezeichnet.

Wer von chinesischen Tempeln und Pagoden nicht genug bekommen kann, sollte unbedingt einen **Ausflug nach Hangzhou** in seine Reiseplanungen mit einbeziehen. Wunderschön in den Bergen gelegen ist hier der imposante und viel besuchte **Lingyin Tempel** 77, der

Beliebt: ein Spaziergang am Bund 1

Tempel der Seelenzuflucht aus dem Jahr 326. Er zählt zu den bedeutendsten Klöstern Chinas. Von der **Sechs-Harmonien-Pagode** ❼❽ aus dem Jahr 970 mit ihrer hübschen Holzverkleidung bietet sich dem Besucher ein spektakulärer Blick über den Fluss Qiantang. Abends lohnt ein Besuch der dann weithin sichtbaren und wunderschön beleuchteten **Leifeng Pagode** ❽❷ am südlichen Ufer des Westsees.

Moderne Architektur

Nach der Machtübernahme durch die Kommunisten 1949 fiel Shanghai für mehrere Jahrzehnte in einen architektonischen Tiefschlaf. Erst nach der wirtschaftlichen Öffnung Chinas in den 1990er-Jahren setzte einem Urknall gleich dieser **explosionsartige Bauboom** ein, dessen Resultate man heute in der ganzen Stadt, vor allem aber in Pudong, bewundern kann und der immer noch andauert.

Hochstraßen durchschneiden seitdem einem Spinnennetz gleich die Stadt, die U-Bahn fraß ihre Tunnel in den Untergrund, Wolkenkratzer schossen und schießen weiterhin wie Unkraut über Nacht aus dem Boden in den Himmel. **Vier beeindruckende Brücken** überspannen mittlerweile den Huangpu im Stadtzentrum. Imposant und architektonisch interessant mit dem Gewirr an spiralförmigen Auf- und Abfahrten ist die Nanpu Brücke [je] mit einer Gesamtlänge von 8346 m.

Der **People's Square**, das eigentliche Zentrum der Stadt, wurde neu gestaltet und heute stehen hier einige der architektonisch herausragenden Gebäude der Stadt. So schmücken den Volksplatz heute das gläserne Grand Theatre ❼ des französischen Architekten Charpentier, das Shanghai Museum ❻ und das futuristisch anmutende Stadtplanungsmuseum ❺. Hier kann man sich schon heute die in der Zukunft geplanten Großprojekte am gigantischen Stadtmodell ansehen.

Auf der östlichen Seite des Huangpu entsteht seit Anfang der 1990er-Jahre eine neue Stadt der Superlative. Bis zu dieser Zeit war **Pudong** kaum städtisch entwickelt und Landwirtschaft prägte das Bild. Der vom Chicagoer Architekturbüro Skidmore, Owings & Merrill LLP gebaute **Jin Mao Tower** ❹❷ (421 m Höhe) wurde 1998 fertiggestellt und gilt unter vielen Kennern als einer der schönsten Wolkenkratzer der Erde. Der sich nach oben verjüngende Turm erinnert mit sei-

◁ *Oriental Pearl Tower* ❹❶*: die Lower Sphere*

Shanghai für Architektur- und Kunstfreunde

> **EXTRATIPP**
>
> **Literatur zu historischer Architektur**
> Über die historischen Bauten Shanghais gibt es einige wunderschöne Bildbände. Man bekommt sie in den meisten Buchhandlungen in Shanghai:
> › Tess Johnston/Deke Erh: „The Old Villa Hotels of Shanghai"
> › Tess Johnston/Deke Erh: „A last Look: Western Architecture in Old Shanghai", Old China Hand Press
> › Tess Johnston/Deke Erh: „Frenchtown Shanghai: Western Architecture in Shanghai's Old French Concession"

ner Gliederung an die Form einer chinesischen Pagode. Gerade im Sonnenlicht entwickelt der Jin Mao Tower mit seiner gläsernen Fassade eine atemberaubend strahlende Wirkung.

Mitte der 1990er-Jahre entstand der **Oriental Pearl Tower** ❹, Shanghais Fernsehturm und das mit 468 m zur damaligen Zeit höchste Bauwerk Asiens. Seine futuristisch anmutende Gestalt mit elf Kugeln gilt als Symbol eines neuen, modernen Chinas.

Bereits 1992 wurden die in Fachkreisen weltbekannten Architekten Massimiliano Fuksas aus Italien, der Japaner Toyo Ito, Dominique Perrault aus Frankreich und Richard Rogers aus Großbritannien zu einem Wettbewerb eingeladen, um Entwürfe für das **Shanghai World Financial Center** ❹ im Finanzzentrum Lujiazui zu erstellen. Es wurden allerdings später doch eigene chinesische Konzepte mit traditionellen chinesischen Formen bevorzugt. Ende 2007 erreichte das Gebäude seine gewaltige Endhöhe von 492 m, am 28.8.2008 wurde es eröffnet.

Am intensivsten werden dem Betrachter der Skyline die bautechnischen Geniestreiche der Architekten **bei nächtlicher Beleuchtung** der einzelnen Gebäude verdeutlicht. Jedes der Bauwerke in der Silhouette ist dann in ein einzigartiges funkelndes Lichterkleid gehüllt, das der Stadt ihr unverwechselbares Antlitz und gerade am Bund ihren weltweit einmaligen Charme verleiht.

Kunst

Museen

Shanghai bietet Kunstfreunden eine Vielzahl an Museen, die sich der **zeitgenössischen Kunst** widmen. Die Exponate des Shanghai Art Museums, ehemals im historischen Gebäude des britischen Turf Club am People's Park ❹ aus dem Jahr 1920 mit seinem charakteristischen Uhrenturm untergebracht, bestaunt man heute als Teil des im Oktober 2012 eröffneten **China Art Palace** (s. S. 36) im chinesischen Pavillon der Expo 2010. Das nach eigenen Angaben **größte Kunstmuseum Asiens** zeigt Meisterwerke der klassischen und zeitgenössischen chinesischen Kunst. Das Museum of Contemporary Art (s. S. 36) befindet sich in einem futuristischen Glashaus im People's Park und hat sich auf innovative chinesische und internationale Kunst und Design spezialisiert.

Das 2003 eröffnete, multifunktionale Duolun Museum of Modern Art ❺❷ in der Duolun Lu – einer Straße, in der im letzten Jahrhundert bedeutende Literaten und Künstler ansässig waren – ist das erste professionelle Museum für zeitgenössische Kunst in China und Plattform für einen internationalen Austausch junger Kunst.

Shanghai für Architektur- und Kunstfreunde

Im Stadtteil Pudong im Gebäude des Immobilienunternehmens Zendai schließlich liegt das Shanghai Himalayas Art Museum. Es unterstützt die zeitgenössische chinesische Kunst und sieht sich auch als Plattform für den Austausch mit ausländischen Künstlern.

中华艺术宫, 上南路161号, 近国展路.
2 [dj] **China Art Palace,** 161 Shangnan Lu, http://china.artmuseumonline.org (chinesisch), Tel. 4009219021, Di.–So. 9–17 Uhr, Eintritt frei, Metro: China Art Museum, Linie 8. In dem 2012 eröffneten Museum, in dem sowohl moderne als auch traditionelle chinesische Kunst ab dem 19. Jh. gezeigt wird, gibt es auf vier Stockwerken und 64.000 m² ganze 27 Ausstellungshallen. Reservierungen sind erforderlich und können ausschließlich online vorgenommen werden. Eine Anleitung dazu findet man auf www.timeoutshanghai.com/features/Art-Art_Features/8408/How-to-register-for-Biennale-tickets.html

鲁迅纪念馆, 甜爱路200号, 鲁迅公园内
3 Lu Xun Museum, 200 Tianai Lu (im Lu Xun Park), Tel. 65402288, tgl. 9–16 Uhr, Eintritt frei. Hier locken Erinnerungen an den berühmtesten chinesischen Schriftsteller des 20. Jahrhunderts mit vielen Ausstellungsstücken in Form von Briefen, Manuskripten, Möbelstücken und Fotografien den Literaturfreund.

上海当代艺术馆, 南京西路231号
4 [I2] **Museum of Contemporary Art (MoCA),** 231 Nanjing Xilu, www.mocashanghai.org, Tel. 63279900, tgl. 10–18 Uhr, Eintritt: 30¥, Studenten 15¥, Kinder unter 130 cm frei. Das Privatmuseum MoCA befindet sich im People's Park gleich neben dem ehemaligen Shanghai Art Museum im Gebäude des früheren Klubhauses der Pferderennbahn. Hier finden tolle Wechselausstellungen der modernen chinesischen Kunstszene statt.

当代艺术博物馆, 花园港路200号
5 [dj] **Power Station of Art,** 200 Huayuangang Lu, www.powerstationofart.org/en, Tel. 31278535, Di.–So. 9–17 Uhr, Eintritt frei, Metro: Linie 4 und Linie 8 (Xizang Nanlu). In einem beeindruckenden alten Kohlekraftwerk an den Ufern des Huangpu, der Nanshi Power Station aus dem Jahr 1897, befindet sich seit dem Nationalfeiertag 2012 Chinas erstes staatliches Museum für zeitgenössische Kunst. Es finden regelmäßig wechselnde Ausstellungen zu unterschiedlichen Themen statt. Der Ausblick über das Expo-Gelände von 2010 von der Dachterrasse

---

Museen, die mit einer magentafarbenen Nummer (**6**) als Hauptsehenswürdigkeit ausgewiesen sind, werden im Kapitel „Shanghai entdecken" ausführlich beschrieben. Dort finden sich auch alle praktischen Informationen wie Adresse, Öffnungszeiten usw.

EXTRATIPP

Shanghai Biennale
Die 1994 gegründete Shanghai Biennale gilt seit dem Jahr 2000 als wichtigste Ausstellung zeitgenössischer internationaler Kunst in China. 2000 nahmen erstmals auch nicht-chinesische Künstler daran teil. Hauptausstellungsort ist in einem Zyklus von zwei Jahren seit 2012 die Power Station of Art. Infos und Termine auf www.shanghaibiennale.org/en.

Auf ins Vergnügen 37
Shanghai für Architektur- und Kunstfreunde

im fünften Stockwerk, der bis zur Lupu- und Nanpu-Brücke reicht, dürfte selbst Kunst- und Kulturbanausen begeistern.

多伦现代美术馆，多伦路27号
52 [eg] **Shanghai Duolun Museum of Modern Art**, 27 Duolun Lu, Tel. 65872530, www.duolunmoma.org, Di.–So. 10–18 Uhr, Eintritt: 10 ¥, Studenten 5 ¥, Kinder unter 110 cm frei. Eines der führenden Museen für zeitgenössische chinesische und internationale Kunst in Shanghai. Projekt- und Themenausstellungen neuer Tendenzen. Einer der Schwerpunkte des Museums sind die Neuen Medien.

喜玛拉雅美术馆，樱花路869号，A区3楼，近芳甸路
6 **Shanghai Himalayas Art Museum**, 3F, Zone A, No. 869 Yinghua Lu (Nähe Yanggao Zhonglu), Tel. 50339801, www.himalayasart.cn/?lang=en, Di.–So. 10–18 Uhr, Eintritt 50 ¥, Anfahrt: Metrostation Huamu Lu oder mit den Buslinien 640, 983, 987 und 815 bis „Thumb Plaza". Das 2009 offiziell in Himalayas Art Museum umbenannte ehemalige Zendai Museum of Modern Art will die zeitgenössische chinesische Kunst und ihre Entwicklung unterstützen und außerdem ein Forum für den Dialog mit ausländischer Kunst sein.

上海博物馆，人民大道201号
6 [I3] **Shanghai Museum**, Shànghǎi Bówùguǎn, 201 Renmin Dadao, Tel. 63723500, www.shanghaimuseum.net, tgl. 9–17 Uhr, Eintritt frei. Das Shanghai Museum ist eines der renommiertesten Museen für klassische chinesische Kunst und Kultur in China. Den Besucher erwarten hier über elf Galerien mit mehr als 120.000 Exponaten der chinesischen Epochen, beeindruckende Präsentationen und interessante Führungen.

上海工艺美术博物馆，汾阳路79号
27 [E4] **Shanghai Museum of Arts and Crafts**, Shànghǎi Gōngyì Měishù Bówùguǎn, 79 Fenyang Lu, www.shgmb.com, Tel. 64314074, tgl. 9–16 Uhr, Eintritt: 8 ¥. Das Museum zeigt chinesische Handwerksarbeiten der letzten 100 Jahre mit wunderschönen Jade-, Elfenbein- und Holzschnitzereien.

石库门屋里厢博物馆，太仓路181弄25号，近马当路
7 [H4] **Shikumen Open House**, Wulixiang, No. 25, Lane 181 Taicang Lu, Madang Lu, Tel. 33070337, So.–Do. 10.30–22.30 Uhr, Fr.–Sa. 11–23 Uhr. Das Museum zeigt eine liebevoll mit Möbeln und alltäglichen Dingen eingerichtete traditionelle Shikumen- bzw. Li-Long-Wohnung. Fotos und Zeichnungen geben einen Einblick in die damaligen Lebensverhältnisse.

Galerien

Seit Ende der 1990er-Jahre hat sich in Shanghai eine lebhafte Kunst- und Galerieszene entwickelt und etabliert, die sich vor jener in Beijing heute nicht mehr zu verstecken braucht. Vor allem entlang des Suzhou-Flusses wurden viele Fabrikhallen und Lagerhäuser zu Künstlerstudios und Galerien umgewandelt. Das wohl bekannteste Künstlerquartier ist das **M50**, Abkürzung für Moganshan Lu Nr. 50, wo sich bis zu 100 BildhauerInnen, KünstlerInnen und GaleristInnen angesiedelt haben.

In der Taikang Lu (Nähe Sinan Lu) ist ebenfalls ein Künstlerviertel mit Galerien, Modeateliers und Werkstätten entstanden. Besonders lohnenswert ist die Besichtigung der Galerie ShanghART im M50, die mit über 40 chinesischen Künstlern zu den ersten und besten Galerien Chinas gehört.

Auf ins Vergnügen
Shanghai für Architektur- und Kunstfreunde

艺术景画廊，复兴西路37弄8号
8 [C4] **Art Scene China,** 8, Lane 37 Fuxing Xilu, www.artscenechina.com, Tel. 64370631, Di.–So. 10.30–19.30 Uhr. Das Art Scene China zeigt moderne und zeitgenössische Kunst des ganzen Landes in einer alten französischen Villa. Es gibt Ausstellungen von Bildern und Kleinplastiken. Art Scene China nimmt an internationalen Kunstmessen in Europa und den USA teil.

艺术景仓库，莫干山路50号4号楼2楼
9 [cg] **Art Scene Warehouse,** 2/F, Bldg. 4, 50 Moganshan Lu, Tel. 62774940, www.artscenewarehouse.com, Di.–So. 10.30–18.30 Uhr. Diese Galerie zeitgenössischer Künstler aus China und dem Rest der Welt zeigt regelmäßig Ausstellungen zu neuesten Kunstrichtungen. Die Schwerpunkte sind experimentelle Kunst und Neue Medien.

尔东强艺术中心，泰康路210弄2号
10 [G5] **Deke Erh Art Center,** 2, Lane 210 Taikang Lu, Tel. 64150675, tgl. 9–22 Uhr, Eintritt: 5¥. Der Schwerpunkt liegt hier auf Fotografie. Der einheimische Fotograf und Autor Deke Erh betreibt auch den Old China Hand Reading Room (s. S. 48).

刘海粟美术馆，虹桥路1660号
11 **Liu Haisu Art Museum,** 1660 Hongqiao Lu, www.lhs-arts.org, Tel. 62701018, Di.–So. 9–16 Uhr, Eintritt: 5–20¥ (je nach Ausstellung), Anfahrt: Metro Linie 10 Shuicheng Lu. Die Malereien des berühmten zeitgenössischen chinesischen Künstlers Liu Haisu (1906–1994) und Wechselausstellungen ausländischer und bekannter chinesischer Künstler sind in dieser Galerie zu bestaunen. In der Lobby des modernen Gebäudes befindet sich ein lohnenswerter Antikshop. Freunde zeitgenössischer chinesischer Malerei sollten diese Galerie im Westen der Stadt auf gar keinen Fall verpassen.

红坊，淮海西路570号
12 [ai] **Red Town,** 570 Huaihai Lu, www.redtown570.com, Metro: Hongqiao Lu, Jiaotong University. Ein weiteres Zentrum bedeutender Kunstgalerien befindet sich auf dem Gelände einer ehemaligen Stahlfabrik mit Werkshallen aus rotem Backstein, daher der Name des Komplexes. Nicht verpassen sollte man hier den Shanghai Sculpture Space (www.sss570.com, Di.–So. 10–16 Uhr) mit mehr als 200 beachtenswerten Skulpturen internationaler und chinesischer Künstler. Das Minsheng Art Museum (ww.minshengart.com, Di.–So. 10–16 Uhr) ist eine weitere ausgezeichnete Anlaufstelle für zeitgenössische chinesische Kunst.

上海外滩美术馆，虎丘路20号
13 [K1] **Rockbund Art Museum,** 20 Huqiu Lu, Tel. 33109985, www.rockbundartmuseum.org, Di.–So. 10–18 Uhr, Eintritt 15¥, Metro: Tiantong Lu Linie 10. Im historischen Gebäude der Royal Asiatic Society, Chinas erstem öffentlichen Museum aus dem Jahr 1932, befindet sich heute eine Plattform für chinesische und internationale zeitgenössische Kunst. Neben regelmäßig wechselnden Ausstellungen finden im RAM auch interaktive Veranstaltungen und Workshops statt.

香格纳画廊，莫干山路50号16号楼
14 [cg] **ShanghART,** Bldg. 16, 50 Moganshan Lu, www.shanghartgallery.com, Tel. 63593923, tgl. 10–18 Uhr. Ausstellungen moderner chinesischer Kunst des Schweizer Galeristen Lorenz Helbling. Dies ist eine der besten, international anerkannten Galerien für moderne Kunst von Künstlern aus Shanghai und Rest-China. Der Schweizer Besitzer Lorenz Helbling hat einige Zeit gebraucht,

Auf ins Vergnügen
Shanghai für Architektur- und Kunstfreunde

um seinen Ruf zu erlangen, mittlerweile ist er aber zur ersten Anlaufstelle für Bewunderer zeitgenössischer chinesischer Kunst in China und in Übersee geworden. Die Vertragskünstler haben alle an internationalen Ausstellungen teilgenommen und sind dabei, sich vom Stigma des chinesischen Malers zu lösen und unabhängige Künstler zu werden. Die meisten chinesischen Kunstwerke, die in Europa ausgestellt werden, kommen aus dieser Galerie. Es gibt oft Einzel- und Gruppenausstellungen, die gezeigten Arbeiten wechseln häufig.

沪申画廊, 中山东一路3号, 外滩3号, 3楼, 近广东路

🍵 **15** [K2] **Shanghai Gallery of Art,** 3/F, 3 Zhongshan Dong Yi Lu, Guangdong Lu, Tel. 63215757, www.shanghaigalleryofart.com, tgl. 11–19 Uhr. Zeitgenössische Kunst auf höchstem Niveau: Auf mehr als 1000 m² Austellungsfläche lassen sich Exponate bekannter chinesischer sowie internationaler Künstler bestaunen – der Ausblick auf den Huangpu ist inklusive.

上海万德画廊,
莫干山路50号4号楼A座204

🍵 **16** [cg] **Vanguard Gallery**, R204, Bldg. 4A, 50 Moganshan Lu, Tel. 62993523, Di.–Sa. 11–18 Uhr, www.vanguardgallery.com. Programm mit konsequent jungen chinesischen Nachwuchskünstlern.

◰ *Das Shanghai Museum* ❻
am People's Square

Shanghai für Kauflustige

Shanghai ist neben Hongkong DAS Einkaufsparadies in China. Riesige, hypermoderne Shoppingmalls entstanden in den vergangenen Jahren und ein Ende dieser Entwicklung ist noch nicht in Sicht. Turbulente Märkte und Einkaufsstraßen ziehen Chinesen und Ausländer gleichermaßen an. Das Angebot ist überwältigend und es findet sich für jeden das eine oder andere typisch chinesische Mitbringsel bzw. preiswerte neue Kleidungsstück.

Einkaufsmeilen

Shanghais Haupteinkaufsstraßen sind die von West nach Ost durch die Stadt verlaufenden **Huaihai Lu** [A5–J3] und **Nanjing Donglu** ❷. New York hat die 5th Avenue, London die Oxford Street, in Paris sind es die Champs Elysées und in Shanghai die schon zu Zeiten der ausländischen Konzessionen als **eine der belebtesten Einkaufsstraßen der Welt** geltende Nanjing Lu. Zwischen Bund und Jing'an Tempel reihen sich auf fünf Kilometern Boutiquen, Designerläden und exklusive Shoppingmalls dicht an dicht.

Tausende bunte Neonreklamen werfen ihr Licht am Abend auf den östlichen Teil der Nanjing Lu – die Nanjing Donglu – und eindrucksvolle Schaufenster locken Kauflustige zum Shoppen in die turbulente Fußgängerzone. Neben den großen Kaufhäusern und einer unüberschaubaren Anzahl an großen und kleinen Bekleidungsgeschäften gibt es neben Spezialgeschäften für Seide, Gold, Tee, Porzellan und andere Souvenirs aus Shanghai zahlreiche Restaurants, um sich zu erfrischen und zu stärken.

Nordöstlich des People's Square [I2] liegt an der Kreuzung Nanjing Lu und Xizang Lu der einst als eines der prachtvollsten Kaufhäuser der Gegend zählende altehrwürdige **No. 1 Department Store** (Kaufhaus Nr. 1, 830 Nanjing Donglu), früher „The Sun".

Ein Blick lohnt auch in den 1997 gleich nebenan als Dongfang eröffneten Ableger des No. 1 Department Store. Hier sollen täglich mehr als 3000 Angestellte auf 21 Stockwerken und 10.000 m² Verkaufsfläche bis zu 100.000 Kunden beraten und das Warenangebot unter das Volk bringen. Allein anhand dieser Zahlen bekommt man eine ungefähre Vorstellung davon, was den ahnungslosen Besucher auf der Nanjing Donglu gerade am Wochenende erwartet.

Die **Huaihai Lu** gilt als nobelste und teuerste Einkaufsmeile der Stadt. Viele Boutiquen fast aller international bekannten Modemarken und riesige Kaufhäuser locken Kauflustige auf den Abschnitt zwischen Shaanxi Lu und Xizang Lu. Dies ist der interessanteste Abschnitt der Huaihai Lu, hier bummelt man vorbei an edlen Schaufensterauslagen mit Luxuswaren aus aller Welt. Lohnenswert für Kleidung sind auch die vielen kleinen Geschäfte entlang der Maoming und Changle Lu.

Neben der Nanjing und Huaihai ist die **Sichuan Lu** [K1–3] eine weitere, besonders bei Einheimischen beliebte Einkaufsmeile. Wer es typisch chinesisch mag, ist hier genau richtig, denn in dieser Straße werden viele lokale Produkte sehr preiswert angeboten. Die neuesten Elektronikartikel in rauhen Mengen findet man hauptsächlich in den großen Malls in Xujiahui wie dem Pacific Digital Plaza oder Metro City.

Auf ins Vergnügen
Shanghai für Kauflustige

Shoppingmalls

Alle Shoppingmalls sind in der Regel von 10 bis 22 Uhr geöffnet.

港汇广场, 虹桥路1号
🔒17 [A6] **Grand Gateway Plaza**, Ganghuì Guangchang, 1 Hongqiao Lu, Tel. 64070111, www.grandgateway.com. Riesige Mall in Xujiahui mit entsprechend großem Warenangebot, Kino und zahlreichen guten Restaurants in den oberen Stockwerken.

伊势丹, 淮海中路527号
🔒18 [G3] **Isetan (1),** Yishìdan, 527 Huaihai Zhonglu, Tel. 53061111. Beliebte japanische Handelskette mit zwei Niederlassungen in ausgezeichneter Lage der Shoppingmeilen Nanjing und Huaihai Lu. In beiden Malls findet man Herren- und Damenbekleidung, Schuhe, Büroartikel, Kosmetika, alles für das Kind, Spielzeug und Haushaltswaren. Fast alle Kleidungsstücke tragen die Markenzeichen ausländischer Modehersteller, nur wenige sind hochwertige chinesische Produkte. Die Preise reichen von teuer bis sehr teuer. Eine weitere Filiale gibt es in der Westgate Mall:

伊势丹, 南京西路1038号, 近江宁路
🔒19 [F1] **Isetan (2),** Yishìdan, 1038 Nanjing Xilu, Jiangning Lu, Tel. 62721111.

东方商厦, 漕溪北路8号, 近虹桥路
🔒20 [A6] **Oriental Department Store**, 8 Caoxi Beilu, Ecke Hongqiao Lu, Tel. 64870000. Mall im Herzen Xujiahuis mit größtenteils chinesischen und einigen westlichen

Shoppingareale
Die wichtigsten Shoppingbereiche der Stadt sind im Kartenmaterial mit einer rötlichen Fläche markiert.

◹ *Konsumtempel:*
Grand Gateway Plaza in Xujiahui

Auf ins Vergnügen
Shanghai für Kauflustige

Modemarken und einem guten Sortiment an Haushaltswaren, Kosmetika, Schmuck und Uhren. Der Supermarkt im Kellergeschoss ist gut sortiert und bietet zudem eine große Auswahl an Schokolade, Kaffee und Spirituosen. In der obersten Etage befindet sich ein Fun Dazzle Kinderspielplatz.

太平洋百货，淮海中路333号，近黄陂南路

21 [H3] **Pacific Department Store,** 333 Huaihai Zhonglu, Huangpi Nanlu, Tel. 53068888. Der Pacific Department Store bietet alles für einen ausgiebigen Einkaufsbummel: Es gibt Food-Courts, hochwertige Markenkleidung, Kosmetika, eine Sportabteilung, Einrichtungsgegenstände, Kinderwagen ... Eine weitere Filiale befindet sich in der Hengshan Lu.

恒隆广场，南京西路1266号

22 [F1] **Plaza 66,** 1266 Nanjing Xilu, Tel. 62790910. Ein luxuriöser Konsumtempel mit entsprechenden Preisen. Neben Cartier, Dior und Lagerfeld ist in den vielen kleinen und exklusiven Shops alles vertreten, was in der Modeszene Rang und Namen hat. Das Plaza 66 ist zum gemütlichen Schaufensterbummel geeignet, da es hier aufgrund der recht hohen Preise nicht so überlaufen ist wie in vielen anderen Malls.

上海友谊商店，金陵东路68号

23 [K3] **Shanghai Friendship Store,** Youyì Shangdiàn, 68 Jinling Donglu, Tel. 63373555. Die „Freundschaftsläden" waren bis in die 1980er-Jahre die wichtigsten Einkaufsadressen für Ausländer. Auch heute noch lohnt der Besuch dieser Geschäfte, denn in ihnen werden viele Dinge in guter Qualität angeboten. Neben Tee, Schmuck und Kleidung gibt es hier jede Menge typisch chinesischer Souvenirs und Mitbringsel.

上海第一百货商店，南京东路830号

24 [I1] **Shanghai No. 1 Department Store,** Shànghǎi Shì Dìyī Baihuò Shangdiàn, 830 Nanjing Donglu, Xizang Nanlu, Tel. 63223344. Der berühmteste Department Store in Shanghai. Existiert bereits seit 1934.

正大广场，陆家嘴西路168号，近银城西路

25 [M2] **Super Brand Mall,** Zhèngdà Guangchang, Pudong, 168 Lujiazui Xilu, Ecke Yincheng Xilu, Tel. 68877888, www.superbrandmall.com. Die größte und modernste Mall in ganz Shanghai bietet viele erstklassigen Restaurants und Unterhaltungsmöglichkeiten. Es gibt kaum etwas, das man hier nicht finden kann.

时代广场，张杨路500号，近浦东南路

26 [fi] **Times Square,** 500 Zhangyang Lu, Ecke Pudong Nanlu, Tel. 58368888. Im Untergeschoss dieses Gebäudes findet neben Markenkleidung und Möbeln auch einen Supermarkt mit westlichen Lebensmitteln.

梅龙镇广场，南京西路1038号，近江宁路

27 [G1] **Westgate Mall,** 1038 Nanjing Xilu, Jiangning Lu, Tel. 62187878. Hier gibt es alles für das tägliche Leben und so gehört die Westgate Mall bzw. Meilongzhen auch bei Einheimischen zu einem der beliebtesten Einkaufszentren in Shanghai. Namhafte Firmen wie Häagen-Dazs, Giovanni Valentino oder Burberry sind hier vertreten. Das weitläufige Einkaufszentrum ist modern, aber auch mit vielen klassischen Elementen gestaltet. Die vorherrschende Farbe ist Orange, die gesamte Umgebung wirkt gemütlich und einladend.

Stoffmärkte

Zurzeit gibt es in Shanghai zwei große, auch bei Touristen sehr beliebte Stoffmärkte. Man kann hier mit den verschiedensten Stoffen, auch mit preiswerter Seide, seine Koffer und Reisetaschen füllen oder sich gleich an den unzähligen Verkaufsständen **individuelle Kleidungsstücke schneidern lassen.**

Beliebt bei Männern sind Hemden, Mäntel und Anzüge, bei Damen Kleider oder Hosenanzüge. Bei der Wahl der Stoffe sollte man sich beraten lassen und diese sorgfältig auswählen, es gibt **große Qualitäts- und auch Preisunterschiede.** Alles wird von den Schneidern nach Maß angefertigt und gerade wenn man Schwierigkeiten hat, aufgrund der Konfektionsgröße in den Malls etwas von der Stange zu finden, ist man auf den Stoffmärkten bestens aufgehoben. Am einfachsten ist es, wenn man ein passendes **Kleidungsstück** abgibt und es in einem anderen Stoff oder Farbe **kopieren lässt,** häufig reicht auch ein Foto. Die Perfektion der Kopien und die Qualität der Arbeit sind erstaunlich. Wer nur kurz in Shanghai ist, sollte gleich in den ersten Tagen seine Bestellungen aufgeben. Für einen Herrenanzug benötigen die Schneider in der Regel eine gute Woche, inklusive eventueller Änderungen nach der ersten Anprobe. Ein maßgeschneiderter Herrenanzug kostet auf den Stoffmärkten zwischen 800 und 1500¥, ein Hemd zwischen 60 und 120¥ je nach Qualität und Kleidergröße. Eine Anzahlung von 30–50% bei Aufgabe der Bestellung ist üblich. Auch wenn man nichts kaufen möchte, lohnt ein Ausflug wegen des bunten Treibens und der vielen Farben. Die Stoffmärkte sind hier zu finden:

十六铺服饰礼品区, 东门路168号
🛍28 [L4] **Shanghai Shiliupu Honqixiang Fabric Market,** 168 Dongmen Lu (in der Nähe des Yu Yuan)

南外滩轻纺面料市场,
陆家浜路399号
🛍29 [ei] **Shanghai South Bund Fabric Market,** 399 Lujiabang Lu (in der Nähe der Nanpu-Brücke), tgl. 9–18.30 Uhr

Souvenirs

Das Angebot an typisch chinesischen Souvenirs ist riesig. **Essstäbchen, Porzellan, Fächer, Lackwaren, Kalligrafien, Seide, Jade und Perlen, Antiquitäten und Teppiche** – die Menge an schönen Souvenirs ist nahezu unbegrenzt. Jeder wird in Shanghai etwas Passendes für sich oder die daheimgebliebenen Freunde und Verwandten finden. Bei Touristen dank der sehr guten Auswahl überaus beliebt ist das Viertel rund um den Yu Yuan.

Doch Vorsicht: Wenn man nicht aufpasst, kann man hier sehr leicht in einen Kaufrausch geraten!

逸居生活, 马当路159号新天地101单元,
近太仓路
🛍30 [H4] **Simply Life,** Unit 101, Xintiandi, 159 Madang Lu, Taicang Lu, Tel. 63875100, www.simplylife-sh.com, tgl. 10.30–22.30 Uhr. Gut sortierte Auswahl an Keramiken, Porzellan, Einrichtungsgegenständen und vielen weiteren wunderschönen Geschenkartikeln.

豫园市场, 安仁路218号,
在豫园内
🛍31 [K4] **Yu Yuan Market,** 218 Anren Lu, im Yu Garten ⓲

Auf ins Vergnügen
Shanghai für Kauflustige

Seide

Stoffgeschäfte findet man in der gesamten Stadt. Die Filialen des „Silk King" führen Seiden-, Leinen-, Woll- und Kaschmirstoffe von guter bis sehr guter Qualität.

真丝大王, 南京东路588号
🔒32 [K1] **Silk King**, Zhensi Dà Wáng, 588 Nanjing Donglu, www.silkking.com. Seidenstoffe und Kleidungsstücke hoher Qualität in allen denkbaren Mustern und Farben. Mehrere Filialen in der Stadt.

Perlen

Perlen kann man in China generell und damit natürlich auch in Shanghai zu einem günstigen Preis erstehen. Es gibt viele gute Perlengeschäfte in der ganzen Stadt.

艾敏林氏珠宝
🔒33 [H1] **Amylin's Pearls & Jewelry**, Aimi Lin Shi Zhu Bao, Tel. 13916313466, www.amypearl.com. Bei Amylin gibt es Salzwasser- und Süßwasserperlenschmuck, Ketten, Arm- und Fußkettchen, Ohrringe und Ringe in allen denkbaren Variationen, Farben und Formen. Dabei ist alles recht preiswert. Man kann sich auch Schmuck nach eigenen Ideen anfertigen lassen. Und falls man eine Qualitätsgarantie haben möchte: Die Fotos an den Wänden belegen, dass Amylin bereits an fast jeden hochrangigen Politiker, der China besucht hat, etwas verkauft hat. Es gibt gleich mehrere Amylin's Pearls Filialen in der Stadt:

艾敏林氏珠宝, 南京西路580号,
韩城3楼30号
🔒34 [H1] **Amylin's Downtown Store**, 3/F, Fen Shine Fashion & Accessories Plaza, 580 Nanjing Xilu, Tel. 52282372, tgl. 10–20 Uhr

老凤祥银楼, 南京东路432号
🔒35 [J1] **Lao Feng Xiang**, Lao Fèng Xiáng Yínlóu, 432 Nanjing Donglu, Tel. 64833388, www.laofengxiang.com, tgl. 10–21.30 Uhr

上海珍珠城, 南京东路558号
🔒36 [J1] **Pearl City**, 558 Nanjing Donglu, und:

虹梅路3721号, 近延安路
🔒37 **Hongqiao International Pearl City**, 3721 Hongmei Lu. Zahlreiche kleine Shops mit großer Auswahl.

珍珠村, 亚一金店3楼, 福佑路288号
🔒38 [K3] **Pearl Village**, Zhenzhu Cun, 288 Fuyou Lu, Yayi Jindian, 3/F, Nánshì, Tel. 63553418

Tee

黄山茶叶店, 淮海中路605号
🔒39 [G3] **Huangshan Tea Company**, Huángshan Cháyè Diàn, 605 Huaihai Zhonglu, Tel. 53062258. Große Auswahl an Teesorten und klassischen chinesischen Teeservice.

天山茶城, 中山西路518号
🔒40 [ah] **Tian Shan Tea City**, 518 Zhongshan Xilu, tgl. 9.30–20.30 Uhr, Metro: Linie 3 Yan'an Xilu. Riesiger Komplex mit mehr als 150 Läden, die alle Arten an Tee aus fast allen Provinzen von Anhui bis Zhejiang anbieten. Hier bekommt man auch den berühmten grünen Longjing-Tee.

▷ *Reichlich Auswahl: Frischer Fisch und Meeresfrüchte im Carrefour*

Supermärkte, Lebensmittel

Kleinere Supermärkte der Ketten C-Store (喜士多), Kedi (可的), Lawson (罗森), Alldays (好德) und einige andere findet man in Shanghai an fast jeder Straßenecke. Dort bekommt man alles für den alltäglichen Bedarf, und das sehr preiswert. Neben Getränken und chinesischen Lebensmitteln gibt es auch die notwendigen Hygieneartikel. Die meisten dieser Läden sind **täglich 24 Stunden geöffnet** und bieten auch einige einfache, warme Gerichte. Hält man sich länger in Shanghai auf, wird man diese kleinen Shops schnell kennen- und schätzen lernen. Für den Einkauf von Obst und Gemüse empfiehlt es sich, auch einmal einen Markt aufzusuchen (siehe „Märkte"). Das gilt auch für frischen Fisch und frisches Fleisch. Und nicht vergessen: Auf Märkten wird auch in Shanghai immer gehandelt!

In Shanghai muss man aber auch nicht auf **westliche Produkte** verzichten. Natürlich sind diese Produkte häufig teurer als zu Hause, aber trotzdem noch erschwinglich. Um ausländische Produkte in großer Vielfalt zu kaufen, sind folgende Supermärkte zu empfehlen:

Carrefour

Carrefour (sprich: Jialèfú) ist eine französische Supermarktkette mit einer ausgezeichneten Auswahl an ausländischen und auch hervorragenden chinesischen Produkten (www.carrefour.com.cn). Sehr große und günstige Obst- und Gemüsetheke, frischer Fisch und frisches Fleisch. Es gibt eine gute Auswahl an einheimischen und importierten Weinen! Außerdem findet man zusätzlich viele Haushaltsartikel, elektronische Geräte und Spiel- und Schreibwaren. Carrefour-Filialen gibt es gleich mehrmals in Shanghai, hier eine repräsentative Auswahl:

家乐福, 武宁路20号
🔒41 [bg] **Carrefour (1),** 20 Wuning Lu,
9–22.30 Uhr

家乐福, 曲阳路560号
🔒42 **Carrefour (2),** 560 Quyang Lu,
9–22 Uhr

家乐福, 水城南路268号
🔒43 **Carrefour (3),** 268 Shuicheng Nanlu,
Yan'an Xilu, 8.30–22.30 Uhr

Parkson

Bei Parksons handelt es sich um eine Supermarktkette aus Neuseeland mit gutem Sortiment an Importwaren und westlichen Lebensmitteln.

百盛购物中心, 淮海中路918号
🔒44 [F3] **Parkson,** 918 Huaihai Zhonglu,
Tel. 64156384

Lotus

Große Auswahl an chinesischen Produkten: Nahrungsmittel, Kleidung, Schuhe und sogar preiswerte Fahrräder findet man hier.

卜蜂莲花, 吴中路1172-1218号
🛍**45 Lotus (1)**, Chang Fa Filiale, 1172-1218 Wuzhong Lu

卜蜂莲花, 正大广场陆家嘴西路168号
🛍**46** [M2] **Lotus (2)**, Super Brand Mall, B1-2, 168 Lujiazui Xilu

City Supermarket

Hier findet man die vermutlich größte Auswahl an importierten Lebensmitteln in Shanghai. Sehr viele deutsche Produkte, von Joghurt bis Schokolade, Keksen usw. Auf Wunsch mit Lieferservice.
> www.cityshop.com.cn

城市超市, 南京西路1376号, 上海商城
🛍**47** [E2] **City Shop**, Shanghai Center Shop, 1376 Nanjing Xilu, 8-22.30 Uhr

城市超市(日月光广场店), 黄浦区徐家汇路618号日月光中心广场B1楼
🛍**48** [F6] **City Shop (2)**, SML Shop, B1, Sun Moon Light Center Square, 618 Xujiahui Lu, 10-22 Uhr

城市超市, 虹梅路3211号
🛍**49 City Shop (3)**, Hongmei Shop, 3211 Hongmei Lu, 8-22 Uhr

Metro

Um in den Filialen der bekannten deutschen Kette für den Großhandel einkaufen zu können, benötigt man einen Ausweis, der aber sehr einfach zu bekommen ist. Meist reicht es, wenn man als Ausländer seinen Pass und eine Visitenkarte mitbringt. Metro gibt es mehrmals:

麦德龙, 顾戴路80号
🛍**50 Metro (1)**, 80 Gudai Lu, 9-22 Uhr

麦德龙, 真北路1425号
🛍**51 Metro (2)**, 1425 Zhen Beilu, 9-22 Uhr

Bäckereien

Leckere Brote, Baguettes, Kuchen und Torten für bestimmte Anlässe gibt es u.a. in den zahlreichen in der Stadt verteilten Filialen von **Croissants de France** oder der **Bastiaan Bakery & Café**:

荷式面包房, 虹梅路3338弄18号
🛍**52 Bastiaan Bakery & Café**, No. 18, 3338 Hongmei Lu, Tel. 64658022, www.bastiaanbakery.com.cn

可颂坊, 新闸路1888号
🛍**53** [D1] **Croissants de France Café & Bistro (1)**, 1888 Xinzha Lu

可颂坊, 田林东路570号, 靠近钦州路
🛍**54** [aj] **Croissants de France Café & Bistro (2)**, 570 Tianlin Donglu, Qinzhou Lu

可颂坊, 陆家嘴环路1382号, 近东方明珠
🛍**55** [M2] **Croissants de France Café & Bistro (3)**, 1382 Lujiazui Huan Lu, Oriental Pearl Tower

可颂坊, 华山路2068号
🛍**56** [A5] **Croissants de France Café & Bistro (4)**, 2068 Huashan Lu

Bekleidung

Modische Bekleidung bekommt man in allen Preislagen und Qualitäten, in Nobelboutiquen internationaler Designer, in Kaufhäusern und auf den Kleider-

Shoppen auf Reisen – die Rechtslage

*Auch wenn die Versuchung gerade in Shanghai riesengroß ist: Bei der Einfuhr nach Deutschland darf der **Warenwert** der „Urlaubsmitbringsel" 430 € nicht überschreiten.*

Darüber hinaus hat die Einfuhr von Waren mit höherem Wert nach der Einreisefreimengenverordnung geregelte strafrechtliche Auswirkungen für den Reisenden, da die Verwendung für den privaten Eigengebrauch dann nicht mehr eindeutig nachzuweisen ist.

*Wird man bei der **Einfuhr gefälschter Markenprodukte** erwischt, wird der Zoll diese Artikel entweder beschlagnahmen oder eine Einfuhrverzollung in der Höhe des Werts des Originalprodukts verlangen. Zudem können Bußgelder oder bei größeren Mengen Gefängnisstrafen verhängt werden. Kauft man bewusst Piraterieprodukte, drohen weiterhin rechtliche Schritte durch den Schutzrechteinhaber wie Abmahnungen, Schadensersatzforderungen und Strafverfahren.*

märkten. Aber ab Größe 40 bei Frauen wird es schwer, das passende Stück zu finden, und ab Größe 56 wird es bei Männern schwierig. Als individuelle Alternative bieten die Schneider ihre (preiswerte!) Kunst an (siehe „Stoffmärkte"). Die Auswahl an Schuhen in kleinen Größen ist groß, die Preise sind günstig, die Qualität aber leider nicht durchweg gut. Damenschuhe findet man nur bis Größe 39, ab Größe 44 gibt es keine Herrenschuhe mehr. Die großen Kaufhäuser führen importierte Markenschuhe und -kleidung zu entsprechenden Preisen. Auf den Kleidermärkten kann man günstige Stücke erwerben – handeln nicht vergessen!

金粉世家, 泰康路210弄3号110室, 近思南路

🔒57 [G5] **Feel Shanghai,** Shop 110, No. 3 Lane 210, Taikang Lu, Sinan Lu, tgl. 10–19.30 Uhr. Hier bekommt man auf zwei Ebenen hochwertige Qipaos, traditionelle chinesische Damenkleidung und eine gute Auswahl an hochwertigen Stoffen.

中国亚太新阳, 世纪大道2000号, 地铁2号线上海科技馆站内

🔒58 [fj] **Shanghai A. P. Xinyang Fashion & Gifts Market,** 2000 Shiji Dadao, Metro: Line 2, Shanghai Science & Technology Museum. Hier in der U-Bahn-Station der Linie 2 findet man neben unzähligen Boutiquen mit preiswerter Kleidung auch das ganze Sortiment an „DVDs, Bags and Watches", das früher den Xiang Yang bzw. „Fake Market" so berühmt machte.

H&M, 陆家嘴西路168号, 正大广场, 迁富城路

🔒59 [M2] **H&M,** Super Brand Mall, 168 Lujiazui Xilu, Fucheng Lu, 10–22 Uhr, Metro: Line 2, Lujiazui. Große Auswahl an modischer Bekleidung, Taschen und Accessoires für die ganze Familie.

新七浦服装市场, 七浦路

🔒60 [eh] **Xin Qipu Costume Market,** Qipu Lu, Metro: Linie 3, 4 Baoshan Lu. „Cheap-ooh-Looh!!!" An der bei der Shanghaier Bevölkerung als „Cheap Road" bekannten Qipu Lu befinden sich etliche Läden riesige Shoppingmalls, die preiswerte und preiswerteste Kleidung, Schuhe und Accessoires – darunter natürlich viele Fakes – anbieten. Shopper, die den penetranten Verkäufern und Gewühle widerstehen, finden hier garantiert ein Schnäppchen. Vorsicht vor Taschendieben!!!

Bücher, Stadtpläne

韬奋西文书局，长乐路325号
🔒**61** [F3] **Garden Books,** 325 Changle Lu, Tel. 54048728, www.gardenbooks.cn, tgl. 10–22 Uhr. Gute Auswahl an englischsprachigen Büchern, samt Spielecke für Kinder und kleinem Café.

汉源书屋，绍兴路27号
🔒**62** [F5] **Old China Hand Reading Room,** Hànyuán Shuwu, 27 Shaoxing Lu, Tel. 64732526, Mo.–Fr. 12–2 Uhr, Sa. u. So. 11–24 Uhr. Gemütliches Kaffeehaus und Bibliothek unter einem Dach.

上海书城，福州路465号
🔒**63** [J2] **Shanghai Book Mall,** Shànghǎi Shū Chéng, 465 Fuzhou Lu, Tel. 63914848, tgl. 9.30–21.30 Uhr. Riesige Mall mit Büchern, Landkarten, CDs und DVDs auf acht Etagen. Viele englischsprachige Bücher. Zwei weitere Filialen in der 345 Nanjing Donglu und 701 Huaihai Zhonglu.

上海古籍书店，福州路424号
🔒**64** [J2] **Shanghai Chinese Classics Bookstore,** Shànghǎi Gují Shūdiàn, 424 Fuzhou Lu, Tel. 63517745, tgl. 9.30–18 Uhr, Metro: Linie 2, Henan Lu. Hier findet man eine große Auswahl traditioneller chinesischer Werke.

上海外文书店，福州路390号
🔒**65** [J2] **Shanghai Foreign Language Bookstore,** Wàiwén Shūdiàn, 390 Fuzhou Lu, Tel. 23204994, www.sbt.com.cn, Mo.–Fr. 9.30–18 Uhr, am Wochenende bis 19 Uhr. Die erste Adresse in der Stadt mit englischen Büchern, Landkarten und Stadtplänen. Im Erdgeschoss findet man viele Karten und Bücher über China, im 4. Stock eine große Auswahl an englischsprachigen Büchern. Es gibt weitere Filialen in Gubei (SBT Bookstore, 71 Shuicheng Nanlu), Xujiahui (50 Hongqiao Lu) und an der Huashan Lu zwischen Hilton und Equatorial Hotel.

CDs und DVDs

平武路115号，近幸福路
🔒**66** [A3] **Uptown Record Store,** 115 Pingwu Lu, Tel. 62238368, http://uptownchina.com, tgl. 14–21 Uhr. Kleiner Laden mit einer großen Auswahl an Musik auf Vinyl.

徐汇区建国西273-6号，近向阳路
🔒**67** [E5] **Hollywood CD DVD Store,** 273-6 Jianguo Xilu, Tel. 64664153, tgl. 10–24 Uhr. In den Regalen findet man westlichen und chinesischen Pop und Rock sowie klassische Musik und zahlreiche DVDs.

Sportartikel und -bekleidung

迪卡侬，仙霞西路88号，近剑河路
🔒**68** **Decathlon,** 88 Xianxia Xilu, Jianhe Lu, Tel. 62385511, tgl. 10–22 Uhr. Große Auswahl an Sportbekleidung und Sportschuhen auch in für Europäer gängigen Größen.

Elektronikartikel

美罗城，肇家浜路1111号
🔒**69** [A6] **Metro City,** 1111 Zhaojiabang Lu. Die größte Auswahl an Elektronik- und Computerartikeln in Shanghai. Im Untergeschoss befindet sich zudem ein riesiger Food-Court.

Shanghai für Kauflustige

EXTRATIPP

CD-Shop

🔒74 [E3] **CD-Shop**, Block A, Lane 44 Xinle Lu, Tel. 15021697425. In der Xinle Lu befindet sich ein kleiner, aber feiner Laden mit einer guten Auswahl an westlichen CDs, DVDs und Computersoftware in guter Qualität zu fast unschlagbaren Festpreisen.

太平洋数码广场, 肇家浜路1117号, 近漕溪北路

🔒70 [A6] **Pacific Digital Plaza**, 1117 Zhaojiabang Lu, Caoxi Beilu, Tel. 54905900, tgl. 10–20 Uhr. Riesiger und hektischer Elektronikmarkt. Im Erdgeschoss gibt es Computer, Laptops und Computerzubehör in unvorstellbaren Mengen und von allen gängigen Herstellern. In den Shops der oberen Stockwerke findet man unzählige Mobiltelefone, Kameras, MP3-Player und mehr. Die Preise sind in der Regel denen in Europa ähnlich, obwohl man auch das eine oder andere Schnäppchen machen kann.

Antiquitäten

东台路古董市场, 东台路, 近吉安路

🔒71 [I4] **Dongtai Lu Antique Market**, Dōngtáilù Shìchǎng, Dongtai Lu, Ji'an Lu. Großer Antikmarkt. Jede Menge antiker Originale, natürlich auch Fälschungen, Porzellan und Tonwaren. Ein Besuch lohnt insbesondere am späten Nachmittag, dann sind die meisten Touristen schon wieder weg und es lässt sich wesentlich entspannter über den Markt schlendern.

▷ *Auf dem Dongtai Lu Antique Market*

福佑路市场, 福佑路225号, 近安仁路

🔒72 [K4] **Fuyou Lu Market**, 225 Fuyou Lu, Anren Lu, tgl. 10–20 Uhr,

上海文物商店, 广东路192–246号

🔒73 [K2] **Shanghai Antique and Curio Store**, Shanghai Wenwu Shangdian, 192–246 Guangdong Lu, Tel. 63215868, tgl. 9–17 Uhr. In einem der etabliertesten und größten staatlich geführten Antiquitätenläden im Stadtzentrum findet man eine große Auswahl an Holzschnitzereien, Porzellan, Jade, Kalligrafien, antiken Möbeln und vielen anderen Souvenirs.

Märkte

Liebhaber von Antiquitäten sollten den **Dongtai Lu Antique Market** (s. l.) an der Dongtai Lu in der Nähe der Liuhekou Lu besuchen. Neben antiken oder auf antik getrimmten Kommoden, Schränken und vielen anderen Möbeln findet man Buddhastatuen aus Jade, Bilder aus der Mao-Zeit, Porzellan, Holzschnitzereien und viele andere „antike" Souvenirs.

> **EXTRATIPP**
>
> **Tongchuan Fisheries Market**
>
> 铜川路水产市场,
> 上海市铜川路800号
>
> Auf dem **Tongchuan Fisheries Market** kann man sich die maritimen Köstlichkeiten in den Garküchen auf der oberen Etage sogleich zubereiten lassen und verspeisen – wohl eine der preiswertesten und originellsten Möglichkeiten, in Shanghai frischen Fisch zu genießen. Adresse: 800 Tongchuan Lu, Tel. 62546989, Fax 62570973, www.tcfishery.com.

Gleich gegenüber an der Xizang Lu befindet sich ein **Vogel- und Blumenmarkt** mit vielen Pflanzen, Vögeln und etlichen anderen kleinen Haustieren. Der **Basar rund um den Yu Yuan** ⓯ lässt das Herz eines jeden Kauflustigen höher schlagen. Hier bekommt man neben typischen Souvenirs wie Essstäbchen, mit chinesischen Schriftzeichen kunstvoll bemalten Fächern, geschnitzten Masken und Figuren, Tee, Kunsthandwerk sowie etlichem Krimskrams eigentlich alles, was man den daheimgebliebenen Freunden und Verwandten mitbringen und natürlich auch selbst als Erinnerung an die Reise behalten möchte.

Die **Preise** auf den Märkten **sind Verhandlungssache.** Handeln gehört auf chinesischen Märkten zum Geschäft und daher sollte man niemals gleich das erste Preisangebot annehmen. Häufig lässt sich der Preis um mehr als 50 % herunterhandeln. Und bei gefälschten Markenprodukten (s. S. 47) ist es häufig noch mehr.

Auch wer hier nichts kaufen möchte, sollte einmal einen der **Lebensmittelmärkte** besuchen, von denen es in jedem Viertel der Stadt wenigstens einen gibt. Diese vielfach in riesigen Markthallen untergebrachten Märkte sind für den westlichen Besucher nicht zuletzt wegen der fremden Gerüche – gerade in den heißen Sommermonaten können Fisch und Fleisch jedoch für ein spezielles Geruchserlebnis sorgen – und Geräusche ein interessantes und einmaliges Erlebnis. Auf den Märkten erlebt man **chinesischen Alltag hautnah.** Überall wird lautstark um den besten Preis gefeilscht, es ist eng, exotisch und nicht nur für Hobbyfotografen gibt es hier unglaublich viel zu entdecken. Die interessantesten Märkte sind die **Fischmärkte.** An diesen Orten sollte man unbedingt festes und strapazierfähiges Schuhe tragen, da die Fußböden oft verschmutzt und nass sind!

Es ist schon seit langer Zeit kein großes Geheimnis mehr, dass China ein **Paradies für Produktpiraten** und Käufer dieser nachgemachten Luxusgüter ist. Gefälschte Markenuhren, deren Qualität häufig gar nicht so übel ist, sind in Shanghai ebenso an fast jeder Straßenecke erhältlich wie nachgemachte Markenkleidung, Handtaschen, Zigaretten oder DVDs.

Kaum hatte der weit über die Grenzen Chinas hinaus bekannte und unter Ausländern schon fast legendäre Xiang Yang bzw. „Fake Market" seine Tore im Sommer 2006 geschlossen – offiziell wollte man etwas gegen die Produktpiraterie tun und benötigte das Gelände für neue Bürogebäude –, wurde an anderen Orten das äußerst ertragreiche Geschäft fortgeführt. Schon wenig später entstanden Märkte wie der Shanghai A. P. Xinyang

Fashion & Gifts Market (s. S. 47) in einer U-Bahn-Station („Shanghai Science and Technology Station", Linie 2) in Pudong mit mehr als 200 kleinen Läden, von denen viele schon auf dem oben genannten Xiang Yang einen Stand hatten, oder der Fashion Market in Puxi an der 580 Nanjing Xilu.

Wer länger in Shanghai lebt, wird auf den Kauf bestimmter Produkte für den persönlichen Bedarf nicht verzichten können oder wollen. Die meisten der auf den Märkten verkauften nachgemachten Kleidungsstücke beispielsweise sehen relativ hochwertig aus, haben eine für den Preis akzeptable Qualität – und man sieht jeden zweiten Shanghaier mit ihnen durch die Straßen laufen. Man findet auf diesen Märkten neben nachgemachten Puma-Sportschuhen, Handtaschen von Prada, Oakley-Sonnenbrillen oder Boss-Krawatten auch alle anderen nur denkbaren Fälschungen international bekannter Marken.

Man sollte beim Kauf und der Einfuhr dieser Artikel und anderer Souvenirs nach Deutschland oder der EU aber auch immer den volkswirtschaftlichen Schaden sowie die **strafrechtlichen Konsequenzen berücksichtigen** (s. S. 47). Zudem kann ein Bummel über diese Märkte in einem Spießrutenlauf enden und ist nicht immer ein Vergnügen. „Look look" oder „watches", „bags, bags" oder „DVDs" „many many" tönt es einem von allen Seiten entgegen. Geschäftstüchtige Chinesen versuchen ziemlich penetrant und mit allen (legalen) Mitteln, potenzielle Kunden an ihren Stand zu locken. Man sollte sich von der Hektik daher nicht beirren lassen, in Ruhe über den Markt schlendern und alle Waren genau begutachten und vergleichen.

Shanghai für Genießer

Schlemmen, schlemmen und noch mehr schlemmen! Die Restaurantszene in Shanghai ist mittlerweile schon fast unüberschaubar vielfältig, die Stadt ein wahres Eldorado für Gourmets und Gastronomen. Neben den Tausenden einheimischen, dazu äußerst preiswerten und meistens sehr guten Restaurants, Straßenständen und Garküchen der mannigfaltigen chinesischen Küchen, sind bis hin zu luxuriösen Gourmettempeln, in denen ein Dinner schnell mal den Monatslohn eines durchschnittlich verdienenden Chinesen kosten kann, alle kulinarischen Spielarten in der Stadt vertreten.

Auch Reisende, die den chinesischen oder asiatischen Küchen nichts abgewinnen können, werden in Shanghai nicht verhungern oder verdursten. Denn es gibt (fast) keine ausländische Küche, die in der Stadt nicht anzutreffen ist. Neben italienischen, französischen oder deutschen Restaurants – in Shanghai bekommt man auch Bratwürste und Schnitzel – sind natürlich auch alle bei uns üblichen internationalen **Fast-Food-Ketten** zahlreich vertreten. Die Preise liegen hier (abgesehen vom preiswerteren McDonald's) annähernd auf europäischem Niveau.

Eine hohe Konzentration an Restaurants, die verschiedene chinesische Küchen bieten, findet man in den **Essmeilen** Zhapu Lu [eh], Dagu Lu [G2–H3] und an den bekannteren Straßen Yunnan Nanlu [J3] und Huanghe Lu [I1]. Die Huarghe Lu ist bekannt für ihre Seafood-Restaurants und aufgrund der Nähe zum People's Square auch bei Touristen sehr beliebt.

Auf ins Vergnügen
Shanghai für Genießer

Seit einigen Jahren sprießen **japanische Teppanyaki-Restaurants** wie Pilze aus dem Boden. Auf einer großen Stahlplatte (Teppan) werden die Gerichte direkt vor den Augen der Gäste zubereitet. In den meisten dieser Restaurants gibt es ein „All you can eat and drink"-Angebot für ungefähr 200 Yuan. Neben Sushi (als Vorspeise), Fisch und Meeresfrüchten gibt es viele andere asiatische und auch europäische Gerichte wie Nudeln, verschiedene Gemüsesorten, Würstchen und Filetsteak. Alle Softdrinks und auch alkoholische Getränke wie Saké, Wein und Bier sind im Preis inbegriffen. Ein Abend im Teppanyaki-Lokal kann ein durchaus geselliges Erlebnis sein, sitzt man doch teilweise mit bis zu 20 anderen Gästen an einem Tisch. Populär sind die Restaurants der Tairyo-Kette, gerade an den Wochenenden sollte man aber rechtzeitig reservieren

Gaumenfreuden in der Altstadt

Wer auf eine kulinarische Entdeckungsreise gehen möchte, sollte eines der unzähligen, hier nicht weiter genannten kleinen chinesischen Restaurants besuchen. Einen Großteil davon gibt es abseits der Touristenzentren. Ist der Laden gut besucht, kann man sicher sein, dass auch das Essen von guter Qualität ist. Auch wer kein Chinesisch spricht, wird mit der Sprachhilfe (siehe Anhang) in diesem Cityguide weder verhungern noch verdursten.

In China **geht man grundsätzlich früher essen**, als es die meisten Ausländer gewohnt sind. Das Mittagessen wird gegen 12 Uhr eingenommen, zu Abend wird gegen 18 Uhr gegessen. Geht man also erst gegen 20 Uhr in ein Restaurant, sind die meisten Chinesen schon wieder weg.

Trinkgelder sind in China **nicht üblich** und rufen auch in Shanghai immer noch häufig Verwunderung hervor. Allerdings hat es sich bei Touristengruppen eingebürgert, Trinkgelder in gehobenen Hotels und Restaurants zu geben.

Typische Gerichte – oder: was man unbedingt probieren sollte

Jiaozi (Dumpling) 饺子

Wer Jiaozi nie gegessen hat, kann eigentlich nicht behaupten, jemals in China gewesen zu sein. Jiaozi bedeuten den Chinesen mehr als den Franzosen das Baguette oder den Bayern die Schweinshaxe, sie sind **ein Teil chinesischer Kultur und Nationalgericht**. Die im ganzen Land berühmten **Teigtaschen mit Fleisch- oder Gemüsefüllung** sind als ein traditionelles Nahrungsmittel fast überall zu bekommen, aber auch bei feierlichen Anlässen ein unverzichtbarer Bestandteil des Festmenüs.

Jiaozi **symbolisiert in China Harmonie** und ist bei Familientreffen wie zum chinesischen Neujahr ein Muss. Sie werden mit großer Hingabe zubereitet. Die Füllung aus Fleisch und Gemüse wird zunächst mit einem Messer zerhackt und mit einem Teelöffel auf die vorbereiteten Teigtaschen gelegt. Diese werden dann, indem man die Ränder gut zusammendrückt, zu einer Tasche geformt, die in vielen Landesteilen die Form einer Mondsichel hat. Die gefüllten Teigtaschen werden nun in einen großen Topf mit kochendem Wasser gegeben. Um ein Aufplatzen zu verhindern, wird mehrmals kaltes Wasser nachgefüllt. Die Jiaozi können serviert werden, wenn sie nach erneutem Kochen des Wassers an die Oberfläche steigen. Leider findet man Jiaozi heute auch als Tiefkühlware in vielen Supermärkten und daher wird auf die herkömmliche, traditionelle Herstellung häufig nicht mehr allzu großer Wert gelegt, wenn es einmal schnell gehen muss. Jiaozi dippt man in verschiedene Soßen auf Essig-Grundlage.

Baozi 包子

Neben Jiaozi sind Baozi ein weiteres chinesisches Nationalgericht. Auch diese Köstlichkeiten bekommt man sehr preiswert an vielen Straßenständen in Shanghai. Es handelt sich um mit Zutaten wie Gemüse, Fleisch oder Fisch **gefüllte Klöße aus Hefe- oder Reisteig**, die bereits zum Frühstück und den ganzen Tag über gegessen werden. Die gefüllten Klöße werden in einem Korb aus Bambus gedämpft.

Hot Pot 火锅

Hot Pot (Huǒ Guō) ist das **chinesische Pendant zum Fondue** und wird – wie bei uns das Fondue – am liebsten in geselliger Runde mit Freunden oder der Familie gegessen. Hot Pot gibt es in vielen Variationen: In einem Topf mit einer kochenden Suppe wird Fleisch, Fisch und Gemüse innerhalb kürzester Zeit gekocht. Wenn es irgend möglich ist, sollte man sich dieses Gemeinschaftserlebnis nicht entgehen lassen. Hot-Pot-Restaurants gibt es zahlreich in ganz Shanghai. Beliebt sind u. a. die Filialen der Kette **Hot Pot King** (来福楼, Lái Fú Lóu), z.B. auf der 1416 Huaihai Zhonglu (淮海中路1416号).

Weitere Spezialitäten

› **Xiao Long Bao:** Kleine, gedämpfte Teigtaschen mit Schweinefleisch oder Garnelen gefüllt. Sie unterscheiden sich von Baozi durch ihre geringere Größe mit mehr Füllung und weniger Teig. Die Füllung schwimmt in einer Suppe, die man beim Verzehren mit dem Löffel auffängt. Unbedingt einmal im Nanxiang Steamed Bun (s. S. 155) kosten.

Shanghai Crab – der „Große-Schleuse-Krebs"

*Herbstzeit bedeutet in Shanghai Krabbenzeit. Nicht nur in Shanghai eine Delikatesse ist der **grau-grüne Krebs mit den behaarten Beinen aus dem See Yangshenhu** bei Kunshan. Die Saison dieser Krustentiere dauert von September bis Dezember. Anderthalb Stunden von Shanghai entfernt liegt der See, der als einer der saubersten Chinas gilt und aus dem Fischergenerationen seit dem 12. Jahrhundert die Krebse hervorholen – oder an seinen Ufern züchten. Gerade einmal zwei Meter tief ist das Wasser, da kann man auf den Grund schauen und die Krabbe in die Sonne.*

*Allein auf der kleinen Insel Lianhu, der Lotos-Insel, leben 200 Familien allein davon, das Tier zu fischen oder in Ufernähe zu züchten. Sie verkaufen es auf dem Markt „Xie Wang" (= „Krabbenkönig") in Yangshenhu-Stadt. Bis vor 25 Jahren ernährten sich nur die Fischerfamilien von dem reichhaltigen Vorkommen dieser Süsswasserkrebse im See, dann wurden die Tiere plötzlich **als Delikatesse entdeckt** – mittlerweile sind sie im ganzen Land äußerst begehrt und werden sogar in vielen Metrostationen an Automaten verkauft. Der Name dieser bis zu einem Pfund schweren Krebstiere geht auf eine alte Fangmethode mit Strohschleusen zurück.*

*In guten Restaurants wählen Gourmets die Tiere aus kleinen Aquarien. Anschauen müssen sie einen, daran erkenne man die besten Krabben. Im Jahr 2002 sollen 100.000 Tonnen **gefälschte Krabben** (Ware mit dem Aufdruck „Yangcheng Lake") verkauft worden sein. Aus dem Yangshenghu wurden damals jedoch gerade einmal 1500 Tonnen gefischt. Nach einem Bericht der Zeitung „China Daily" wurden gefälschte Delikatesskrabben mit völlig überhöhten Schadstoffwerten zuletzt sogar vor dem ersten Fang angeboten.*

*Die **Nachfrage ist enorm** und so werden die echten Krabben aus dem Yangshenhu immer seltener. Mittlerweile werden „echte Yangshenhu-Krabben" **aus den Niederlanden importiert.** 1912 tauchte die Krabbe im Rhein an der deutsch-holländischen Grenze auf als ungewolltes Mitbringsel aus dem Ballastwasser von Schiffen, die zuvor im Yangzi vor Anker gegangen waren. Seitdem wird das kostbare Tier von Chinesen in den Niederlanden gezüchtet, weil sie auch fern der Heimat nicht auf ihr Herbstgefühl verzichten möchten. Die Krebse zu verzehren verlangt eine ausgefeilte Technik, die man sich von Einheimischen erklären lassen sollte. Der Kilopreis liegt mittlerweile bei über 100 US$.*

› **Mantou:** Ein weiches, weißliches Dampfbrötchen aus Weizenmehl, Wasser und Hefe ohne Füllung, das insbesondere in Nordchina und Taiwan vorzugsweise zum Frühstück gegessen wird.

› **Jiao Huazi Ji (Bettlerhuhn):** Ein ganzes Huhn, eingewickelt in Lotosblätter, das in einem Lehmmantel über offenem Feuer zubereitet wird.

› **Ba Bao Ya:** Knusprig gebratene Ente gefüllt mit acht Köstlichkeiten.

Chinas Küchen

Die chinesische Küche ist weltweit eine der vielfältigsten. In jeder Provinz gibt es geschmackliche Besonderheiten, typische Gewürze und Zutaten. Häufig spricht man von vier großen chinesischen Küchen: der Shanghai-Küche im Osten, der südlichen Kanton-Küche, der Sichuan-Küche im Westen und der Beijing-Küche im Norden des riesigen Landes.

Shanghai-Küche

Freunde von **Fisch und Meeresfrüchten** werden in Shanghai auf ihre Kosten kommen, denn die klassische Shanghai-Küche beinhaltet eine fantasiereiche Vielfalt an Gerichten mit frischem Fisch, Schalen- und Krustentieren. Das „Rotkochen" in einem Fond aus Reiswein und dunkler Sojasoße ist eine der bekanntesten und beliebtesten Kochtechniken dieser Küche, die aber heute auch in allen anderen Landesteilen Einzug gehalten hat. Das Gargut wird hierbei über mehrere Stunden auf niedriger Flamme gekocht. Zu den Mahlzeiten reicht man üblicherweise Reis.

Spezialitäten aus Shanghai sind die knusprig gebratene Shanghai Crab, Aal in Öl und „Tausendjährige Eier". Die Gerichte der Shanghai-Küche sind **mäßig scharf und ungewöhnlich fett**, die Soßen schwer und gerne auch ein wenig süß.

Kantonesische Küche

Die südchinesische Kanton-Küche ist wohl die auch bei uns bekannteste der vier großen chinesischen Küchen. Typisch sind süß-saure Gerichte und das nur **kurze Anbraten der Köstlichkeiten im Wok**, das man hier wie nirgends

◨ *Straßenstand, an dem die köstlichen Baozi (s. S. 53) verkauft werden*

KURZ & KNAPP

Tausendjährige Eier

„Tausendjährige Eier" sind nicht nur eine der bekanntesten, sondern für Ausländer auch gewöhnungsbedürftigsten Vorspeisen der chinesischen Küche. Rohe Hühner-, häufig auch Enteneier werden für bis zu zwei Monate in einen Aschebrei aus Holzkohle, Kalk, Salz und Wasser eingelegt. Das Eigelb verwandelt sich dabei zu einer grünen, quarkähnlichen Substanz, das Eiweiß in eine gelatineartige, bernsteinfarbene Masse. Geschmack und Geruch der in diesem Zustand sehr lange haltbaren Eier erinnern an würzigen Käse. Serviert werden die Eier mit Sojasoße, Essig und Ingwer. Man bekommt sie in fast allen Lebensmittelgeschäften der Stadt.

Essen mit Stäbchen

Auch wenn es im ersten Moment viele westliche Besucher abschrecken mag, so sollte man es zumindest einmal versuchen: das Essen mit Stäbchen. Es ist gar nicht so schwer und wenn gleich mehrere Anfänger an einem Tisch sitzen, macht es sogar großen Spaß, die Fortschritte der anderen und seine eigenen zu bestaunen.

In China sind Essstäbchen Kulturgut und bereits seit mindestens 3000 Jahren in Gebrauch. Im Unterschied zur europäischen Küche werden in der chinesischen Küche alle **Speisen in Form mundgerechter Stücke serviert.** *Messer und Gabel werden so nicht benötigt – in China gehört ein Messer in die Küche und nicht an den Tisch. Man soll die Speisen in geselliger Runde genießen und dabei nicht noch mit einem Messer „arbeiten" müssen.*

Die Stäbchen werden heute als Massenware **aus Bambus oder Holz hergestellt,** *manche exklusiveren Exemplare aus Silber. Die chinesischen Stäbchen sind ungefähr 25 cm lang und häufig schlicht, manchmal jedoch auch kunstvoll mit Glück verheißenden Schriftzeichen, Blumen oder Drachen verziert. Die chinesischen Stäbchen sind etwas länger als die japanischen und haben im Gegensatz zu diesen ein stumpfes und kein spitzes Ende.*

Betritt man ein chinesisches Restaurant, so wird man feststellen, dass der Tisch bereits mit Schalen, Gläsern und Tassen gedeckt ist und auch die Essstäbchen im rechten Winkel zur Tischkante ausgerichtet eng beieinander an ihrem Platz liegen. Nach dem Essen legt man sie ebenfalls säuberlich nebeneinander auf den Teller. Fällt beim Essen aus Versehen eines der Stäbchen herunter, wird immer das ganze Paar und nicht das einzelne Stäbchen ausgetauscht.

Einer der größten Fehler, *die man beim Essen mit Stäbchen begehen kann, ist, diese* **senkrecht in eine gefüllte Reisschale zu stecken.** *Dies gilt als äußerst unhöflich und bringt zudem noch Unglück. Man sollte auch keinesfalls Essen von Stäbchen zu Stäbchen weitergeben, mit Stäbchen spielen oder mit ihnen auf eine Person zeigen.*

Beim Essen mit Stäbchen werden mehr als 30 Muskeln in Hand, Unterarm und der Schulter bewegt. Wissenschaftler haben den **positiven Einfluss auf die kognitive Entwicklung** *von Kindern durch das frühzeitige Erlernen des geschickten Umgangs mit Stäbchen bestätigt.*

Der Umgang mit Stäbchen: *Das erste der beiden Stäbchen legt man in die Beuge der rechten Hand zwischen Daumen und Zeigefinger. Das dickere Ende dieses Stäbchens sollte etwa 1/3 über den Handrücken hinausreichen und auf der Innenseite der Ringfingerspitze liegen. Mit dem Ringfinger stützt man es ab und während des Essens bewegt man es nicht.*

Das zweite Stäbchen wird zwischen Zeige- und Mittelfinger gelegt, man drückt es mit der Daumenkuppe gegen diese. Die Haltung entspricht etwa dem Halten eines Bleistifts. Vom Mittelfinger gesteuert wird nur das obere Stäbchen, das untere bleibt fest eingeklemmt. Wenn man nun Zeige- und Mittelfinger leicht beugt, kann man mit den Stäbchenspitzen wie mit einer kleinen Zange einen Bissen fassen und festklemmen. Tipp: Für den Anfänger ist es zunächst vielleicht angenehmer, die Stäbchen in der Mitte zu fassen.

sonst auf der Welt beherrscht. Der große Vorteil dieser Technik: Konsistenz und Aroma bleiben dabei weitestgehend erhalten. Die Auswahl der Zutaten kennt dabei keine Grenzen. Neben Fisch, Schweine- und Geflügelfleisch kommen frisches Gemüse, Reis und exotische Früchte auf den Tisch.

Eine weitere Spezialität der kantonesischen Küche sind **Dim Sum**: kleine, mit Fisch, Fleisch oder Gemüse gefüllte Teigtaschen. Essen in einem Dim-Sum-Lokal ist eine sehr angenehme Möglichkeit, um die Vielfalt der südchinesischen Küche kennenzulernen. Man probiert eine ganze Reihe von Speisen, die von Kellnern durch das Restaurant geschoben werden, indem man die Wagen beim Vorbeikommen einfach anhält und auf das Gewünschte zeigt. Dim Sum ist auch eine beliebte Vorspeise oder kleine Mahlzeit, die man gut zwischendurch genießen kann.

Sichuan-Küche

Feinschmecker, die die sehr scharfen südostasiatischen Küchen zu schätzen wissen, sind in einem der zahlreichen Sichuan-Restaurants in Shanghai bestens bedient. In der westlichen Provinz Sichuan werden die **Speisen sehr scharf gewürzt**, wobei reichlich roter Chili und Sichuan-Pfeffer nicht fehlen dürfen.

Das Klima der Provinz ist heiß und feucht. Es wird Reis angebaut, Bambus, Pilze und Früchte wachsen und gedeihen zahlreich. In der südchinesischen Küche legt man Wert auf kontrastreiche Mahlzeiten, bei denen scharfe und weniger scharfe, heiße und kalte Gerichte kombiniert werden. Bekannt ist die Sichuan-Küche u. a. für ihre scharfen, leicht sauren Suppen.

Beijing-Küche

Die nordchinesische Beijing-Küche hat sich im geistigen und kulturellen Zentrum Chinas zu einer **äußerst verspielter und aufwendigen Küche** entwickelt. So werden Vorspeisen oft zu kunstvollen Tierdarstellungen arrangiert.

Die Gerichte im Norden sind durch die Verwendung von reichlich Öl und Fett kräftiger und kalorienreicher als in anderen Landesteilen. **Schweinefleisch und Geflügelgerichte** sind besonders beliebt. Die klassische Beilage sind – anders als im reislastigen Süden – Nudeln in allen möglichen Variationen. Die bekanntesten, auch im Westen geläufigen Gerichte der Beijing-Küche sind die Peking-Ente, Frühlingsrolle und Wan-Tan-Suppe.

Früchte

Shanghais Supermärkte und Verkaufsstände sind stets gut gefüllt mit schmackhaften Früchten aus allen Landesteilen. Im Herbst ist die Auswahl am größten: Es gibt dann fast überall Grapefruits, Birnen aus Anhui, Äpfel sowie Kiwis aus Neuseeland und Bananen aus den südlichen Landesteilen zu kaufen. Beliebt sind auch Wassermelonen und Ananas, die häufig vor Touristenattraktionen oder in Parks an mobilen Ständen am Spieß verkauft werden. Eine große Auswahl an frischen und auch importierten Früchten bietet der Carrefour in Gubei.

Snacks

Auch wer nicht die Zeit findet, ein Restaurant zu besuchen, muss in Shanghai nicht verhungern. Überall gibt es Straßenstände und Verkaufsbuden für **klei-**

Auf ins Vergnügen
Shanghai für Genießer

ne Köstlichkeiten zwischendurch und es lohnt durchaus, einige Snacks zu probieren. Es geht schnell, es ist preiswert und lecker und man kann recht einfach durch Zeigen mitteilen, was man essen möchte. Beliebt für einen kleinen Snack zwischendurch sind Xiao Long Bao und Shui Jiao, chinesische Teigtaschen mit Kräutern, Frühlingszwiebeln und Fleischfüllung. Weitere Snacks sind Chaofan (gebratener Reis), Jianbing (Omelett mit Ei und Frühlingszwiebeln) und Jidan Mian (Nudeln mit Ei).

Fast-Food-Lokale

Wie überall auf der Welt sind auch in Shanghai die bekannten Fast-Food-Ketten wie McDonald's, KFC oder Pizza Hut vertreten. Das Angebot ist häufig dem Geschmack der Chinesen angepasst und daher nicht völlig identisch mit dem Angebot derselben Ketten in europäischen Filialen. Fast Food in Shanghai ist im Vergleich zu einheimischen chinesischen Restaurants relativ teuer. Ein Menü kostet im Durchschnitt ca. 30 Yuan. Bei Chinesen sind ausländische Fast-Food-Restaurants trotzdem vor allem **wegen ihrer Sauberkeit sehr beliebt**.

Gegen Mittag nutzen Studenten und Schüler der Mittel- und Oberschulen die Fast-Food-Lokale als beliebte Alternative zum Schulkantinenessen und so ist es zu dieser Zeit dementsprechend überlaufen. Neben den ausländischen Ketten etablieren sich mittlerweile auch zunehmend **immer mehr chinesische Fast-Food-Anbieter.**

◰ *Mobile Garküche*

Getränke

Nichtalkoholische Getränke

Das chinesische **Nationalgetränk ist Tee** (s. Exkurs „Teetrinken in China"). Chinesen trinken Tee zu jeder Tages- und Nachtzeit. In vielen chinesischen Restaurants wird grüner Tee zum Essen kostenlos serviert und immer wieder nachgeschenkt. Möchte man keinen Tee mehr trinken, lässt man die Tasse einfach voll.

Alle internationalen Produzenten von **Softdrinks** sind mit ihren Produkten in Shanghai vertreten. Die erste Produktionsstätte gründete – wer sollte es auch anderes sein – Coca-Cola bereits im Jahr 1927. In den Supermärkten der Stadt findet man viele ausländische und auch einheimische Getränke sowie importierten kalten Kaffee in Dosen und Eistee in Flaschen aus Japan und Taiwan.

Beim **Kaffee** wird es schwieriger. Selbstversorger bekommen Instant-Kaffee ebenfalls in vielen chinesischen Supermärkten. Wer einen guten Kaffee, Espresso oder Cappuccino trinken möchte, ist in den zahlreichen Cafés der Kette Starbucks gut aufgehoben. Man sollte hier aber mit 30 bis 40 Yuan für eine Tasse rechnen. Den einzigen, wirklich preiswerten aufgebrühten Kaffee bekommt man bei McDonald's.

Alkoholische Getränke

Bier ist ähnlich wie in Mitteleuropa auch in Shanghai und ganz China ein sehr beliebtes Getränk. Man bekommt es in Restaurants, Bars und allen Supermärkten der Stadt. Die wohl bekannteste chinesische Marke ist Qingdao aus der Provinz Shandong. Es wird nach dem deutschen Reinheitsgebot gebraut und in über 50 Länder der Erde exportiert. (Die Brauerei wurde 1903 von deutschen Siedlern gegründet.)

Neben diesem sehr gut schmeckenden einheimischen Bier gibt es auch **viele große ausländische Marken**. Biere wie Tuborg, Carlsberg, Beck's oder San Miguel sind in vielen von Ausländern besuchten Bars Standard. In Supermärkten bekommt man zudem die japanischen Marker Sapporo und Kirin in Dosen, aber auch Budweiser. Die Marke Tiger (aus Singapur) ist als Fassbier weitverbreitet und in vielen Kneipen bekommt man inzwischen auch Erdinger Weißbier. Kilkenny oder Guiness gibt es in allen englischen und irischen Pubs der Stadt. Als passionierter Biertrinker hat man in Shanghai also viele Möglichkeiten und wird garantiert nicht verdursten.

Aus Qingdao und Yantai in der Provinz Shandong kommen auch einige akzeptable **chinesische Weine**. Wein aus Weintrauben wird von Chinesen allerdings nur selten getrunken und passt auch nicht unbedingt zur chinesischen Küche. Wenn Wein getrunken wird, so trinken Chinesen Getränke aus Getreide, Reis oder Obst. Führend ist in dieser Kategorie **Reiswein** der Marke Nu-Er-Hong („Rotes Mädchen)". Reiswein wurde zuerst in China hergestellt und fand später den Weg nach Japan (dort Sake genannt).

Ein typisches Getränk in Shanghaier Bars ist *Baijiu,* was „weißer Wein" bedeutet. Es hat mit westlichem Weißwein nichts zu tun, sondern ist ein hochprozentiger Schnaps, der aus Reis gewonnen wird. Es gibt ihn in verschiedenen Preislagen, von 3 ¥ für die kleine Flasche, 30 ¥ für einen Drei-Liter-Kanister bis hin zu mehreren Hundert Yuan für die Luxusversion. Der Geschmack ist sehr eigen und nichts für schwache Mägen.

Teetrinken in China

*Tee ist aufgrund der damit verbundenen uralten Tradition das **wichtigste Getränk der Chinesen**. Die Teepflanze stammt ursprünglich auch aus China. Bereits vor mehr als 3000 Jahren fing man an, Teepflanzen zu kultivieren. In früher Zeit war der Tee **ausschließlich ein Getränk für Könige** und den kaiserlichen Hof. Erst während der Westlichen Han-Dynastie (206 v. Chr.-24 n. Chr.) wurde der Tee auch einfachen Leuten auf Märkten in der heutigen Provinz Sichuan angeboten.*

Zum Volksgetränk wurde Tee aber erst während der Zeit der Drei Reiche (220-280). Glaubt man einer alten Erzählung, gab der König des Reiches Wu seinen Beamten gerne hochprozentigen Schnaps, um sich über ihre Trunkenheit zu amüsieren. Nur einer seiner Beamten, der nicht sonderlich trinkfest war, erhielt vom König die Erlaubnis, Tee zu trinken. Das war der (mythologische) Anfang des Tees als Volksgetränk. Später boten auch Gelehrte ihren Gästen Tee an und ab der Tang-Dynastie (618-907) war der Teegenuss aus dem Alltagsleben der Chinesen im ganzen Land nicht mehr fortzudenken. Auch buddhistische Mönche tranken bei ihren langen Meditationsübungen gerne Tee gegen die Müdigkeit.

*Während dieser Zeit begann man, das Teetrinken als besonderes Ereignis zu zelebrieren. Wer es sich leisten konnte, richtete sich ein eigens zum Teetrinken hergerichtetes **Teezimmer** ein. Hier konnte man sich in Ruhe dem Teegenuss und anderen schönen Dingen wie der Kalligrafie, der Malerei oder dem Studium widmen.*

780 erschien „Das Buch vom Tee" (chinesisch: „Chajing") des Teeexperten Lu Yu (728-804). In zehn Kapiteln dieses ersten Werks über Tee sammelte Yu alles über die Ursprünge, die Herstellung, die Zubereitung und die Anbaugebiete der herausragenden Teesorten. 1981 erschien im Verlag Yunnan Renmin Chubanshe eine moderne, kommentierte Ausgabe des Klassikers unter dem Titel „Chajing Qianshi".

*Heute ist Tee in China ein unverzichtbarer Bestandteil der Kultur und seine Zubereitung eine Kunst, die in allen Landesteilen zelebriert wird. Jedoch gibt es bezüglich der Zubereitungszeremonien und Trinkgewohnheiten **lokale Unterschiede** aller 56 chinesischen Nationalitäten. In Shanghai bevorzugt man klassischen grünen Tee, in Beijing den Jasmin- und in den südöstlichen Provinzen den schwarzen Tee. Manchmal, wie in der südlichen Provinz Hunan, wird der Tee auch durch spezielle Zutaten wie Ingwer, Sesam oder Sojabohnen verfeinert.*

◁ *Das berühmte Restaurant Lu Bo Lang (s. S. 156) in der Altstadt*

Auf ins Vergnügen
Shanghai für Genießer

Westliche **Spirituosen** wie Whisky, Wodka usw. gibt es im Supermarkt und in jeder Bar. Die Preise sind im Vergleich zu Europa etwas höher. Besonders in Bars ist die Flasche Whisky daher ein Statussymbol für Chinesen, die ihn dann oft mit Eistee mischen.

Tischsitten und Tabus

Wer zum ersten Mal in Shanghai in einem chinesischen Restaurant mit Freunden oder Kollegen essen geht, wird schnell feststellen, dass in einem solchen Lokal alles etwas anders abläuft, als man es als Europäer gewohnt ist. So bestellt man zusammen mehrere Vorspeisen und Hauptgerichte für die ganze Gesellschaft – ist man eingeladen, übernimmt das der Gastgeber. Alle Speisen kommen dann gleichzeitig in die Mitte eines in China üblichen runden Tisches auf einen riesigen und häufig beeindruckend verzierten **Drehteller**. Jeder kann sich so gleichermaßen bedienen und man kommt durch ein Drehen des Tellers hervorragend an alle Speisen heran.

Möchte man zunächst seine Vorspeisen und anschließend die Hauptmahlzeit genießen, sollte man diese nacheinander bestellen. In China kennt man diesen bei uns üblichen Ablauf der Essensgänge nicht. Zumindest in lokalen Restaurants, in denen überwiegend Einheimische verkehren, kann man diese Kenntnis auch nicht erwarten – dies gilt nicht für Restaurants der internationalen Hotelketten und Luxusrestaurants.

Das berühmte Teehaus Huxin Ting befindet sich inmitten des Yu Garten (Yu Yuan) **15**

Auf ins Vergnügen
Shanghai für Genießer

KURZ & KNAPP

Gan Bei!
In geselliger Runde zu trinken, ohne dabei einander in kürzesten Abständen zuzuprosten, ist in China kaum möglich. „Gan Bei" lautet der **Trinkspruch**, den man überall in Kneipen und Restaurants hört. „Gan Bei" bedeutet soviel wie „Trockne dein Glas" oder „Auf ex". Und wenn Chinesen „Gan Bei" sagen, dann meinen sie es auch. Ist man offiziell zu einem Essen eingeladen, wird der Gastgeber mit einem Toast seine Gäste zum Trinken auffordern. Und er wird auch dafür sorgen, dass kein Glas leer ist, und ständig bis zum Rand nachschenken – ein Zeichen von Gastfreundschaft, Großzügigkeit und Überfluss. Wenn man genug hat, sollte man einfach irgendwann aufhören zu trinken, bevor man Gefahr läuft, vom Stuhl oder Barhocker zu fallen.

Nach kurzer Zeit wird dem Besucher in vielen Bars oder Discos auffallen, dass die Chinesen ein **ordentliches Tempo beim Trinken** an den Tag legen. Hochprozentiger Alkohol und Bier gehören wie auch diverse **Trinkspiele** immer dazu. Ein typisches Geräusch ist das allgegenwärtige Rasseln der Knobelbecher, ständig muss ein Verlierer der recht kurzen Knobelrunden sein Glas leeren. Als „exotischer Westler" wird man, wenn die Stimmung erst einmal auf dem Siedepunkt angelangt ist, häufig dazu eingeladen, diesem Trinkgelage beizuwohnen.

Gastro- und Nightlife-Areale
Bläulich hervorgehobene Bereiche in den Karten kennzeichnen Gebiete mit einem dichten Angebot an Restaurants, Bars etc.

Als unhöflich gilt es, mit dem Essen anzufangen, bevor dies der **Gastgeber** tut. Dieser wird auch bemüht sein, mehr Gerichte zu ordern, als die ganze Runde realistischerweise verspeisen kann. Denn würde alles aufgegessen, hätte er zu wenig bestellt, und das wäre gleichbedeutend mit einem Gesichtsverlust. Daher sollte man **nie alles essen** und immer etwas in seiner Schale oder auf dem Teller liegen lassen. Der Gastgeber kümmert sich auch um das Nachschenken von Getränken und gibt besonderen Gästen die besten Stücke vom Fleisch oder Fisch.

Möchte man **Reis** zusammen mit anderen Gerichten essen, so muss man das sagen. Denn Reis wird in China normalerweise erst nach den Hauptgerichten und ohne Soße auf den Tisch gebracht. Er dient der Sättigung und nicht dem Genuss. Ein chinesisches Gastmahl ist meist opulent und kann durchaus aus vier oder mehr Vorspeisen, mehreren Hauptgängen sowie einer Suppe bestehen. Die Suppe wird anders als in Europa interessanterweise häufig als letzter Gang serviert – ein wenig Platz im Magen findet sich immer.

Essen gehen ist für Chinesen ein äußerst geselliges und kommunikatives Ereignis. Die **Tischsitten** unterscheiden sich erheblich von unseren westlichen Vorstellungen eines gepflegten Abends im Restaurant. Als Europäer muss man sich schon an einiges gewöhnen: Es wird geschmatzt und geschlürft, mit vollem Mund geredet, laut diskutiert, manchmal auch gerülpst und vor, während und nach dem Essen exzessiv geraucht. Dieses Verhalten ist ein Ausdruck des Wohlbefindens und signalisiert dem Gastgeber deutlich, dass es dem Gast hervorragend schmeckt. **Unbedingt vermeiden** sollte man dagegen das Schneuzen der Nase in ein Taschentuch und dazu besser die entsprechenden Räumlichkeiten aufsuchen. Beim Essen wird natürlich auch

Auf ins Vergnügen
Shanghai für Genießer

reichlich **Alkohol**, insbesondere Bier und chinesischer Schnaps, aber auch Pflaumen- oder Reiswein konsumiert. Fällt das ganze in einen privaten und vertrauten Rahmen unter Freunden, sind die üblichen Trinkspiele obligatorisch (s. Exkurs „Gan Bei!"). In chinesischen Restaurants ist es nicht üblich, die **Rechnung** unter den Anwesenden aufzuteilen oder gar getrennt abrechnen zu lassen. Soll der Betrag geteilt werden, zahlt zunächst eine der anwesenden Personen, die sich das Geld anschließend von den anderen zurückgeben lässt.

Empfehlenswerte Lokale

Shanghai-Küche

一二二一, 延安西路1221号
75 [A3] **1221 The Dining Room** €€, 1221 Yan'an Xilu, Fanyu Lu, Tel. 62136585, 11.30–14 u. 17.30–23 Uhr. Ein köstlicher Mix aus traditioneller und innovativer Shanghai-Küche lockt allabendlich in dieses Restaurant. Unbedingt probieren sollte man das „Betrunkene Huhn" (Hühnerbrust in Reisweinsoße) und eine der kalten Vorspeisen. Der Service ist freundlich und aufmerksam.

春餐廳, 进贤路124号
76 [F3] **Chun Canting** €-€€, 124 Jinxian Lu, Tel. 62560301, Mo.–Sa. 11–13.30 u. 17.30–20.30 Uhr. Allerfeinste Shanghai-Küche nach alten Rezepten. Seitdem das Chun im Wall Street Journal erwähnt wurde, ist es schwierig geworden, ohne Reservierung einen Platz zu bekommen. Speisekarten gibt es in diesem Mini-Restaurant mit nur vier Tischen nicht. Auf den Tisch kommt, was auf den Märkten im Angebot ist. Auf der Jinxian Lu gibt es noch einige weitere dieser einfachen und familiengeführten Restaurants.

Restaurantkategorien

€	bis 100 ¥ (bis 12 €)
€€	100–200 ¥ (12–24 €)
€€€	über 200 ¥ (über 24 €)

(Preisangaben für jeweils zwei Personen ohne Getränke)

金茂俱乐部上海餐厅, 世纪大道88号, 86楼, 近银城中路
77 [N3] **Club Jin Mao** €€€, 86/F, Jin Mao Tower, 88 Shiji Dadao, Yincheng Zhonglu, Tel. 50491234, tgl. 11.30–14.30 u. 17.30–22 Uhr. Bei lokalen Spezialitäten, Snacks und Nachspeisen kann man hier den Ausblick auf die „Stadt über dem Meer" genießen.

苏浙汇, 肇嘉浜路388号, 华泰大厦1-2楼
78 [E6] **Jade Garden (1)** €€, Su Zhè Huì, 1–2/F, Huatai Building, 388 Zhaojiabang Lu, Tel. 64159918, 11–23 Uhr. Beliebte Kette mit ausgezeichneter Shanghai-Küche sowie leckeren Dim Sum in mehreren Restaurants. Beeindruckend ist die riesige Filiale an der Zhaojiabang Lu. Der exzellente Service und die aufwendige Einrichtung laden ein zu einer kulinarischen Reise. Spezialität des Hauses sind die sautierten Shrimps und Auberginen an Fischsauce. Weitere Filialen:

苏浙汇, 延安中路1121号, 近华山路
79 [D2] **Jade Garden (2)** €€, Su Zhè Huì, 1121 Yan'an Zhonglu, Huashan Lu, Tel. 62485155

苏浙汇, 淮海中路283号, 香港广场南座3楼
80 [F3] **Jade Garden (3)** €€, Su Zhè Huì, 3/F, Hong Kong Plaza South Tower, 283 Huaihai Zhonglu, Tel. 63908989

Shanghai für Genießer

梅陇镇酒家, 南京西路1081弄22号
81 [G1] **Mei Long Zhen** €€, Méi Lóng Zhèn, No. 22, Lane 1081, Nanjing Xilu, Tel. 62535353, 11–14 u. 17–22 Uhr. Das bereits im Jahr 1938 eröffnete Mei Long Zhen wird von vielen als bestes Chinarestaurant Shanghais gehandelt. Das historische Gebäude war in den 1930er-Jahren das Hauptquartier der Kommunistischen Partei Chinas. Die ausgezeichnete Küche bringt Klassiker Shanghais auf den Tisch, darunter Fisch-, Rind- und Schweinefleischgerichte.

上海老站, 漕溪北路201号
82 [A6] **Old Station Restaurant** €€, Shànghǎi Lao Zhàn, 201 Caoxi Beilu, Tel. 64272233, 11.30–14 u. 17.30–22 Uhr, Metro: Xujiahui. Allein das Klostergebäude aus den 1920er-Jahren gegenüber der Xujiahui-Kathedrale, in dem sich das Lokal befindet, rechtfertigt einen Besuch. Serviert werden lokale Spezialitäten. Wer in einem der beiden restaurierten historischen Eisenbahnwaggons speisen möchte, sollte rechtzeitig reservieren.

和平官邸, 汾阳路158号, 近桃江路
83 [D4] **Peace Mansion** €€, 158 Fenyang Lu, Taojiang Lu, Tel. 64375192, 11.30–14 u. 16.30–24 Uhr. In den Sommermonaten sitzt man bei gutem Wetter im Garten dieser schönen, alten Villa unter jahrhundertealten Bäumen. Serviert werden hier authentische Gerichte aus der Shanghai-Küche und einige Spezialitäten aus der Provinz Guangdong (Kanton).

海上阿叔, 延安东路222号, 近河南中路
84 [K3] **Shanghai Uncle** €€, Haishàng Ashu, 222 Yan'an Donglu, Henan Zhonglu, Tel. 63391977, 11.30–14.30 u. 17.30–22 Uhr. Authentische Shanghai-Küche, freundliches Personal und guter Service im Erdgeschoss des Bund Center.

锦庐, 茂名南路59号
85 [F3] **The Chinoise Story** €€€, 59 Maoming Nanlu, Tel. 64451717, www.jinlu-china.com, tgl. 11.30–14.30 u. 17.30–23 Uhr. Klassische, exotisch angehauchte Shanghai-Küche auf allerhöchstem Niveau in einem einzigartigen Ambiente und – in China unüblich – für jeden Gast individuell serviert.

雍福会, 永福路200号, 近湖南路
86 [C4] **The Yongfoo Elite** €€€, 200 Yongfu Lu, Hunan Lu, Tel. 54662727, www.yongfooelite.com, 11–22 Uhr. Ein traumhafter Garten und schöne Räumlichkeiten erwarten den Besucher im (renovierten) ehemaligen Britischen Konsulat.

夜上海, 太仓路181号,
弄新天地广场北里6号楼
87 [H4] **Ye Shanghai** €€€, House 6 North Block Xintiandi Lane 181 Taicang Lu, Tel. 63112323, 11.30–14.30 u. 17.30–22.30 Uhr. Feinste Shanghai-Küche in schönem Ambiente. Vor allem Krabben in vielen Variationen – nicht preiswert, aber sehr gut.

Kantonesische Küche

粤珍轩, 世纪大道88号, 金茂君悦大酒店55楼, 近银城中路
88 [N3] **Canton** €€€, 55/F, Jin Mao Tower, 88 Shiji Dadao, Yincheng Zhonglu, Tel. 50491234, tgl. 11.30–14.30 und 17.30–22 Uhr. Kantonesische Küche auf höchstem Niveau.

查餐厅, 思南路30号1楼
89 [G3] **Cha Canting** €, 1/F, 30 Sinan Lu, Tel. 60932062, 11–1 Uhr. Preiswerte, klassische kantonesische Küche in einem sauberen Speisesaal. Bei Chinesen und Ausländern gleichermaßen beliebt und immer gut besucht.

富临轩鱼翅海鲜, 4F 西区 30-31, 正大广场，陆家嘴西路168号
🕮90 [H3] **Fu Lin Xuan** €, 4F, West Zone 30-31, Super Brand Mall, 168 Lujiazui Xilu, Tel. 58781777, 10-22 Uhr. Seafood, Dim Sum und authentische kantonesische Gerichte. weitere Filiale: 淮海中路138号, 无限度广场3楼, 近普安路, 3F, 138 Huaihai Zhonglu, Tel. 63583699, tg. 11-23 Uhr.

祖母的厨房, 愚园路146号
🕮91 [D1] **Grandma's Kitchen** €, 146 Yuyuan Lu, Tel. 62157928, täglich 10-24 Uhr geöffnet. Hier gibt es leckere Suppen nach Kanton-Art und schmackhafte Dim Sum. Gerade zur Mittagszeit ist das Lokal leider häufig überfüllt, sodass man unter Umständen lange auf einen freien Tisch warten muss.

夏宫, 延安中路1218号
🕮92 [E2] **Summer Palace** €€€, 1218 Yan'an Zhonglu, Tel. 22038889, www.jinganshangdining.com, tgl. 11.30-14.30 u. 17.30-22 Uhr. In drei schönen Speisesälen werden aus einer riesigen Show-Küche die Köstlichkeiten Kantons und der südostchinesischen Provinzen Hunan und Fujian serviert.

香港采蝶轩, 南京西路1399号
🕮93 [H3] **Zen (1)** €€, Xianggang Caidié Xuan, 1399 Nanjing Xilu, Tel. 62897877, 11-16.30 und 17.30-21.30 Uhr. Exquisite, traditionell-kantonesische Küche in einer buddhistisch geprägten Einrichtung. Weitere Filiale:

香港采蝶轩, 兴业路123弄新天地南里2号楼, 近马当路
🕮94 [H4] **Zen (2)** €€, Xianggang Caidié, Xuan House 2, South Block Xintiandi, Lane 123 Xingye Lu, Madang Lu, Tel. 63856385, 11-23 Uhr.

Sichuan-Küche

巴国布衣虹桥店, 虹桥路1665号, 洛城时尚广场3楼, 近水城路
🕮95 [bh] **Ba Guo Bu Yi** €€, Hongqiao Branch, 3F, LA Plaza, 1665 Hongqiao Lu, Shuicheng Nanlu, Tel. 62706668, 11.30-14 u. 17-21.30 Uhr. Die vermutlich authentischsten Gerichte aus der Provinz Sichuan, die man in ganz Shanghai finden kann, machen das Ba Guo Bu Yi beliebt bei Einheimischen und Ausländern. Möchte man abends den traditionellen Tanzaufführungen beiwohnen, sollte man unbedingt rechtzeitig einen Tisch reservieren.

川国演义, 徐家汇路555号
🕮96 [G6] **Chuan Guo Yan Yi** €€, 2/F, 555 Xujiahui Lu, Tel. 63901436, 10-22 Uhr. Chuan Guo bietet neben authentischen, sehr scharfen und immer frisch zubereiteten Köstlichkeiten aus der Provinz Sichuan auch einige ausgewählte Gerichte der Kanton- und Shanghai-Küche.

俏江南, 陆家嘴西路168号正大广场10楼
🕮97 [M2] **South Beauty (1)** €€€, Qiào Jiāng Nán, 10/F Super Brand Mall, 168 Lujiazui Xilu, Tel. 50471817, 11-22 Uhr. Scharfe Sichuan-Küche in einem gehobenen Ambiente. Herrlicher Ausblick auf das Lichtermeer am Bund. Weitere Filialen:

俏江南, 延安中路881号, 近铜仁路
🕮98 [I3] **South Beauty (2)** €€€, 881 Yan'an Zhonglu, Tel. 62475878/6682

俏江南, 桃江路28号
🕮99 [D4] **South Beauty (3)** €€€, Unit 1, 28 Taojiang Lu, Tel. 64452581

Auf ins Vergnügen
Shanghai für Genießer

Peking-Küche

全聚德, 淮海中路786号

100 [F3] **Quan Ju De** €€, 4/F, 786 Huaihai Zhonglu, Tel. 54045799, 11-23 Uhr. Hier bekommen Genießer traditionelle Peking-Ente und eine Menge anderer Köstlichkeiten aus dem Norden Chinas serviert. Für Geschäftsessen gibt es auch separate Räume. Quan Ju De ist eine der ältesten und bekanntesten Marken in China und existiert bereits seit mehr als 140 Jahren.

Weitere chinesische Küchen

鼎泰丰, 新天地,
兴业路123号2楼11A室

101 [H4] **Din Tai Fung** €€, Xintiandi, No 11A, 2/F, 123 Xingye Lu, Tel. 63858378. Köstliche Dumplings in allen möglichen Variationen.

滇倒云南特色料理,
康定路1025号, 近武宁路

102 [ch] **Legend Taste** €, 1025 Kangding Lu, Tel. 52289961, 11-14 und 17-23 Uhr. Preiswerte, scharf gewürzte Spezialitäten aus der Provinz Yunnan in einem kleinen, einfachen Speiseraum. Dazu eine gute Auswahl an Bieren und Reisweinen aus Chinas Südwesten.

穹六人间, 岳阳路150号, 永嘉路

103 [D5] **People 6** €€€, Qióng Liù Rén Jiān, 150 Yueyang Lu, Yongjia Lu, Tel. 64660505, 11.30-14 Uhr u. 18-24 Uhr. Erlebnisgastronomie in einem futuristisch und ultramodern gestalteten Lifestyle-Restaurant. Das automatische Eingangstor zur dahinterliegenden Villa öffnet sich erst, nachdem man seine Hand in den Schlund einer Metallskulptur gesteckt hat. Die ausgezeichneten Gerichte werden über moderne Aufzüge in die oberen, durch gläserne Treppen zu erreichenden Etagen transportiert.

三千院, 乌鲁木奇南路64号, 近永嘉路

104 [D5] **San Qian Yuan** €€, 64 Wulumuqi Nanlu, Yongjia Lu, Tel. 64721340, 11.30-23.30 Uhr. Das Lokal serviert eine gute Auswahl taiwanesischer Gerichte und leckere Nudelsuppen.

Deutsche Küche

德国乡村酒吧, 虹梅路3338号,
虹梅休闲街22-24号, 近延安西路

105 **Papas Bierstube** €€, De Guo Xiang Cun Jiu Ba, 22-24, Lane 3338 Hongmei Lu, Tel. 64659987, www.papas-bierstube.com, 10-24 Uhr. Wer gutes deutsches Essen und Kontakte zu in der Stadt lebenden und arbeitenden Deutschen sucht, ist hier richtig. Freundliche Bedienung, riesige Portionen, Hefeweizen und Poolbillard erwärmen das Herz.

宝莱纳, 汾阳路150号

106 [D4] **Paulaner Brauhaus (1)** €€€, Baoláinà, 150 Fenyang Lu, Tel. 64745700, 11-2 Uhr. Das hausgebraute Bier ist für die meisten Gäste der eigentliche Grund, aber auch Bratwurst mit Sauerkraut oder Schweinshaxe locken Chinesen und Ausländer gleichermaßen in diese schöne alte Villa samt Biergarten. Bedienungen im Dirndl, Bierzeltbänke und -tische und die allabendliche Livemusik schaffen einen Hauch von Oktoberfest-Atmosphäre.

宝莱纳,
太仓路181弄新天地北里19-20号

107 [H4] **Paulaner Brauhaus (2)** €€€, Baoláinà, No.19-20, North Block, Xintiandi, Lane 181 Taicang Lu, Tel. 63203935, 11-2 Uhr. Ein Ableger des Paulaner Fenyang im

Trendviertel Xintiandi. Hier sitzt man inmitten der Fußgängerzone und kann bei einem Bier entspannen und die vorbeilaufenden Menschenmassen im Shanghaier Nachtleben beobachten.

Indisch

布卡拉, 虹梅路3729号

108 Bukhara €€€, 3729 Hongmei Lu, www.bukhara.com.cn, Tel. 64468800, 11–15 Uhr u. 17.30–23 Uhr. Klassisch-nordindische Küche und zahlreiche Köstlichkeiten aus dem Tandur (spezieller mit Holzkohle beheizter Ofen).

天都里, 茂名南路59号

109 [F3] **Tandoor** €€€, Jinjiang Fandian, 59 Maoming Nanlu, 64725494, 11.30–14 u. 17.30–22.30 Uhr. Eines der elegantesten indischen Restaurants der Stadt. Die authentische indische Küche mit traditionellen Currys, Tandoori-Gerichten sowie indischem Brot lockt viele Liebhaber an. Im einzigartigen, mit vielen indischen Kunstwerken und Antiquitäten dekorierten Speisesaal fühlt man sich in den königlichen Palast eines Maharadschas versetzt. Ein perfekter Ort für ein romantisches Dinner. Leider liegen die Preise – allerdings bei ausgezeichnetem Service – auf gehobenem Niveau.

Italienisch

意庐, 浦东世纪大道88号,
金茂大厦56层, 近银城西路

110 [N3] **Cucina** €€€, 56F Grand Hyatt Hotel, Jin Mao Tower, 88 Century Avenue, Yincheng Xilu, Tel. 50471234, 11.30–14.30 Uhr u. 17.30–22.30 Uhr. Die italienische Trattoria Cucina serviert klassische, leichte italienische Küche, innovative Pastagerichte und ofenfrische Pizzen. Die Aussicht vom 56. Stock des Jin Mao Tower ist wirklich fantastisch. Wer das muntere Treiben in der einsehbaren Küche bestaunen möchte, der sollte einen Platz direkt am Tresen reservieren. Trotz der elegant gehaltenen Einrichtung wirkt die Atmosphäre angenehm ungezwungen.

帕兰多意大利餐厅,
南京西路1376号波特曼酒店

111 [E2] **Palladio** €€€, Level 1, East Plaza, Portman Ritz-Carlton Hotel, 1376 Nanjing Xilu, Changde Lu, Tel. 62798888, täglich 11.30–14.30 Uhr u. 17.30–22.30 Uhr. geöffnet. Der Name dieses edlen italienischen Restaurants erinnert an den berühmten italienischen Architekten Andrea Palladio (1508–1580). Die Einrichtung beeindruckt durch feinsten italienischen Marmor, die Küche hingegen durch exzellente italienische und mediterrane Kompositionen. Absolut empfehlenswert ist der gegrillte Thunfisch an Zucchini (Grilled Thuna, Zucchini).

沙华多利意大利餐厅, 衡山路4号

112 [C5] **Pasta Fresca Da Salvatore** €€, 4 Hengshan Lu, Tel. 64730789, 11–14.30 Uhr u. 17.30–22.30 Uhr, Metro: Linie 1, Hengshan Lu. Leckere Pizza, Pasta und Spezialitäten nach süditalienischen Rezepten zu vernünftigen Preisen. Gute Weinkarte.

帕戈意大利餐厅, 河南中路88号,
上海威斯汀2楼, 近延安中路

113 [K2] **Prego** €€–€€€, 2F The Westin Shanghai, 88 Henan Zhonglu, Yan'an Donglu, Tel. 63351888, 11–14.30 u. 18–22.30 Uhr. Die typisch italienischen Gerichte kommen im Prego aus der offenen Küche mit Holzkohleöfen. Bemerkenswert ist die große Auswahl an Grappas und Weinen.

Shanghai für Genießer

EXTRATIPP: An der Fenyang Lu

Das El Patio, das sich in einer alten hübschen Villa befindet, ist ein kleines Idyll im Herzen der Französischen Konzession. Bei gutem Wetter sitzt man im schattigen Hof oder auf der gemütlichen Terrasse und vergisst bei kalten Getränken und traditioneller spanischer Küche für einige Momente den Trubel der Großstadt. Insbesondere am Abend ist das El Patio der richtige Ort, um einige gesellige Stunden zu verbringen. Die Portionen könnten manchmal allerdings doch etwas üppiger ausfallen.

桔庭, 汾阳路110号

🏠116 [E4] **El Patio**, 110 Fenyang Lu, Tel. 64375839, tgl. 11–1 Uhr

华万意, 太仓路181弄新天地北里7号楼, 近马当路

🏠114 [H4] **Va Bene** €€–€€€, Huá Wàn Yì, House 7, North Block Xintiandi, Lane 181 Taicang Lu, Madang Lu, Tel. 63112211, www.vabeneshanghai.com, So.–Do. 11.30–14.30 u. 18–22.30, Fr./Sa. 18–23 Uhr. Ohne Zweifel eines der renommiertesten italienischen Restaurants in Shanghai.

Japanisch

日珍餐厅, 浦东世纪大道88号, 金茂君悦56楼, 近银城西路

🏠115 [N3] **Kabachi** €€€, 56F Grand Hyatt Hotel, Jin Mao Tower, 88 Century Avenue, Yincheng Xilu, Tel. 50471234, 11.30–14 Uhr u. 17.30–22.30 Uhr. Ausgezeichnete japanische Küche mit Sushi- und Yakitori-Spezialitäten.

Auf ins Vergnügen
Shanghai für Genießer

稻菊日餐厅, 浦东富城路33号,
浦东香格里拉大酒店2座2楼
117 [M3] **Nadaman** €€€, 2/F, Tower 2, 33 Fucheng Lu, Pudong Shangri-La Hotel, Tel. 58883768, täglich 11.30–14.30 Uhr u. 18–22 Uhr geöffnet. Edel-Japaner im Shangri-La Hotel mit entsprechenden Preisen, einem exklusivem Service und ansprechendem Ambiente, aber auch sehr guter Qualität. Das Nadaman unterhält auch eine etwas preiswertere Sushibar im Erdgeschoss.

日本大渔铁板烧, 瑞金一路139号,
长乐路
118 [G3] **Tairyo (1)** €€, 139 Ruijin Yi Lu, Changle Lu, Tel. 53828818, 11–24 Uhr. Beliebte Kette mit sieben Restaurants in der Stadt. „All you can eat"-Teppanyaki inklusive aller Getränke (Bier, Wein, Sake und Softdrinks) bekommt man hier für 200 ¥. Weitere Filiale im Westen der Stadt:

日本大渔铁板烧, 虹许路943号,
近延安西路
119 Tairyo (2) €€, 943 Hongxu Lu, Tel. 62783015, 11.30–14 und 17–22.30 Uhr

Thailändisch

藏珑泰极, 湖南路285号
120 [B4] **Lapis Thai** €€, 285 Hunan Lu, Tel. 54663026, www.lapisthai.com, 11.30–14.30 und 18–22 Uhr. Leckere, bodenständige Thai-Küche in einem liebevoll eingerichtetem Gebäude im Herzen der Französischen Konzession.

天泰餐厅, 东平路5号C座
121 [D4] **Simply Thai (1)** €€, Tiantài Canting, Rm. C, 5 Dongping Lu, Tel. 4008807729, www.simplythai-sh.com, 11–23 Uhr. Simply Thai gehört ohne Zweifel zu den besten thailändischen Restaurants in Shanghai. Die Einrichtung ist eher spartanisch, der Service hervorragend und das Essen köstlich bei moderaten Preisen. Andere empfehlenswerte Ableger sind:

天泰餐厅, 马当路159号
122 [H4] **Simply Thai (2)** €€, 159 Madang Lu, Xintiandi, Tel. 4008807729, 11–24 Uhr

天泰餐厅, 金桥浦东碧云体育休闲中心 A6, 蓝天路600号
123 Simply Thai (3) €€, A6, Jinqiao Pudong Green Sports & Leisure Center, 600 Lantian Lu, Tel. 4008807729, 11–23 Uhr

Vietnamesisch

湄公河, 肇嘉浜路1111号 美罗城5楼
124 [A6] **Mekong River** €€, 5/F, Metro City, 1111 Zhaojiabang Lu, Tel. 64268256, 10–22 Uhr. Das Mekong River zählt bei vielen Einheimischen zu den beliebtesten vietnamesischen Restaurants der Stadt. Neben einer großen Auswahl an vietnamesischen Standardgerichten gibt es köstliche Frühlingsrollen und Nudelsuppen.

滋滋星, 吴江路200号2楼, 近泰兴路
125 [G1] **Pho Sizzling** €€, 2/F 200 Wujiang Lu, Taixing Lu, Tel. 32100528, 11–22 Uhr. Grundsolide vietnamesische Küche mit französischen Einflüssen. Serviert werden die Spezialität „Pho" – traditionelle vietnamesische Nudelsuppen – sowie diverse Gemüse- und Fleischgerichte. Empfehlenswert sind u. a. die Adventurer's Choice Pho (29 ¥) oder das Grilled Lemongrass Pork (28 ¥).

◁ *Stimmungsvolle Atmosphäre in Tianzifang* ❸

Andere Nationalitäten

一千零一夜，衡山路4号

126 [C5] **1001 Nights** €€, 4 Hengshan Lu, 64731178, 11-2 Uhr. Neben leckeren und authentischen Gerichten aus dem Mittleren Osten gibt es orientalischen Bauchtanz und die obligatorischen Wasserpfeifen.

嘉善路259号，近绍兴路 (陕西南路550弄37号嘉善市场)

127 [F4] **Café Sambal Shanghai** €€, Jiashan Market, 259 Jiashan Lu (37, Lane 550, Shaanxi Nanlu), Tel. 33689529, www.cafesambal.com, 11.30-1 Uhr. Sehr beliebtes Restaurant mit einer einladenden Lounge und herausragender malaiischer Küche sowie weiteren Spezialitäten aus Südostasien. Dazu genießt man eiskaltes Bier oder einen der leckeren Fruchtshakes.

乐泰茂，淮海西路570号59栋C6

128 [F4] **Las Tapas** €€, Rm. C6, Bldg. 59, Red Town, 570 Huaihai Xilu, Tel. 64159567, www.lastapas.com.cn, 11-24 Uhr. Einie riesige Auswahl von mehr als 50 Tapas und anderen Köstlichkeiten, eine gut sortierte Getränkekarte und die freundliche Bedienung machen das Las Tapas zu einem beliebten Treffpunkt. Bei lateinamerikanischen Rhythmen kann man hier bei nur leichter Beleuchtung einen gemütlichen Abend verbringen.

International

赛马餐饮，南京西路325号，上海美术馆5楼

129 [H2] **Kathleen's 5**, 5/F Shanghai Art Museum, 325 Nanjing Xilu, Huangpi Beilu, Tel. 63272221, www.kathleens5.com.cn, tgl. 11.30-24 Uhr. Faszinierende Ausblicke auf den Renmin Guangchang und ein Mix aus klassischer und moderner nordamerikanischer Küche. Gute Weinkarte. Empfehlenswert sind die gegrillten King Prawns, das australische Lamm und der Steinbutt. Samstags und sonntags Brunch-Buffet von 11 bis 15 Uhr.

外滩18号6楼，中山东一路18号，近南京东路

130 [L2] **Mr & Mrs Bund** €€€, Bund 18, 6/F, 18 Zhongshan Dong 1 Lu, Tel. 63239898, www.mmbund.com, Mo.-Fr. 11.30-14, So.-Do. 18-22.30 Uhr, Fr./Sa. 18-23 Uhr. *Chef de Cuisine* Paul Pairet zaubert in modernem Ambiente ausgesprochen kreative französische Gerichte auf den Tisch. Die lange Weinliste mit mehr als 30 erlesenen Tropfen vervollständigt das kulinarische Erlebnis.

萨莎，东平路11号，衡山路

131 [D4] **Sasha's** €€€, 11 Dongping Lu, Hengshan Lu, Tel. 64746628, 11-2 Uhr. In diesem Kolonialgebäude wohnte Chiang Kai-shek mit seiner Frau Soong Mei Ling während des Bürgerkriegs. Über drei Stockwerke locken eine Bar und die Terrasse mit großem Biergarten Gäste an, die auch gerne zu einem gemütlichen Sonntagsbrunch vorbeikommen. Erlesene westliche Küche und eine ausgezeichnete Weinkarte gibt es in den oberen Stockwerken. WLAN.

餐厅，太仓路181弄新天地北里8号楼，近黄陂南路

132 [H4] **T8** €€€, House 8, North Block Xintiandi, Lane 181 Taicang Lu, Huangpi Nanlu, http://t8shanghai.com, Tel. 63558999, Fr. 11.30-14.30, Sa./So. 11.30-16 u. 18.30-24 Uhr. Das Haus bietet internationale Küche mit asiatischen Einflüssen. Im Jahr 2003 wurde das T8 vom Magazin „Condé Nast Traveller" als eines der 50 besten Restaurants weltweit ausgezeichnet.

Auf ins Vergnügen
Shanghai für Genießer

Vegetarisch

功德林, 南京西路445号, 近成都路
◐133 [H2] **Gong de Lin** €€, 445 Nanjing Xilu, Chengdu Beilu, Tel. 63270218, 10-21 Uhr. Eines der ältesten vegetarischen Restaurants der Stadt. Interessant und köstlich sind die imitierten Fleischgerichte.

枣子树, 奉贤路258号, 近江宁路
◐134 [F1] **Zao Zi Shu** €, 258 Fengxian Lu, Jiangning Lu, Tel. 62157566, 11-21 Uhr. Zao Zi Shu bietet leckeres chinesisches vegetarisches Essen. Die Portionen sind groß und preiswert.

Three on the Bund

Das Three on the Bund im ehemaligen Union Building mit seinen exklusiven Restaurants ist zurzeit das Teuerste und Edelste, was die Feinschmeckerszene in Shanghai zu bieten hat. Der bekannteste Gastronom in diesem illustren Gourmetkreis ist Jean-Georges Vongerichten. Der im Elsass geborene sternegekrönte Spitzenkoch hat bereits in New York ein Restaurant-Imperium mit zahlreichen Michelin-Sternen aufgebaut. Das Ambiente des weltbekannten Architekten Michael Graves hier im vierten Stock ist mehr als edel. Wer im **Jean Georges** *einkehrt, sollte aber genügend Kleingeld in seiner Brieftasche haben. Im Vergleich zu Vongerichtens New Yorker Restaurants kann man hier jedoch sehr preiswert essen. Man sollte am Abend aber mindestens 100 € für ein Menü einplanen und dabei auf Luxusprodukte wie Kaviar oder Trüffel verzichten.*

Der Hongkong-Chinese Jereme Leung kreiert im **Whampoa Club** *unglaublich raffinierte Variationen der klassischen Shanghai-Küche. Diese locken auch immer mehr wohlhabende Einheimische in sein Restaurant. Die ausgezeichnete Weinkarte ist fast identisch mit der des Jean Georges.*

Doch Shanghai wäre nicht eine der verrücktesten Städte der Welt, würde es nicht noch eine Steigerung geben. So auch im Three-on-the-Bund! Über dem eher belanglosen und ganztägig geöffneten Touristenrestaurant „New Heights" im siebten Stock thront, in einem kleinen Turm gelegen, das **Cupola**. *Es besteht aus lediglich zwei Räumen. Geordert werden können die Räume, Speisen und Getränke von jedem der drei genannten Luxusrestaurants. Während das romantische 2er-Separee bevorzugt von Pärchen aufgesucht wird, wird der 8er-Tisch auch gerne gebucht, um Geschäftspartner zu beeindrucken.*

◐135 [K2] **Three on the Bund,** *www.threeonthebund.com*

让乔治, 中山东一路3号, 外滩3号, 4楼, 近广东路
› **Jean Georges,** 4/F, 3 on the Bund, 3 Zhongshan Dong Yi Lu, Guangdong Lu, Tel. 63217733, 11.30-14.30 und 18-22.30 Uhr

黄浦会, 中山东一路3号, 外滩3号, 5楼, 近广东路
› **Whampoa Club,** 5/F, 3 on the Bund, 3 Zhongshan Dong Yi Lu, Guangdong Lu, Tel. 63213737, 11.30-14.30 und 17.30-22 Uhr

△ *Blick auf Pudong (s. S. 178) bei Nacht*

Shanghai am Abend

Das Shanghaier Nachtleben braucht sich schon seit einigen Jahren nicht mehr hinter jenem in Hongkong, Bangkok oder anderen asiatischen Großstädten zu verstecken. Die Stadt bietet Jung und Alt ein riesiges Angebot: Vom gemütlichen Kneipenbummel in der ehemaligen Französischen Konzession mit einigen schönen Biergärten über den Besuch in einer der supermodernen Großdiscos bis hin zu einem Besuch der zahlreichen Nachtklubs und Bars in einem der Vergnügungsviertel ist in Shanghai (fast) alles möglich.

Wer will, kann in der Stadt die Nacht zum Tag machen – und das an sieben Tagen in der Woche bis weit in den nächsten Morgen hinein. In den Klubs und Discos legen mittlerweile auch viele bekannte DJs aus Europa oder den USA auf. In Läden wie dem Cotton Club oder dem CJW gibt es feinsten Livejazz und Blues. Viele Westler, die länger in Shanghai leben, zieht es an den Wochenenden auf eine der zahlreichen Vergnügungsmeilen mit ihren unzähligen Bars und Restaurants. Da fast täglich über Nacht neue Bars, Klubs und Kneipen eröffnen und andere wieder schließen, sind in diesem CityGuide ausschließlich solche erwähnt, die sich schon über einen längeren Zeitraum etabliert haben.

Die **Hengshan Lu** [B6–D4] im Westen des alten französischen Viertels ist die belebteste Bar- und Restaurantmeile der Stadt. Chinesen und Westler vermischen sich hier in den unzähligen Etablissements. Ab 22 Uhr brodelt es hier und in den Seitenstraßen bis spät in die Nacht und der Verkehr quält sich im Schritttempo durch die Straße. Beliebte Treffpunkte für Westler sind das Zapata's, die Mural Bar (s. S. 76), die 88 Bar (s. S. 74) und das Paulaner Brauhaus (s. S. 66). Die **Preise** für Essen und Trinken liegen auf europäischem Niveau.

Auf ins Vergnügen
Shanghai am Abend

Eine hohe Konzentration an Kneipen, Bars und Restaurants findet sich auch im **Viertel um die Huashan Lu, Changshu Lu und Wulumuqi Zhonglu** in der Nähe des Hilton Hotels, darunter Urgesteine des Shanghaier Nachtlebens wie das Old Manhattan (曼琪, 华山路267号) oder das Crossroads (十字路口, 华山路267号).

Wer hier nicht fündig wird, kann auf dem südlichen Abschnitt der **Shaanxi Lu** (Shaanxi Nanlu) seine Kneipentour fortsetzen oder auch gleich die **hippen Trendviertel Surpass Court** (Yongjia Ting, 570 Yongjia Lu, 永嘉庭, 永嘉路570号) **und Sinan Mansions** (55 Sinan Lu, 思南公馆, 思南路55号) mit vielen Cafés, Restaurants, Bars und Klubs aufsuchen.

Am südlichen Bund sind die **Cool Docks** (s. S. 77) in den Gebäuden einer alten Fabrik seit geraumer Zeit ein beliebtes Ziel für einen geselligen Abend. Zwischen den Lokalen, Restaurants, kleinen Läden und Galerien lässt sich rund um einen zentralen Springbrunnen herrlich flanieren, gut essen, ein erfrischendes Getränk genießen oder einfach nur die Menschenmenge beobachten. An warmen Sommertagen sollte man sich hier einen „Sundowner" am Sunny Beach, einem künstlich geschaffenen Strandabschnitt am Huangpu, nicht entgehen lassen. An Wochenenden (Mai – September) finden häufig Veranstaltungen und Partys statt (外马路421号, 近毛家园路).

Auf der **Yongkang Lu** [E4] im Herzen der ehemaligen Französischen Konzession ging es bis vor wenigen Jahren noch äußerst ruhig und beschaulich zu. Heute säumen Dutzende kleinere Kneipen und Pubs mit günstigem Bier diese Straße und locken vorzugsweise Expats zu einem feucht-fröhlichem Abend. Da aber „leider" auch die chinesische Bevölkerung irgendwann ihre Nachtruhe sucht, kommt es häufig zu Streitereien mit den Barbetreibern. Nach 22 Uhr heißt es also rücksichtsvoll die Lautstärke auf den Bürgersteigen zu reduzieren, will man nicht, wie schon geschehen, Opfer von erfrischenden Wasserfällen aus den oberen Etagen werden.

Der **Bund** ❶ hat sich in den letzten Jahren ebenfalls als fester Bestandteil des Shanghaier Nachtlebens auf hohem Preisniveau mit fantastischen Aussichten auf die Skyline der Stadt etabliert. Beliebt beim tanzwütigen Publikum ist u. a. die Bar Rouge (s. S. 74).

Der bunte Mix aus Straßencafés, Kneipen sowie guten internationalen Restaurants zieht nicht nur viele Expats aus den umliegenden Wohn-Compounds nach Feierabend auf die im Westen der Stadt gelegene **Hongmei Entertainment Street**. Größen des Shanghaier Nachtlebens wie das Blue Frog oder Big Bamboo unterhalten in dieser Fußgängerzone ihre Zweigstellen.

Wer es ruhiger mag, findet in **Xintiandi**, dem restaurierten Viertel im Stil der alten Shikumen-Häuser (siehe „Shanghai für Architektur- und Kunstfreunde") mit seinen vielen Restaurants, Geschäfter, Kinos und Kneipen, eine gute Alternative. Das **Shanghai Xintiandi** [H4] in der Nähe der Huaihai Lu öffnete im Jahr 2000 seine Tore und gilt seither als *das* Unterhaltungszentrum der Stadt auf gehobenem Niveau. Auch wenn das Preisniveau hier höher ist als in anderen Vierteln, macht es gerade an warmen Abenden Spaß, draußen bei einem Drink zu sitzen und die Menschenmassen zu beobachten.

Vorsicht vor Betrügern: Man sollte sich nicht auf einen der vielen Schlepper einlassen! Es sind schon viele Nachteulen um den Inhalt ihres Geldbeutels erleichtert worden. Von besonders preisgünstigen und verlockenden Angeboten sollte man Abstand nehmen.

Bars und Nachtklubs

88酒吧，永嘉路701号，近衡山路

136 [C5] **88 Bar**, 701 Yongjia Lu, Tel. 64312353, tgl. 12–4 Uhr. Immer gut besuchter und beliebter Hotspot. Vieler junge Chinesen trinken hier zur lauten Musik, haben Spaß und lassen lautstark die Knobelbecher kreisen.

芭芭露莎，南京路231号，人民公园内，靠近上海美术馆

137 [I2] **Barbarossa Lounge**, 231 Nanjing Lu (im People's Park neben dem Shanghai Art Museum), www.barbarossa.com.cn, Tel. 63180220, 11–2 Uhr. Wasserpfeifen, gemütliche Polstermöbel und Wohlfühl-Musik: ein herrlicher Platz zum Entspannen in gemütlicher Umgebung.

胭脂吧，外滩中山东1路18号7楼

138 [K2] **Bar Rouge**, 7/F, No.18, Zhongshan Dong 1 Lu, Tel. 63391199, 18.30–1.30 Uhr, Fr., Sa. 18–4 Uhr. Stilvolle Bar mit riesiger Dachterrasse, auf der bei grandioser Aussicht über die Skyline der Stadt bis in den Morgen hinein gefeiert und getanzt wird.

大竹子，南阳路132号

139 [E1] **Big Bamboo Sports Bar**, 132 Nanyang Lu, Tel. 62562265, www.bigbamboo.asia, tgl. 9.30–2 Uhr. Gutes Essen, eiskalte Getränke, ein vielfältiges Unterhaltungsprogramm mit Poolbillard, Kicker und Livesportübertragungen von Champions League und Formel 1 auf mehreren Flachbildfernsehern – was will der Sportfan mehr?

大竹子，虹梅路3338号，虹梅路休闲街20号

140 **Big Bamboo Sports Bar**, Hongmei Entertainment Street, No. 20, Lane 3338 Hongmei Lu, Tel. 64058720, tgl. ab 9.30 Uhr. Seit Juni 2010 gibt es eine Filiale in der Hongmei Entertainment Street in Hongqiao. An Samstagen gibt es hier abends ein BBQ inklusive „all you can drink" Tiger oder Carlsberg Fassbier für 168 ¥.

爱尔兰岩烧，永康路77号，近襄阳路

141 [D4] **Blarney Stone Irish Pub**, Rm. A, 77 Yongkang Lu, Xiangyang Lu, www.bungleryne.com, Tel. 64226605, 16–1.30 Uhr, Do.–So. 11–1.30 Uhr. Typischer Irish Pub mit Guinness vom Fass, Poolbillard und irischen Songs auf der Gitarre, hier finden häufig Livesportübertragungen auf der Großbildleinwand statt.

Auch eiskaltes Hefeweizen gibt es mittlerweile in zahlreichen Bars und Restaurants der Stadt

Auf ins Vergnügen
Shanghai am Abend

蓝蛙, 天钥桥路131号, 近辛耕路
142 [bi] **Blue Frog**, Lán Wa, Lower Level, Unit 12, 131 Tianyaoqiao Lu, Tel. 33686117, www.bluefrog.com.cn, tgl. 11 Uhr bis zum letzten Gast. Eine der erfolgreichsten Kneipen mit sechs weiteren Filialen in der Stadt, langer Speisekarte gegen den Hunger und guter Musik. WLAN.

布达吧, 茂名南路172号
143 [C4] **Boxing Cat Brewery**, 82 Fuxing Lu, Yongfu Lu, www.boxingcatbrewery.com, Tel. 64312091, Mo.–Do. 17–2 Uhr, Fr. 15–2 Uhr, Sa./So. 11–2 Uhr. Amerikanischer Pub und Restaurant über drei Etagen. Hier genießt man hausgebrauten Gerstensaft und große Portionen der US-Südstaaten-Küche.

棉花, 安亭路132号, 近建国西路
144 [C5] **Cotton's**, 132 Anting Lu, Ecke Jianguo Xilu, www.cottons-shanghai.com, Tel. 64337995, tgl. 10–2 Uhr. Bar in einer alten französischen Villa aus den 1930er-Jahren mit einem schönen Garten und einer Terrasse.

印泰, 金科路1800号浦东区东郊宾馆, 近龙东路
145 **Face Pudong**, 1800 Jinke Lu, Dong Jiao State Guest Hotel, Tel. 50278261, www.facebars.com. Der weite Weg nach Pudong lohnt sich! In einer alten Villa befindet sich im Hauptgebäude des Dong Jiao State Guest Hotel der Ableger der einst so beliebten Face Bar im Ruijin Park. Die riesigen Holzmasken, die die Wände dieser gemütlichen Bar schmücken, geben dem Lokal seinen Namen. Man kann sich an einem der antiken chinesischen Tische niederlassen oder auf

✉ *Aufwendig illuminiert: das Altstadtviertel rund um den Yu Yuan* **15**

Shanghai am Abend

einem der Opiumbetten, um einen ausgefallenen Drink zu genießen. Gut sortierte Weinkarte. Bei entsprechendem Wetter sitzt man im Freien in grüner Umgebung an einem See. Die Restaurants Lan Na Thai und Hazara servieren ausgezeichnete thailändische und indische Küche.

魅力酒吧, 中山东一路5号, 6楼

146 [K2] **Glamour Bar,** 6/F, 5 Zhongshan Dong Yi Lu, www.m-glamour.com, Tel. 63509988, tgl. 16 Uhr bis Open End. Pink ist die dominierende Farbe in der zum M on the Bund (s. S. 132) gehörenden Glamour Bar. Die Atmosphäre weckt Erinnerungen an die 1930er Jahre. Zu Cocktails und Champagner gibt es Live-Jazz oder Lesungen. Die Glamour Bar ist außerdem Veranstaltungsort des Shanghai Literaturfestivals (s. S. 22).

翡翠36酒吧, 36/F, 2号楼, 香格里拉饭店, 富城路33号

147 [M3] **Jade on 36 Bar,** 36/F Tower 2, Shangri-La Hotel, 33 Fucheng Lu, Tel. 68823636, 18–1 Uhr, Fr., Sa. 18–2 Uhr. Nicht nur die ausgezeichneten Cocktails, auch die faszinierenden Ausblicke aus 150 m Höhe auf das Lichtermeer der Stadt versetzen die Gäste in einen Rauschzustand.

金洋咖啡吧, 东湖路7号

148 [E3] **Jenny's Blue Bar,** 7 Donghu Lu, Tel. 64157019, tgl. 13–2 Uhr. In dieser immer gut besuchten Bar bekommt man Musik von den Rolling Stones, The Doors, Santana, Led Zeppelin sowie Erdinger Weißbier und Guinness vom Fass (Happy Hour bis 20 Uhr).

杰迪, 铜仁路142-146号, 近南京西路

149 [E2] **Judy's,** 142–146 Tongren Lu, Nanjing Xilu, Tel. 62893715, www.judysco.com.cn, tgl. 11 Uhr bis Open End. 1993 eröffnet ist Judy's heute ein Klassiker im Shanghaier Nachtleben. Das Judy's ist Bar, Club, Restaurant und Lounge zugleich. Die Speisekarte mit guten deutschen Gerichten und die Live-Band locken jeden Abend ein buntes Partyvolk in diese schöne Villa auf der Tongren Lu.

马龙美式酒吧, 铜仁路255号

150 [E1] **Malone's American Café,** Malóng Meishì Jiulóu, 255 Tongren Lu, Tel. 62472400, www.malones.com.cn, tgl. 11–2 Uhr. Riesige Bar mit Restaurant über drei Etagen, Treffpunkt vieler Expats nach Feierabend. Es gibt Hamburger und andere westliche Gerichte, jeweils große Portionen zu angemessenen Preisen. Abends spielt eine sehr gute philippinische Band, auf den zahlreichen Fernsehern laufen Sportübertragungen. WLAN.

摩砚, 衡山路10号

151 [C5] **Mural Bar,** 10 Hengshan Lu, Tel. 64335023, www.muralbar.com, tgl. 20–3 Uhr. Beliebt bei in der Stadt lebenden Ausländern. Freitags lockt das „All you can drink"-Angebot für 100 Yuan.

Smoker's Guide

In China wird deutlich mehr geraucht als bei uns, das gilt auch für Restaurants. Auch manche Taxifahrer rauchen während der Fahrt. Da in China das Rauchen so weit verbreitet ist, stören sich wenig Chinesen daran und erwarten, dass sie fast überall rauchen dürfen. In einigen **Hotels, gehobenen Restaurants** und auf öffentlichen Plätzen wie auf der Flaniermeile **Bund** ist das Rauchen aber bereits **untersagt.**

Auf ins Vergnügen
Shanghai am Abend

兰桂坊, 皋兰路2A号2楼, 近思南路
❶**152** [G4] **Muse at Park 97**, 2/F, 2A Gaolan Lu, Sinan Lu, www.museshanghai.com/en-us, Tel. 53832328, 20–2 Uhr, Fr., Sa. 20–4 Uhr. Treffpunkt der Reichen und einer der Hotspots des Shanghaier Nachtlebens.

袋鼠酒吧, 永嘉路33号, 近茂名南路
❶**153** [F5] **On-On Kangaroo Bar**, 33 Yongjia Lu, Tel. 54666066, tgl. 18–2 Uhr. Preiswerte Drinks, Poolbillard und regelmäßig glühende Dartboards machen die Kangaroo Bar zu einem beliebten Hotspot für Westler und Chinesen. Nette Leute – auch Barkeeper Bob ist immer zu einem Plausch aufgelegt – und es dröhnt bis tief in die Nacht Rockmusik aus den Lautsprechern.

奥斯卡, 复兴中路1377号, 近宝庆路
❶**154** [D4] **Oscar's Pub**, 1377 Fuxing Zhonglu, Ecke Baoqing Lu, Tel. 64316528, tgl. 11–2 Uhr. Pub mit Poolbillard und kleinem, gemütlichem Biergarten.

世纪大道88号, 金茂君悦大酒店53楼, 近银城中路
❶**155** [M3] **Piano Bar**, 53/F, Jin Mao Tower, 88 Shiji Dadao, Yincheng Zhonglu, Tel. 50491234, Mo.–Fr. 17–1 Uhr, Sa.–So. 14–1 Uhr. Schön eingerichtete Bar mit gemütlichen chinesischen Plüschsofas, Opiumbetten und einer großen Auswahl an Zigarren und Cocktails, zudem gibt es hier sehr guten Livejazz.

老码头, 外马路653号
❶**156** [M6] **The Cool Docks**, 653 Waima Lu, www.thecooldocks.com. Ein trendiges Vergnügungsviertel mit Kneipen, Restaurants, kleinen Geschäften und Galerien am südlichen Bund in der Nähe der Shanghaier Altstadt. In den Sommermonaten kann man hier herrlich mit einem kalten Getränk am Strand sitzen.

衡山路5号, 近东平路
❶**157** [D4] **Zapata's**, 5 Hengshan Lu, Tel. 64334104 (nach 17 Uhr), 18 Uhr–Open End, http://zapatas-shanghai.com. Der „Partyschuppen" auf der Hengshan Lu, am Mittwoch ist Ladies und Tequila Night, dann gibt es auch „Free Flow"-Tequila direkt aus den Flaschen in die durstigen Kehlen. Auf der Tanzfläche und auf der Theke wird dementsprechend ausgelassen getanzt. Gute Mischung aus chinesischem und westlichem Publikum – wer Kontakte sucht, wird hier fündig.

Chill-out-Bars

Auch in der sonst so lauten und geschäftigen Stadt Shanghai gibt es Bars, die zu einem ruhigen, entspannenden Nachmittag oder Abend einladen. Vor allem in Hotels der Luxusklasse wird man fündig.

九重天, 金茂大厦87楼, 世纪大道88号
❶**158** [N3] **Cloud 9**, 87/F Grand Hyatt, Jin Mao Tower, 88 Shiji Dadao, Tel. 50491234. Die Cloud 9 Bar im Grand Hyatt Hotel im Jin Mao Tower verwöhnt mit den schönsten Aussichten auf die Stadt.

非常时髦, 外滩茂悦大酒店32–33楼, 黄浦路199号, 近武昌路
❶**159** [M1] **Vue Bar**, 32–33/F, West Tower, Hyatt on the Bund, 199 Huangpu Lu, Wuchang Lu, Tel. 63931234, So.–Do. 18–1 Uhr, Fr. und Sa. 18–2 Uhr. Die Vue Bar auf dem Hyatt on the Bund gilt zurzeit als eine der angesagtesten Bars in Shanghai. Vor dem grandiosen Panorama über beide Ufer des Huangpu lässt sich in gemütlichen Sitzecken oder auf Tagesbetten bei kühlen Drinks herrlich chillen. Der Whirlpool auf der Außenterrasse ist ein weiteres Highlight – Badehose bzw. Bikini nicht vergessen!

Auf ins Vergnügen
Shanghai am Abend

*Funkelndes Lichtermeer:
Reklame auf der Nanjing Donglu* ❷

Chinesisches Nachtleben

Karaoke gehört zu den beliebtesten Freizeitvergnügungen in China. Chinesen gehen abends oft nicht in die Disco oder Kneipe, sondern lieber mit einer Gruppe von Freunden zum Karaoke. In China heißt Karaoke aufgrund der Umschreibung mit chinesischen Schriftzeichen meistens „Kala OK". Sehr oft sieht man in China auch die **Buchstaben „KTV" an Karaoke-Bars.**

Beim Karaoke geht es darum, zu einer instrumentellen Begleitung **bekannte Lieder nachzusingen.** Meistens werden die Videos der Songs auf einer Leinwand oder einem Fernseher angezeigt. Als Untertitel der Musikvideos wird außerdem der Liedtext eingeblendet, der gerade gesungen wird – man muss ein Lied also nicht auswendig können, um beim Karaoke mitzumachen.

Meistens trifft man sich mit einer Gruppe von Freunden zum Karaoke. Zusammen mietet man einen Karaoke-Raum, in dem Sofas zum Sitzen und ein Couchtisch stehen, außerdem natürlich ein Fernseher, auf dem die Karaoke-Videos gezeigt werden. Über eine Fernbedienung kann man sich das gewünschte Lied aussuchen, meist sind Tausende von Karaoke-Videos zur Auswahl. Je nach Ausstattung hat der Karaoke-

Shanghai am Abend

Raum ein oder mehrere Mikrofone, sodass mehrere Personen gleichzeitig im Chor Karaoke singen können. Man bezahlt Karaoke normalerweise stündlich, zusätzlich kann man Getränke und Kleinigkeiten zum Essen bestellen.

Da man für das Karaoke oft einen separaten, geschlossenen Raum mietet, bietet es sich natürlich an, diesen auch für andere Dinge zu benutzen als Karaoke – nennen wir es Karaoke und „Karaoke". Obwohl **Prostitution** in China wie in vielen anderen Ländern Asiens auch illegal ist, gibt es wie auf der ganzen Welt eine große Nachfrage nach Diensten dieser Art. Daher müssen sich Anbieter mehr oder weniger offensichtliche Tarnungen ausdenken, um ihre Dienste anbieten zu können. In China sind die Orte, an denen käufliche Liebe angeboten wird, im Regelfall eher wenig getarnt. Sie nennen sich „Friseursalon", „Massagestudio" oder eben „Karaoke".

Es besteht jedoch kein Grund zur Sorge: Dass man aus Versehen in eine nicht saubere Karaoke-Bar geht, ohne dies zu merken, ist unwahrscheinlich. Die folgenden empfehlenswerten Karaoke-Bars sind garantiert sauber:

必爱歌, 南京东路673号,
宝大祥商厦6楼, 近人民广场
- 160 [J2] **Big Echo**, 6/F, 673 Nanjing Donglu, Tel. 63512700 (am People's Square). Das Echo bietet eine Auswahl von über 30.000 Songs in sieben Sprachen, darunter viel japanischer Pop. Cafeteria mit chinesischem und westlichem Essen sowie Getränken.

钱柜, 乌鲁木齐北路457号, 近南京西路
- 161 [D2] **Cash Box KTV**, 457 Wulumuqi Beilu, Nanjing Xilu, Tel. 63741111. Perfekter Ort für einen Karaoke-Abend mit Freunden: Die elegante Einrichtung, die hochwertige technische Ausstattung, leckere Snacks und der hervorragende Service machen diese Karaoke-Bar zu einem der besten Orte abendlicher Unterhaltung dieser Art.

好乐迪, 淮海中路438号, 近重庆北路
- 162 [H3] **Haoledi KTV**, 438 Huaihai Zhonglu, Chongqing Nanlu, Tel. 53510808, www.haoledi.com. Die in ganz China populäre Karaoke-Bar-Kette ist allein in Shanghai mit acht Filialen vertreten. Große Musikauswahl unterschiedlicher Stilrichtungen.

Discos

M1NT, 福州路318号24楼
- 163 [K2] **M1NT**, 24/F, 318 Fuzhou Lu, Tel. 63912811, www.m1ntglobal.com, tgl. 18–4 Uhr. Einer der Trendsetterläden in Shanghai und der Treffpunkt der besten DJs des Landes.

缪斯, 余姚路68号, 同乐坊2楼, 近海防路
- 164 [cg] **Muse**, 2/F, The New Factories, 68 Yuyao Lu, Haifang Lu, Tel. 52135220, www.museshanghai.cn/en-us, So.–Mi. 19–2 Uhr, Do.–Sa. 19–4 Uhr. In einer alten Fabrikhalle wird hier zu House und Hip-Hop auf zwei Etagen bis in die frühen Morgenstunden ausgelassen getanzt. Ein Treffpunkt der „Jungen und Schönen" und ein guter Ort um zu sehen und gesehen zu werden.

菲芘酒吧, 衡山路10号
- 165 [C5] **PHEBE 3D CLUB**, 10 Hengshan Lu, Tel. 65559998, 21–5 Uhr. Während andere schon lange schlafen, geht hier die Party erst richtig los. Immer voll mit überwiegend jungem chinesischem Publikum, das zu heißen Beats und Lichtshows mit 3D-Effekten die Tanzfläche stürmt.

淮海中路138号，上海广场101室
166 [I3] **Rich Baby,** Unit 101 Shanghai Square, 138 Huaihai Zhonglu, Tel. 63756667, 21–3.30 Uhr, Fr., Sa. 21–4.30 Uhr. Treffpunkt für hauptsächlich jüngere chinesische Partyfreunde, im Rich Baby ist immer Wochenende. Sehen und Gesehenwerden lautet das Motto in diesem trendigen Klub bei Techno, House und Hip-Hop, bis der Morgen graut.

永福路5号
167 [C3] **The Shelter,** 5 Yongfu Lu, Tel. 64370400, 20–4 Uhr. In einem dunklen ehemaligen Luftschutzbunker wird bei preiswerten Getränken bis in den frühen Morgen zu Reggae, Soul und Hip-Hop auf den Tanzflächen durchgefeiert.

蕴德词,淮海中路527号11楼, 近成都路
168 [G3] **Windows Scoreboard,** 11/F, 527 Huaihai Zhonglu, Tel. 53827757, tgl. 16.30–4 Uhr, www.windowsbars.com. Scoreboard ist das jüngste Mitglied der Windows-Kette, die in der Stadt mehrere Klubs betreibt. Hier treffen sich Chinesen und Ausländer bei preiswerten Getränken. Pop- und Rockmusik und eine bis weit nach Mitternacht ausgelassene Stimmung.

蕴德词, 南京西路1699号,
静安寺广场J104, 近华山路
169 [D2] **Windows Too,** J104 – Jing'an Si Plaza, 1699 Nanjing Xilu, Tel. 32140351, 19–4 Uhr. Hier treffen sich Chinesen und Ausländer bei preiswerten Getränken. Pop- und Rockmusik und eine zu jeder Zeit ausgelassene Stimmung bis weit nach Mitternacht.

> *Auf der Hengshan Road*

Musikszene

In Shanghai hat sich in den letzten Jahren eine ausgesprochen **vielfältige und lebhafte Musikszene** etabliert. Freunde von Livemusik haben fast an jedem Abend die Möglichkeit, in einem Klub chinesischen Pop, Rock oder Punk sowie auch internationale Auftritte von Newcomerbands und internationale Stars in größeren Arenen live zu erleben. Täglich aktualisierte Termine erfährt man in den Stadtmagazinen oder unter www.smartshanghai.com.

乌鲁木齐路1号,近衡山路
170 [D4] **Arkham,** 1 Wulumuqi Nanlu, Tel. 15921826566, www.arkhamshanghai.com, Do-Sa. 22–5 Uhr. DJs, Liveacts und Musiker aus dem elektronischen Lager (Indie Dance, House, Electro) geben sich hier an den Wochenenden die Klinke in die Hand. Tief unter den Straßen der City sorgen ein ausgesprochen gutes Soundsystem und preiswerte Erfrischungsgetränke für gute Laune.

288酒吧, 泰康路288号
171 [F5] **Bar 288 The Melting Pot,** 288 Taikang Lu. Tel. 64679900. In dieser dunklen Bar treffen sich junge chinesische und ausländische Amateurmusiker häufig zu Jamsessions. Es erwarten den Gast preiswerte Getränke und an den Wochenenden immer eine ausgelassene Stimmung.

黑糖餐廳,
太仓路181弄新天地北里15号
172 [H4] **Brown Sugar,** Bldg 15, Xintiandi North Block, Lane 181 Taicang Lu, Madang Lu, Tel. 53828998, www.brownsugarlive.com, 18–3 Uhr. Bei Touristen und Einheimischen beliebter Jazz Klub mit Restaurant im Herzen von Xintiandi. Allabendliche Auf-

Auf ins Vergnügen
Shanghai am Abend

tritte internationaler und lokaler Jazz- und Soulbands. Tolle Stimmung und immer gut gefüllt.

兴业路123弄2号4单元, 近马当路, 地铁一号线黄陂南路站

173 [H4] **CJW Cigar Jazz Wine**, Xuejia Juéshì Hóngjiu, Rm. 2, Unit 4, Lane 123 Xingye Lu, Madang Lu, www.cjwchina.com, Tel. 63856677, täglich 11–2 Uhr geöffnet. Restaurant und Jazz Lounge mit einer großen Auswahl an Qualitätsweinen und kubanischen Zigarren. 90 ¥ für ein Glas Wein und 330 ¥ für eine Cohiba machen den Abend nicht gerade zu einem preiswerten, aber mit Sicherheit zu einem unvergesslichen Erlebnis. Die Jazzband spielt jeden Abend von 21 bis 1 Uhr.

棉花俱乐部, 淮海中路1416号, 近复兴路

174 [D4] **Cotton Club**, Miánhua Jùlèbù, 1416 Huaihai Zhonglu, Ecke Fuxing Xilu, Tel. 64377110, www.thecottonclub.cn. Eine der etabliertesten Musikkneipen in Shanghai, Di.–So. Liveblues und -jazz.

哈雷酒吧, 南丹东路265号, 徐家汇

175 [bi] **Harley's Bar**, 265 Nandan Donglu, Xujiahui, Tel. 54247317. Eine der besten Bars für den neuesten chinesischen Rock und Punk in der Nähe Xujiahuis.

布鲁斯与爵士之屋, 福州路60号

176 [K2] **House of Blues & Jazz**, Bùlusī Juéshì Zhi Wu, 60 Fuzhou Lu, Tel. 63232779, www.houseofbluesandjazz.com. Freunde des Blues und Jazz fühlen sich in dieser Restaurant-Bar garantiert wie zu Hause. Allabendlich gibt es in dieser dank der hölzernen Einrichtung sehr gemütlichen Bar Auftritte großer und kleiner Blues- und Jazzmeister. Sonntags werden traditionell Jamsessions mit Hobbymusikern veranstaltet.

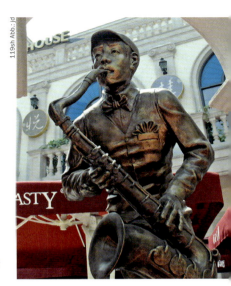

爵士酒吧, 复兴西路46号

177 [C4] **JZ Club**, 46 Fuxing Lu, Yongfu Lu, Tel. 64310269, www.jzclub.cn, 20.30–2.30 Uhr geöffnet. In diesem etablierten Club spielen regelmäßig einige der besten lokalen Bands Jazz, Samba, Salsa und andere lateinamerikanische Klänge. Dank Kerzenschein und der bequemen Plüschsofas herrscht im JZ Club eine äußerst gemütliche Atmosphäre.

重庆南路308号, 近虹桥路

178 [G5] **Mao Livehouse**, 308 Chongqing Nanlu, Luwan, www.mao-music.com, Tel. 64450086. Riesige Konzerthalle, in der fast täglich nationale und internationale Rockbands auftreten. Unter anderem standen hier bereits die US-amerikanische Rockband Panic! at the Disco aus Las Vegas und Subway to Sally, eine der populärsten Live-Bands Deutschlands, auf der Bühne.

育音堂, 凯旋路851号, 近延安西路
⊖179 [ah] **Yuyintang**, 851 Kaixuan Lu, Yan'an Xilu, Tel. 52378662, www.yuyintang.org, Di.–So. ab 21 Uhr, Mo. nur zu Veranstaltungen geöffnet. Im Yuyintang findet sich eine der ältesten und bekanntesten Bühnen für Independent- und Alternative-Rock.

Theater und Konzerte

兰心大戏院, 茂名南路57号, 近长乐路
⊖180 [F3] **Lyceum Theatre**, 57 Maoming Nanlu, Changle Lu, Tel. 62178530, Tickets 62565544. Das Theater stammt noch aus der Zeit des letzten Kaisers und zeigt westliche sowie chinesische Opern.

美琪大戏院, 江宁路66号, 近奉贤路
⊖181 [F1] **Majestic Theatre**, 66 Jiang Ning Lu, Fengxian Lu, Tel. 62174409. Eines der ältesten Theater Shanghais, hier werden Oper, Ballett und Akrobatik aufgeführt.

上海商城剧院, 南京西路1376号
⊖182 [E1] **Shanghai Centre Theatre**, 1376 Nanjing Xilu, www.shanghaicentre.com, Tel. 62797132. Riesiges neues Mehrspartenhaus für Konzerte, Ballett, Oper und Akrobatikshows von internationalem Format. Hier tritt auch allabendlich die berühmte Akrobatentruppe Shanghais auf.

上海音乐厅, 延安东路523号
⊖183 [I3] **Shanghai Concert Hall**, 523 Yan'an Donglu, www.shanghaiconcerthall.org, Tel. 63862836. Klassische Konzerte.

上海大舞台, 漕溪北路1111号
⊖184 [bj] **Shanghai Grand Stage**, 1111 Caoxi Beilu (im Shanghai Stadium), Tel. 64385200. An diesem Ort werden vor allem Musicals aufgeführt, aber auch Konzerte (Pop, Klassik) finden hier statt.

上海大剧院, 人民大道300号
❼ [H2] **Shanghai Grand Theatre**, Shànghǎi Dà Jùyuàn, 300 Renmin Da Dao, Tel. 63868686, 63728702 (Tickets), www.shgtheatre.com. Das Grand Theatre beherbergt ein modernes Veranstaltungszentrum.

天蟾逸夫舞台, 福州路701号
⊖185 [I2] **Yifu China Opera Theatre**, 701 Fuzhou Lu, Tel. 63514668, 63225294. Aufführungsstätte chinesischer Opern.

Tickets

中国票务在线, 宁海东路200号申鑫大厦801室, 近永寿路
●186 [J3] **China Tickets**, Rm. 801, Shenxin Building, 200 Ninghai Donglu, Yongshou Lu, Tel. 4006103721, 9–18 Uhr, www.piao.com.cn, http://en.damai.cn

东方票务, 平型关路1220号,
海上文化中心1号楼1层
●187 **Eticket**, 1/F, No. 1 Building, 1220 Ping Xing Guan Lu, Tel. 64482500, Tickets: Tel. 962388, 64480898, www.ticket2010.com

上海文化信息票务中心, 奉贤路272号
●188 [F1] **Shanghai Cultural Information & Booking Center**, 272 Fengxian Lu, Tel. 62172426, www.culture.sh.cn

票务之星, 江宁路420号
●189 [ch] **Tickets365**, 420 Jiangning Lu, Tel. 4008207910, 8008207910, www.tickets365.com.cn

一票通, 漕溪北路18号,
实业大厦16楼F座
●190 [A6] **Tixone**, Bldg. 16, 18 Caoxi Beilu, Tel. 61115955, 8008201585, www.tickets.com.cn

Shanghai zum Träumen und Entspannen

Auch für Romantiker, verliebte Paare und Träumer hat Shanghai einiges zu bieten. Mag man es auf den ersten Blick auch nicht glauben, so gibt es doch eine Reihe romantischer Straßenzüge, schöner Parks und Oasen der Ruhe, die auch einen längeren Aufenthalt lohnen.

Träumen mit Ausblick lässt es sich bestens auf der höchsten Außenterrasse und -bar der Stadt in Pudong. Im Flair by The Ritz-Carlton in der 58. Etage des gleichnamigen Hotels genießt man zu Sushi, Tapas und hervorragenden Weinen zudem die wohl auch atemberaubendsten Momente hoch über den Dächern der Stadt.

上海浦东丽思卡尔顿酒店云顶酒吧,
世纪大道8号上海国金中心,
近陆家嘴环路

❶191 [M3] **Flair by The Ritz-Carlton,** Shanghai IFC, 8 Century Avenue, Tel. 20201717, www.ritzcarlton.com/en/Properties/ShanghaiPudong

Die **Yu Qing Lu** im westlichen Xuhui-Distrikt ist eine ruhige, auf beiden Seiten mit alten französischen Platanen bewachsene Allee. Die mit Efeu bewachsenen kleinen Residenzen mit ihren Balkonen im südeuropäischen Stil versetzen einen zurück in die alte Kolonialzeit. Am schönsten ist es an einem milden Nachmittag im Frühling.

„Tian" bedeutet „süß" und „Ai" heißt „Liebe" auf Chinesisch. Und daher heißt die fast 300 Meter lange **Tian Ai Lu** im nördlichen Hongkou-Distrikt „Straße der süßen Liebe". Vor allem junge Liebespaare treffen sich hier lieber als im nahe gelegenen Hongkou Park.

Im geschäftigen Xujiahui ist die kleine **Puxi Lu** mit ihrem Flair ein idealer, weil ruhiger Rückzugsort. Auch für viele junge

Im romantischen Wasserdorf Qibao ❹ kann man herrlich entspannen

Auf ins Vergnügen
Shanghai zum Träumen und Entspannen

chinesische Paare fungiert die Straße als Treffpunkt nach einem ausgiebigen Bummel durch die zahlreichen Malls. Auch die wegen ihres ausschweifenden Nachtlebens bekannte **Hengshan Lu** [B6–D4] im Xuhui-Distrikt ist bei Tage für romantische Momente gut. Auf dieser wohl europäischsten, mit Platanen bewachsenen Straße laden tagsüber zahlreiche gemütliche Restaurants und Biergärten zum Träumen und Entspannen ein. Hier kann man zum Beispiel im Sasha's (s. S. 70) oder im in der Nähe gelegenen Paulaner Brauhaus (s. S. 66) an der Fenyang Lu einen gemütlichen Nachmittag unter alten Bäumen im Freien verbringen.

An der schön angelegten **Riverside Promenade** (Binjiang Dadao) [M2] am östlichen Ufer des Huangpu in Pudong lässt es sich herrlich bummeln und auf einer der Bänke dem Treiben auf dem Fluss zusehen. Gerade in der Abenddämmerung an einem Herbst- oder warmen Wintertag sind Spaziergänge auf der Promenade eine romantische Angelegenheit. Bei klarem Himmel – was leider immer seltener der Fall ist – erlebt man einen fantastischen Sonnenuntergang über der Skyline von Puxi und den Kolonialbauten am Bund. Wer vom Flanieren müde und hungrig geworden ist, findet in unmittelbarer Nähe viele gute Möglichkeiten zur Einkehr.

Wer einen ganzen Tag entspannen möchte, kann sich in einen der größeren Parks der Stadt zurückziehen. Der **Changfeng Park** 53 im Westen der Stadt oder der **Century Park** 45 in Pudong bieten reichlich Gelegenheiten für ein ausgiebiges Picknick inmitten üppigen Grüns. Ausländische Touristen trifft man in diesen Parks eher selten und man kann Einheimische bei ihren Freizeitbeschäftigungen beobachten. Besonders schön ist es im Changfeng Park im Frühling (Anfang April) zur Zeit des International Flower Festivals. Blumen aus über zwanzig Ländern, darunter hunderttausende importierte Tulpen aus den Niederlanden, werden ausgestellt. (Im Changfeng Park steht auch ein Miniaturnachbau einer holländischen Windmühle.) Am Park befindet sich zudem das moderne **Aquarium Changfeng Ocean World** (s. S. 86) und eine Kartbahn, sodass auch der Nachwuchs seinen Spaß haben kann.

◸ *Herrlich träumen und entspannen rund um den Westsee* 16 *in Hangzhou*

◿ *Nicht nur Kinder haben Spaß daran, einen Drachen steigen zu lassen*

Shanghai für den Nachwuchs

Städtereisen mit Kindern erscheinen auf den ersten Blick vielen Eltern nicht sonderlich attraktiv. Der lange Flug nach China wird zudem viele abschrecken – obwohl Kinder erfahrungsgemäß die Reisestrapazen besser verkraften als Erwachsene. Durch den ständigen Lärm, die Umweltverschmutzung, das unendliche Hochhäusermeer, den chaotischen Verkehr und die Verständigungsschwierigkeiten wirkt die Stadt zunächst auch nicht sonderlich geeignet für eine Reise mit dem Nachwuchs.

Dabei sind Chinesen **äußerst kinderfreundlich** und niemand wird es den Eltern übel nehmen, wenn ein Kind in einem Restaurant einmal laut wird oder etwas auf den Tisch kleckert. (Das entspricht schließlich auch den chinesischen Tischsitten.) Wahrscheinlich macht es den Kleinen auch Spaß, einmal das Essen mit Essstäbchen in einem echten chinesischen Restaurant zu versuchen.

Des Weiteren locken die **Spielzeugabteilungen der großen Kaufhäuser** und die vielen kleinen Läden und Souvenirgeschäfte in der Altstadt. Man sollte die Kleinen nur nicht mit überlangen Aufenthalten in Galerien oder Kunstmuseen langweilen. Für kleinere Kinder haben einige Restaurants wie z. B. das Paulaner Brauhaus an der Fenyang Lu (s. S. 66) in ihren Biergärten kleine Kinderspielplätze eingerichtet. So kann man bei einer gemütlichen Pause die Kids ein wenig beschäftigen und doch immer im Auge behalten. **Nicht-asiatische Kinder** sind in vielen Stadtteilen immer noch eine Attraktion und rufen bei den Einheimischen Bewunderung und Interesse hervor. Daher wird es häufig vorkommen, dass versucht wird, den Nachwuchs anzufassen oder ihm übers Haar zu streichen – ein normales Zeichen der Sympathie und Zuwendung.

Für Kinder, die älter sind als sechs Jahre, bietet die Stadt **einige Attraktionen**. Sehr beliebt bei kleineren Kindern ist Fun Dazzle, ein Indoor-Spielplatz im Zhongshan Park mit Karussells, Rutschen und vielen anderen Attraktionen. An Wochenenden ist der Park allerdings häufig hoffnungslos überfüllt. Tierbegeisterte Kinder werden von einem Ausflug in den Zoo Shanghai ㊲, den Wild Animal Park (s. u.) oder das Ocean Aquarium ㊹ begeistert sein. Der Changfeng Park ㊼ im Nordwesten der Stadt lockt zu einem Familienausflug mit Picknick und einer Bootstour auf dem See. Sportliche Naturen zieht es vielleicht auf eine der **Kartbahnen** oder an die Kletterwand des Masterhand Rock Climbing Club (s. u.).

Attraktionen

上海长风海洋世界, 大渡河路451号, 长风公园4号门, 近金沙江路

●**192** [ag] **Changfeng Ocean World**, Shànghǎi Chángfēng Hǎiyáng Shìjiè, Gate 4, Changfeng Park, 451 Daduhe Lu, Jinshajiang Lu, www.oceanworld.com.cn, Tel. 62238888, tgl. 8.30–17 Uhr, Eintritt: 160/110￥(Erwachsene/Kinder 100 bis 140 cm Körpergröße). Unterhaltung für die ganze Familie verspricht dieses moderne Indoor-Aquarium mit südamerikanischen Themen. Vor versunkenen Piratenschiffen, Gebirgsbächen und Regenwald tummeln sich farbenfrohe Fische. Es gibt zudem eine beeindruckende Tiefseeausstellung mit Haien, Seeschlangen und anderen Meeresbewohnern.

热带风暴, 闵行区新镇路78号

●**193 Dino Beach**, Rèdài Fēngbào Shuǐshàng Lèyuán, 78 Xinzhen Lu, Minhang District, Tel. 64783333, www.dinobeach.com.cn, Juni–Sept. tägl. 9–22 Uhr (Juli/August 9–24 Uhr), Eintritt: 150￥, Sa. u. So. 200￥(Kinder unter 80 cm frei, Kinder bis 150 cm 100￥). Dies ist ein idealer Ort, um im Sommer der großen Hitze zu entfliehen. Es locken ein Strand, ein Wellenbecken und mehrere Wasserrutschen.

迪士卡赛车馆, 枣阳路809号

●**194** [ag] **Disc Kart Indoor Karting**, Dishika Saicheguan, 809 Zaoyang Lu, Tel. 62222880, www.kartingchina.com, tgl. 13–1 Uhr, ab 80￥für acht Minuten. Ein Geschwindigkeitsrausch ist in dieser Hallenkartbahn nicht nur Kids auf beachtlichen 4500 m² Fläche garantiert.

◁ *Auch für Kinder hat Shanghai einiges zu bieten*

Auf ins Vergnügen
Shanghai für den Nachwuchs

翻斗乐，长宁路780号，近定西路
- **195** [bh] **Fun Dazzle**, 780 Changning Lu, Nähe Dingxi Lu, Tel. 62107288, tgl. 9–17 Uhr, Eintritt: 50 ¥. Das Indoor-Spielcenter verspricht großen Spaß für Kinder aller Altersstufen. Es locken Irrgärten, Rutschen, Kletterseile, Ballgruben und vieles mehr. Für Kleinkinder gibt es einen separaten Spielebereich mit ähnlichen, aber kleineren Geräten und vielen bunten, ausgestopften Säcken, die aufeinander gestapelt werden können. Durchsetzungsfähiges, jedoch sehr kinderfreundliches Personal passt auf die Kleinen auf. Manchmal gibt es am Wochenende auch Kunststunden, bei denen man nur für das Material bezahlt und die Kinder kreativ tätig werden lässt.

锦江乐园站，虹梅路201号
- **196** **Jinjiang Action Park**, Jin Jiang Lèyuán, 201 Hongmei Lu, Tel. 54200844, www.jjlysh.com/zh, tgl. 8.45–17 Uhr, Eintritt: 100 ¥, Metro: Jinjiangleyuan. Dieser Vergnügungspark war der erste große Freizeitpark in der Stadt. Achterbahnen, Autoskooter und zahlreiche weitere Fahrgeschäfte versprechen Spaß nicht nur für Kinder.

恒毅室内攀岩馆，东江湾路444号，虹口足球场21号看台上层，近东体育会路
- **197** **Masterhand Rock Climbing Club**, 444 Dongjiangwan Lu, Nähe Dongtiyuhui Lu, Hongkou Football Stadium, www.hyclimbing.com, Tel. 56966657, tgl. 10–22 Uhr, Eintritt: 40/30 ¥ (Erwachsene/Kinder). Der Klub bietet Kletterwände sowohl in der Halle als auch im Freien ohne jegliche zeitliche Beschränkung und mit unterschiedlichen Schwierigkeitsgraden. Außerdem werden regelmäßig Wander-, Mountainbike- und Campingtouren veranstaltet.

上海野生动物园，南六公路178号
- **198** **Wild Animal Park**, Shànghǎi Yesheng Dòngwùyuán, Pudong, 178 Nan Liu Gong Lu, Tel. 61880000, www.shwzoo.com, tgl. 8–17 Uhr, Eintritt: 130/65 ¥ (Erwachsene/Kinder). Chinas erster Safaripark liegt etwa 35 km außerhalb von Shanghai. Um jedem Tier seinen natürlichen Lebensraum zu bieten, werden mit großem Aufwand naturgetreue Umgebungen simuliert. Über 200 Tierarten sind vertreten und werden, je nach Ernährungsgewohnheiten, separat gehalten. Zebras, Giraffen, Löwen, Tiger und andere wilde Tiere kann man vom Bus aus beobachten. Besucher können außerdem durch einen Vogelgarten und einen Schmetterlings- und Streichelzoo spazieren. Die regelmäßigen Vorführungen mit Seelöwen und anderen Tieren machen ebenfalls viel Spaß.

Es gibt viel zu entdecken: dem Nachwuchs wird es in Tianzifang ❸ nicht langweilig

Shanghai Tower – oder: „auf die Spitze getrieben"

Hoch, höher, am höchsten? In Shanghai ist das keine Frage, es ist ein Gesetz! Hier will man ganz nach oben und das lässt sich schon heute eindrucksvoll bewundern. Die Grenze des technisch Machbaren war mit dem **Jin Mao Tower** 42 und dem 2008 eröffneten **World Financial Center** 43 auch in China noch lange nicht erreicht. Mit dem Bau des 632 m hohen **Shanghai Tower** wird die „Perle des Orients" keinen weltweiten Höhenrekord brechen – der Burj Khalifa in Dubai wird in dieser Beziehung auf Jahre unschlagbar bleiben –, doch als weiteres architektonisches und technisches Highlight bereichert er die Skyline im östlichen Stadtteil Pudong nicht nur optisch.

Die Bebauungspläne und Visionen für einen „chinesischen Turmbau zu Babel" im östlich des Huangpu gelegenen Finanzbezirk Lujiazui in Pudong reichen bis ins Jahr 1993 zurück. Unter Insidern und international tätigen Architekturbüros machten schon damals Skizzen und Bilder der Planungen für das nächste Jahrtausend die Runde. Auf diesen Entwürfen waren eindeutig drei Wolkenkratzer zu sehen, die eine Einheit bildeten. Zwei dieser Bauwerke faszinieren Besucher und Bewohner der Stadt schon seit Jahren: Der Jin Mao Tower und das Shanghai World Financial Center. Der **Shanghai Tower** vervollständigt heute dieses Trio. Er ist der ganzen Nation ein strahlendes Symbol für Chinas dynamische Zukunft. Die offizielle Grundsteinlegung fand im November 2008 statt. Im August 2013 wurde die finale Höhe von 632 m erreicht, die Fertigstellung ist noch für 2014 geplant.

Den Zuschlag für dieses prestigeträchtige Bauvorhaben bekam nach mehr als vier Jahren der Ausschreibung das renommierte Architekturbüro Gensler Architecture aus San Francisco, dessen Entwürfe einen sich über 128 Stockwerke **nach oben hin verjüngenden, spiralförmigen Bau** vorsehen. Die innere Struktur besteht aus insgesamt neun übereinander angeordneten zylindrischen Segmenten, die von einem transparenten Glasvorhang umhüllt werden. In den Zwischenräumen gibt es reichlich Platz für öffentlichen Raum in Form von Gärten oder anderen Freizeit- und Erholungsmöglichkeiten. Neben einem weiteren Luxushotel wird der Shanghai Tower nach seiner Eröffnung auf mehr als 380.000 m² ausreichend Fläche für Einzelhandelsgeschäfte, hochwertige Büroräume, großzügig dimensionierte Hallen für kulturelle Veranstaltungen, Konferenzräume, Zugänge zur Shanghaier Metro und zahlreiche unterirdische Parkmöglichkeiten bieten. Auf der **weltweit höchsten offenen Aussichtsplattform** in den oberen Stockwerken werden in luftiger Höhe ab 2015 Besucher einen spektakulären Blick auf Shanghai und die dann geradezu als „Winzlinge" erscheinenden Jin Mao Tower 42, World Financial Center 43 und Oriental Pearl Tower 41 werfen können.

Über die **Umweltverträglichkeit** des Shanghai Tower haben sich die Techni-

▷ *Der alles überragende Shanghai Tower*

Auf ins Vergnügen
Shanghai Tower – oder: „auf die Spitze getrieben"

Auf ins Vergnügen
Shanghai Tower – oder: „auf die Spitze getrieben"

ker und Ingenieure intensiv Gedanken gemacht und dabei innovative Lösungen gefunden. So soll über die Spiralen der äußeren Fassade Regenwasser zum Betreiben der Heizungen und Klimaanlagen gespeichert werden. Ein Teil der Energieversorgung, wie z. B. die nächtliche Außenbeleuchtung des Gebäudes, wird über integrierte Windkraftturbinen gewährleistet. Durch die Konstruktion eines innenliegenden Kerns mit einer außenliegenden Ummantelung entsteht nach dem Prinzip einer Thermoskanne weiteres **Energiesparpotenzial**. Gegenüber herkömmlichen Gebäuden dieser Größenordnung sollen durch diese Maßnahmen 35 bis 40 Prozent Energiekosten eingespart werden.

Nach seiner Eröffnung wird der neue Stern am Shanghaier Himmel nach heute geschätzten Angaben rund 14,8 Milliarden Yuan (1,7 Milliarden Euro) verschlungen haben. Der Shanghai Tower wird nicht das weltweit höchste Bauwerk sein, aber Auszeichnungen des China Green Building Committee und des United States Green Building Council scheinen durch diese **„grüne chinesische Revolution"** fast sicher.

Wortwörtlich „auf die Spitze getrieben" haben es zu den chinesischen Neujahrsfeiern am 31. Januar 2014 die beiden Russen Vitaliy Raskolov und Vadim Makhorov in einer spektakulären, wenn auch illegalen Aktion: Ohne jede Sicherung verschafften sich die bekannten „Roofer", die u. a. im September 2013 bereits den Kölner Dom bezwungen hatten, Zutritt zum Shanghai Tower. Unbeobachtet vom Sicherheitsdienst und zahlreichen Überwachungskameras gelangten die zwei in einer atemberaubenden Nacht- und Nebelaktion innerhalb weniger Stunden bis in das 120. Stockwerk des Wolkenkratzers, von dort auf eine Außenplattform und weiter über einen Kran der Großbaustelle bis in eine Höhe von 650 m. Die spektakulären Bilder und Videos von den „Winzlingen" Jin Mao Tower und World Financial Center, die hier oben in schwindelerregender Höhe entstanden, gingen in Windeseile um unseren Erdball. Allein ihr auf YouTube veröffentlichtes Video ist nicht für Leute mit Höhenangst und erzielte in den ersten sechs Tagen weit mehr als 22 Mio. Klicks.

Die Pläne des spanischen Architekten Javier Pioz, den **„Bionic Tower"** mit einer Höhe von über 1200 m in Shanghai zu bauen, sind bisher noch eine kühne Vision. Entwürfe sehen als möglichen Standort einen künstlich angelegten See von mehr als einem Kilometer Durchmesser vor. Dieser soll bei Erdbeben Schockwellen absorbieren und das Bauwerk, das in seinem Design an eine riesige Zigarre erinnert, schützen. Sollten diese Ideen jemals in die Realität umgesetzt werden, wird das gigantische Gebäude **Lebens- und Arbeitsraum für mehr als 100.000 Menschen** auf mehr als 300 Stockwerken bieten. Prognosen für das 21. Jahrhundert gehen von einer weiteren Bevölkerungsexplosion in Asien und einer Einwohnerzahl von 30 Millionen Menschen in Shanghai aus. So wird es zukünftig auch in dieser Metropole keine anderen Möglichkeiten geben, als immer weitere Höhenrekorde zu brechen.

Am Puls der Stadt

Shanghai ist für viele Asienreisende auf den ersten Blick – vermutlich chaotisch, stinkend, schmutzig und laut – vielleicht keine Stadt, in der es zu leben lohnt. Wer sich aber Zeit nimmt, wird nicht nur die fantastischen architektonischen und kulturellen Gegensätze im pulsierenden Beton- und Asphaltdschungel der Metropole schätzen und lieben lernen, sondern ganz nebenbei schnell feststellen, mit welch rasantem Tempo sich das Antlitz der Millionenmetropole wie das kaum einer anderen Stadt weltweit verändert – und auch immer mehr Grünflächen dabei entspannende Erholung und Freizeitangebote bieten.

Das Antlitz der Metropole

Shanghai liegt an der chinesischen Ostküste im **Mündungsgebiet des Yangzi Jiang** (auch Chang Jiang oder Yangtse genannt) am Huangpu-Fluss auf 31°2' nördlicher Breite und 121°3' östlicher Länge und damit ungefähr auf gleicher Höhe wie Kairo (Ägypten) oder Dallas und San Diego (USA). Der mächtige, 6380 km lange Yangzi drückt seine gewaltigen braunen Wasser- und Schlammmassen nördlich von Shanghai ins Ostchinesische Meer.

Noch vor ca. 7000 Jahren verlief die Küstenlinie in dieser Region weiter westlich in der Nähe der 300 km entfernt gelegenen heutigen Industriestadt Zhenjiang im Westen der Provinz Jiangsu. Die heute für den Osten Chinas so einmalige und touristisch erschlossene **Wasserlandschaft** aus Flüssen und Seen entstand im Laufe der Jahrtausende und bildete die fruchtbare Basis für die wirtschaftliche Entwicklung der ganzen Region des unteren Yangzi.

Der 128 km lange Wusong-Fluss oder auch **Suzhou Creek** durchfließt das Zentrum Shanghais von West nach Ost. Er mündet nördlich der Beijing Donglu auf ungefährer Höhe des am anderen Ufer in Pudong stehenden Oriental Pearl Tower ❹ in den 114 km langen **Huangpu**, einem Nebenfluss des Yangzi. Der Huangpu teilt die heutige City in den westlichen Teil Puxi und das östlich vom Fluss gelegene Pudong und bildet somit auch die natürliche Grenze zwischen dem alten und dem neuen Shanghai. Am westlichen Ufer des Huangpu, in Puxi, stehen die historischen und in ganz Asien einzigartigen Kolonialbauten am Bund ❶ – hier in Puxi befanden sich früher die ausländischen Handelsniederlassungen –, im Osten türmt sich die futuristisch funkelnde Skyline Pudongs mit den modernen Wahrzeichen der Stadt auf. Shanghai ist umgeben von den **Provinzen Jiangsu** mit Suzhou im Nordwesten und **Zhejiang** mit Hangzhou am weltbekannten Xi Hu (Westsee) im Südwesten. Die Topografie der Provinz Shanghai ist bei einer durchschnittlichen Höhe von vier Metern über dem Meeresspiegel flach. Im Südwesten der Provinz befindet sich neben mehreren anderen Hügeln der Sheshan, mit 102 m der höchste „Berg" Shanghais und ein beliebtes Freizeitgebiet und Ausflugsziel der Shanghaier Stadtbevölkerung (siehe „Entdeckungen außerhalb der Stadt").

Shanghai ist heute – von Hongkong eventuell abgesehen – die fortschrittlichste, d.h. westlichste Stadt in China

◁ Vorseite: Blick vom Oriental Pearl Tower (Lower Sphere) ❹

Am Puls der Stadt
Das Antlitz der Metropole

und mit ihren heute **über 23,9 Millionen Einwohnern** (nach der regierungsunmittelbaren Stadt Chongqing östlich der Provinz Sichuan) die **zweitgrößte Stadt Chinas**. Im Zentrum der City liegt die Bevölkerungsdichte bei stolzen **35.000 Einwohnern pro km²**. Im Vergleich zur Partnerstadt Hamburg liegt diese Quote ungefähr vierzehnmal höher. Bei solchen Zahlen ist verständlich, dass ein Bummel auf der Einkaufsmeile Nanjing Donglu ❷ gerade an den Wochenenden in einen Slalomlauf ausarten kann. Wie bereits erwähnt liegen die älteren Stadtbezirke westlich des Huangpu. Hier befanden sich die ausländischen Niederlassungen mit auch heute noch vielen sichtbaren Relikten und wunderschönen Kolonialvillen der 1920er- und 1930er-Jahre. Die **Altstadt** ist heute nur noch als Touristenattraktion mit restaurierten Gebäuden und Nachbauten aus der Ming- und Qing-Zeit rund um den Yu Yuan ⓯ vorhanden. Ein kleiner, ursprünglicher Teil der alten Stadt befindet sich weiter südlich und westlich der Henan Lu. Aber auch hier wird man wohl leider bald der Moderne weichen müssen – der Bau von Wolkenkratzern geht bei 24-stündiger Bautätigkeit ununterbrochen voran.

In der Zeit der japanischen Besatzung nach 1937 und später nach der kommunistischen Machtübernahme 1949 war es um die Stadtentwicklung in Shanghai vorläufig geschehen. Es tat sich fast ein halbes Jahrhundert nichts. Erst zu Beginn der 1990er-Jahre, nach der Öffnung Chinas in Richtung Westen, entstand die heutige Infrastruktur. Innerhalb weniger Jahre bildete sich in Puxi das heutige Netz aus auf hohen Betonpfeilern gebauten und wie über der Stadt schwebenden Stadtautobahnen, Brücken und Tunnel über und unter dem Huangpu, U-Bahn-Linien und einem neuen internationalen Flughafen im Distrikt Pudong,

Die beeindruckende Skyline von Pudong (s. S. 178)

Am Puls der Stadt
Das Antlitz der Metropole

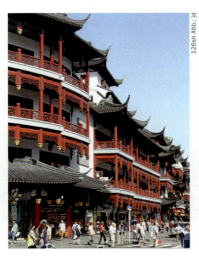

der Stadt der Zukunft mit glitzernden Wolkenkratzern. Ein unüberschaubares Meer an Hochhäusern prägt heute das Stadtbild Shanghais auf beiden Seiten des Huangpu.

Mittlerweile gibt es kaum einen Bezirk in der Stadt, der nicht tagtäglich von Baukränen und Abrissbirnen – und dem damit verbundenen Lärm – **immer neu entstehenden Gebäuden, Straßenzügen oder Brücken** verändert wird. Wer ab und an nach Shanghai kommt, wird die gewohnte Umgebung daher schon nach einem Jahr, vielleicht schon nach ein paar Monaten, an vielen Stellen nicht mehr wiedererkennen. Es gibt wohl keine andere Stadt in Asien, die ihr Gesicht so schnell und so stetig verändert wie Shanghai.

Auf der Fangbang Zhonglu [K4] oder Shanghai Old Street in der Altstadt

Im östlichen Pudong sind nicht nur die Straßen breit wie Boulevards angelegt, alles scheint hier weitläufiger, übersichtlicher, moderner und zudem grüner als im westlichen Teil der Stadt und viele Europäer fühlen sich hier wohler als in Puxi. In Pudong findet man sogar großzügig angelegte Radwege, grüne Oasen wie den Century Park 45 und einige der interessantesten Sehenswürdigkeiten der Stadt.

Aber auch im Straßengewirr Puxis fällt die **Orientierung,** auch wenn man es nach einem ersten Blick auf einen Stadtplan Shanghais nicht glauben mag, bereits nach kurzer Zeit **relativ leicht.** Von West nach Ost durchziehen die Hauptverkehrsadern wie Nanjing Lu, Yan'an Lu oder Beijing Lu (alle benannt nach chinesischen Städten) die Stadt. Diese werden im Zentrum gekreuzt durch die in Nord-Süd-Richtung verlaufenden und nach chinesischen Provinzen benannten Straßenzüge wie Xizang Lu (Tibet Road), Shaanxi Lu, Henan Lu, Fujian Lu oder Sichuan Lu. Die sehr gute Straßenausschilderung mit Angabe des Straßenabschnittes, auf dem man sich gerade befindet, macht die Orientierung zudem recht einfach.

Einige der führenden **Universitäten** Chinas sind in der Stadt ansässig, darunter die bekannte Fudan-Universität. Viele jüngere Chinesen zieht es so zum Studium nach Shanghai und es hat sich in vielen Vierteln in den letzten zehn Jahren eine intensive **Café-, Bar- und Nightlifeszene** etabliert. Diese wird auch durch die zahlreichen in der Stadt lebenden **Ausländer** belebt. Es gibt kaum ausländische und international tätige Konzerne, die nicht zumindest ein Verkaufsbüro oder auch Produktionshallen in Shanghai unterhalten. Dadurch sind auch viele Satellitenstädte wie Hongqiao und Gubei, Minhang, Putuo oder Changning entstanden, in denen sich zahlreiche ausländische Arbeitskräfte und Studenten ansiedelten.

Nimmt man heute einen aktuellen Stadtplan von Shanghai zur Hand, fallen die nicht wenigen grünen Flächen darauf auf. Wurden **Parkanlagen und Grünflächen** lange Zeit von den Stadtvätern vernachlässigt, gibt es heute immer mehr wahre Ruheoasen auch im Zentrum der City. Die chinesischen Städte Shanghai, Beijing, Guangzhou, Shenyang und Xi'an gehörten lange Zeit zu den weltweit am stärksten umweltverschmutzten Orten und so musste man gerade im Hinblick auf die Expo 2010 auch in Shanghai umdenken. Zahlreiche neue Grünflächen und ganze Parks mit Freizeiteinrichtungen wurden im Zuge des „Cross Century Green Plan" angelegt. Beklagten sich noch vor wenigen Jahren Einwohner darüber, dass es keine Vögel in Shanghai gäbe, so sind auch diese inzwischen wieder in die Grünanlagen zurückgekehrt. Es bleibt zu hoffen, dass diese positive Entwicklung anhält und intensiviert wird.

Verlässt man die Stadtgrenzen, findet man schon einige Kilometer außerhalb der Metropole noch das **traditionelle China** mit vielen alten Bauten aus der Ming- oder Qing-Dynastie wie in Zhujiajiao, Qingpu oder Jinze (siehe „Entdeckungen außerhalb der Stadt").

Von den Anfängen bis zur Gegenwart

Die frühe Geschichte bis ins 19. Jahrhundert

Sehr viel ist über die frühen Jahre der Stadt Shanghai nicht bekannt, es existieren keine spannenden Legenden oder Sagen über die Entstehung Shanghais. Obwohl eine **erste Besiedlung** der Region des Yangzi-Deltas nachweislich bereits vor mehr als 6000 Jahren begann, ist Shanghai eine noch recht junge Stadt.

Unter dem Namen „**Hudu**" wird das spätere Shanghai bereits vor unserer Zeitrechnung erwähnt. Von diesem Namen stammt auch die noch heute gültige Kurzform „Hu", benannt nach einem im 3. Jh. verwendeten Fischereigerät aus Bambus, dessen chinesisches Schriftzeichen auch heute am Shanghaier Autokennzeichen zu sehen ist und an die Ursprünge der Stadt erinnert.

Die eigentliche Geschichte der Ortschaft beginnt im Jahr 960 zur Zeit der Song-Dynastie. Zu dieser Zeit wurde das kleine Fischerdorf am Ufer des Huangpu erstmals erwähnt. Die kleine Siedlung entwickelte sich aufgrund der günstigen geografischen Lage in der fruchtbaren Umgebung der Mündung des Yangzi sowie am Zusammenfluss von Wusong He und Huangpu mit Anschluss an das Binnenwasserstraßennetz im 10. Jh. sehr schnell zu einer kleinen, aber quirligen Hafen- und Handelsstadt. Von hier aus wurde vor allem die damalige Provinzhauptstadt Suzhou mit Gütern versorgt.

Mit dem wirtschaftlichen **Aufschwung der ganzen Region des unteren Yangzi** entwickelte sich auch das heutige Shanghai. 1074 erhält der Ort ein eigenes Steuerbüro. 1264 wird die mittlerweile kleine Stadt mit drei weiteren Dör-

Am Puls der Stadt
Von den Anfängen bis zur Gegenwart

fern vereint und besitzt bereits einen in der Region bedeutenden Handelshafen, von dem aus Waren wie Baumwolle ins Inland bis nach Beijing und nach Japan transportiert werden. Das heute vorhandene dichte Netz an Kanälen und Wasserwegen existierte bereits im 11. Jh. und machte die Gegend, nicht zuletzt auch wegen der Herstellung von landwirtschaftlichen Produkten, von Seide, Tee und Porzellan, neben Hangzhou und Suzhou zu einer der fortschrittlichsten Regionen des Landes. Vorteilhaft bei der Entwicklung war dabei auch die zentrale Küstenlage zwischen Nord- und Südchina. Im 13. Jh. wird der Name Shanghai – was in etwa „über dem Meer" bedeutet – geläufig und die Stadt wird zur Kreishauptstadt.

Der zunehmende Wohlstand lockte auch Piraten an und so erhielt die Stadt zum Schutz gegen japanische Überfälle 1553 die Genehmigung zum Bau einer **Stadtmauer**. Diese umgab von 1554 bis zur Revolution von 1911 die Stadt und ist noch heute an der Straßenführung der Zhongshan Lu um die alte „Chinesenstadt" auf den Stadtplänen zu erkennen. In den folgenden Jahren bis zur Qing-Dynastie (1644–1911) siedelten sich immer mehr Kaufmannszünfte in Shanghai an und errangen die wirtschaftliche und politische Macht in der Stadt. 1830 zählte Shanghai bereits fast 400.000 Einwohner.

Die russisch-orthodoxe Missionskirche ❷❻ in der ehemaligen Französischen Konzession

Opiumkrieg und Gründung ausländischer Konzessionen

Im 18. Jh. waren die Briten die führende westliche Nation im Handel mit China und Shanghai wurde einer der wichtigsten Umschlagplätze an der chinesischen Ostküste. Stetig steigende **Opiumimporte** der Briten führten in den 1830er-Jahren zu Konflikten, die schließlich nach der Vernichtung von 20.000 Kisten Opium in Guangzhou ab 1839 mit Waffengewalt ausgetragen wurden (Opiumkrieg).

Am 9. Juni 1842 lagen britische Schiffe vor Shanghai und richteten ihre Kanonen auf die Stadt. China kapitulierte und unterschrieb noch 1842 den **Nanjinger Vertrag**. Dieser Vertrag machte Shanghai zur Geburtsstätte des heutigen modernen China: Die Chinesen mussten nicht nur Hongkong an die Briten abtreten, sondern neben Guangzhou (Kanton), Fuzhou, Ningbo und Xiamen auch Shanghai für den Außenhandel mit den westlichen Mächten öffnen. Der Vertrag von Nanjing schuf die Voraussetzungen für die Ansiedlung von Ausländern in Shanghai.

Die Briten gründeten bereits 1843 die **erste ausländische Konzession** mit eigenen Gebäuden in dem Gebiet zwischen Suzhou Creek und der alten Chinesenstadt. Nördlich des Suzhou Creek entstand 1848 die amerikanische Niederlassung, 1849 folgten die Franzosen, die sich im Südwesten der Stadt ansiedelten. Briten und Amerikaner legten ihre Konzessionen 1863 zum „International Settlement" zusammen, die Franzosen lehnten hingegen eine Vereinigung ab und behielten ihre eigene Verwaltung durch einen Generalkonsul. Die Internationale Niederlassung wurde von einem Stadtrat, dem Shanghai Municipal Council, regiert, der sich aus einflussreichen amerikanischen und britischen Finanzbossen zusammensetzte, mit eigenen Truppen, Gerichten und Steuerhoheit. Er schränkte bis zur kommunistischen Machtübernahme die chinesische Souveränität ein – von nun an hatten ausländische Mächte in Shanghai die Fäden in der Hand. Nach 1842 entwickelte sich Shanghai innerhalb weniger Jahre zum **wichtigsten Außenhandelshafen** ganz Chinas. Man war nicht mehr der Kontrolle des chinesischen Staates unterworfen und konnte sich wirtschaftlich frei entwickeln, was naturgemäß Kaufleute gleichermaßen aus dem Ausland und aus Restchina selbst in die Stadt zog. Aus drei für Shanghai charakteristischen Gebieten sollte nun für das nächste Jahrhundert die Stadt bestehen.

Zum einen war da die von der Stadtmauer umgebene **Chinesen- und heutige Altstadt** im Süden mit ihren unzähligen kleinen Geschäften und Handwerksbetrieben in den engen Gassen. Die ursprüngliche **Französische Konzession** war im Süden durch die Stadtmauer der Chinesenstadt begrenzt. Die Grenzen im Osten und Westen bildeten der Huangpu und die heutige Xizang Lu (Tibet Road). Die südliche Grenze zur **Internationalen Niederlassung** bildete die heutige Yan'an Lu, im Norden wurde das Gebiet durch den Suzhou Creek, im Osten durch den Huangpu und im Westen durch die Xizang Lu eingegrenzt. Hier lag auch das Geschäftsviertel der Stadt mit zahlreichen Handels- und Bankhäusern, Büro- und Verwaltungsgebäuden, während die Französische Konzession von Villen im Kolonialstil und Alleen geprägt war.

Hong Xiuquan und die Taiping

Hong Xiuquan wurde als Sohn einer Hakka-Nomadenfamilie im Januar 1814 in Fuyuanshui in der Provinz Guangdong (Kanton) geboren. Seine Pläne, eine berufliche Laufbahn als hoher Beamter einzuschlagen, scheiterten schon früh an den kaiserlichen Prüfungen. Hong erkrankte später schwer und litt unter Halluzinationen. Er glaubte Jesus in den Visionen zu erkennen, der ihm in einem Traum als bärtiger Greis auf einem Thron erschien.

Um 1847 gründete Hong, der sich selbst für einen Bruder Jesu hielt, nahe der Heimat eine christlich beeinflusste Sekte und konnte schon bald mehrere Zehntausend Anhänger um sich scharen. Im Jahre 1851 gründete Hong das „Himmlische Königreich Taiping" und begann mithilfe eines Waffenfabrikanten seine Aufstände.

Was sich anfangs auf kleinere Überfälle und Raubzüge im Dorf Jintian des heute autonomen Gebietes der Volksrepublik China Guangxi beschränkte, weitete sich bald auf ganz Süd- und Zentralchina aus. Im März 1853 erreichten und besetzten die Rebellen Nanjing, das bis Juli 1864, dem Jahr der Rückeroberung durch die Truppen der Qing-Dynastie, die Hauptstadt der Taiping wurde. Hong starb hier während der Belagerung am 1. Juni 1864, woraufhin weitere 100.000 verbleibende Taiping Selbstmord begingen. Die verbleibenden Aufständischen wurden verfolgt.

Der Taiping-Aufstand 1851–1864 und der Weg ins 20. Jahrhundert

Doch in Shanghai sollte es nur wenige Jahre ruhig und friedlich bleiben. Die Jahre 1851 bis 1864 sind eines der düstersten Kapitel in der Geschichte Chinas: Der Taiping-Aufstand, **eine der blutigsten Rebellionen der Menschheitsgeschichte**, der vermutlich mehr als 30 Mio. Menschen zum Opfer fielen, nahm 1850 im südlichen Guangxi seinen Ursprung und erfasste innerhalb weniger Jahre weite Teile Chinas.

Besser hätte der Nährboden in China Mitte des 19. Jahrhunderts für den Aufstand der Sekte um Hong Xiuquan nicht sein können. Das Land war gebeutelt von Naturkatastrophen, der Opiumkrieg gegen die westlichen Mächte war verloren und der Kaiserhof der Qing-Dynastie damit überfordert, die Probleme des Landes zu bewältigen.

In kürzester Zeit hatten die Aufstände Hong Xiuquans und seiner Taiping-Rebellen von Guangxi ausgehend fast ganz China erfasst. Die blutigen Kämpfe der Aufständischen erreichten 1853 auch Shanghai. Das Hinterland der Küstenstadt und des Yangzi-Deltas war durch die brutalen Kämpfe weitestgehend zerstört worden, Handel und Landwirtschaft kaum noch möglich. Der florierende Export von Tee und Seide kam fast vollends zum Erliegen. 1853 drang ein Ableger der Aufständischen, die **„Gesellschaft der kleinen Schwerter"** (Xiao Dao Hui), in die Chinesenstadt ein, was zehntausende Chinesen in die sicheren ausländischen Konzessionen flüchten ließ. Bis 1864 erreichte die Zahl der Flüchtlinge 130.000.

Von den Anfängen bis zur Gegenwart

Auch die Ausländer fühlten sich durch die stetige Konfrontation zwischen Rebellen und den kaiserlichen Truppen bedroht. Ein gut ausgerüstetes **Freiwilligenkorps** sollte die ausländischen Viertel der Stadt gegen Übergriffe schützen. 1860 kam es erstmals zu Gefechten zwischen in die Stadt eindringenden Taiping-Rebellen und der Armee der bis dato neutralen Ausländer. Die Armee der Taiping wurde zunächst aus Shanghai vertrieben, aber bereits zwei Jahre später nach erneuten Angriffen erachtete man die Sicherheitslage der Stadt als nur noch durch eine Kooperation mit den Regierungstruppen gewährleistet. Es entstand eine gemischte Armee aus Chinesen und Ausländern, die später aufgrund der Überlegenheit ihrer Waffen als „Ever Victorious Army" in die Geschichte Chinas einging. 1864 war der Taiping-Aufstand endgültig niedergeschlagen.

Die folgenden Jahre waren **geprägt von Modernisierung, der Stärkung des Militärs und der Wirtschaft**, um die Qing-Dynastie und die traditionelle Ordnung des Landes mit westlich-technischem Fortschritt zu erhalten. So entstanden noch in den 1860er-Jahren die ersten modernen Industrieanlagen in Shanghai. Hier übersetzte man auch die ersten fast 200 wissenschaftlich-technischen Bücher aus dem Deutschen, Englischen oder Französischen ins Chinesische. 1878 entstand ein Postsystem, 1879 das erste Telegrafennetz.

1894 löste das japanische Interesse an Korea den **1. Japanisch-Chinesischen Krieg** aus, den die Chinesen 1895 nach der Versenkung nahezu ihrer gesamten Flotte verloren. Im Vertrag von Shimonoseki (1895) erkannte China die Unabhängigkeit Koreas an, musste weitere Hafenstädte für den internationalen Handel öffnen und Taiwan samt umliegender Inseln an Japan abtreten. Die Japaner kamen ab 1895 in Scharen nach Shanghai, schlossen ihre Gebiete den bestehenden Konzessionen an und bauten ihre Baumwollproduktion mit mehr als 30 Fabriken aus.

Die frühen Jahre des 20. Jahrhunderts

Von der sichtbaren Moderne und dem offensichtlichen Reichtum der Stadt wurden auch große Teile der Landbevölkerung in der Hoffnung auf das große Geld nach Shanghai gezogen. Um 1900 zählte die Stadt bereits mehr als eine Million Menschen und bis in die 1920er-Jahre entwickelte sich Shanghai zur **Weltstadt**

◁ *Chinesischer „Boxer" um 1900*

Der Boxeraufstand

*Eine weitere Rebellion, der **Aufstand des Geheimbundes der „Gesellschaft der großen Messer"** (chinesisch: Da Dao Hui), besser bekannt als „Boxeraufstand", breitete sich 1898 von Shandong im Norden Chinas in kurzer Zeit über mehrere Provinzen des Landes aus. Der Aufstand richtete sich vorrangig gegen den zunehmenden Einfluss der Kolonialmächte in China, die damit verbundenen Demütigungen seit dem Opiumkrieg, rücksichtslose christliche Missionare und letztendlich gegen die immer noch währende Fremdherrschaft der Mandschu (Qing-Dynastie).*

***Auslöser des Aufstands** waren mehrere Naturkatastrophen in Nordchina im Sommer 1898. Im Frühjahr 1900 eskalierten die Übergriffe auf Ausländer und Christen in einen offenen Krieg zwischen China, das diesen den imperialistischen Mächten erklärte, und den Vereinigten acht Staaten (Deutsches Reich, Frankreich, Großbritannien, Italien, Japan, Österreich-Ungarn, Russland und die USA). Unter deutscher Leitung beendete ein entsandtes internationales Expeditionskorps 1901 die Kampfhandlungen zugunsten der westlichen Mächte. Bei der Verabschiedung des deutschen Ostasiatischen Expeditionskorps hielt Wilhelm II. am 27. Juli 1900 in Bremerhaven die „Hunnenrede", deren wohl bekanntestes Zitat „Pardon wird nicht gegeben! Gefangene werden nicht gemacht!" im Ersten Weltkrieg häufig als Vergleich für das barbarisch geltende Verhalten der Deutschen diente.*

Mit dem sogenannten „Boxerprotokoll" im September 1901 verpflichtete sich China, auf weitere fremdenfeindliche Aktivitäten zu verzichten und hohe Kriegsentschädigungen zu zahlen. Die Bezeichnung „Boxer" geht zurück auf eine der ersten Rebellengruppen: die „Vereinigten Faustkämpfer für Recht und Einigkeit" (chin. Yihéquán). Diese Benennung setzte sich später bei allen Gruppierungen durch.

in voller wirtschaftlicher Blüte, allerdings auch überfüllt mit Bettlern, Tagelöhnern, Abenteurern, Prostituierten und Ganoven.

Steigende Arbeitslosigkeit, Armut und die schamlose Ausbeutung der chinesischen Arbeiter schufen um die Wende zum 20. Jahrhundert erneut ein Klima, in dem revolutionäre Gedanken aufkeimten. Der Boxeraufstand (siehe Exkurs „Der Boxeraufstand") in den Jahren 1900 und 1901, die Unruhen nach der Revolution gegen die Qing-Dynastie am 10. Oktober 1911 in Wuhan und selbsternannte Kriegsherren (Warlords), die das Land beherrschten, trieben erneut Hunderttausende Chinesen in die ausländischen Konzessionen. Die mehr als 2000 Jahre dauernde Geschichte der chinesischen Dynastien war 1912 mit der Abdankung von Kaiser Xuantong, der 1908 nach dem Tod seines Vaters im Alter von drei Jahren inthronisiert wurde, beendet.

Die Psyche und das Selbstbewusstsein der Chinesen hatten nach Jahrzehnten der Demütigung zu Beginn des 20. Jh. ihren Tiefpunkt erreicht. Die letzten Jahre, in denen die Ausländer immer weitere Forderungen stellten und ihre Macht untermauerten, hatten ihre Spuren hinterlassen. Insbesondere unter Studenten und Intellektuellen entwickelten sich in jener Zeit das **Nationalbewusstsein** und der Wunsch nach Wiederherstellung von Chinas Souveränität in den Häfen und Pachtgebieten. Gleichzeitig erwachte ein ausgeprägtes Interesse am Marxismus.

So begann 1915 Chen Duxiu (1879–1942) mit der Herausgabe der politischen Zeitschrift „Jugend", die schon ein Jahr später unter dem Namen „Neue Jugend" (Xin Qingnian) zu einer der einflussreichsten Zeitschriften der Bevölkerung avancierte. Ab 1918 war Shanghai die Heimat des Revolutionsführers und Staatsmannes Dr. Sun Yat-sen (Sun Zhongshan), der in den darauffolgenden zwei Jahren in seinem Wohnsitz in der Französischen Konzession einige seiner wichtigsten Werke verfasste. In diesen Jahren wird Shanghai zur wichtigsten politischen Bühne des Landes.

Lass dich nicht shanghaien!

„Lass dich nicht shanghaien" lautet ein scherzhaft gemeinter Spruch, den man immer wieder von Freunden, Verwandten oder Bekannten vor einer Reise nach Shanghai zu hören bekommt. Doch was steckt eigentlich dahinter?

*Der Begriff „shanghaien" geht zurück auf die Mitte des 19. Jahrhunderts und bezeichnet das mehr oder minder **gewaltsame „Anheuern" von Matrosen** auf die Segler der Weltmeere. Shanghai war schon immer eine Stadt, in der niemand nach Einreisepapieren oder einem Visum fragte. Jeder konnte sich frei bewegen, niemand musste lästige Fragen nach Herkunft, Religion, Familienverhältnissen oder Beruf beantworten und so trieben sich in der Stadt auch zahlreiche mehr oder minder dubiose Gestalten herum. Im Shanghaier Hafen, zu seiner Zeit der größte in Ostasien, lagen Schiffe aus aller Herren Länder. In den verruchten Spelunken und Bordellen des Hafenmilieus rund um den Shanghai Broadway (der heutigen Daming Lu) trafen sich die Seeleute aus allen Erdteilen, um nach Wochen oder Monaten auf See ihren Vergnügungen nachzugehen. Gerade in den 1920er- und 1930er-Jahren ist der Name Shanghai mit einer **besonderen Art der Berufsvermittlung** zu einem zweifelhaften Ruhm gekommen.*

*Um frische Arbeitskräfte für die langen und aufreibenden Schiffspassagen über die Weltmeere zu bekommen oder um aus irgendwelchen Gründen verloren gegangene Matrosen zu ersetzen, wurde ein einfacher, aber **äußerst effizienter Trick** genutzt. Der Kapitän eines unterbesetzten Schiffes schickte zwei seiner Matrosen gegen einen von ihm gezahlten Aufschlag ihrer Heuer in eine der Hafenkneipen, um die ahnungslosen Opfer in ausgelassener und feucht-fröhlicher Gesellschaft so lange mit Spirituosen zu verköstigen, bis diese ihre Umgebung vergaßen und auch ihrer Muttersprache nicht mehr Herr waren. Die volltrunkenen Männer wurden noch am selben Abend von den Matrosen auf das Schiff geschleppt – und fanden sich bereits am nächsten Morgen auf hoher See wieder. Da diese Art der Jobbörse besonders häufig in Shanghai vorkam, wurde der Begriff „shanghaien" unter Seeleuten weltbekannt.*

Nach dem Ersten Weltkrieg und dem Versailler Vertrag gingen die deutschen Besitzungen Chinas unmittelbar an Japan und wurden nicht an China zurückgegeben. Für viele Chinesen war dies ein weiterer Schlag ins Gesicht und Auslöser der **„Bewegung des 4. Mai"**. Diese von Chen Duxiu 1919 an der Beijing Universität organisierten Proteste begannen am 7. Mai in Shanghai. Radikale Studenten vereinten sich mit Arbeitern, Streiks wurden organisiert und erreichten ihren Höhepunkt in einem Generalstreik am 5. Juni 1919, der das gesamte öffentliche Leben in Shanghai zum Erliegen brachte.

In der Französischen Konzession im heutigen Xintiandi wurde am 23. Juli 1921 die **Kommunistische Partei** gegründet (KPCh). Anwesend waren neben Mao Zedong weitere zwölf junge Chinesen. Die Versammlung wurde allerdings von der französischen Polizei gestört und musste auf ein Hausboot auf dem Nanhu in der Provinz Zhejiang verlegt werden. Von nun an wurden weitere Streiks und Arbeiterkämpfe gegen die ausländischen Imperialisten organisiert.

1922 gründeten Studenten der Fudan Universität die Shanghai Universität (Shangda) mit patriotischen Zielen wie dem Widerstand gegen das China aufgezwungene System der Vertragshäfen. In Shanghai entstand eine nationalistische, marxistisch orientierte Jugend- und Studentenszene.

Am 30. Mai 1925 eröffneten vor der Laozha-Polizeistation in Shanghai, in der Studenten inhaftiert waren, britische Soldaten das Feuer auf Demonstranten. Es kommt zu monatelangen Generalstreiks unter der Führung der Kommunisten („Bewegung des 30. Mai"). Im März 1927 schließlich kontrollierten die Streikenden den Alltag in Shanghai vollständig. Einen Monat später durchkämmte die Nationalarmee unter der Führung des Kuomintang-Vorsitzenden Chiang Kai-shek mithilfe von Mitgliedern der Grünen Bande (siehe Exkurs „,Großohr Du' und die Grüne Bande") die Stadt, unterstellte die chinesischen Gebiete der Regierung der Kuomintang und ließ Massenproteste brutal niederschlagen („Massaker von Shanghai"). Innerhalb weniger Wochen wurden über 5000 Kommunisten und streikende Arbeiter ohne Gerichtsverhandlung exekutiert. Die restlichen Kommunisten flohen aufs Land und verloren mit Shanghai ihre wichtigste Wirkungsstätte. Unter der Herrschaft der Kuomintang erlebte Shanghai in den folgenden Jahren einen weiteren Aufstieg.

Der 2. Japanisch-Chinesische Krieg

Die **Mandschurei-Krise** im Jahr 1931 führte zum 2. Japanisch-Chinesischen Krieg. Waren die Japaner den Chinesen in den 1920er-Jahren noch recht freundlich gesonnen, so besetzten japanische Truppen nun die an Rohstoffen reiche Mandschurei und kontrollierten weite Teile des Nordostens Chinas. Der letzte Kaiser der Qing-Dynastie, Xuantong (Pu Yi), wurde 1932 zunächst als Regent, 1934 dann als Kaiser (bis 1945) einer Marionettenregierung eingesetzt. Chiang Kai-shek und die Kuomintang nahmen die japanischen Aggressionen angesichts des immer noch andauernden Bürgerkriegs gegen die Kommunisten vorerst hin.

1931 wurden in China **japanische Waren boykottiert**. Unter dem Vorwand, japanische Mönche seien in Shanghai misshandelt worden, griff Japan am 28. Januar 1932 mit annähernd 70.000 Soldaten Shanghai an. Die chinesischen Truppen konnten den Angriffen der Japaner an der Küste zunächst standhalten, mussten allerdings bald darauf bis in die Stadtgrenzen Shanghais zurückweichen. Eine halbe Million Chinesen floh erneut in die europäischen Konzessionen. Der Distrikt Zhabei wurde durch Bomben fast vollständig zerstört, mehr als 100.000 Menschen starben. Der Boykott wurde schließlich beendet und eine entmilitarisierte Zone rund um Shanghai eingerichtet. Beendet wurden die Auseinandersetzungen im Mai 1932 mit der Unterzeichnung des Waffenstillstandsvertrags von Tanggu.

Die Kuomintang legten den Schwerpunkt ihrer Aktivitäten nun wieder auf den Kampf gegen die Kommunisten. Letztere flohen schließlich vor der immer größer werdenden Bedrohung 1934/1935 in den Norden und Westen Chinas. In die Geschichtsbücher eingegangen als **„Langer Marsch"**, gelang es der Gruppe um Mao Zedong und einigen anderen Führungsmitgliedern der KPCh, mehr als 12.000 km innerhalb eines Jahres zurückzulegen. Noch heute gilt dieser Rückzug mit herben Verlusten unter den Kommunisten als *der* Heldenmythos der KPCh schlechthin. Mao Zedong baute in diesen Jahren seine Führungsposition innerhalb der Partei weiter aus.

Der Zweite Weltkrieg und die Jahre danach

Am 9. November 1937 nahmen japanische Truppen nach verlustreichen Kämpfen, bei denen vermutlich 40.000 Japaner und 100.000–250.000 Chinesen ihr Leben verloren, Shanghai ein. Bereits am 14. August 1937 wurden erstmals auch die ausländischen Konzessionen der Stadt bombardiert (mit mehr als 2000 Toten am Bund, im Palace Hotel und der Nanjing Lu). Dieser Tag ging als „Bloody Saturday" in die Geschichte der Stadt ein.

Auslöser der Kriegshandlungen war ein Zwischenfall am 7. Juli 1937 an der Marco-Polo-Brücke (Lugou Qiao) im Südwesten Beijings. Eine japanische Einheit eröffnete hier das Feuer auf chinesische Kampfeinheiten.

Bis zum Angriff auf Pearl Harbor im Dezember 1941 versuchten die Japaner, ihren Einfluss auch in den internationalen Niederlassungen zu stärken. Die Japaner kontrollierten Organisationen wie Banken, Post, Rundfunk und Telefongesellschaften. Die Wirtschaft und der Handel in Shanghai verloren an internationaler Bedeutung. Nach dem Angriff auf Pearl Harbor am 8. Dezember 1941 besetzten japanische Truppen die Internationale Niederlassung und internierten alle nichtalliierten Ausländer. Die Französische Konzession unterstand aber weiterhin dem mit NS-Deutschland und somit auch mit Japan verbündeten Vichy-Regime.

Trotz der Kriegshandlungen und zerstörten Wohnviertel, der Drogenkartelle und der willkürlichen Justiz war Shanghai während der NS-Herrschaft in Deutschland ein **Zufluchtsort für Juden.** Shanghai war weltweit der einzige Ort, der für jüdische Flüchtlinge auch ohne Pass und Visum erreichbar war. In den 1930er-Jahren konnten diese sich noch eine neue, eigene Existenz aufbauen, wurden aber ab 1943 wie alle anderen als „staatenlose Personen" ins Land gekommenen Menschen von den Japanern im Getto nördlich des Wusong He in Hongkou interniert, aber nicht an die Nazis ausgeliefert. Die Japaner kapitulierten nach den Atombombenabwürfen auf Hiroshima und Nagasaki im August 1945. Nach fast einem Jahrhundert erhielt China die uneingeschränkte Souveränität über Shanghai zurück.

Nach dem Zweiten Weltkrieg verhalf die sowjetische Armee der KPCh durch Waffen und Munition zu erneuter Macht in der Mandschurei. Mao Zedong strebte zunächst unter Einwirkung der USA eine Einigung und Koalition mit den Kuomintang an. Am 28. August 1945 kam es zwei Wochen nach der Kapitulation Japans bereits zu einem Treffen zwischen Mao Zedong und Chiang Kai-shek in Chongqing, doch nach einem im Januar 1946 durch US-General George Marshall initiierten und gescheiterten Waffenstillstandsabkommen brach im März 1946 der **Bürgerkrieg** aus.

Am 25. Dezember 1946 trat nichtsdestotrotz die Verfassung der Republik China unter Regierung der Kuomintang in Kraft. Chiang Kai-shek wurde am 19. März 1948 von der Nationalversammlung zum Staatspräsidenten gewählt. Doch die Kommunisten brachten nach der Mandschurei auch weitere Teile des Landes unter ihre Kontrolle. Zum Jahreswechsel 1948/49 fielen Beijing und weitere Städte im Norden Chinas, 1949 Nanjing, Wuhan und weitere Gebiete im Süden des Landes.

Die Regierung der Nationalisten um Chiang Kai-shek wich zunächst nach Chengdu zurück und **floh** schließlich Ende 1949 mit fast einer halben Million Soldaten und zwei Millionen Zivilisten **nach Taiwan**. Hier errichtete Chiang Kai-shek sein Exilregime mit dem weiteren Besitzanspruch auf ganz China. Der Bürgerkrieg in China brachte nicht nur mehr als eine Million Todesopfer, er brachte Hunger, Flüchtlingsströme und die seit 1949 immer noch andauernde **Spaltung der Nation.**

Die Volksrepublik China

Im Mai 1949 marschierten die Kommunisten auch in Shanghai ein, der **europäische Einfluss verschwand aus der Stadt.** Mao Zedong rief am 1. Oktober in Beijing die Volksrepublik China aus und die Kommunisten herrschten von nun an entgegen den Erwartungen der westlichen Mächte für die nächsten Jahrzehnte willkürlich in China und damit auch über Shanghai, dem zur damaligen Zeit wichtigsten Wirtschafts- und Handelszentrum Asiens. Unzählige „Umerziehungslager" für Kriminelle, Intellektuelle und Prostituierte entstanden, Bordelle wurden geschlossen, Opiumhöhlen verschwanden, ganze Viertel der armen Bevölkerung wurden abgerissen und durch für die Kommunisten kontrollierbare Wohnblöcke ersetzt.

Die Stellung der Wirtschaftsmetropole Shanghai mit dem internationalen Hafen ging entgegen der Vorstellungen der in der Stadt lebenden Ausländer für mehr als 35 Jahre verloren. Chiang Kai-shek gelang es zudem bei seiner Flucht, die Goldreserven der Bank of China nach Taiwan zu entführen und so ein finanziell ruiniertes Shanghai zu hinterlassen.

1958 bis 1962 lautete das Ziel der Kommunisten, China erneut zu einer wirtschaftlichen Vormachtstellung zu verhelfen. Das Programm „**Großer Sprung nach vorn**" *(Dà Yuè Jìn)* vernachlässigte auf Kosten der Zwangsindustrialisierung die Landwirtschaft des Landes fast vollständig und löste damit **eine der größten menschengemachten Hungersnöte** mit 20 bis 40 Millionen Opfern aus.

Shanghai war schon immer ein Zentrum radikalen Denkens und so startete Mao Zedong mit seiner Frau Jiang Qing 1966 von Shanghai aus die bis 1976 andauernde und China in die internationale Isolation stürzende **Kulturrevolution** (*Wúchănjiējí Wénhuà Dàgéming*, „Große Proletarische Kulturrevolution"), um seine Macht gegen politische Gegner der eigenen KPCh in Beijing zurückzugewinnen. In diesem Klassenkampf, zu dem erneut die leicht manipulierbare Jugend mobilisiert wurde, galt als Feind die traditionelle chinesische Kultur im Allgemeinen, Intellektuelle und Gelehrte. Es wurde **mit aller Grausamkeit verfolgt, ermordet oder bestenfalls interniert**. Auch Shanghai wurde zum Schauplatz von ausartenden Zerstörungen, Verfolgungen und zahlreicher Kämpfe.

Eine kleine Gruppe linksradikaler hochrangiger Funktionäre der KPCh, bestehend aus Maos Frau Jiang Qiang und den Shanghaier Parteiführern Wang Hongwen, Yao Wenyuan und Zhang Chunqiao übte bereits lange Zeit vor Maos Tod im September 1976 große Macht aus. Die Mitglieder dieser als **Viererbande** *(Sìrénbāng)* bekannt gewordenen Gruppe waren auch maßgeblich an der Initiierung der Kulturrevolution beteiligt. Mit dem Tod des Generals Lin Biao im Jahr 1971, der ebenfalls zum erweiterten Kreis der Viererbande gezählt wurde, wurde es ein wenig ruhiger, China lag wirtschaftlich und kulturell am Boden. Am 10. Parteitag der Kommunisten im Jahr 1973 holte Zhou Enlai, der die

Kulturrevolution nie mehr als geduldet hatte, Deng Xiaoping zurück in die KPCh.

Nach Mao Zedongs Tod blieb Shanghai die einzige und letzte Wirkungsstätte der Viererbande im Kampf um dessen Nachfolge. Nach dem Tod Zhou Enlais am 8. Januar 1976 hatte Mao den relativ unbekannten Hua Guofeng zu dessen Nachfolger bestimmt. Der Kampf um die Macht und somit auch die Kulturrevolution endeten am 6. Oktober mit der **Verhaftung der Viererbande** und deren Anhänger. Hua hatte das Militär bereits auf seine Seite gebracht.

Die zentrale Regierung der KPCh in Beijing war nach 1976 bis Mitte der 1980er-Jahre für das **wirtschaftliche, kulturelle und politische Ausbluten des**

◪ *Im ganzen Land beliebt und verehrt: Zhou Enlai*

Am Puls der Stadt
Von den Anfängen bis zur Gegenwart

einst so stolzen Shanghai verantwortlich. Die Stadt wurde nun als Ausgangspunkt der Kulturrevolution und ihrer Beziehungen zur Viererbande bestraft und bei der wirtschaftlichen Reformpolitik Deng Xiaopings zunächst nicht berücksichtigt und nicht in die Liste der Sonderwirtschaftszonen aufgenommen. Shanghai geriet ins Hintertreffen und musste zusehen, wie andere Städte wie Shenzhen oder Xiamen ihr als attraktive Wirtschaftsstandorte den Rang abliefen.

Der wirtschaftliche Aufschwung

Erst Mitte der 1980er-Jahre fiel in Beijing der Entschluss, Shanghai in die Modernisierung des Landes mit einzubeziehen. 1990 wurde östlich des Huangpu die neue Sonderwirtschaftszone Pudong gegründet. Bereits ein Jahr später erreichte das Wirtschaftswachstum der Stadt zweistellige Werte. Auf seiner **legendären Reise in den Süden** gab Deng Xiaoping das Signal zu wirtschaftlichen Reformen, intensivierte die außenwirtschaftliche Öffnung der Stadt und bedauerte deren Vernachlässigung in den vergangenen Jahren. Shanghai ist seitdem erneut das Tor Chinas zum Westen, die **treibende Kraft des chinesischen Wirtschaftswunders.**

Politisch steht Shanghai in vorderster Front, hohe Staatsämter sind mit Jiang Zemin und Zhu Rongji, früheren Bürgermeistern Shanghais, besetzt. Heute erinnern in Shanghai höchstens noch Souvenirs auf den Antikmärkten an die Zeiten Mao Zedongs und in einigen Jahren wird man wahrscheinlich nur noch von neuen Rekorden und Superlativen der Stadt reden.

Überblick

Etwa 4000 v.Chr.: erste Besiedelungsspuren in der Region des unteren Yangzi
751: Gründung der Gemeinde Huating auf dem heutigen Stadtgebiet
960: Shanghai wird erstmals als Dorf erwähnt.
1074: Shanghai erhält mit dem wirtschaftlichen Aufschwung ein eigenes Steuerbüro.
1264: Shanghai wird mit drei anderen Dörfern zusammengelegt. Als Handelshafen gewinnt der Ort in der Region immer mehr an Bedeutung.
1554: Shanghai bekommt zum Schutz vor Piratenüberfällen eine Stadtmauer.
1830: Die Stadt hat mittlerweile fast 400.000 Einwohner und ist dank ihrer Lage das größte Wirtschaftszentrum im unteren Yangzi-Gebiet.
1848: Gründung der Amerikanischen Konzession nördlich des Suzhou Flusses
1849: Gründung der Französischen Konzession
1851 bis 1864: Die Taiping-Rebellion erfasst ganz China.
1854: Gründung des Shanghai Municipal Council, eine Verwaltungsorganisation für die Handelsniederlassungen der Europäer und Amerikaner.
1863: Die Amerikaner und Briten legen ihre Konzessionen zum International Settlement zusammen.
1895: China verliert den Krieg gegen Japan. In Scharen kommen Japaner nach Shanghai und gliedern ihre eigenen Gebiete der Britischen Konzession an. Es folgt ein intensiver Ausbau der japanischen Baumwollproduktion.
1900: Boxeraufstand gegen die ausländischen Mächte, 1901 wird diese Rebellion von den Europäern niedergeschlagen.
1905: Gründung der Fudan-Universität durch den Jesuiten Ma Xiangbo (1840–1939), erstes elektrisches Straßenbahnnetz

Am Puls der Stadt
Von den Anfängen bis zur Gegenwart

1911: Ausrufung der Republik durch Sun Yatsen (Sun Zhongshan)

1912: Gründung der Kuomintang (KMT)

1915: Chen Duxiu beginnt mit der Herausgabe der Zeitschrift „Jugend", die später unter dem Namen „Neue Jugend" (Xin Qingnian) großen politischen Einfluss auf die Bevölkerung ausübte.

1918: Sun Yat-sen lebt in der Französischen Konzession und verfasst in den kommenden zwei Jahren einige seiner bedeutendsten Werke.

4. Mai 1919: Mit dem Versailler Vertrag gehen die ehemaligen deutschen Besitzungen direkt an die Japaner über. Chen Duxiu ist einer der Initiatoren einer Bewegung zur Aufrechterhaltung der Existenz und Unabhängigkeit Chinas. In Shanghai löst dies organisierte Proteste radikaler Studenten und Arbeiter aus.

5. Juni 1919: Als Höhepunkt der Bewegung findet ein großer Generalstreik statt. Das öffentliche Leben der Stadt wird lahmgelegt. Die Proteste führen vor allem bei den Intellektuellen zu zunehmendem Interesse am Marxismus.

23. Juli 1921: Mao Zedong sowie weitere Delegierte der marxistischen Studiengesellschaften gründen in Shanghai die Kommunistische Partei Chinas (KPCh).

1922: Studenten der Fudan-Universität gründen die Shanghai-Universität (Shangda) mit patriotischen Zielen wie dem Widerstand gegen das China aufgezwungene System der Vertragshäfen. Es bildet sich eine nationalistische, marxistisch orientierte Jugend.

30. Mai 1925: Vor der Laozha-Polizeistation erschießen britische Soldaten demonstrierende Studenten. Dies löst die „Bewegung des 30. Mai" aus und führt zu einem monatelangen Generalstreik.

1927: Die Nationalarmee erobert unter Führung von Chiang Kai-shek mithilfe der Kommunisten die Stadt. Die chinesische Sektion wird der Regierung der Kuomintang unterstellt. Im gleichen Jahr werden Massenaufstände durch die Regierung brutal niedergeschlagen. Mehr als 5000 Menschen werden ohne Gerichtsverhandlung exekutiert.

1931 bis 1932: Japan beginnt mit der Invasion der Mandschurei und wandelt die Region in ein Protektorat um. Reaktion in Shanghai sind heftige Proteste und der Boykott japanischer Waren. Im Januar 1932 greift Japan mit etwa 70.000 Soldaten die Stadt an, um den Boykott japanischer Waren zu brechen. Shanghai wird wochenlang bombardiert, schließlich ziehen japanische Truppen in die Stadt ein. Der Konflikt endet am 31. Mai 1933 mit der Unterzeichnung des Waffenstillstandsabkommens von Tanggu.

1934 bis 1935: „Langer Marsch" unter Mao Zedong: Die chinesische Rote Armee marschiert über 12.000 Kilometer vom Hauptsitz in Jiangsu nach Yan'an in der Provinz Shaanxi, um der Vernichtung der Kuomintang-Truppen zu entgehen.

1941: Nach dem Angriff auf Pearl Harbor besetzen die Japaner auch die ausländischen Konzessionen der Stadt.

1945: Japan kapituliert, China erhält die vollständige Souveränität über Shanghai zurück.

1946 bis 1949: Chinesischer Bürgerkrieg zwischen nationalistischer Kuomintang und der Kommunistischen Partei Chinas

Mai 1949: Die kommunistische Volksbefreiungsarmee marschiert in Shanghai ein. Am 1. Oktober ruft Mao Zedong in Peking die Volksrepublik aus. Die Nationalisten fliehen nach Taiwan.

1958: Die Industrialisierung wird unaufhörlich vorangetrieben, die Landwirtschaft mehr und mehr vernachlässigt. Schätzungsweise mehr als 20 Millionen Menschen verhungern.

Am Puls der Stadt
Von den Anfängen bis zur Gegenwart

1966 bis 1976: Kulturrevolution in China: Jegliche bürgerliche Lebensweise wird verfolgt oder bestraft. Millionen Chinesen werden – auch aufgrund von Kontakten zu Ausländern – verfolgt, gefoltert und hingerichtet.

September 1976: Tod Mao Zedongs

Oktober 1976: Sturz der radikalen Maoisten (Viererbande)

Ab 1978: Beginn der wirtschaftlichen Reformen unter Deng Xiaoping

1990: Gründung der Wirtschaftssonderzone Pudong

1991: Das Wirtschaftswachstum erreicht zweistellige Werte.

1992: Deng Xiaopings legendäre Reise in den Süden hat eine Neuausrichtung für Shanghai zur Folge: Wiederaufnahme marktwirtschaftlicher Reformen, verstärkte außenwirtschaftliche Öffnung.

Februar 1997: Tod Deng Xiaopings

März 1998: Der Nationale Volkskongress bestätigt den ehemaligen Bürgermeister Shanghais, Zhu Rongji, als neuen Ministerpräsidenten und verabschiedet Pläne zur Reform der Regierungsorgane.

Juli 2000: Zhu Rongji besucht Deutschland. Shanghai will eine Teststrecke der Magnetschwebebahn Transrapid bauen.

November 2001: Bundeskanzler Gerhard Schröder besucht China. Vereinbarung einer weiteren Intensivierung der Wirtschaftsbeziehungen und Unterzeichnung zahlreicher Investitionsprojekte, auch in Shanghai.

11. Dezember 2001: WTO-Beitritt Chinas anlässlich der APEC-Konferenz und stufenweise Senkung der Importzölle

1. Januar 2003: Einweihung der Transrapidstrecke durch Premierminister Zhou Rongji und Gerhard Schröder.

8. Juni 2003: Baubeginn der mit 36 km Länge längsten Überseebrücke der Welt im Süden der Stadt. Die sechsspurige Brücke überspannt seit der Fertigstellung im Frühjahr 2008 die Hangzhou-Bucht und verbindet Shanghai mit der Küstenstadt Ningbo in der Provinz Zhejiang.

2004: Das erste Formel-1-Rennen Chinas findet vor begeisterten Zuschauern in Shanghai statt.

2008: Eröffnung des 492 m hohen Shanghai World Financial Centers in Pudong

2010: Weltausstellung (Expo) in Shanghai

September 2013: Gründung einer Freihandelszone in Pudong

2015: Geplante Eröffnung des 632 m hohen Shanghai Tower

Zeittafel der chinesischen Dynastien und Republiken

21. Jh.–16. Jh. v. Chr.	Xia-Dynastie
16. Jh.–11. Jh. v. Chr.	Shang-Dynastie
11. Jh.–771 v. Chr.	Westliche Zhou-Dynastie
770–256 v. Chr.	Östliche Zhou-Dynastie
770–476 v. Chr.	Frühlings- und Herbstperiode
475–221 v. Chr.	Zeit der Streitenden Reiche
221–207 v. Chr.	Qin-Dynastie
206 v. Chr.–24 n. Chr.	Westliche Han-Dynastie
25–220	Östliche Han-Dynastie

Zeit der drei Reiche

220–265	Wei-Dynastie
221–263	Shu-Dynastie
222–280	Wu-Dynastie
265–316	Westliche Jin-Dynastie
317–420	Östliche Jin-Dynastie

Südliche und Nördliche Dynastien
Südliche Dynastien
420–479	Song-Dynastien
479–502	Qi-Dynastien
502–557	Liang-Dynastien
557–589	Chen-Dynastien

Nördliche Dynastien
386–534	Nördliche Wei-Dynastien
534–550	Östliche Wei-Dynastien
550–577	Nördliche Qi-Dynastien
535–556	Westliche Wei-Dynastien
557–581	Nördliche Zhou-Dynastien
581–618	Sui-Dynastie
618–907	Tang-Dynastie

Zeit der Fünf Dynastien
907–923	Späte Liang-Dynastie
923–936	Späte Tang-Dynastie
936–946	Späte Jin-Dynastie
947–950	Späte Han-Dynastie
951–960	Späte Zhou-Dynastie

Song-Dynastien
960–1127	Nördliche Song-Dynastie
1127–1279	Südliche Song-Dynastie
916–1119	Liao-Dynastie
1115–1234	Jin-Dynastie
1279–1368	Yuan-Dynastie
1368–1644	Ming-Dynastie
1644–1911	Qing-Dynastie

Republiken
1911–1949	Republik China
1949	Gründung der Volksrepublik China

Leben in Shanghai

Politik

Shanghai ist einzigartig. Die Stadt ist anders als alle anderen chinesischen Städte – auch auf politischer Ebene. Bereits in den späten 1920er-Jahren erhielt die Stadt von der Kuomintang-Regierung in Nanjing die **Sonderstellung einer regierungsunmittelbaren Stadt** (Zhi Xia Shi). Außer Shanghai sind dies noch die Hauptstadt Beijing selbst sowie Chongqing östlich der Provinz Sichuan und die nordchinesische, östlich von Beijing gelegene Hafenstadt Tianjin. Shanghai genießt somit den Status einer Provinz, der vergleichbar ist mit der Stellung der deutschen „Stadtstaaten" Berlin, Bremen und Hamburg, und ist direkt der Zentralregierung unterstellt. Shanghai stellt mit einem Gebiet von nur 6340,5 km² flächenmäßig die kleinste Verwaltungseinheit Chinas.

Shanghai ist gegliedert in 18 Bezirke und einen Landkreis. Der Stadtkern unterteilt sich in **zehn Stadtbezirke**. Neun dieser Bezirke liegen westlich vom Huangpu (Puxi): Changning, Hongkou, Huangpu, Jing'an, Luwan, Putuo, Xuhui, Yangpu und Zhabei. Der neue Stadtbezirk Pudong liegt östlich des Huangpu.

Aus der administrativen Sonderstellung als regierungsunmittelbare Stadt ergeben sich für Shanghaier Regierungsmitglieder einige Besonderheiten, von denen die Stadt durchaus profitiert. So stehen die Dienstränge des Oberbürgermeisters und des Parteisekretärs auf einer Stufe mit den Provinzgouverneuren bzw. Ministern der Zentralregierung in Beijing. Somit ist Shanghai im Vergleich zu anderen chinesischen Großstädten stets in Gremien und **bei wichtigen politischen Entscheidungen auf Ministerebene vertreten.** Auch auf unteren Verwaltungsebenen setzt sich dieses System fort. So entspricht der administrative Status eines Shanghaier Stadtbezirks wie Pudong oder Xuhui dem einer Großstadt auf Bezirksebene. Der Oberbürgermeister der Stadt Suzhou hat daher nur den gleichen Rang wie ein Bezirksbürgermeister in Pudong oder Xuhui.

Diese administrative Sonderbehandlung brachte Shanghai aber auch **Nachteile.** So kam der Löwenanteil der Steuergelder, der auf Provinzebene an die zentrale Regierung in Beijing abzuführen war, für lange Zeit aus Shanghai. Zwischen 1949 und 1979 lagen die zu leistenden Abgaben durchschnittlich bei 86 % der erwirtschafteten Einnahmen, dabei erwirtschaftete man aber im gleichen Zeitraum rund ein Achtel der landesweiten industriellen Produktion und entrichtete bis zu einem Viertel der staatlichen Steuergelder – bei nur einem Prozent der Landesfläche und weniger als einem Prozent Bevölkerungsanteil eine durchaus beachtenswerte Leistung.

Selten hatte man daher in Shanghai ausreichend eigene Steuermittel für eigene Projekte wie den Ausbau der Infrastruktur oder den Wohnungsbau zur Verfügung. Auch bei den wirtschaftlichen Reformen ab 1978 wurde Shanghai zunächst nicht berücksichtigt. Erst in den 1990er-Jahren brachte ein Sinneswandel der höchsten politischen Stellen in Beijing mit der Einrichtung der Wirtschaftssonderzone Pudong Besserung.

Yang Xiong, der **amtierende Oberbürgermeister,** übernahm das Amt von seinem Vorgänger Han Zheng am 26. Dezember 2012. Seit Gründung der Volksrepublik China 1949 ist der studierte Ökonom der Shanghai East China Normal University damit der vierzehnte Bürgermeister Shanghais. Zu den hochran-

gigen Mitgliedern der lokalen Regierung gehören des Weiteren der Parteisekretär Han Zheng, der Vorsitzende des Ständigen Ausschusses des Volkskongresses Yin Yicui und Wu Zhiming als Vorsitzender der PKKCV (Politische Konsultativkonferenz des Chinesischen Volkes).

Die PKKCV konstituiert sich aus dem Nationalkomitee und örtlichen Komitees unterschiedlicher Ebenen. Die Kreise und Bezirke der Provinz Shanghai werden jeweils von einem Komitee verwaltet. Dieses bekommt seine Anweisungen und Richtlinien direkt von der zentralen Parteiführung in Beijing. Am unteren Ende der Verwaltungsorgane Shanghais befinden sich die Einwohnerkomitees.

Shanghai ist **Geburtsort und die Wiege der Kommunistischen Partei Chinas**, die hier 1921 mitten im Herzen der Französischen Konzession gegründet wurde. In den 1980er- und 1990er-Jahren stiegen viele Lokalpolitiker Shanghais wieder in höchste Partei- und Regierungsämter auf. Der für den wirtschaftlichen Erfolg der 1980er-Jahre verantwortliche frühere Bürgermeister Jiang Zemin wurde nach seiner Amtszeit (1985–1988) Staatspräsident. Ihm folgte Zhu Rongji (1988–1991), dem späteren Ministerpräsidenten der Volksrepublik China (1998–2003). Im Gegensatz zu Beijing wird in Shanghai schon seit vielen Jahren eine vergleichsweise **äußerst liberale politische Richtung** verfolgt. Unter www.shanghai.gov.cn bekommt man einige allerdings oft nur durchschnittlich nützliche Informationen über aktuelle Entwicklungen in der Stadt.

◁ *Familienausflug an den Bund* ❶

Einwohnerentwicklung und Wohnsituation

Millionen Chinesen aus allen Landesteilen fühlen sich magisch von Shanghai angezogen. Die florierende Wirtschaft, das ausgezeichnete Bildungssystem, die Hoffnung auf Jobs und ein modernes komfortables Leben **locken jährlich Teile der Landbevölkerung aus ärmeren Provinzen**, Tagelöhner, Wanderarbeiter, angehende Studenten und natürlich auch zahlreiche junge Frauen, die später als Prostituierte in einem der Vergnügungszentren der Stadt landen, nach Shanghai.

Dennoch steigen die Einwohnerzahlen auch seit den 1990er-Jahren nur langsam. Den Zuzug nach Shanghai reglementiert ein **strenges Einwohnermelde- und Registrierungssystem**. 1957 lebten 6,9 Millionen Menschen im eigentlichen Stadtzentrum, heute sind es 11 Millionen. Im administrativen Stadtgebiet sind es heute 23,9 Millionen Menschen, inklusive der ländlichen Gebiete in der Provinz Shanghai. 7 Millionen davon sind im Besitz einer nur zeitweiligen Aufenthaltsgenehmigung, die jeweils nach drei Monaten verlängert werden muss.

Das derzeitige Bevölkerungswachstum der registrierten Bewohner mit dauerhaftem Wohnsitz in Shanghai ist seit einigen Jahren leicht rückläufig. Dieses in chinesischen Großstädten einzigartige Phänomen wird durch eine **gezielte Steuerung der Zuwanderung** aufgefangen. Durch die Lockerung der Ein-Kind-Politik 2004 – seitdem dürfen auch Geschiedene und Partner in zweiter Ehe wieder Kinder bekommen – ist zukünftig allerdings wieder mit einem Anstieg der Bevölkerungszahlen zu rechnen. Schon 2015 soll die Zahl der Einwohner mit festem Wohnsitz im städtischen Shanghai bei über 13 Millionen liegen.

Über mehrere Jahrzehnte wurden der **Wohnungsbau und der Ausbau der Infrastruktur vernachlässigt.** Auch wenn sich die Wohnfläche pro Einwohner laut offiziellen Angaben der Shanghaier Stadtregierung seit den 1960er-Jahren mehr als verdreifacht hat, gibt es nach wie vor große Defizite. Obwohl viele neue Wohngebiete im Zuge der Wirtschaftsreformen errichtet wurden, leben große Teile der finanziell schwächer gestellten Bevölkerung ohne festen Wohnsitz in Shanghai auch heute noch auf engstem Raum zusammen. Gerade die Versorgung mit preiswertem Wohnraum für Wanderarbeiter in Bezirken wie Baoshan, Minhang oder Jiading – hier liegt der Anteil der finanzschwachen Zuwanderer bei über 30 % der Bevölkerung – ist immer noch ein großes Problem. Auf der anderen Seite stehen viele Luxuswohnungen leer.

Extrem beengte Wohnverhältnisse herrschen auch (immer noch) in der **Altstadt.** Infolge der umfangreichen Sanierungen in diesem Stadtviertel kam es zu **Zwangsumsiedlungen** von mehreren Hunderttausend Bewohnern in Neubausiedlungen in die äußeren Bezirke der Stadt, häufig ohne unzureichende Infrastruktur.

Bildung

Shanghai gehört zu den Städten mit dem **höchsten Bildungsniveau** des Landes. Das Schulsystem ist ausgezeichnet und hat mit einer Vielzahl an wissenschaftlichen und technischen Einrichtungen wesentlich zur Entwicklung der führenden Wirtschafts- und Finanzmetropole Chinas beigetragen.

Der Grundstein für diese positive Entwicklung wurde bereits von den Ausländern im 19. Jahrhundert in Form von **zahlreichen Bildungseinrichtungen** gelegt. Auch die Chinesen trennten sich bereits 1905 von ihrem traditionellen Prüfungssystem und begannen mit dem Ausbau eines modernen Schulwesens. Bereits in den 1980er-Jahren wurde in Shanghai die allgemeine neunjährige Schulpflicht eingeführt. Es gibt etwa 200 Hochschulen und Universitäten in Shanghai, darunter technische und naturwissenschaftliche Hochschulen, Wirtschaftshochschulen, Hochschulen für Politik- und Rechtswissenschaften sowie Kunsthochschulen.

Die 1905 als Fudan Public School gegründete heutige **Fudan-Universität** zählt zu den führenden Universitäten in der VR China. Ebenso bedeutend ist die 1907 als deutsche Medizinschule von Erich Paulun, einem deutschen Arzt, gegründete heutige **Tongji-Universität.** Nach der Erweiterung um technische Studiengänge erhielt sie 1912 ihren heutigen Namen Tongji, was sich vom chinesischen *tong zhou gong ji* ableitet und ins Deutsche übersetzt „zusammen in einem Boot sitzen und einander helfen" bedeutet.

Zu deutschen Universitäten gibt es viele Verbindungen. So unterhält die Shanghaier Fremdsprachenuniversität, die Shanghai International Studies University (SHISU), enge Kontakte zur Universität Heidelberg. Seit 2002 gibt es einen Studiengang Deutsch/Wirtschaft, der in Kooperation mit der Universität Bayreuth zum Leben erweckt wurde.

Neben zahlreichen staatlichen wie privaten Akademie- und Forschungsinstituten – außer in Beijing gibt es in keiner anderen chinesischen Großstadt annähernd so viele davon – findet man etliche erstklassig ausgestattete Bibliotheken. Den Großteil der Forschungsinstitutionen und Hightech-Betriebe findet man im Zhangjiang-Hightech-Industriepark in der neuen Wirtschaftszone Pudong.

Dieses Potenzial an Bildungs- und Forschungseinrichtungen verleiht nicht nur der Wirtschaft in Shanghai, sondern auch in ganz China einen immensen Innovationsschub. In keiner anderen Metropole des Landes werden jährlich so viele neue Patente angemeldet wie in der „Perle des Orients".

Wirtschaft

Shanghai ist traditionell **eines der führenden Zentren der Textilherstellung** in der Volksrepublik China. Weitere bedeutende Industriezweige sind die Produktion von chemischen und pharmazeutischen Erzeugnissen, Fahrzeugen (Schiffe, Autos), Maschinen, Stahl, Papier und Druckereierzeugnissen. Darüber hinaus werden in großem Umfang elektrotechnische und elektronische Anlagen und Geräte wie z.B. PCs, Radios und Kameras gefertigt.

Die Wirtschaftsreformen Anfang der 1980er-Jahre bevorzugten zunächst Provinzen wie Guangdong in Südchina. Mit der Gründung der in vier Zonen aufgeteilten **„Pudong New Area"** 1992, ausgestattet mit zahlreichen Sonderrechten und Finanzmitteln der Zentralregierung unter Jiang Zemin, entwickelte sich Shanghai zum heutigen Motor der chinesischen Wirtschaft. So wurde die Zone Lujiazui zum wichtigen Finanz- und Handelszentrum, Zhangjiang zu einem innovativen Hightech-Park und einem chinesischen „Silicon Valley". Heute ist Shanghai Wirtschaftsmetropole von internationaler Bedeutung. Seit Beginn der 1990er-Jahre verzeichnet die Stadt ein **zweistelliges Wirtschaftswachstum**, die Zahl der international renommierten Konzerne in Shanghai steigt stetig.

Volkswagen gründete bereits 1984 als erster internationaler Automobilkonzern ein Werk (SVW, Shanghai Volkswagen) als Joint Venture mit der SAIC (Shanghai Automotive Industry Corporation) in Anting. Wirtschaftszweige wie Eisen- und Stahlindustrie, chemische oder Kunststoffindustrie bekamen durch staatliche Fördergelder, ausländisches Kapital und Know-how neue Impulse. Unternehmen der Elektronikbranchen und Informationstechnologien, Biomedizin oder anderer innovativer Technologien siedelten sich äußerst erfolgreich neu an.

Sonderrechte wurden Shanghai seit den 1990er-Jahren auch bei der **Ansiedlung ausländischer Banken und Finanzinstitute** zugestanden, deren Gründung sich nach Vorstellungen der Shanghaier Zentralbank auf Pudong beschränken soll. 2010 gab es bereits mehr als 200 ausländische Filialen und Niederlassungen in Pudong. Auch wenn in China derzeit Hongkong auf dem internationalen Finanzmarkt nach wie vor an der Spitze steht, zählt Shanghai schon heute zu einer der führenden Finanz-und Wirtschaftsmetropolen Asiens.

Ökologische Situation

Umweltverschmutzung ist in China und leider auch in Shanghai immer noch ein großes Problem, allgegenwärtig und überall deutlich sicht- und spürbar. Es genügt ein Blick in den selten dunkelblauen, sondern meist von einer gelbgrauen Dunstglocke bedeckten Himmel. Der Hauptgrund für die Luftverschmutzung neben Kohlekraftwerken und den zahlreichen Fabrikanlagen ist der **rasant wachsende Verkehr** mit mehr als einer Million Pkws, Lkws und Bussen – Tendenz bei über 6000 Pkw-Neuzulassungen pro Monat klar steigend. Hinzu kommen noch die Abgase von mehr als einer Million motorisierter Zweiräder.

Abgasnormen nach europäischem Vorbild **werden dabei selten eingehalten.** Auch gut gemeinte Bestrebungen, Dreckschleudern aus dem Verkehr zu ziehen, sind in der Praxis bislang gescheitert. Nur für die Zulassung von Neufahrzeugen ist seit Juli 2006 die Euro-3-Norm verbindlich vorgeschrieben. Im Jahr 2008 wurden Fahrzeuge, die nicht mindestens die Euro-2-Norm erfüllten, aus dem inneren Stadtgebiet verbannt und ein Großteil der städtischen Kohlekraftwerke mit Rauchgasentschwefelungsanlagen ausgerüstet.

Shanghai konnte sich der Weltöffentlichkeit zur Expo 2010 als „grüne Stadt" präsentieren – getreu dem Expo-Motto „Ein besseres Leben in einer besseren Stadt". Um dieses Ziel zu erreichen, hatte die Stadtregierung einen Umweltplan zum Leben erweckt, in den umgerechnet mehr als vier Milliarden Euro in mehr als 250 Projekte flossen und noch fließen werden. Die Erneuerung der Abwasserkanalisation und der Bau neuer Kläranlagen steht dabei ebenso im Fokus wie die dringend notwendige Verbesserung der Müllentsorgung.

Gerade die **Müllbeseitigung** ist bislang eines der größten Probleme der Stadt. Ohne die vielen Tausend Müllsammler wäre Shanghai schon lange im Müll versunken. Immer noch wird Müll häufig gedankenlos einfach vor die Tür geworfen. Moderne Müllverbrennungsanlagen sollen daher in Minhang und Jiading entstehen.

Zur Verbesserung der Luftqualität wurden schon in den letzten Jahren, gerade auch im Bereich der Innenstadt, immer mehr **Parks und Grünanlagen** angelegt, die umweltbelastenden Fabriken von innerstädtischen Bereichen an den Rand der Stadt umgesiedelt. Shanghai ist zurzeit auf einem guten Weg, seine Umweltprobleme in den Griff zu bekommen. Es bleibt zu hoffen, dass diese Anstrengungen noch intensiviert und vor allem auch noch nach der Weltausstellung fortgesetzt werden.

Die Shanghaier und ihr Alltag

Der „echte" Shanghaier

Kommt man für einen längeren Zeitraum nach Shanghai, stellt man sich als interessierter Besucher der Stadt irgendwann unweigerlich die Frage: Gibt es eigentlich den echten Shanghaier? Oder anders formuliert: Unterscheidet er sich von Chinesen aus anderen Städten und Landesteilen? Auf den ersten Blick lautet die Antwort sicherlich „Nein". Fragt man allerdings etwas genauer nach, wird jeder Bewohner dieser Stadt diese Frage entschlossen mit einem deutlichen „Ja" beantworten. Aber was unterscheidet eigentlich einen „echten" Shanghaier von den vielen anderen in der Stadt lebenden Chinesen?

Am Puls der Stadt
Die Shanghaier und ihr Alltag

Ausländischen Besuchern erscheinen die Millionen Menschen in der Metropole **auf den ersten Blick zunächst alle gleich**, sieht man von sozialen und wirtschaftlichen Unterschieden einmal ab. Einem Wanderarbeiter oder Schuhputzer auf der Nanjing Donglu sieht man es nicht an der Nasenspitze an, ob er nun aus einer der benachbarten ärmeren Provinzen oder vielleicht doch aus Shanghai selbst stammt. Erst bei genauerer Betrachtung und längerem Aufenthalt in der Stadt, nach Gesprächen und Begegnungen mit den Menschen lassen sich die wesentlichen Merkmale eines „echten Shanghaiers" auch für Außenstehende zumindest erahnen.

Viele der heute in der Stadt lebenden Menschen haben **ihre Wurzeln in den benachbarten Provinzen und Städten** wie Suzhou, Hangzhou, Ningbo oder selbst in weit entfernten Orten im tiefen Süden Chinas. Shanghai ist bereits seit Mitte des 19. Jahrhunderts bevorzugtes Ziel für Zuwanderer. Gerade die geschickten Kaufleute aus der Gegend um die 350 km entfernte südliche Hafenstadt Ningbo waren es, die einen großen Anteil am wirtschaftlichen Erfolg und der Entwicklung der Stadt hatten. Als diese, von Maos Truppen nach 1949 verfolgt, nach Hongkong flohen, setzte sich der wirtschaftliche Aufstieg auch in der damaligen britischen Kronkolonie fort.

Shanghai übte aufgrund der wirtschaftlichen Erfolge schon immer eine **große Anziehungskraft** auf jeden aus, der einigermaßen fleißig, geschickt und geschäftstüchtig war. Das hat sich bis heute nicht geändert und so kommen weiterhin Chinesen aus allen Landesteilen

Beliebte Freizeitbeschäftigung: das Mah-Jongg-Spiel

Am Puls der Stadt
Die Shanghaier und ihr Alltag

in die Stadt, um hier ihr Glück zu suchen und vom immer noch andauernden wirtschaftlichen Aufschwung zu profitieren. Wer es bis in die Metropole geschafft hat, hat reale Chancen, am sensationellen Boom Shanghais teilzuhaben.

Der „echte Shanghaier" neigt jedoch leider dazu, in seiner **Überheblichkeit** jeden Zuwanderer zunächst skeptisch und mit einer gewissen Portion Herablassung zu betrachten. Wanderarbeiter aus ärmeren Nachbarprovinzen wie Anhui oder Jiangxi, die einen Großteil der niederen Arbeiten wie Müllsammeln oder Bauarbeiten verrichten, ohne die Shanghai nicht überleben könnte, bilden den Hauptgegenstand der Shanghaier Verachtung.

Diesen **Chauvinismus** gibt es jedoch nicht ausschließlich in Shanghai. Der Ausdruck *waidiren* ist in ganz China bekannt für Menschen, die nicht aus der eigenen Gegend stammen und denen gegenüber man sich natürlich überlegen fühlt. Sehr ausgeprägt ist dieses Denken aber – nicht zuletzt aufgrund der heutigen wirtschaftlichen Stellung im Land – in Shanghai.

Auch wenn diese teilweise Überheblichkeit mehr und mehr von gebildeten, aufstrebenden und ehrgeizigen Chinesen aus anderen Teilen des Landes immer öfter herausgefordert wird, bleibt weiterhin der **Stolz auf den eigenen Dialekt** lebendig. Der **Shanghai-Dialekt** ist eine Unterkategorie des ostchinesischen Wu-Dialekts, einem von sechs chinesischen Hauptdialekten neben dem Mandarin mit nur zwei ausgeprägten Tönen. Es gibt viele Begriffe, die im Mandarin nicht existieren. Insbesondere Begriffe aus der Wirtschaft findet man oftmals nur im Shanghai-Dialekt. Da überrascht es nicht, dass die Shanghaier ihren Dialekt, der von Chinesen aus anderen Landesteilen kaum zu verstehen ist, als den am meisten verfeinerten von allen betrachten.

Auch heute noch hält der „echte Shanghaier" fast jeden, der außerhalb der Stadtgrenzen lebt, für einen Bauern oder Landei. Die größte **Rivalität** gibt es zu den „Hinterwäldlern" aus Beijing im Norden und den „schlangenfressenden" Kantonesen im Süden. Das spannungsgeladene Verhältnis zwischen Shanghai und Beijing ist vielleicht mit jenem zwischen Düsseldorf und Köln zu vergleichen. Das Hongkouer Fußballstadion ist zumindest immer dann besonders gut besucht, wenn die Mannschaft aus Beijing kommt.

Von fast allen anderen Chinesen werden die Shanghaier häufig **als oberflächlich, arrogant, grob, rücksichtslos, gerissen, geldgierig und unpatriotisch dargestellt**. „Beijing ren ai guo, Shanghai ren mai guo, Guangdong ren chuguo" lautet der Refrain eines in den späten 1990er-Jahren sehr populären Liedes. Wörtlich übersetzt bedeutet dies: „Beijinger lieben ihr Land, Shanghaier verkaufen ihr Land, während Kantonesen ihr Land verlassen." (Kantonesen bildeten die große Masse der chinesischen Emigranten.) Dies verdeutlicht das in China gängige Vorurteil, dass ein Shanghaier alles und jeden verkauft, nur um eine „schnelle Mark" zu machen.

Shanghaier haben auch den Ruf, die **modebewusstesten Chinesen** überhaupt zu sein. Ein kantonesischer Witz beschreibt den Shanghaier als besorgt, nicht weil sein Haus abbrennt (denn dort steht ja sowieso nichts drin), sondern weil er sich seine Kleidung – denn die ist alles, was er besitzt – im Regen und Staub der Stadt ruinieren könnte.

Am Puls der Stadt
Die Shanghaier und ihr Alltag

Viele Chinesen werfen den Menschen aus Shanghai vor, sich zu sehr von westlichen Einflüssen lenken zu lassen. Im Gegenzug sieht sich der Shanghaier nicht zuletzt auch wegen der westlich geprägten Vergangenheit der Stadt **als kosmopolitisch, schick, intelligent, fortschrittlich und geschäftstüchtig.** All dies sind Eigenschaften, die Shanghai zum wirtschaftlichen Motor der Volksrepublik China machten und auch von den zahlreichen ausländischen, in der Stadt ansässigen Unternehmen geschätzt werden. Der gegenüber dem Rest Chinas deutlich höhere Lebensstandard ist für den Shanghaier Beweis für seine Siegerqualitäten. Eigentlich ist man aber viel zu beschäftigt, um sich auch darüber noch Gedanken zu machen. Viel mehr zählt das nächste Geschäft, die nächstliegende Möglichkeit, viel Geld zu verdienen.

In Shanghai ist man auch am ehesten bereit, **mit alten Regeln und Traditionen zu brechen.** So gelten bei heiratswilligen Chinesinnen junge Männer aus Shanghai als besonders guter Fang, da diese nicht nur als geschäftstüchtig und fleißig gelten, sondern häufig auch noch gerne Hausarbeiten, das Kochen und die Einkäufe erledigen.

Doch selbst in Chinas weltoffenster und internationalster Stadt gibt es im Vergleich zu Europa immer noch **erhebliche Unterschiede bezüglich Sitten und Verhalten.** Auch wenn man in Shanghai ein gewisses Maß an Freiheit genießt, die nicht nur Mode und westlichen Stil, sondern auch Kritik an Korruption oder Politik im Allgemeinen einschließt, sind Diskussionen in der Öffentlichkeit darüber auch hier noch immer ein Tabuthema.

Aber selbst bei heiklen Fragen wie Chinas Umgang mit politischen Dissidenten, dem Status von Tibet oder Taiwan, der Einschränkung der Medien usw. wird man als Besucher gerade von vielen Englisch sprechenden jungen Chinesen in Shanghai auch Antworten erhalten und im privaten Kreis auch sachliche Diskussionen führen können. Im Gegenzug sollte der Besucher auf einige Fragen, welche neben dem Shanghaier auch Chinesen im Allgemeinen brennend interessieren, vorbereitet sein. Dazu gehören Themen wie Alter, Einkommen oder Familienstand. Man sollte solche Fragen nach eigenem Ermessen beantworten.

Eines vereint letztendlich alle in der Stadt lebenden Menschen: **Man ist Teil der modernsten Stadt Chinas** – vielleicht sogar der Welt – mit all ihren Konsumtempeln, U-Bahnen, Restaurants und einigen der höchsten und architektonisch schönsten Wolkenkratzern der Welt. Und davon ist man in Shanghai nicht nur überzeugt, sondern auch stolz darauf.

Shanghai und die Touristen

2010 besuchten zur Expo mehr als drei Millionen nicht Chinesisch sprechende Gäste Shanghai. Doch wer heute gänzlich ohne chinesische Sprachkenntnisse nach China – auch Shanghai ist hier keine Ausnahme – kommt, wird schnell feststellen, dass man mit der einheimischen Bevölkerung auf der Straße nur schwer Kontakt aufnehmen kann. Das liegt jedoch weniger an der Reserviertheit oder Abneigung der Einheimischen gegenüber den fremden Besuchern, sondern ganz einfach an der **sprachlichen Barriere.** Auf dem Weg in die Innenstadt wird man nach der Ankunft auf dem Pudong Airport einem Taxifahrer kaum mehr als ein „Hello Mister" entlocken können.

Die Shanghaier und ihr Alltag

Auch wenn immer mehr junge Chinesinnen und Chinesen in Schulen, Kursen und privaten Sprachunterrichten die englische Sprache lernen, bleiben dem Kurzzeitbesucher selbst in einer Weltstadt wie Shanghai als einzige Ansprech- oder Gesprächspartner die Angestellten in gehobenen Hotels oder Restaurants. Hinzu kommen natürlich die zahlreichen Schlepper, Souvenirverkäufer und Angestellte in den Bars der Vergnügungszentren der Stadt. Diese verstehen es ganz geschickt, Touristen mit ihren teilweise durchaus bemerkenswerten Sprachkenntnissen zu beeindrucken und den einen oder anderen Yuan aus der Tasche zu locken.

Wer aber im Supermarkt um die Ecke oder selbst in den großen Shoppingmalls seine Englischkenntnisse testen möchte, wird in vielen Fällen auf **Unverständnis und Achselzucken** stoßen. Auf der Straße und im täglichen Leben wird man als Westler oder Tourist kaum beachtet und auch genau so behandelt wie ein Chinese. Aber wie überall auf der Welt gilt auch in China und Shanghai: Wer sich offensichtlich und ehrlich für das Land und die Leute interessiert, wird sehr schnell die Sympathien der Einheimischen auf seiner Seite haben – und sei es nur ein freundliches „Nǐ Hǎo" („Guten Tag") im kleinen Supermarkt oder an der Garküche um die Ecke (s. „Kleine Sprachhilfe").

Ein typischer Tag in Shanghai

Am frühen Morgen, kurz nach Sonnenaufgang, führt es viele Shanghaier – zumindest jene, die es sich leisten können und nicht schon um diese Zeit in einer der überfüllten U-Bahnen oder Busse auf dem Weg zur Arbeitsstelle sind – als erstes in den nächstgelegenen Park, an den Bund oder die Nanjing Donglu. Bei ausgiebigen Tai-Chi-Übungen, Tänzen, Brettspielen oder auch anderen sportlichen Aktivitäten werden **Körper und Geist für den bevorstehenden Tag gestärkt** und in Form gebracht. Später gibt es ein **Frühstück**, das häufig aus den typischen Gerichten wie *Bāozi,* Suppen und natürlich grünem Tee besteht, bevor man den eigentlichen Beschäftigungen des Tages nachgeht.

Das **Mittagessen** wird in Shanghai bereits ab 11 Uhr eingenommen. Angestellte strömen dann gemeinsam aus den Bürohochhäusern der Innenstadt in die in der näheren Umgebung liegenden chinesischen Restaurants, Schüler und Studenten bevölkern die internationalen Fast-Food-Ketten der Stadt. Die Mittagspause dauert höchstens eine Stunde. Wer es sich leisten kann, geht noch ein wenig shoppen oder trifft sich mit Freunden.

Ab 17 Uhr geht es nach Hause – aufgrund der chaotischen Verkehrsverhältnisse, gerade aus den umliegenden Industrieorten, oft ein langwieriges Unterfangen. Das **Abendessen** wird in China früh eingenommen. Einfache Restaurants sind daher häufig ab 20 Uhr wieder wie leergefegt. Der Abend wird **gewöhnlich im Kreise der Familie** vor dem Fernseher bei chinesischen Soaps oder Unterhaltungssendungen verbracht. Wie überall auf der Welt gibt es natürlich auch in Shanghai unterschiedliche Meinungen über die Wahl des Senders und so wird ständig unter lautstarkem Protest hin- und hergezappt.

Viele junge, erfolgshungrige Leute sind häufig auch noch nach 20 Uhr in ihren Büros anzutreffen und zieht es danach trotzdem noch in ein Restaurant oder auf den einen oder anderen Drink in eine der Bars oder zum Karaoke.

Shanghai entdecken

Shanghai entdecken
Bund und Nanjing Donglu

In diesem Kapitel werden alle Sehenswürdigkeiten Shanghais detailliert beschrieben. Sie sind nach Stadtvierteln geordnet und mit einer fortlaufenden Nummer, vollständiger Adresse und Kontaktmöglichkeiten sowie Lage und Anfahrt beschrieben. Die Nummern der Sehenswürdigkeiten finden sich im Cityatlas. Kulinarische Tipps laden zur kleinen Pause zwischendurch ein.

△ *Auf der Nanjing Donglu* ❷ *schlägt der Puls der Stadt*

◁ *Vorseite: Blick auf Shanghai von der Lobby-Lounge des JW Marriott am Volksplatz (s. S. 305)*

Bund und Nanjing Donglu

Der Bund und der östliche Teil der Nanjing Lu bilden ohne Zweifel das touristische Zentrum der Stadt. Hier bieten sich dem Besucher die wohl schönsten Stadtansichten Shanghais. Täglich zieht es Tausende an die Uferpromenade des Huangpu, den Bund, und gerade an Wochenenden gibt es kaum ein Durchkommen auf der sicherlich imposantesten Shoppingmeile Chinas, der Nanjing Donglu. Es gibt kaum einen Touristen, der hier auf einer gebuchten Stadttour oder einer Rundreise keinen Stopp einlegen würde.

Die hohe Konzentration an Geschäften aller Art und Restaurants aller nur denkbaren Küchen macht einen Bummel durch diese Fußgängerzone zu einem unvergesslichen Erlebnis.

Besonders am Abend, wenn die historischen Kolonialbauten an der berühmtesten Uferpromenade Chinas angestrahlt werden und Tausende Neonreklamen auf der Nanjing Donglu zum Leben erwachen, ist man einerseits erfüllt von nostalgischer Romantik an der historischen Promenade mit den zauberhaften Ausblicken auf die funkelnde Welt in Pudong, andererseits wie erschlagen von dem hektischen, exotisch wirkenden Großstadtdschungel.

❶ Der Bund ★★★ [L2]

Bund, Wàitān 外滩

Der Bund mit seinen Prunkbauten aus der Kolonialzeit gilt nicht nur als berühmteste Uferpromenade Chinas, er ist mit den sich bietenden fantastischen und kontrastreichen Aussichten auf die koloniale Vergangenheit in Puxi und moderne Zukunft in Pudong auch eine der

Für Chinesen und Hunde verboten

*Der Huangpu Park am nördlichen Ende des Bunds war offiziell von 1885 bis vermutlich 1928 für die chinesische Bevölkerung gesperrt. Ob das häufig erwähnte Schild „Für Chinesen und Hunde verboten" am Eingang des Parks im International Settlement jemals existiert hat, ist auch unter Historikern bis heute umstritten. Gesehen hat es dort wohl jedenfalls niemand. Doch die Legende um dieses Schild war lange Zeit **prägend für die chinesische Psyche**, die Demütigung durch die Ausländer seit den frühen 1840er-Jahren (Opiumkrieg) unauslöschlich in das Gedächtnis jedes einzelnen Chinesen eingebrannt.*

Tatsächlich war es den Chinesen zu dieser Zeit verboten, die öffentlichen Parks der Konzessionen zu betreten – es sei denn, es handelte sich um Bedienstete in Begleitung ihrer Herrschaft –, und es gab auch einen Paragrafen, der die Mitnahme von Fahrrädern und Hunden untersagte.

*Während der britischen Herrschaft achteten Sikh-Soldaten auf die Einhaltung dieser Regeln. Nach Protesten erging eine Änderung dieser Praxis, sodass „gut gekleidete" Chinesen den Park betreten durften, sofern ihrem Antrag auf entsprechende Sondergenehmigung stattgegeben wurde. Nach 1949 galt das umstrittene Schild der kommunistischen Regierung als **Paradebeispiel für das Auftreten der westlichen Mächte** im vorrevolutionären China.*

1994 verkündete eine chinesische Zeitung, ein Schild mit dieser Aufschrift habe es tatsächlich gegeben und sei vom Verwalter des 1950 gegründeten Museums für Stadtgeschichte hergestellt worden, um seine Existenz zu beweisen. Nachdem 1983 bekannt wurde, dass es sich um eine Fälschung handelt, habe man es vernichtet. Aber auch heute noch wird die Legende um das umstrittene Schild gerne benutzt, um gegen den allzu überheblichen Westen zu polemisieren.

---

beliebtesten Flaniermeilen der Stadt. Exklusive Restaurants und Bars machen den Bund am Westufer des Huangpu seit einigen Jahren auch für „Genießer" und „Nachteulen" zu einem beliebten Treffpunkt.

Der „Waterbund" oder kurz „Bund" wurde einst von den Niederländern, die im Jahr 1601 die chinesische Ostküste erreichten, als **Schutzwall** gegen die regelmäßigen Fluten des Huangpu errichtet. Die Bezeichnung „Bund" kommt aus dem Anglo-Indischen und bedeutet so viel wie **„Kaimauer"**. Und auch heute noch legen am Bund die **Ausflugsboo**te an, die von hier zu den Sightseeing-Touren über den Huangpu durch Shanghai und bis zur Mündung in den Yangzi starten.

An der heutigen **Zhongshan Dong 1-Lu**, benannt zu Ehren des ersten chinesischen Präsidenten Sun Yat-sen, in China unter dem Namen Sun Zhongshan bekannt, reihen sich die alten prunkvollen Gebäude der Kolonialzeit aus der Wende vom 19. zum 20. Jahrhundert. Das ehemalige **Zentralgebäude des chinesischen Seezolls** mit seinem 33 m hohen Glockenturm auf dem Ostflügel, der dem Huangpu zugewandten Seite, ist

Shanghai entdecken
Bund und Nanjing Donglu

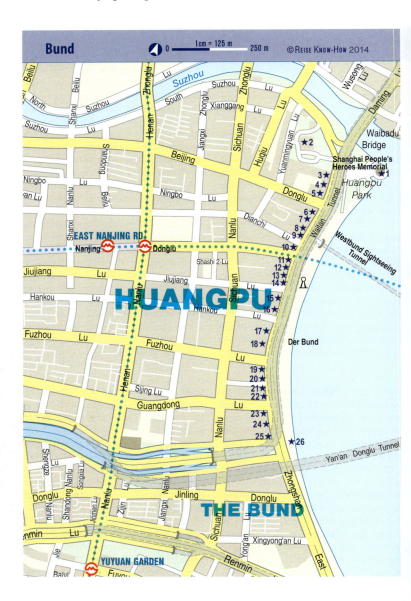

Shanghai entdecken
Bund und Nanjing Donglu

Legende zur Detailkarte Bund
★1 Denkmal der Volkshelden, Bund History Museum
★2 Ehemaliges Britisches Konsulat (Nr. 33–51)
★3 Nippon Yusen Kaisha Building (Nr. 31)
★4 Banque de l'Indochine (Nr. 29)
★5 Glenn Line Building (Nr. 28)
★6 Jardine Matheson Building (Nr. 27)
★7 Yangzi Insurance Building (Nr. 26)
★8 Yokohama Species Bank Building (Nr. 24)
★9 Bank of China Building (Nr. 23)
★10 Peace Hotel (Nr. 20)
★11 Palace Hotel (Nr. 19)
★12 Chartered Bank Building (Nr. 18)
★13 China Daily News (Nr. 17)
★14 Bank of Taiwan Building (China Merchants Bank) (Nr. 16)
★15 Russo-Chinese Bank Building (Nr. 16)
★16 Bank of Communications (Nr. 14)
★17 Zollamt (Nr. 13)
★18 Hongkong Shanghai Banking Corporation Building (Pudong Development Bank) (Nr. 12)
★19 Russel & Co. Building (China Shipping Merchant Company) (Nr. 9)
★20 China Commercial Bank (Nr. 7)
★21 China Merchants Bank Building (Nr. 6)
★22 Nisshin Building (M on the Bund) (Nr. 5)
★23 Union Building (Three on the Bund) (Nr. 3)
★24 Shanghai Club (Nr. 2)
★25 Asia Building (Nr. 1)
★26 Wettersignalstation (mit Atanu Bar)

eines der markantesten – und war lange Zeit das höchste – Gebäude Chinas. Der Bund war bereits um 1900 eine der berühmtesten Straßen ganz Ostasiens. Heute residieren in den alten Gebäuden wieder Banken, exklusive Restaurants, luxuriöse Bars und Klubs, Versicherungen und verschiedene staatliche Einrichtungen.

Ein guter Ausgangspunkt für eine Erkundungstour entlang der kolonialen Vergangenheit auf dem Bund ist der 1868 von den Briten angelegte **Huangpu Park** [L1] im Norden der Promenade. Am Wusong Fluss oder auch Suzhou Creek, der hier in den Huangpu mündet, steht das 1993 von der KPCh zu Ehren der seit den 1840er-Jahren im Sinne der KPCh verdienten chinesischen Patrioten errichtete **Denkmal der Volkshelden**. Im Sockel dieses optisch nicht sonderlich attraktiven Monuments sozialistischer Bauart befindet sich das **Bund History Museum** mit einigen interessanten historischen Fotos und Erinnerungsstücken aus der Kolonialzeit.

Die **Garden Bridge** oder **Waibaidu Qiao** [L1], die den Wusong hier überspannt, wurde 1856 als hölzerne Konstruktion errichtet und führt in den nördlichen Teil der Stadt. Die Brücke wurde 1906 von der Stadtverwaltung einige Meter weiter durch eine neue Stahlkonstruktion ersetzt.

黄浦公园, 外滩中山东一路500号, 近北京东路
> **Huangpu Park,** Huángpǔ Gōngyuán, 500 Zhongshan Dong Yi Lu, 9–17 Uhr

◁ *Vorseite: Spaziergang vor historischer Kulisse am Bund* ❶

外滩历史博物馆, 外滩北端
199 [L1] **Bund History Museum,** Wàitān Lìshǐ Bówùguǎn, Mo.–Fr. 9–16 Uhr, Eintritt frei

Garden Bridge, Wàibáidù Qiáo 外白渡桥

Nördlich des Suzhou Creek
Nördlich des Suzhou Creek befand sich die Amerikanische Niederlassung, die sich 1863 mit der südlich des Flusses gelegenen Britischen Konzession zum International Settlement verband. Direkt auf der nördlichen Seite liegt rechts die heutige Huangpu Lu. An dieser ehemaligen **Consular Row** befanden sich dicht hintereinander das russische, amerikanische, deutsche und japanische Konsulat. Heute existiert hier nur noch das 1916 erbaute **Russische Konsulat** (20 Huangpu Lu) mit klassischen und barocken Elementen, das seit 1991 wieder seine angestammte Funktion ausübt.

Nördlich des Konsulats befindet sich das 1860 im Stil der Neorenaissance erbaute Astor-Hotel (15 Huangpu Lu). Die zwischenzeitlich als **Pujiang Hotel** (s. S. 307) unter Rucksackreisenden bekannte preiswerte Unterkunft (u. a. mit Schlafsaal) hat viel vom alten Glanz verloren. Nach einer Renovierung liegt das mittlerweile moderne Hotel mit allem Komfort nicht mehr im unteren Preissegment, befindet sich aber nach wie vor in unschlagbarer Lage. Hinter dem Astor-Hotel führt die Daming Lu weiter nach Osten. Hier, an der westlichen Seite der Straße, steht das 1934 fertiggestellte **Broadway Mansion**. Dieses als Apartmenthaus im Chicago-Stil erbaute Gebäude aus dunklem Backstein beherbergt heute das Hotel Shanghai Mansion – ein bemerkenswerter Kontrast zu den älteren europäischen Kolonialbauten.

Folgt man der Daming Lu in östlicher Richtung, gelangt man zum ehemaligen **Shanghai Broadway**, vordem das Zentrum des verruchten Hafenmilieus mit zahlreichen Spelunken und Bordellen.

Huangpu Lu	黄浦路
Daming Lu	大名路
Broadway Mansion	上海大厦
Pujiang Hotel (Pŭjiāng Fàndiàn)	浦江饭店
Russisches Konsulat (Éluósī Lĭngshìguăn)	俄罗斯领事馆

Zwischen Suzhou Creek und Nanjing Donglu

Die eigentliche Uferpromenade und somit der alltägliche Touristenmagnet liegt südlich des Suzhou Creek. Dieser Abschnitt des Bund ist ein **Gemisch aus Promenade** (für je nach Tageszeit und Besucherandrang mehr oder weniger gemütliche Spaziergänge), **chaotischer Hauptstraße, Geschäftszentrum** – und seit einiger Zeit auch ein Hotspot für ausschweifendes Nachtleben. Auch kulinarische Genüsse kommen am Ufer des Huangpu nicht zu kurz, am Bund befinden sich einige der besten Restaurants der Stadt.

Gegenüber vom Huangpu Park, am nördlichen Ende der Zhongshan Lu, befindet sich das ehemalige **Britische Konsulat** (33–51 Zhongshan Dong Yi Lu). Das 1873 vollendete Bauwerk ist das älteste am Bund und mit seinen umlaufenden Veranden, Säulen und Bogen eines der prachtvollsten im britischen Kolonialstil. Weitere Gebäude auf dem weitläufigen Gelände wie der British Supreme Court, das British Naval Office, das Office of Works und das Consul's Residence fielen dem Komplex des Shanghai Friendship Store zum Opfer. Das ehemalige Britische Konsulat beherbergt heute Büros der Stadtverwaltung und das neue Peninsula Hotel Shanghai.

Einige Meter weiter südlich hinter dem Gebäude der Schifffahrtsgesellschaft Nippon Yusen Kaisha befindet sich die **Banque de l'Indochine** von 1914 (29 Zhongshan Lu). Das Gebäude im Stil der französischen Klassik besticht durch viele barocke Elemente. Die Bank war eine der ersten am Bund und *das* Symbol für Geld und Reichtum in der Stadt. Trotz umfangreicher Bemühungen der Stadtregierung in den 1990er-Jahren, den ausländischen Banken die 1949 enteigneten Gebäude zurückzuverkaufen, ist heute Pudong auf der anderen Seite des Huangpu die erste Bankadresse in Shanghai. Heute residiert hier die Everbright Bank. Das **Glenn Line Building** (28 Zhongshan Lu) gleich nebenan stammt aus dem Jahr 1922 und gehört heute ebenfalls der Everbright Bank.

Geht man weiter Richtung Nanjing Donglu, passiert man das Jardine Matheson Building und das Yokohama Specie Bank Building und steht vor dem Gebäude der **Bank of China** (23 Zhongshan Lu) aus dem Jahr 1937. Genau an dieser Stelle befand sich Anfang des letzten Jahrhunderts der **deutsche „Club Concordia"** in seinem ab 1904 im Stil der Neorenaissance erbauten Klubhaus, welches 1934 für den Neubau der Bank of China abgerissen wurde (siehe Exkurs). Dieser nicht weniger imposante Bau des deutschen Klubs wurde 1907 fertiggestellt.

Das Gebäude der Bank of China durfte allerdings nicht höher sein als das benachbarte Sassoon House, das 77 m hoch ist. Sein Besitzer, der reiche jüdi-

Shanghai entdecken

Spaziergang 1: Vom Bund über die Nanjing Donglu zum Volksplatz

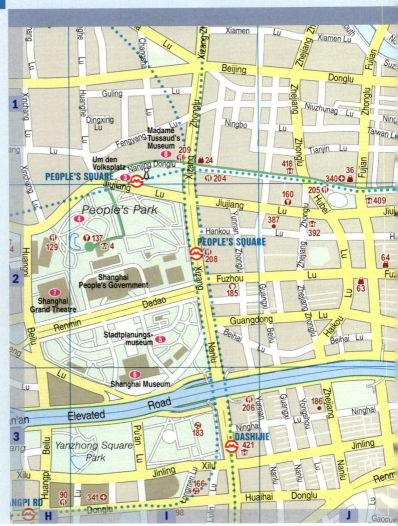

Shanghai entdecken 127
Spaziergang 1: Vom Bund über die Nanjing Donglu zum Volksplatz

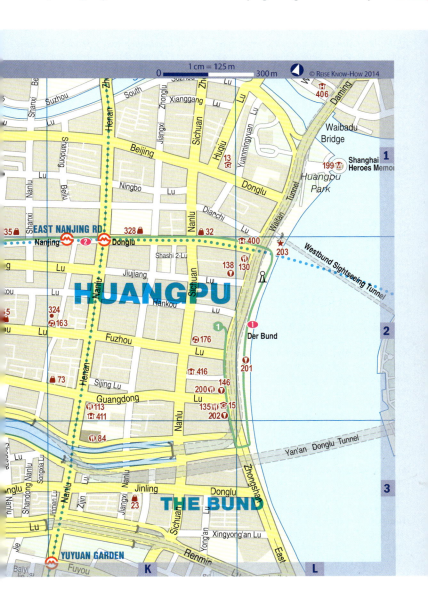

Shanghai entdecken
Spaziergang 1: Vom Bund über die Nanjing Donglu zum Volksplatz

Als Frühaufsteher lässt man sich den Sonnenaufgang über der Skyline von Pudong am **Bund** ❶ mit den prachtvollen Bauten aus der Kolonialzeit nicht entgehen und wird mit interessanten Einblicken in den Shanghaier Alltag belohnt. Einen Blick sollte man auf das 1927 erbaute **Zollamt** (13 Zhongshan Lu) mit seinem zu einer Art **Wahrzeichen Shanghais** gewordenen Glockenturm, das **Union Building** (3 Zhongshan Lu) und den altehrwürdigen und berühmten **Shanghai Club** (2 Zhongshan Lu) werfen.

An der Ecke Zhongshan Lu/Nanjing Donglu liegt das geschichtsträchtige **Peace Hotel** (s. S. 306). Ein Besuch der Dachterrasse bietet einen herrlichen Blick über den Huangpu und Pudong. In westlicher Richtung läuft man von hier durch den zunächst recht uninteressanten östlichen Abschnitt der Nanjing Donglu zur Kreuzung mit der Henan Zhonglu. Hier beginnt die Fußgängerzone, eine der berühmtesten Einkaufsmeilen Asiens. Vorbei an vielen Geschäften, Malls wie dem Hongyi Plaza, dem Plaza 353 im Art-déco-Stil und Restaurants erreicht man den auf der südlichen Seite der Fußgängerzone gelegenen **Century Square** (Shiji Guangchang). Hier finden regelmäßig Veranstaltungen statt. Wer sich stärken möchte, sollte die absolut köstlichen „Baozi" von **Lao Sheng Chang** (335 Fujian Zhonglu) an der Ecke Nanjing Donglu/Fujian Zhonglu probieren. Zudem lohnt ein kleiner Abstecher auf die von hier aus gesehen im Norden liegende Fujian Zhonglu mit ihren vielen Souvenirshops in einem im Stil des „alten Shanghai" restaurierten Straßenzug.

Etwas weiter westlich liegen schließlich das **Hualian Commercial Building** oder auch „Wing On" (Nr. 655) aus dem Jahr 1918 und die **Shanghai Fashion Company** (Nr. 650) in einem schönen Art-déco-Gebäude von 1917 mit ihrem markanten Uhrenturm. Der **Shanghai No. 1 Provisions Store** (Nr. 720), früher bekannt unter dem Namen „**Sun Sun**", ist ein weiteres traditionsreiches Kaufhaus. Anschließend erblickt man am westlichen Ende der Nanjing Donglu den No. 1 Department Store (Nr. 830).

Nähert man sich nun dem kulturellen und kommerziellen Zentrum Shanghais – dem **Volksplatz** ❸ – präsentiert sich, nachdem man noch einen Blick auf die Moore Memorial Church geworfen hat, das futuristische Gebäude des **Stadtplanungsmuseums** ❺ im Osten des Platzes mit seinem Stadtmodell auf mehr als 650 Quadratmetern. Weiter geht es ins **Shanghai Museum** ❻, ein Pflichtprogramm auf jeder Reise nach Shanghai mit mehr als 120.000 Exponaten chinesischer Kunst- und Kulturgeschichte. Kunstfreunde wird es dann gleich vorbei am gläsernen Palast des **Shanghai Grand Theatre** ❼ in das **Museum of Contemporary Art** (s. S. 36) mit Ausstellungen moderner chinesischer Kunst ziehen.

Im Norden des People's Square lassen sich noch das historisch interessante **Park Hotel** (170 Nanjing Xilu) und das **Pacific Hotel** (108 Nanjing Xilu) mit Inneneinrichtungen im Stil des Art déco besichtigen.

Die marokkanisch angehauchte **Barbarossa Lounge** (s. S. 74) markiert den Endpunkt des Spaziergangs. In gemütlicher Umgebung sitzt man an einem kleinen See und bewundert die schönen Aussichten auf den **People's Park** ❹ und die umliegenden Wolkenkratzer.

Der deutsche „Club Concordia"

Im November 1897 übernahmen deutsche Truppen die Bucht von Jiaozhou, einer Vorstadt Qingdaos, in der nördlichen Provinz Shandong. Bis 1914 blieb die Gegend um Qingdao deutsches Pachtgebiet. Daran erinnern auch heute noch – obwohl Qingdao mittlerweile zu einer typisch modernen chinesischen Großstadt geworden ist – einige markante Bauwerke wie die alte Brauerei, eine Kirche und manch imposante Villa. Auch in Shanghai stieg um die vorletzte Jahrhundertwende die Zahl deutscher Kaufmänner, Händler und Geschäftsleute rapide an. In den frühen 1900er-Jahren lebten bereits mehr als 1000 deutsche Landsmänner in der Stadt. Was lag da näher, als einen eigenen Klub zu gründen?

Der am 26. August 1868 in Schwerin geborene Heinrich Becker war nach seiner Ankunft in Shanghai im Jahr 1898 der erste deutsche Architekt in der Stadt und bekam den Auftrag zum Bau mehrerer Villen für deutsche Geschäftsleute, einiger deutscher Bankfilialen und des beeindruckenden Gebäudes – der zukünftigen Heimat des Club Concordia – am Bund. Nach dreijähriger Bauzeit war das im Stil deutscher Neorenaissance erbaute repräsentative und exklusive Gebäude mit seinen umlaufenden Veranden und einer Höhe von fast 50 m – was zu dieser Zeit alle anderen Bauwerke der Stadt in den Schatten stellte – im Jahr 1907 fertiggestellt. Zur Grundsteinlegung reiste der Sohn Kaiser Wilhelms II., Prinz Adalbert von Preußen, höchstselbst nach Shanghai.

Nach dem Ersten Weltkrieg mussten die Deutschen China verlassen. 1923 zog infolge der Reparationszahlungen die Bank of China in das Gebäude ein, ließ es 1934 abreißen und durch das heutige Gebäude aus dem Jahr 1937 ersetzen.

sche Immobilienmagnat Sir Victor Sassoon, bewohnte dort das Penthouse in der obersten Etage und bestand darauf, das höchste Gebäude am Bund zu besitzen. Das heutige **Fairmont Peace Hotel** (s. S. 306, 20 Zhongshan Lu) und frühere Sassoon House befindet sich direkt an der Ecke zur Nanjing Lu. Heute besteht das Peace Hotel aus zwei Gebäuden, einem Nord- und einem Südflügel zu beiden Seiten der Nanjing Lu. Der Bau des größeren von Palmer & Turner entworfenen Nordgebäudes, in dem einst Sassoon residierte, begann 1926 und dauerte drei Jahre.

Nach der Gründung der Volksrepublik China wurde das Hotel 1956 als Peace Hotel wiedereröffnet. Das Gebäude wird von einer 19 m hohen Pyramide aus Kupfer gekrönt, die abends weithin sichtbar grün leuchtet. Das Foyer des Hotels gilt noch heute als **Meisterstück des Art déco** und ist absolut sehenswert. Die fünfte bis siebte Etage des Gebäudes beherbergte das **Cathay Hotel,** in dem Stars aus aller Welt residierten – darunter auch Charlie Chaplin. Das Haus war lange Jahre Inbegriff für Luxus und Reichtum, im Nachtklub unter dem Dach wurden für die damalige Zeit exzessive

Gleich gegenüber an der südlichen Seite der Nanjing Lu befindet sich der Südflügel, das ehemalige **Palace Hotel.** Der Bau aus roten und weißen Backsteinen stammt aus dem Jahr 1906. In ihm fanden 1911 die Feierlichkeiten zur Ernennung des ersten provisorischen Präsidenten der neuen Republik, Sun Yat-sen, statt (siehe „Von den Anfängen bis zur Gegenwart").

Hier, gegenüber dem Peace Hotel auf der Promenade, befindet sich auch der Eingang zum **Bund Sightseeing Tunnel** (siehe „Praktische Tipps zum Bund") und eine Bronzestatue Chen Yis (1901–1972), des ersten Bürgermeisters Shanghais nach 1949 und Außenministers der Volksrepublik China von 1958–1972.

Peace Hotel	和平饭店
Bank of China	中国银行

Südlich der Nanjing Donglu

Läuft man von der Nanjing Lu weiter in südliche Richtung, passiert man zunächst das 1923 erbaute Chartered Bank Building und das Gebäude der **North China Daily News** (17 Zhongshan Lu). Die älteste und einflussreichste englischsprachige Zeitung Chinas residierte hier in einem Bau im Stil der Neorenaissance aus dem Jahr 1921. Heute ist es Heimat der 1921 in Shanghai gegründeten AIA Versicherung. Gleich daneben steht das **Bank of Taiwan Building** (16 Zhongshan Lu), das die China Merchants Bank beherbergt. Es folgen das **Russo-Chinese Bank Building** (15 Zhongshan

Partys gefeiert und Kostümbälle abgehalten – Sassoon wusste seine internationalen Gäste von Rang und Namen zu unterhalten. Nach der Machtübernahme der Kommunisten 1949 wurde das Hotel für ein paar Jahre geschlossen und war zunächst Unterkunft für das Municipal Finance Committee, später ab 1952 für das Municipal Government. Auch heute noch lohnt ein Besuch der Dachterrasse des Hotels, selbst wenn der große Glanz verflogen ist und einige staatliche Büros Einzug gehalten haben.

Das ehemalige Palace Hotel – heute das Swatch Art Peace Hotel

Das Peace Hotel – die Legende ist zurück

Die Lage am Bund - zahlreiche Sehenswürdigkeiten Shanghais liegen in der näheren Umgebung und sind gut zu Fuß zu erreichen - ist für Touristen ideal. Doch in den vergangenen Jahren blieben immer mehr Gäste aus. Nostalgisches Flair und die schöne Aussicht auf die futuristische Skyline von Pudong allein können heute nicht mehr mit den immer zahlreicher entstehenden, modernen und spektakulären Luxushotels konkurrieren. 2007 gab es im Peace Hotel keine größeren Veranstaltungen wie Kongresse oder Konferenzen mehr.

Die Luxushotel-Gruppe Fairmont Hotels & Resorts hat zusammen mit der staatlichen Hotelkette Jinjiang International als Betreiber umfangreiche Renovierungen des Nordflügels vorgenommen. Nach dreijähriger Bauzeit und geschätzten Investitionen von 100 Millionen Pfund konnte das Luxusdomizil als Fairmont Peace Hotel im Juli 2010 in neuem Glanz wiedereröffnet werden. Glücklicherweise ist nur wenig vom alten Charme des Hotels verloren gegangen. Auch in Zukunft wird die berühmte Jazzband im Peace Hotel ihre Klassiker vor zahlreichen Gästen zum Besten geben.

Für die Renovierungen des Südflügels zeichnete die schweizerische Swatch Group verantwortlich. Diese wird für die nächsten 30 Jahre Mieterin des geschichtsträchtigen Palace Hotels sein und hier ihre Marken wie Omega und Swatch in mehreren Boutiquen anbieten. Im August 2010 konnte das historische Gebäude als Swatch Art Peace Hotel seine Pforten öffnen. Es werden allerdings nur einige wenige luxuriöse Suiten für Übernachtungsgäste zur Verfügung stehen. Das Hotel wird sich ganz der Kunst verschreiben: Künstler aus aller Welt sollen hier für jeweils drei Monate in eigenen Ateliers leben und arbeiten - und dabei Spuren ihres Schaffens hinterlassen.

Lu) und die **Bank of Communications** (14 Zhongshan Lu) in einem Bau aus dem Jahr 1948. In der zeitlichen Reihenfolge ist dieses Gebäude das letzte der Prunkbauten am Bund.

Das im Jahre 1927 erbaute **Zollamt** (13 Zhongshan Lu) ist eine Kombination aus europäischer Klassik und moderner Architektur. Das Gebäude ist in zwei Flügel geteilt, der Haupteingang wird von griechischen Säulen gesäumt. Der zur Kaimauer und damit zum Huangpu gelegene Ostflügel ist acht Stockwerke hoch und wird von einem 80 m hohen Glockenturm gekrönt. Der Westflügel ist nur fünf Stockwerke hoch und liegt zur Sichuan Road.

Der **Glockenturm** mit dem Spitznamen „Big Ching", der in der Nacht bunt beleuchtet wird, ist eine Art **Wahrzeichen Shanghais** geworden. Glocke und Uhr wurden in England hergestellt und erinnern sehr stark an Londons Wahrzeichen Big Ben, auch das Glockengeläut ist in der Stadt wie in London weithin zu hören. Die Zifferblätter der Uhr haben einen Durchmesser von 5,3 m und sind aus 100 einzelnen Glasscheiben zusammengesetzt. Das Uhrwerk im Inneren des Turms ist noch heute eines der

Shanghai entdecken
Bund und Nanjing Donglu

EXTRATIPP

M on the Bund

Im M on the Bund sollte man einmal gegessen haben! Von der Dachterrasse genießt man bei gutem Wetter eine tolle Aussicht über den Bund und auf die futuristisch wirkenden Wolkenkratzer in Pudong. Zudem sind das westlich geprägte Essen und die erlesenen Weine hervorragend. Das spiegelt sich leider auch in den manchmal leicht versnobten Gästen und den relativ hohen Preisen wider – verglichen mit anderen Haute-Cuisine-Restaurants am Bund ist das M aber immer noch ein Schnäppchen. (Die Preise sind mit denen eines gehobenen Restaurants in Deutschland zu vergleichen.) Empfehlenswert ist das knusprig geröstete Schweinefleisch *(M's crispy suckling pig)* oder die Lammkeule in Salzkruste *(Slowly baked selected leg of lamb)*. Ein wenig Platz lassen sollte man für eines der hier kredenzten, wirklich köstlichen Desserts (wie das *Pavlova*, ein mit Früchten und Sahne gefülltes Schaumgebäck und Nationalgericht in Australien und Neuseeland). Auf alle Fälle ist eine rechtzeitige Reservierung ratsam, denn das M on the Bund ist immer gut besucht. Dank der geschmackvollen Einrichtung und dem herausragenden Service bleibt die Atmosphäre auch mit vielen Gästen gerade am Abend romantisch und entspannt.

米氏西餐厅, 广东路20号,
外滩5号, 7楼, 近中山东一路
①200 [K2] **M on the Bund,** 7/F, 5 The Bund, 20 Guangdong Lu, Zhongshan Dong Yi Lu, Tel. 63509988, www.m-restaurantgroup.com/mbund, 11.30–14.30 u. 18–22.30 Uhr

größten in Asien. Während der 1960er-Jahre änderte man die Melodie des Uhrwerkes in die Hymne der Kulturrevolution (Titel: „The East is Red"), erst Mitte der 1980er-Jahre rekonstruierte man die ursprüngliche Musik. Heute steht das Haus des alten Zollamts unter Denkmalschutz.

Die ersten Zölle wurden in Shanghai bereits 1684 unter Kaiser Kangxi erhoben. Das erste Hafenzollamt an dieser Stelle entstand in Shanghai um 1840, als die Zahl der ausländischen Schiffe auf dem Huangpu drastisch anstieg. In den folgenden politischen Wirren wurde das Gebäude 1853 und 1860 zerstört und jeweils wieder aufgebaut. Im Jahre 1891 war das Haus seinen Aufgaben von der Größe her nicht mehr gewachsen. Es wurde abgerissen und durch einen dreiflügeligen Neubau im neugotischen Kolonialstil ersetzt, der 1893 fertiggestellt wurde. (Dieses Gebäude ist auf einer Reihe von 10-Yuan-Banknoten der Jahre 1914 bzw. 1927 abgebildet.) Auch dieses Haus verfügte schon über einen markanten Glockenturm, es wurde aber ebenfalls abgerissen. An seiner Stelle entstand das 1927 erbaute jetzige Zollamtsgebäude.

Gleich nebenan steht der nicht weniger imposante Prachtbau der **Hongkong Shanghai Banking Corporation** (12 Zhongshan Lu) von 1923. Das Bauwerk diente nach dem Sieg der Kommunisten von 1949 zunächst als Rathaus, beherbergt jedoch heute erneut eine Bank (Pudong Development Bank). Sehenswert ist die palastartige Halle mit restaurierten Mosaiken und prachtvollen Marmorsäulen. Im Inneren findet man neben den Säulen aus Marmor prunkvolle Bodenbeläge und Kamine. Als Zugeständnis an die Moderne wurde das

Shanghai entdecken
Bund und Nanjing Donglu

Gebäude mit Heizung und Klimaanlagen ausgestattet.

Im weiteren Verlauf südlich der Fuzhou Lu passiert man die folgenden Gebäude: das Russel & Co. Building (9 Zhongshan Lu) mit Sitz der China Shipping Merchant Company, das hübsche Gebäude der China Commercial Bank (7 Zhongshan Lu) und das China Merchants Bank Building (6 Zhongshan Lu). Nachdem man auch den Bau des Nisshin Building (5 Zhongshan Lu), die ehemalige Heimat einer japanischen Schifffahrtsgesellschaft, passiert hat, erreicht man das **Union Building** (3 Zhongshan Lu) und den altehrwürdigen und berühmten **Shanghai Club** (2 Zhongshan Lu).

Das **Union Building** aus dem Jahr 1916 beherbergte einst eine Reihe von Versicherungsunternehmen und wurde von der Mercantile Bank of India genutzt. Das erste von Palmer & Turner entworfene Gebäude am Bund, welches das Unternehmen in den ersten Jahren selbst nutzte, war ab 1953 Sitz des Shanghai Civil Architecture and Design Institute. 1997 wurde es von privaten Aktionären aus Singapur erworben und hier befindet sich seit 2004 das **Three on the Bund**, ein exklusives Shoppingcenter mit einigen der besten Restaurants der Stadt (s. S. 71). Der Haupteingang des Bauwerks im Stil der Neorenaissance mit einigen barocken Details befindet sich an der Guangdong Lu.

Der **Shanghai Club** wurde 1910 für den bereits seit 1864 existierenden eng-

◠ *Pause vor den Gebäuden der North China Daily News (heute AIA), Chatered Bank und Palace Hotel (von li. nach re.)*

lischen Klub erbaut – in den 1920er- und 1930er-Jahren einer der exklusivsten Klubs in Shanghai. Ein wirklich sehenswertes Gebäude: Die L-förmige Bar in der zweiten Etage galt mit über 33 m Länge lange Zeit als längste Theke der Welt. Auf der einen Seite der Bar befanden sich Raucherraum und Bibliothek, auf der anderen Seite lag das Billardzimmer. Zudem fanden hier mehr als 40 Gästezimmer ihren Platz. Auffallend und sehenswert sind die Böden aus schwarz-weißem Marmor und die Treppe der Eingangshalle aus weißem sizilianischem Marmor. Später residierte hier das Dongfeng Hotel und von 1990 bis 1996 eine Filiale von Kentucky Fried Chicken.

Den Abschluss der Bauten am Bund im Süden macht das **Asia Building** (1 Zhongshan Lu) aus dem Jahr 1916, frühere Heimat der Royal Dutch Shell. Hier, wo heute die Yan'an Lu auf den Bund trifft, verlief die Grenze zur Französischen Konzession an einem kleinen Flüsschen, dem Yangjing Bang, der 1914 zugeschüttet wurde. Die Yan'an Lu mit der 1998 fertiggestellten Hochstraße ist heute die wichtigste Ost-West-Verbindung der Stadt.

An dieser Stelle findet man noch heute den nach dem deutschen Missionar Karl Gützlaff (1803–1851) benannten **Turm der alten Wettersignalstation** aus dem Jahr 1908. In den 1990er-Jahren wurde der Turm im Zuge der Renovierungen am Bund um 80 m versetzt. Dieser kleine Signalturm war einst das höchste Gebäude in Shanghai, mittlerweile kann man ihn leicht übersehen und nur wenige Leute wissen von der entdeckenswerten Bar in seinem Inneren. Im Erdgeschoss befinden sich noch einige sehenswerte historische Aufnahmen aus der Sammlung des vormals hier beheimateten Bund History Museums, im Stockwerk darüber – über eine enge Wendeltreppe zu erreichen – liegt die gemütliche **Atanu Bar** (s. u.). Bei romantischem Kerzenlicht lässt sich hier wunderbar am einen oder anderen Cocktail (ab 50 ¥) nippen. Im Sommer ist auch die Terrasse geöffnet, von der aus man eine fantastische Aussicht genießt.

阿塔努酒吧，中山东二路，外滩1号，近延安路

❶ **201** [L2] **Atanu Bar,** 1 Zhongshan Dong Er Lu, The Bund, Yan'an Lu, Tel. 33130871, 12–24 Uhr

廊吧，上海市黄浦区中山东一路2号，华尔道夫会所大堂楼层

❶ **202** [K2] **Long Bar,** Waldorf Astoria Club Lobby, 2 Zhongshan Dong Yi Lu, Tel. 63229988, www.waldorfastoriashanghai.com, tgl. 16–1 Uhr. Die beeindruckende Bar des ehemaligen Shanghai Clubs lockt heute mit einer nicht minder imposanten Getränkeliste – darunter die wohl größte Auswahl an Whiskey in der Stadt –, zahlreichen Cock- und Mocktails (Cocktails ohne Alkohol) sowie kubanischen Zigarren Gäste zu gemütlichen Stunden ins Hotel Waldorf Astoria.

| Zollamt | 海关楼 | (Hǎiguān Lóu) |

Praktische Tipps zum Bund

外滩观光隧道

★ **203** [L2] **Bund Sightseeing Tunnel,** Wàitān Guānguāng Suìdào, Tel. 58886000, 10.30–22 Uhr, Eintritt: 60 bzw. 50 ¥ (Roundtrip bzw. One Way). Von psychedelischer Musik berieselt, gleitet man in kleinen Wagen durch ein Farbengewitter – eine gute Möglichkeit, um gerade zur Rushhour schnell von Puxi nach Pudong zu gelangen.

Shanghai entdecken
Bund und Nanjing Donglu

黄浦江游览, 中山东二路153+219号
> **Huangpu River Tour,** Huángpǔjiāng Yóulǎn, 153+219 Zhongshan Dong Er Lu, www.pjrivercruise.com, Tel. 63744461, 63740091. Einer der Höhepunkte in Shanghai ist eine Tour mit einem der Ausflugsboote auf dem Huangpu. Von hier genießt man die besten Aussichten auf die alten Kolonialbauten am Bund und die Skyline von Pudong. Tickets bekommt man an den Anlegestellen am südlichen Bund nahe der Jinling Donglu täglich 10–21 Uhr. Die kurzen Rundfahrten zur Yangpu-Brücke dauern eine Stunde und kosten 100 ¥ (Abfahrt im 30-Minuten-Takt), die klassische Route führt zur Mündung des Yangzi und zurück. Für die klassische dreistündige Tour gibt es unterschiedliche Buchungsklassen. Die günstigsten Tickets kosten 150 ¥, hier muss man sich auf einen harten Holzstuhl, Massen von chinesischen Touristen und eine ganze Menge Lärm einstellen.

Die Boote starten um 9 und um 14 Uhr. Abends gibt es zudem recht luxuriöse zweistündige Touren mit optionalem Dinner-Buffet für 288–388 ¥. Die Dinner-Boote starten um 19 Uhr. Die Abfahrtszeiten und Preise ändern sich je nach Saison und Feiertagen ständig. Daher sollte man sich vorher an den Anlegestellen erkundigen. Bei starkem Wind oder Nebel fallen alle Ausflugsfahrten aus.

❷ Nanjing Donglu ★★★ [K2]

Hier brodelt das Leben, hier schlägt der Puls der Stadt. Traditionsreiche Shoppingmalls, unzählige chinesische sowie internationale Restaurants und Imbissbuden locken Shoppingbegeisterte und Genießer gleichermaßen auf die Nanjing Donglu, eine der berühmtesten Straßen des ganzen Landes. Aber auch Fotofreunde werden hier gerade am Abend auf ihre Kosten kommen, wenn Tausende bunter Neonreklamen ihr Licht auf diesen östlichen Teil der Nanjing Lu werfen.

Die Nanjing Lu beginnt direkt am Peace Hotel am Bund (s. S. 131), führt von dort in westliche Richtung am Volksplatz (People's Square) vorbei bis zum Jing'an Tempel ❿ und mündet danach in die Yan'an Lu. Der östliche Teil dieser Straße (Nanjing Donglu) zwischen Bund und Xizang Lu (oder Tibet Road) ist noch immer **eine der aufregendsten Shoppingmeilen der Erde** mit geschätzten 1,7 Millionen Besuchern täglich an einem Wochenende. Schon zu Anfang des 19. Jahrhunderts betrieben Kaufleute auf beiden Seiten der Straße Hunderte kleiner Läden und Geschäfte.

Zwischen Henan Lu und Xizang Lu ist die Nanjing Donglu heute **Fußgängerzone** *(Nánjīng Lù Bùxíng Jiē)* und das Bummeln macht hier, aber auch in den Seitengassen und Parallelstraßen trotz der Menschenmassen Spaß. Die von Arle Jean Marie Carpentier and Associates aus Frankreich entworfene Straße wurde 1999 eröffnet. Neues und Modernes stellt in diesem Abschnitt die alten Kolonialbauten in den Schatten, aber es gibt noch immer viel Geschichtsträchtiges zu entdecken. Fußfaule können sich von 8–22.30 Uhr auch in eine schienenlose elektrische Bimmelbahn für Touristen setzen und sich in aller Ruhe durch die Fußgängerzone chauffieren lassen. Tickets gibt es an Bord und kosten 5 ¥.

Einen Spaziergang auf der Einkaufsmeile beginnt man am besten an der Ecke zur Xizang Lu, bewegt sich von hier aus in östlicher Richtung bis zum Bund und genießt abschließend die schönen Ausblicke nach Pudong. Etwas südlich der Nanjing Lu an der Xizang Lu lohnt

Shanghai entdecken
Bund und Nanjing Donglu

sich aber noch ein Blick auf die **Moore Memorial Church** (Mu'en Tang) [I2]. Diese protestantische Kirche wurde 1887 von amerikanischen Missionaren gegründet und 1931 nach Entwürfen des tschechischen Architekten Ladislaus Hudec neu errichtet. Während der Kulturrevolution diente sie als Schule. 1979 war die Mu'en Tang die erste wiedereröffnete Kirche in Shanghai. Beginnt man nun den Spaziergang durch die Nanjing Lu, erspäht man auf der linken Seite gleich den **No. 1 Department Store** (Kaufhaus Nr. 1, 830 Nanjing Donglu), früher „The Sun" und eines der als „Großen Vier" bekannten Kaufhäuser an der Nanjing Lu. Das Gebäude aus dem Jahr 1934 wurde von chinesischen Architekten entworfen und war das erste Kaufhaus in China mit Rolltreppen. Bis zu 150.000 Menschen trafen sich hier täglich zum Shoppen. Hier kann man auch gut folgendes Phänomen beobachten: In China geht man nicht einfach „nur" einkaufen. Wenn man einen Blick in die Kaufhäuser wirft, stellt man schnell fest, dass alles für einen ausgedehnten **Familienausflug** eingerichtet ist: Es gibt betreute Kinderspielplätze, Garküchen, Cafés und Restaurants (meistens in den oberen Stockwerken) und ganze Vergnügungszentren.

Der **Shanghai No. 1 Provisions Store** (Shanghai Nr. 1 Lebensmittelladen, 720 Nanjing Donglu), früher bekannt unter dem Namen „**Sun Sun**", ist der zweite in der Reihe der „Großen Vier". In einem alten Gebäude von 1926 beheimatet, gibt es hier auch die ganze Palette chinesischer Speisen, von denen man denkt, das man sie essen könnte, aber selbst nie essen würde.

> **KLEINE PAUSE**
> **Madeleine's Café und Riviera**
> Das Madeleine's im Erdgeschoss des Sofitel (s. S. 308) lädt zu einer kleinen Pause bei Kaffee, Tee oder leckerem Eis ein (tgl. 7–21 Uhr).
> Wer hungrig ist, kann im Restaurant Riviera des Howard Johnson Plazas (s. S. 305) zu jeder Tageszeit leckere Buffets genießen (tgl. 6–24 Uhr).

Auf der Nanjing Donglu

Die **Shanghai Fashion Company** (Shanghai Bekleidungsfirma, 650 Nanjing Donglu) und früherer **Sincere Department Store**, die Nummer 3 der „Großen Vier", befindet sich in einem schönen Artdéco-Gebäude von 1917 mit Uhrenturm und großer runder Uhr. In demselben Gebäude befindet sich auch das Jinjiang East Asia Hotel (s. S. 309).

Etwas weiter östlich, an der Südseite der Nanjing Donglu, liegt schließlich das **Hualian Commercial Building** oder auch „**Wing On**" (655 Nanjing Donglu) aus dem Jahr 1918. Dieser berühmte Department Store war der erste in China mit dekorierten Schaufenstern. Hier trifft die Fußgängerzone auf die Kreuzung mit der Zhejiang Zhonglu und Hubei Lu. An dieser Stelle wurden während der Kolonialzeit die Richtung Westen fahrenden elektrischen Züge auf einer hölzernen Drehscheibe wieder Richtung Osten gelenkt. Vorsicht vor plötzlichem Querverkehr an dieser Kreuzung!

Folgt man der Nanjing Lu weiter in Richtung Osten, passiert man den **Century Square** (Shiji Guangchang) [J2]. Auf diesem Platz finden regelmäßig Open-Air-Veranstaltungen, Aufführungen und Ausstellungen statt.

An der Henan Zhonglu endet die Fußgängerzone und auch die kleinen Straßenbahnen haben hier ihren Wendepunkt. An dieser Stelle befindet sich auch die ehemalige „Henan Zhonglu Metro Station" und heutige „Nanjing Donglu Station", die letzte Haltestelle der Linie 2 in Puxi auf dem Weg nach Pudong. Überquert man die Henan Zhonglu, bekommt man einen Eindruck davon, wie die Nanjing Donglu ausgesehen haben muss, bevor sie zur Fußgängerzone umgestaltet wurde. Auf schmalen Fußwegen kommt man – begleitet durch den lärmenden Straßenverkehr – noch an zahlreichen kleineren Shops und Restaurants vorbei und steht drei Häuserblocks weiter am Peace Hotel vor dem Bund ❶.

Dieser östlichste Teil der Nanjing Donglu ist zugleich auch der am wenigsten interessante. Erwähnenswert ist noch das architektonisch interessante **Shanghai Electric Power Building 1** [K1] im Art-déco-Stil an der Ecke zur Jiangxi Nanlu.

Nanjing Lu Fußgängerzone (Nánjīng Lù Bùxíng Jiē)	南京路步行街
No. 1 Department Store (Xīnshìjiè Bǎihuò)	新世界百货

沐恩堂, 西藏中路316号, 近九江路
> **Moore Memorial Church (Mù'en Táng)**, 316 Xizang Zhonglu, Jiujiang Lu, Tel. 63225069, Gottesdienste sonntags 7.30, 9, 14 und 19 Uhr

Kulinarisches im Viertel

艾露法国餐厅, 南京东路798号, 11楼, 近九江路
> **204** [I1] **Allure French Restaurant**, 11/F, 789 Nanjing Donglu, Jiujiang Lu, Tel. 33189999, 12–14.30 u. 18–22.30 Uhr. Exquisite mediterrane Küche im Hotel Le Royal Méridien, die man auch auf der Dachterrasse des Le Bistrot genießen kann.

缘禄寿司, 南京东路479号, 4楼, 近福建中路
> **205** [J2] **Sumo Sushi**, 4/F, 479 Nanjing Donglu, Fujian Zhonglu, Tel. 63221836, 11–23.30 Uhr. Filiale der beliebten und preiswerten Fast-Food-Kette, preiswertes „All-you-can-eat"-Buffet.

Rund um den People's Square (Renmin Guangchang)

Der Renmin Guangchang (Volksplatz) ist das neue kulturelle und kommerzielle Zentrum Shanghais und gleichzeitig größter öffentlicher Platz der Stadt. Fanden hier bis 1949 noch Pferderennen statt, befinden sich an selber Stelle mittlerweile einige der architektonisch bemerkenswertesten Bauten der Stadt.

Zu Beginn der 1990er-Jahre hat die Regierung **den Platz umfangreich umgestaltet.** Im Norden entstand das neue Rathaus, daneben das 1998 eröffnete Grand Theatre ❼ des französischen Architekten Charpentier. Mit seiner gläsernen Architektur, dem auffallend gewölbten Dach und einer Höhe von 40 m ist es ein wahrlich beeindruckendes Gebäude. Futuristisch und gewagt präsentiert sich das Gebäude des Stadtplanungsmuseums ❺ im Osten des Platzes. Im Süden steht das über 30 m hohe Shanghai Museum ❻.

Der riesige, 320 m² große **Springbrunnen** vor dem Shanghai Museum ist beliebter Treffpunkt für viele Shanghaier an Feiertagen und an den Wochenenden. Dann steigen auf dem Platz Hunderte von Drachen über der Menschenmenge in den Himmel.

Die zahlreichen U-Bahn-Anbindungen am Volksplatz bilden den **wichtigsten Verkehrsknoten** der Stadt, so liegt hier u. a. der Verbindungspunkt der Metrohauptlinien 1 und 2. In dem Gewirr der unterirdischen Metrostationen gibt es zudem zahlreiche Einkaufsmöglichkeiten.

Shanghai entdecken
Rund um den People's Square (Renmin Guangchang)

❸ Um den Volksplatz ★ [I1]

Nähert man sich dem Volksplatz auf der Nanjing Xilu, erblickt man zunächst das wunderschön restaurierte Gebäude des ehemaligen **Shanghai Art Museum** (Shanghai Meishù Guan) (s. S. 35) östlich der Huangpi Beilu. Das Museum öffnete zunächst 1956 an der Nanjing Xilu (etwas weiter westlich von hier), wurde im Jahr 2000 an diesen markanten Ort am Volksplatz verlegt und ist heute Teil des China Art Palace (s. S. 36). Im Gebäude des ehemaligen britischen Turf Club aus dem Jahr 1920 mit seinem charakteristischem Uhrenturm befindet sich heute auch ein hervorragendes Restaurant, das Kathleen's 5 (s. S. 70).

Hier im Nordwesten des Renmin Guangchang auf der gegenüberliegenden (nördlichen) Seite der Nanjing Lu steht das 2008 renovierte **Grand Cinema** aus dem Jahr 1933. Bis 1949 zeigte man hier Hollywood-Filme und auch heute werden wieder Blockbuster aus Amerika vorgeführt.

Ganz in der Nähe, östlich der Huanghe Lu, einer der bekannten Essmeilen, liegt das 1934 fertiggestellte und von Ladislaus Hudec (1893–1958) entworfene Gebäude des **Park Hotel** (Guoji Fandian, 170 Nanjing Xilu). Zu seiner Zeit war es weltweit mit 22 Stockwerken das höchste Gebäude außerhalb Nordamerikas. Vorzugsweise jüngere und wohlhabendere Chinesen zog es hierhin, um auf den häufig stattfindenden Partys die Nacht zum Tag zu machen. Die restaurierte Inneneinrichtung im Stil des Art déco ist wirklich sehenswert.

Freunde der Architektur der Kolonialzeit können anschließend noch einen Blick ins **Pacific Hotel** [I1] (Jinmen Dajiudian, 108 Nanjing Xilu) werfen. Das Gebäude aus dem Jahr 1926 beherbergte zunächst die China United Assurance Company und später das Overseas Chinese Hotel. Auch wenn das Hotel heute viel von seinem alten Glanz verloren hat, lohnt ein Blick in die Art-déco-Lobby. Gleich östlich daneben sticht der Turm des Radisson New World Hotel mit seinem einem UFO ähnelndem Dach in den Himmel. Die Wachsfiguren von Chinas erstem **Madame Tussaud's Museum** ❽ lassen sich im New World City Shopping Center bewundern.

❹ People's Park (Renmin Gongyuan) ★★ [I2]

Südlich der Nanjing Xilu betritt man nun die größte Grünanlage im Zentrum der Stadt. Der People's Park bildet zusammen mit dem People's Square das Gelände der ehemaligen kolonialen Pferderennbahn. In dem schönen Park befindet sich auch das **Museum of Contemporary Art** (s. S. 36) mit Ausstellungen der modernen chinesischen Kunstszene.

Verlässt man den Park am östlichen Eingang, stößt man auf die Xizang Zhonglu, eine der wichtigen Nord-Süd-Verbindungen der Stadt. An deren östlicher Seite steht die Mega-Mall **Raffles City** (Laifoshi Guangchang), die mit vielen trendigen Shops und einer reichhaltigen Auswahl an Restaurants aufwartet.

◁ *Der People's Square aus der Vogelperspektive*

| Renmin Gongyuan | 人民公园 |

Shanghai entdecken
Rund um den People's Square (Renmin Guangchang)

❺ Stadtplanungsmuseum ★★ [I2]

Das Museum im Osten des Renmin Guangchang zeigt auf fünf Stockwerken die ehrgeizigen Pläne der Stadtplaner Shanghais.

Im Februar 2000 eröffnet, erlebt der Besucher in den Ausstellungsräumen schon jetzt das Shanghai, wie es aller Voraussicht nach in einigen jahren bzw. Jahrzehnten aussehen wird. Hauptattraktion des Stadtplanungsmuseums ist ein riesiges Modell Shanghais auf über 600 Quadratmetern, das die **stadtplanerischen Visionen für die Expo 2010** entlang des Huangpu sowie sämtliche geplanten Wolkenkratzer der nächsten Jahre zeigt. Auf einer Karte im ersten Stock wird dem Besucher außerdem verdeutlicht, welche Viertel zukünftig Opfer von Baggern und Planierraupen werden sollen, um Platz für die geplanten neuen, modernen Bauten und Grünflächen zu schaffen.

Außerdem gibt es einige interessante Fotos aus den 1930er-Jahren zu sehen, die Alltagsszenerie der Vergangenheit wird aber auch auf noch weitaus plastischere Weise dargestellt: Am Ausgang im Untergeschoss ist das **alte Shanghai** mit Hauseingängen, Pflasterstraßen, Geschäften und Teehäusern **originalgetreu im Maßstab 1:1** nachempfunden.

KLEINE PAUSE

Barbarossa Lounge
Marokkanisches Ambiente, Wasserpfeifen, gemütliche Polstermöbel, entspannte Musik – ein guter Platz zum Relaxen in gemütlicher Umgebung (s. S. 74). Bei gutem Wetter sitzt man draußen über drei Etagen an einem kleinen See inmitten des Parks. Von dort bieten sich schöne Aussichten auf den People's Park und die umliegenden Wolkenkratzer.

Shanghai entdecken 141
Rund um den People's Square (Renmin Guangchang)

上海城市规划展示馆，人民大道100号
> Shanghai Urban Planning Exhibition Centre,
Shànghǎi Chéngshì Guīhuà Zhǎnshìguǎn,
100 Renmín Dadao, Tel. 63184477,
Metro: People's Square, www.supec.org,
Di.–So. 9–17 Uhr (letzter Eintritt 16 Uhr),
Mo. geschlossen, Eintritt: 30 ¥, Studenten
15 ¥, Kinder unter 120 cm freier Eintritt

❻ Shanghai Museum ★★★ [I3]

Das Shanghai Museum gilt als eines der herausragenden und bekanntesten Museen für klassische chinesische Kunst und Kultur in China. Den Besucher erwarten hier über elf Galerien mit mehr als 120.000 Exponaten der einzelnen chinesischen Epochen, beeindruckende Präsentationen und informative Führungen. Zu den Höhepunkten gehört eine mehrmals täglich gezeigte Livedemonstration alter Töpfertechniken. Hier kann man sein eigenes handwerkliches Geschick unter Beweis stellen und fleißig mittöpfern. Für einen Besuch sollte man mindestens einen halben Tag einplanen.

Das Shanghai Museum im südlichen Teil des Volksplatzes ist **eines der kulturellen Zentren der Stadt**. 1952 wurde es an der Nanjing Xilu gegründet und war zunächst im ehemaligen Pferderennklub angesiedelt. 1959 wurde es in die Henan Nanlu ausgelagert. 1992 beschloss man, das Museum wieder am Platz des Volkes anzusiedeln. Nach dreijähriger Bauzeit wurde das neue Gebäude 1996 fertiggestellt, Architekt war Xing Tonghe.

Berühmt ist das Shanghai Museum u. a. wegen seiner herausragenden **Bronze-Galerie, Steinskulpturen** und **Malereien**. Im Gegensatz zu vielen anderen chinesischen Museen sind die Exponate im Shanghai Museum nach Themen und nicht wie üblich nach Dynastien ausgestellt.

Beginnen kann man einen Rundgang mit der Besichtigung der **Bronze-Ausstellung** im Erdgeschoss mit über **400 Bronzen** aus dem 18. bis 3. Jh. v. Chr., u. a. zwei beachtenswerten Weinvasen mit Tiermasken aus der Zeit der Frühlings- und Herstperiode (770–476 v. Chr.) sowie ein *Ding* aus der Westlichen Zhou-Dynastie (11. Jh.–771 v. Chr.). Dieser chinesische Kultgegenstand hat die Form eines Gefäßes mit drei langen Beinen – die äußere Form des Shanghai Museums ist übrigens einem *Ding* nachempfunden. Die Bedeutung und Geschichte des *Ding* wird heute häufig so gedeutet, dass er ursprünglich ein Gefäß zur Zubereitung von Fleischgerichten war. Seine Bedeutung als Kultgegen-

◁ *Das Shanghai Urban Planning Exhibition Centre (Stadtplanungsmuseum* ❺*)*

△ *Modell der City im Stadtplanungsmuseum* ❺

Rund um den People's Square (Renmin Guangchang)

stand wäre demnach aus der Bedeutung von Fleisch in Opferriten und als gesellschaftliches Statussymbol entstanden. Ein *Ding* ist häufig mit Inschriften versehen. Die Ausstellung der **Steinskulpturen** zeigt Stücke aus der Zeit der Streitenden Reiche (475–221 v. Chr.) bis zur Ming-Dynastie (1368–1644), so z. B. eine Buddhastatue des Sakyamuni aus der Zeit der nördlichen Qi-Dynastie (550–577 n. Chr.) und eine Bambusflöte spielende kniende Figur aus der Östlichen Han-Zeit (25–200 n. Chr.). Die sehenswerte **Keramikgalerie** im zweiten Stockwerk zeigt wunderschöne dreifarbige Figuren der Tang- und Ming-Dynastien.

Traditionelle Seidenmalereien findet man in der dritten Etage. Auf Seidenrollen sind Landschaften aus der Ming-Zeit und Buddhas aus der Tang- und Song-Dynastie (960–1279) dargestellt. Die **Kalligrafieausstellung** veranschaulicht die Entwicklung und Stile des kunstvollen Handschreibens über die Jahrhunderte mit einigen Exemplaren aus der Tang-Dynastie. Insgesamt besitzt das Shanghai Museum mehr als 15.000 dieser Schriftrollen. Hier wird nicht nur die Handhabung der Werkzeuge der Künstler, sondern auch der Zusammenhang zwischen Kalligrafie und chinesischer Malerei veranschaulicht.

Die **Jade-Galerie** im vierten Stock zeigt aufwendig geschnitzte Gefäße, Schmuck und Ornamente aus der Liangzhu Kultur (31.–22. Jh. v. Chr.). Die **Münzsammlung** bietet Sammlungen aus der Qin-Dynastie (221–207 v. Chr.) sowie auf der Seidenstraße gefundene Goldmünzen aus Persien. Weiterhin sieht man hier kunstvolle, mit Jade verzierte **Möbelstücke** aus den Qing- (1368–1644) und Ming-Dynastien (1644–1911).

Kostüme, Schmuck und andere Ausstellungsstücke der nicht Han-Chinesischen nationalen Minderheiten werden hier ebenfalls ausgestellt. So findet man z. B. eine Sammlung farbenfroher Nuo-Ritualmasken aus der südwestlichen Provinz Guizhou und Buddhastatuen aus dem autonomen Gebiet Tibet.

Der Haupteingang des Museums befindet sich auf dessen nördlicher Seite. Von hier hat man einen schönen Blick auf die drei weiteren Monumente im Norden des Volksplatzes: Das Grand Theatre ❼ im Westen, das neue Rathaus im Norden und das Stadtplanungsmuseum ❺ im Osten. Wer das Museum besucht, sollte sich zum besseren Verständnis Kopfhörer mit Erklärungen, die u. a. in deutscher Sprache erhältlich sind, ausleihen. Die Leihgebühr beträgt 40 ¥ (zuzüglich Pfand von 400 ¥ oder Abgabe des Reisepasses).

上海博物馆, 人民大道201号
> Shànghǎi Bówùguǎn, 201 Renmin Dadao, Tel. 63723500, Metro: People's Square, www.shanghaimuseum.net, tgl. 9–17 Uhr (letzter Einlass 16 Uhr), max. 8000 Besucher pro Tag, Eintritt frei

❼ Shanghai Grand Theatre ★★ [H2]

Ein wahrlich großartiges Gebäude aus Glas, Glas und noch mehr Glas.

Besonders am Abend, wenn die Lichter im Inneren des Grand Theatre eingeschaltet werden, glänzt die Fassade wie Tausende funkelnder Perlen. Das weiße Dach aus Beton sieht aus wie ein gebogenes Boot – ein **architektonisches Meisterwerk** von Charpentier's (Frankreich).

Shanghai entdecken

Rund um den People's Square (Renmin Guangchang)

Das im Jahre 1998 neu eröffnete Theater ist das größte und berühmteste Theater in Shanghai und **modernes Veranstaltungszentrum** für internationale Opern, Musicals, Kammermusik und Theaterstücke. Der größte der drei Säle bietet 1800 Zuschauern Platz. Viele weltbekannte Schauspieltruppen, Ballettgruppen und Orchester kommen hierher und haben das Theater auch als Platz für Erstaufführungen ausgewählt. Die Eintrittskarten sind oft ausverkauft, obwohl der Preis für eine Karte mit 100 bis 600 Yuan sehr hoch ist. Viele der heute durch den Wirtschaftsboom wohlhabend gewordenen Shanghaier geben sich aber nicht mehr damit zufrieden, sich lediglich zu Hause vor dem Fernseher zu amüsieren. Sie möchten Kunst aus aller Welt genießen.

上海大剧院, 人民大道300号
› Shànghǎi Dà Jùyuàn, 300 Renmin Dadao, Tel. 63728702 (Tickets) oder 63868686, www.shgtheatre.com, Besichtigung Mo. 9–11 Uhr, Metro: People's Square

❽ Madame Tussaud's Museum ★ [I1]

Eröffnet im Frühsommer 2006 ist Madame Tussaud's das erste Wachsfigurenmuseum in China. Nach insgesamt sieben Themen wie Politik, Film, Musik oder Sport geordnet erwartet den Besucher ein **bunter Mix aus chinesischen und internationalen Stars und Sternchen**. Unter den über 70 Figuren befinden sich neben Prinzessin Diana, Bill Clinton und Bill Gates auch die bei uns bekannten chinesischen Schauspieler Leslie Cheung und Jackie Chan sowie der Hürdensprinter und Olympiateilnehmer Liu Xiang. Besucher können sich mit dem 2,29 m großen Basketballer Yao Ming oder David Beckham in täuschend echten Szenen fotografieren lassen.

上海杜莎夫人蜡像馆, 南京西路2–68号, 新世界商厦10楼
› Dusha Furen Laxiangguan, 10/F New World Building, 2–68 Nanjing Xilu, Tel. 63587878, www.madametussauds.com/Shanghai/en, tgl. 10–21 Uhr (letzter Einlass: 20 Uhr), Eintritt: 150 ¥, ermäßigt 110 ¥, Metro: People's Square

Kulinarisches im Viertel

德大咖啡馆, 云南南路2号
206 [I3] **Deda Cafe and Restaurant** €, 2 Yunnan Nanlu, Tel. 63732009, tgl. 7.30–22 Uhr, Restaurant: 11–13.30 u. 17–20 Uhr. Chinesisches Restaurant mit Einflüssen der französischen Küche. Man bekommt hier neben leckeren Salaten auch Schnitzel und Kartoffelsalat.

新元素, 西藏南路228号, 6楼, 近寿宁路
207 [I4] **Element Fresh**, 6/F Silver Court, 228 Xizang Nanlu, Shouning Lu, Tel. 63343598, 7–22 Uhr. Eines der ersten internationalen Restaurants der Stadt: westliche und asiatische Küche! Riesiges Angebot an frischen Säften, Salaten und Sandwiches. Mit kleiner, gemütlicher Terrasse. WLAN.

云南美食园, 西藏中路268号, 莱福士广场5078号, 地下1楼19-20室
208 [I2] **Gourmet Noodle House**, Shop 19-20, B1, 5078 Raffles City, 268 Xizang Zhonglu, 10–21.30 Uhr. Perfekt geeignet, um sich nach dem Shoppen zu stärken. Lange Speisekarte mit Gerichten zwischen 15 und 30 ¥. Probieren sollte man das Malaysia Curry Chicken oder Cantonese Seafood.

Jing'an und Nanjing Xilu

🟥 An der Nanjing Xilu ★★ [F2]

Der westliche Teil der Nanjing Lu mit den aufgereihten exklusiven Shoppingmalls und monumentalen Fünfsternehotels könnte auch ein Teil Manhattans sein.

Nördlich der Nanjing Xilu liegt der quirlige und interessante **Jing'an Distrikt.** Der Jing'an Tempel 🔟 und der **Jing'an Park** [D2] am westlichen Ende der Nanjing Xilu bilden einen guten Ausgangspunkt für eine Entdeckungstour auf diesem geschäftigen Straßenabschnitt. Um den Tempel herum liegt ein lebendiges Geschäftszentrum mit vielen Geschäften und Restaurants.

Der gigantische Komplex des **Shanghai Centre** [E1] (Shanghai Shangcheng, 1376 Nanjing Xilu) etwas weiter von hier beherbergt neben dem Portman Ritz Carlton Hotel (s. S. 305) zahlreiche Einrichtungen für Touristen und Geschäftsleute. Einige Fluggesellschaften und Botschaften haben sich hier neben Restaurants, Cafés, einem Parkway Health Medical Centre (Krankenhaus auch für Ausländer – siehe Kapitel „Praktische Reisetipps"/ „Medizinische Versorgung"), exklusiven Boutiquen und sündhaft teuren Apartments angesiedelt. Ein Starbucks Café und das Element Fresh (s. S. 148), wo man ein ausgiebiges Frühstück oder eine Mittagspause mit frischen Salaten genießen kann, sorgen für das leibliche Wohl.

Wer genügend Zeit mitbringt, kann noch einen Blick in das südlich gelegene **Shanghai Exhibition Centre** [E2] (Shanghai Zhanlan Zhongxin) werfen. 1955 unter Mithilfe der Sowjetunion errichtet, ist dieses grandiose Bauwerk ein weiteres Beispiel ausländischer und vor allem sozialistischer Architektur in Shanghai. In diesem Bau finden regelmäßig Ausstellungen statt, die allerdings selten von herausragender Bedeutung sind. An dieser Stelle befanden sich zur Kolonialzeit die fantasievollen Hardoon Gärten des Millionärs Silas Hardoon.

Anschließend lohnt ein schneller Blick ins **Plaza 66** [F1] (Henglong Guangchang) an der nördlichen Seite der Nanjing Xilu (1266 Nanjing Xilu). Auch wenn man gar nicht shoppen möchte, macht ein Bummel durch diese Mall mit den vielen exklusiven Shops Spaß. Aufgrund der Preise ist es hier selten überfüllt und es lässt sich angenehm mitten im Luxus zwischen Dior, Versace, Cartier und einigen anderen Edelgeschäften bummeln.

An der Shaanxi Beilu lohnt ein Abstecher Richtung Norden. Man passiert die Beijing Xilu und kommt zur 1920 von Jacob Sassoon (einem Onkel Victor Sassoons, dem Erbauer des Peace Hotels)

> **EXTRATIPP**
>
> ### Hot-Pot-Spot
> Im Gegensatz zu den meisten Hot-Pot-Restaurants, bei denen ein großer Suppentopf für alle in der Mitte auf dem Tisch steht, kocht im 789 Xin Gai Nian jeder Gast nach eigenem Geschmack sein eigenes Süppchen. Wer es scharf mag wählt aus den zehn angebotenen Varianten die Spicy Hot Pot Soup Chongqing Style (18 ¥) und füllt diese mit Leckereien wie Meeresfrüchten, Fisch, Fleisch und reichlich Gemüse. Zum Dippen stehen mehr als 20 köstliche Soßen zur Auswahl.
>
> 📍**209** [I1] **789 Xin Gai Nian,** 4F, New World, 2-88 Nanjing Xilu, Tel. 63587388, 11–14 und 17–22 Uhr

erbauten **Ohel Rachel Synagoge** [F1] (Youtai Jiaotang, 500 Shaanxi Beilu), die er in Gedenken an seine Frau Rachel errichtete. Bis 1952 war das Gotteshaus Heimat der wohlhabenden jüdischen Stephardic Gemeinde. 1998 zum Besuch von Hillary Clinton renoviert, dient das Gebäude heute dem Shanghai Education Bureau und stand 2002 auf der Liste des World Monuments Fund der hundert am meisten gefährdeten Bauwerke der Erde.

西摩路会堂(欧黑尔雪切尔犹太会堂), 陕西北路500号, 近北京西路
› **Ohel Rachel Synagoge,** 500 Shaanxi Beilu, Beijing Xilu

Südlich der Nanjing Xilu liegt an der südwestlichen Ecke der Shaanxi und Yan'an Lu die **Moller Residenz** [F2] (30 Shaanxi Beilu) des schwedischen Großreeders Moller (seit 2002 auch Hengshan-Moller-Villa Hotel, s. S. 309). Die Architektur des Gebäudes mit neogotischen, barocken und einigen anderen Stilelementen ist gekrönt von einem Turm im norwegischen Stil. Zahlreiche Türmchen und Erker erwecken Gedanken an ein Märchenschloss – und das nicht ohne Grund: Eric Moller hatte die Villa in den 1930er-Jahren für seine kleine Tochter bauen lassen, die von „einem Traumhaus wie aus Andersens Märchen" geträumt hat-

KLEINE PAUSE

Café im 38. Stock
In der Lobby-Lounge des JW Marriott Hotel (s. S. 305) lohnt eine Pause bei einem Kaffee oder einem Tee – mit Blick aus der Vogelperspektive, liegt die Lobby des Hotels doch im 38. Stock.

KLEINE PAUSE

Wang Jia Sha Dumpling Restaurant
Wer jetzt Hunger verspürt, sollte das **Wang Jia Sha** (s. S. 148) aufsuchen. Es ist eines der ältesten Restaurants der Stadt, schon seit 1945 gibt es hier Dumplings in allen möglichen Variationen. Man kann sogar bei deren Zubereitung durch eine Glasscheibe zusehen. Probieren sollte man unbedingt Dumplings mit Fleisch oder gebratene Nudeln mit Shrimps. Alles schmeckt hier wirklich überaus köstlich und daher ist das Lokal immer gut besucht.

te. Moller starb übrigens, nachdem die Kommunisten 1949 sein Haus konfisziert hatten, bei einem Flugzeugabsturz. Glaubt man der Legende, hatte ein Wahrsager ihm Unheil prophezeit für den Fall, das er jemals sein Haus fertigstellen sollte.

Zurück auf der Nanjing Xilu erreicht man etwas weiter östlich die Westgate Mall (Meilongzhen Guangchang, 1038 Nanjing Xilu), ein weiterer Konsumtempel, und die südlich parallel zur Nanjing Xilu verlaufende **Wujiang Lu,** früher eine der belebtesten Essmeilen der Stadt. In dieser kleinen Fußgängerzone reihen sich einige Restaurants, Cafés, Bars und zahlreiche kleinere Einzelhandelsläden aneinander. Auch wenn es heute wesentlich ruhiger und auch moderner geworden ist, lohnt ein kurzer Bummel abseits der lauten Nanjing Xilu. Einige dieser Läden, gerade im westlichen Teil der Straße, mussten allerdings bereits einem neuen Bürokomplex weichen. Am östlichen Ende der Wujiang Lu trifft man wieder auf die Nanjing Xilu.

Shanghai entdecken
Jing'an und Nanjing Xilu

Die Geschichte der chinesischen Apotheke **Lei Yun Shang Pharmacy** etwas weiter östlich (719 Nanjing Xilu) geht zurück ins Jahr 1662. Alle möglichen Arten exotischer medizinischer Wurzeln und Kräuter werden hier verabreicht und verkauft. Weiter Richtung People's Square überquert man die Chengdu Beilu. Das bekannte vegetarische Restaurant **Gong De Lin** (s. S. 71) (445 Nanjing Xilu) liegt nun auf der rechten bzw. südlichen Seite der Nanjing Lu und man erblickt den **Tomorrow Square** [H2] (Mintian Guangchang) mit dem architektonisch interessanten **Rocket Tower**. In diesem 285 m hohen Turm befindet sich ab dem 38. Stockwerk mit dem JW Marriott (s. S. 305) das höchste Hotel in Puxi.

| Shanghai Centre | 上海商城剧院 |
| Shanghai Exhibiton Centre | 上海展览中心 |

❿ Jing'an Tempel ★★ [D2]

Der „Tempel der Ruhe" ist nicht erst seit der kürzlichen Renovierung mit viel Beton, üppigem Gold und verzierenden Holzschnitzereien immer lebhaft und nicht allein von Touristen gut besucht. Auch wenn der Name etwas anderes verspricht, ist dies daher kein Ort für stille Meditation.

Die Anlage aus dem Jahr 247 n. Chr. hat die längste Geschichte aller Schreine in Shanghai. Attraktionen des Tempels sind die **riesige Kupferglocke** aus der Ming-Dynastie mit einem beachtli-

◸ *Im Jing'an Tempel*

◿ *Gläubige im „Tempel der Ruhe"*

chen Gewicht von 3175 Kilogramm sowie zahlreiche **steinerne Buddhastatuen** aus der Zeit der Nördlichen und Südlichen Dynastien (420–589 n. Chr.).

Vor 1949 war der Jing'an Tempel Shanghais wohlhabendstes buddhistisches Kloster, während der Zeit der Kulturrevolution produzierte hier eine Kunststofffabrik ihre Waren. Der Tempel ist gleichzeitig Hauptsitz der tibetisch-buddhistischen Mi-Sekte, die fast verdrängt 1953 aus Japan zurückkehrte.

Südlich der Nanjing Xilu und des Tempels liegt der **Jing'an Park** [D2], eine kleine Oase der Ruhe mit dem hervorragenden indonesischen Restaurant Bali Laguna (s. S. 148). Der Park grenzt im Süden an die Yan'an Xilu. Von hier blickt man auf die beiden Hotels Equatorial und Hilton (s. S. 306). Das Gelände, auf dem die Hotels stehen, war ab 1929 das Zentrum der Deutschen Kolonie in Shanghai.

静安寺, 南京西路1686号
› Jìng'ān Sì, 1686 Nanjing Xilu, tgl. 7.30–17 Uhr, Eintritt: 30 ¥, Metro: Jing'an Tempel

⓫ Jade Buddha Tempel ★★ [cg]

Der Jade Buddha Tempel ist der berühmteste Tempel Shanghais. Alle organisierten Touren haben hier einen kurzen Stopp. Wer dem ganz großen Trubel entgehen möchte, der sollte besser gleich am frühen Morgen die Anlage besuchen.

Die Geschichte des Jade Buddha Tempels geht zurück auf eine Reise des Mönchs Hui Gen von der Insel Putuoshan nach Birma (heutiges Myanmar) im Jahr 1882 während der Zeit des Qing-Kaisers Guang Xu (1875–1908). Aufgrund guter Kontakte zu dort ansässigen Chinesen und zum birmanesischen König ließ sich Hui Gen dort **fünf Buddhastatuen aus weißen Jadeblöcken** schnitzen. Zwei davon landeten nach seiner Rückkehr in Shanghai. Mit Spendengeldern von Anhängern des Chan-Buddhismus ließ Hui Gen einen Tempel errichten, bis zu dessen Fertigstellung wurden die Statuen in einem Tempel im nördlichen Vorort Jiangwan untergebracht.

Der heutige Tempel wurde in der Zeit zwischen 1918 bis 1928 unter Abt Ke Chen errichtet. Die **sitzende Buddhastatue** ist 1,95 m hoch und wiegt angeblich mehr als 1000 kg, die kleinere **Statue des liegenden Buddhas** stellt dessen Tod dar. Im Tempel befindet sich außerdem noch eine größere liegende Buddhastatue aus Singapur, die oft mit der ersten verwechselt wird.

Heute umfasst der Tempel **drei Haupthallen**: die Halle der Himmelskönige, die große Halle und die Halle der Weisheit des Abtes mit dem sitzenden Buddha im Obergeschoss. (Der Besuch des Obergeschosses kostet zusätzlich 10 Yuan.) Am lebhaftesten ist der Tempel im Februar, wenn Zehntausende Chinesen während des Chinesischen Neujahrsfestes hier für Wohlstand und Erfolg beten. Das vegetarische Restaurant des Tempels bietet zur Mittagszeit preiswerte Gerichte.

Während der Kulturrevolution (1966–1976) war der Tempel geschlossen. Der Eingang mit dem Portrait Mao Zedongs wurde von Soldaten bewacht, die der damalige Premierminister Zhou Enlai zum Schutz des Tempels hier postiert hatte, und so entging der Ort der Zerstörung.

玉佛禅寺，安源路170号
> Yùfó Chán Sì, 170 Anyuan Lu, tgl. 7.30–17 Uhr, Eintritt: 30 ¥, www.yufotemple.com

⓬ Kinderpalast ★★ [D2]

Ursprünglich bekannt als Marmorpalast war dieses neoklassizistische Gebäude aus dem Jahr 1918 Wohnsitz der reichen jüdischen Familie der Kadoories. Heute treffen sich hier nach der Schule **talentierte Kinder**, um darstellende Künste, Kalligrafie und alte Handwerkskünste sowie Wissenschaften und moderne Technologien zu studieren. Zu bestaunen sind die Ergebnisse, Vorführungen und Modelle von Wettbewerben in Wissenschaft und Technik.

Unabhängig von den erstaunlichen Leistungen der Schüler ist der alte Ballsaal mit den prunkvollen Kronleuchtern und kunstvollen Kaminen sehenswert – Hobbyfotografen werden hier ihre Freude haben. Empfehlenswert ist ein Besuch am späten Nachmittag oder an einem Wochenende. Mittlerweile gibt es in Shanghai in nahezu allen Stadtteilen weitere Einrichtungen dieser Art.

虹口区青少年活动中心，延安西路64号
> Shàonián Gōng, 64 Yan'an Xilu, Tel. 62481850, Mi.–So. 8.30–17.30 Uhr

Kulinarisches im Viertel

巴厘岛，华山路189号，静安公园内
210 [D2] **Bali Laguna,** 189 Huashan Lu, im Jing'an Park, www.balilaguna.com, Tel. 62486970. Feine indonesische Küche. Empfehlenswert ist das *Gado Gado* und *Saté Ayam*. Gerade am Abend fühlt man sich hier ein wenig wie auf der „Insel der Götter".

新元素，南京西路1376号，
上海商城112室
211 [E2] **Element Fresh,** Rm. 112, Shanghai Centre, 1376 Nanjing Xilu, Tel. 62798682. Großes Angebot an frischen Säften, Salaten und Sandwiches. WLAN.

沃歌斯，南京西路1168号
212 [F1] **Wagas,** 1168 Nanjing Xilu, Tel. 52925228. Leichte westliche Küche: Wraps, Sandwiches, Salate und mehr.

王家沙，南京西路805號，石门一路
213 [G1] **Wang Jia Sha,** 805 Nanjing Xilu, Shimen Yi Lu, Tel. 62170625

> *Nostalgisches Flair auf der Shanghai Lao Jie*

Die chinesische Altstadt

南市

Die Altstadt Shanghais, bekannt unter dem Namen **Nan Shi** (Südliche Stadt) und früher Nan Tao (Südlicher Markt), ist der traditionellste und am längsten besiedelte Teil Shanghais. Der Verlauf der nach dem Fall der Qing-Dynastie 1911 abgerissenen alten 5 km langen **Stadtmauer**, errichtet zum Schutz gegen japanische Piraten, lässt sich noch heute auf dem Stadtplan Shanghais erkennen: Hier verlaufen die ringförmig angelegten Straßen Renmin und Zhonghua Lu.

Während der Kolonialzeit und ausländischen Konzessionen (1842–1949) waren die Chinesen hier unter sich, kaum ein Ausländer betrat jemals dieses Stadtviertel. Abgesehen vom touristisch stark frequentierten **Yuyuan-Basar** im Norden der Altstadt zwischen Renmin Lu, Henan Nanlu, Fangbang Zhonglu und Zhonghua Lu mit all den bekannten Touristenattraktionen hat sich bis heute nicht viel daran geändert. In Nan Shi mit seinen zahlreichen gewundenen Gassen, alten traditionellen Häusern und vielen kleinen lokalen Märkten lässt sich noch einiges vom alten Shanghai entdecken.

Das Leben in Nan Shi findet größtenteils auf der Straße statt: Es wird gekocht und gegessen, die Wäsche gewaschen, viele Handwerker bieten ihre Dienste an. Aber auch hier wird die Luft dünn für die Bewohner. Immer mehr **Straßenzüge werden abgerissen** und müssen **der Moderne weichen.** Man sollte sich also beeilen, will man noch ein wenig dieser Idylle aus den frühen Jahren des letzten Jahrhunderts erleben. Die Henan Nanlu ist die Nord-Süd-Achse durch diesen Stadtteil. Von ihr ausgehend lassen sich alle Sehenswürdigkeiten bequem erreichen.

Die chinesische Altstadt

⑬ Fangbang Zhonglu Antiquitätenmarkt ★★★ [K4]

Dieser 825 m lange Abschnitt der Fangbang Zhonglu ist ein Paradies für Kauflustige und Souvenirjäger auf der Jagd nach chinesischem Kunsthandwerk und Antiquitäten. Auch Feinschmecker finden hier und in den umliegenden Gassen des Yu Yuan endlose Möglichkeiten vor, um ihre Gaumen mit chinesischen Spezialitäten zu verwöhnen. Man kann sich hier stundenlang treiben lassen. Besonders am Abend, wenn die rekonstruierten Bauten der Ming- und Qing-Dynastie im Lichterglanz erstrahlen, herrscht auf dem Markt eine Atmosphäre wie in alten Tagen.

Es gibt mehrere Möglichkeiten, den touristisch bekannten Teil der alten Chinesenstadt zu erreichen. Die meisten Besuchergruppen beginnen im Norden an der Kreuzung der Henan und Renmin Lu. Diese Kreuzung ist in der Bevölkerung heute immer noch bekannt als Lao Bei Men. Bis 1912 befand sich hier das „Alte Nordtor", das nördliche Tor zur Kreisstadt Shanghai. Um dem Andrang an diesem Platz zu umgehen, läuft man am besten noch ein Stück weiter südlich und beginnt den Bummel an der Fangbang Zhonglu im Südwesten. Nach Passieren des traditionellen chinesischen Tores betritt man den bekanntesten Abschnitt der Fangbang Zhonglou, die **Shanghai Lao Jie** (Old Shanghai Street), eine 1999 mit vielen nachgebauten Gebäuden aus der Ming- und Qing-Dynastie renovierte Shoppingmeile. Die Lao Jie verläuft von West nach Ost und endet am Stadtgott-Tempel ⑭. In den traditionellen Geschäften und Läden an der Straße bekommt man über Tee, Kunsthandwerk und bis hin zu Antiquitäten alles, was das Touristenherz begehrt.

Gleich hinter dem Tor auf der linken Seite liegt mit dem **Fuyou Antiques Market** (459 Fangbang Zhonglu) einer der interessantesten Antiquitätenmärkte der Stadt. Besonders lohnenswert ist ein Besuch an einem Sonntag, wenn auf allen vier Ebenen auch Händler vom Land ihre Waren anbieten. Die Auswahl reicht von alten Münzen über Keramik bis hin zu Schmuck und alten russischen Kameras. Man sollte ruhig eine Weile stöbern und die Angebote genau prüfen. Es wird zwar eine ganze Menge unnützer Krempel angeboten, aber mit ein bisschen Glück stößt man auch auf das eine oder andere Schnäppchen.

Auf dem Weg zum Stadtgott-Tempel passiert man das **Huabao Building** (265 Fangbang Zhonglu), in dessen Kellergeschoss zahlreiche Shops Antiquitäten wie Uhren, Holzschnitzereien und Töp-

---

KLEINE PAUSE

Tee in kolonialer Atmosphäre

Etwas weiter östlich des Antiquitätenmarkts, nach der Abzweigung der Houjia Lu, kann man im **Old Shanghai Tea House** einen köstlichen Tee oder erfrischenden Fruchtsaft genießen. Das Teehaus ist auch wegen der antiken und nostalgischen Einrichtung interessant: Alte Möbel, Gaslampen, Magazine und Zeitungen aus der Zeit der ausländischen Konzessionen sind zu bestaunen.

老上海茶馆, 方浜中路385号, 近豫园

◯**214** [K4] **Old Shanghai Tea House**, 385 Fangbang Zhonglu, Yuyuan Garden, Tel. 53821202, 9–22 Uhr

Die chinesische Altstadt

ferwaren feilbieten. In den oberen Stockwerken des Gebäudes gibt es klassische chinesische Kleidungsstücke und Seide. Die Verkäufer sind teilweise etwas aufdringlich und man muss ordentlich feilschen.

⓮ Stadtgott-Tempel ★★ [K4]

Der daoistische Stadtgott-Tempel (Chénghuáng Miào) am östlichen Ende der Fangbang Zhonglu bildete bis zur Machtübernahme der KPCh – wie auch in jeder anderen Stadt Chinas – das eigentliche Stadtzentrum.

Früher hatte jede chinesische Stadt einen solchen Tempel. Stadtgötter beschützten die Stadt und sicherten ihren Einwohnern Wohlstand, Frieden und Glück. Der Stadtgott-Tempel in Shanghai stammt ursprünglich aus dem Jahr 1403 und entstand zu Ehren des Qín Yùbó, der vom Kaiser Hóngwu (1328–98) der Ming-Dynastie posthum durch einen eigenen Tempel geehrt wurde. Doch erst 1929 wurde der Tempel der Stadtgott-Tempel Shanghais. Während der Kulturrevolution wurde der Tempel vollständig zerstört.

Heute ist der Haupthof des Tempels gefüllt mit Gläubigen, die vor der Statue des Huò Guang, eines vergöttlichten einheimischen Generals, beten. In der Halle dahinter wird den Jahresgöttern des 60-Jahre-Zyklus geopfert. In der nochmal dahinter liegenden Halle steht ein Bildnis des Stadtgottes Qin Yubo, seitlich daneben Darstellungen seiner Frau und Eltern.

Verlässt man den Tempel auf seiner westlichen Seite, passiert man in nördlicher Richtung einige kleinere Läden und trifft schließlich auf den Hauptplatz mit dem berühmten **Huxin Ting Teehaus** im See an der Neun-Biegungen-Brücke. Dies ist wohl der berühmteste Ort für einen Tee in ganz Shanghai, schon Bill Clinton und Queen Elizabeth II. zählten zu den Gästen (tgl. 8–21 Uhr, kleine Kanne Tee ab 50 ¥). Im Erdgeschoss kann man sich zunächst einen Überblick über die angebotenen Teesorten verschaffen, um ihn dann in der oberen Etage bei offenem Fenster und Blick auf den Trubel rund um den kleinen Teich zu genießen. Die **Neun-Biegungen-Brücke** (Jiu Qu Qiao) über den grünen Teich soll böse Geister abhalten, denn diese können ja bekanntlich nur geradeaus gehen. Die Szenerie mit Brücke, Teich und Teehaus ist ein beliebtes Fotomotiv und so herrscht hier den ganzen Tag über großes Gedränge.

上海城隍庙, 方浜中路249号
> Chénghuáng Miào, 249 Fangbang Zhonglu, Tel. 63865700, tgl. 8.30–16.30 Uhr, Eintritt: 10 ¥

◪ *Im Stadtgott-Tempel*

Shanghai entdecken
Die chinesische Altstadt

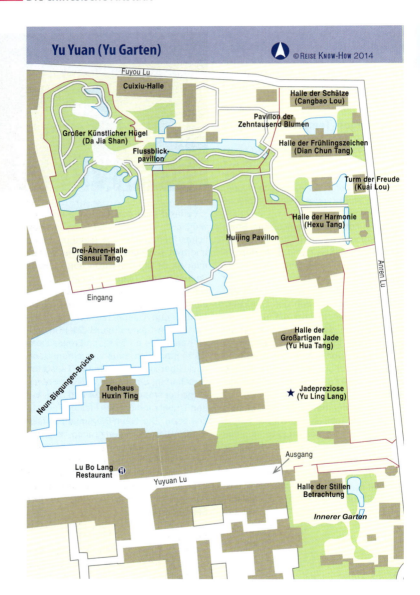

Die chinesische Altstadt

⓯ Yu Garten ★★★ [K4]

Der Yu Garten (Yu Yuan) vereint auf engstem Raum alle Elemente der klassischen Gartenbaukunst des südlichen Yangzi und gehört zu den meistbesuchten Sehenswürdigkeiten Shanghais. Man sollte sich mindestens zwei Stunden Zeit nehmen, um die immer neuen Perspektiven und Ausblicke auf Hallen, Pavillons, Türme, künstlich angelegte Grotten- und Teichanlagen der Ming- und Qing-Zeit zu genießen.

Der Eingang zu dieser bedeutendsten klassisch-chinesischen Attraktion in Shanghai liegt nördlich der Neun-Biegungen-Brücke. Der Yu Yuan oder **Garten der Zufriedenheit** bietet erschöpften Touristen eine wundervolle Kulisse zum Relaxen.

Der Garten aus der Zeit der Ming-Dynastie wurde zwischen 1559 und 1577 im Stil chinesischer Parkanlagen von Pan Yunduan erbaut, der seinen Eltern einen schönen Lebensabend ermöglichen wollte. Über die Jahrhunderte verfiel der Garten und wurde mehrmals, so z. B. während des Opiumkrieges, zerstört. Die heute zu besichtigenden Gebäude stammen aus dem 18. und 19. Jahrhundert und dienten Kaufleuten und Kaufmannsgilden als Wohnbereiche, Schulen oder Märkte. 1956 ließ die Regierung Shanghais den Park renovieren und machte ihn 1961 wieder der Öffentlichkeit zugänglich.

Der zwei Hektar große Garten mit verschiedenen Stilen der traditionellen Gartenbaukunst **gehört heute zu den berühmtesten Gärten Chinas.** Er umfasst mehr als 40 Gebäude, alte Bäume, Teiche, Brücken und Skulpturen. Um den ganzen Reiz dieses Gartens auf sich einwirken zu lassen, sollte man sich mindestens ein bis zwei Stunden Zeit nehmen. Hinter dem Eingang geht es zunächst in den westlichen Teil des Parks, der von der **Drei-Ähren-Halle** (Sansui Tang), einer ehemaligen Versammlungshalle, dominiert wird. Höhepunkt des ersten und größten der Pavillons im Yu Yuan sind die Schnitzereien der Früchte und Getreidesorten an den Fenstern und Holzbalken – Symbole einer reichhaltigen Ernte.

Kurz hinter der Halle ist die berühmteste Szenerie des Gartens zu bestaunen: ein **Goldkarpfen- und Seerosenteich**, umgeben von einem künstlichen Felsgebirge, dem **Großen Künstlichen Hügel** (Da Jia Shan) mit Überhängen, Höhlen und Klippen aus gelben Steinen. Die seltenen Steine aus der Provinz Zhejiang sind die einzigen Originalelemente des ursprünglichen Gartens aus dem 16. Jahrhundert. Mit einer Höhe von 14 m ist dieser Felshügel auch der höchste und älteste in der Region des südlichen Yangzi. Gestaltet wurde diese Felsformation von Zhang Nanyang, einem berühmten Gartenbauarchitekten der Ming-Zeit. Auf dem Gipfel thront der **Flussblickpavillon,** von dem aus man früher seinen Blick über das Gelände schweifen lassen konnte.

Nordöstlich am Fuße der Felsen liegt die **Ciuxiu-Halle,** umgeben von wunderschönen Blumen und uralten Bäumen. In der Halle befindet sich auch ein kleiner Souvenirshop. Östlich hinter dem Teich liegt der berühmte **Doppelte Wandelgang** (Jian Ru Jia Jing) und der **Pavillon der Zehntausend Blumen** (Wanhua Lou) mit einem mehr als vierhundert Jahre alten Baum.

Weiter östlich von Da Jia Shan und Wanhua Lou kommt man zu zwei weiteren Hallen: zur **Halle der Schätze** (Cangbao Lou) und zur bekanntesten Halle des Yu Yuan, der **Halle der Frühlingszeichen** (Dian Chun Tang). Die „Gesellschaft der kleinen Schwerter" (Xiaodao Hui), ein Ableger des Taiping-Aufstands zum Sturz der Qing-Dynastie, ließ sich hier zwischen 1853 und 1855 nieder. Blutige Aufstände ließen damals unzählige Chinesen aus der Altstadt in die Britische Konzession fliehen. Heute sind noch einige Erinnerungsstücke in Form von Münzen und alten Waffen aus dieser Zeit zu besichtigen.

Weiter südlich hinter dem **Turm der Freude** (Kuai Lou) liegt auf Felsen die **Halle der Harmonie** (Hexu Tang). Ein Blick in die verglaste Halle lohnt wegen der aus Wurzeln von Banyan-Bäumen handgearbeiteten Möbel der Qing-Dynastie. Etwas westlich kommt man zu einer wundervollen **Drachenwand** mit einem lebensechten, aus Lehm geschnitzten Drachenkopf. Diese Wände werden im ganzen Garten genutzt, um den Garten in verschiedene Abschnitte zu teilen.

Die auf Sockeln stehende **Halle der Großartigen Jade** (Yu Hua Tang) führt zu einem südlich davon gelegenen Hof, den drei Steine zieren. Der mittlere ist die **Jadepreziose** (Yu Ling Lang), einer der berühmtesten Gartensteine in ganz China. (Zwei weitere berühmte Steine der Region des südlichen Yangzi sind der Duanyun Feng in Suzhou und Zhouyun Feng in Hangzhou.) Dieser durchlöcherte, schwammartige Stein stammt angeb-

Shanghai entdecken
Die chinesische Altstadt

lich aus der Nördlichen Song-Dynastie der Regierungszeit des Huizong-Kaisers (1100–1126) aus dem Tai Hu (Tai See). Bestimmt für den kaiserlichen Hof in Beijing, versank das Schiff mitsamt der Jadepreziose im Huangpu vor Shanghai. Später wurde der Stein von Pan Yunduan geborgen und Teil des Yu Yuan. Von der Halle hat man einen hervorragenden Blick auf den Stein, der mit einer Höhe von 3,30 m auch in dieser Hinsicht einzigartig ist. Begießt man die Jadepreziose von oben mit Wasser, so fließt es aus allen 72 Löchern gleichmäßig heraus – ein beeindruckendes Schauspiel.

Südlich des Jadefelsens liegt der Eingang zum **Inneren Garten** (Nei Yuan) aus dem Jahr 1709. Erst 1956 wurde dieser Abschnitt – insbesondere am Morgen der ruhigste Teil der gesamten Gartenanlage – in den Yu Yuan integriert. Am nördlichen Eingang des Inneren Gartens befindet sich die **Halle der Stillen Betrachtung** (Jingguan Tang) mit einer kunstvoll angelegten Felslandschaft. Das Theater (Gu Xitai) aus der Qing-Zeit stammt aus dem Jahr 1892 und wird heute manchmal von einheimischen Künstlern und Kalligrafen genutzt, die hier ihre Werke ausstellen und verkaufen. Der Ausgang des Gartens führt zurück auf die Yuyuan Lu.

豫园, 安仁路218号
> Yù Yuán, 218 Anren Lu, www.yugarden.com.cn, Tel. 63282465, 63260830 (chinesisch), tgl. 8.30–17.30 Uhr (letzter Einlass 17 Uhr), Eintritt 40 ¥, Kinder unter 140 cm 10 ¥, (von Nov. bis Feb. 8.30–17 Uhr, letzter Einlass 16.30 Uhr, Eintritt 30 ¥)

◁ *Eine Oase der Ruhe – der Yu Garten*

KLEINE PAUSE

Mitten im Trubel der Altstadt befinden sich mehrere Restaurants, die **Xiaolongbao** anbieten (siehe „Shanghai für Genießer"). Doch die mit Fleisch, Gemüse und Krabbenfleisch gefüllten Teigtäschchen des Nanxiang Steamed Bun Restaurants sind etwas ganz Besonderes, das u. U. notwendige Anstellen lohnt sich in jedem Fall! Durch ein Schaufenster kann man beim Warten die Zubereitung dieser typischen Shanghaier Spezialität beobachten. Die aufgetürmten Dampfkörbe, in denen die Xiaolongbao gegart werden, sind ein beliebtes Fotomotiv. Achtung: Mitunter spritzt beim Reinbeißen heißes Wasser aus den Teigtaschen!
南翔馒头, 愚园路85号,
愚园里, 近池塘
🚇215 [K4] **Nanxiang Steamed Bun Restaurant** (Nanxiang Mantou Dian), 85 Yuyuan Lu, Tel. 63554206, 10–21 Uhr

🔴 Konfuzius-Tempel ★　　[J5]

Teile des ursprünglichen Tempels gehen zurück auf die Zeit der Yuan-Dynastie (1271–1368 n. Chr.). Während der Qing-Dynastie wurden große Teile vermutlich im Jahr 1855 neu errichtet und 1999 vollständig restauriert. Auch hier residierte während des Taiping-Aufstands wie im Yu Yuan 🔴 die „Gesellschaft der kleinen Schwerter". Zwischenzeitlich diente der Tempel auch als **Schule für Schüler des Konfuzius** und als öffentlicher Garten.

Der Konfuzius-Tempel ist heute ein ruhiger Zufluchtsort vor dem Gewimmel auf den Straßen des alten Shanghai. In der Nähe des Eingangs steht mit der Kuíxing Gé, einer dreistöckigen, 20 m hohen Pagode, das einzige originale Bauwerk auf dem Gelände. Von ihrer Spitze hatte man einst einen schönen Ausblick über die Altstadt Shanghais (leider nicht mehr zugänglich). Während der Kulturrevolution war der Tempel auch ein Ziel der Roten Garden, daher sind viele der heutigen Bauten Nachbildungen der einstigen Originale. Wie in allen Konfuzius-Tempeln des Landes führt ein Língxin Mén, ein Tor, zur Haupthalle (Dàchéng Diàn). Vor der Halle steht eine Statue des Konfuzius, innen Konfuzius mit seinen Jüngern Mèngzi (Mencius) und Yànhui sowie seinen beiden Lieblingsinstrumenten: einer Trommel und einigen Glocken. Südöstlich der Haupthalle liegt ein ehemaliger Hörsaal (Mínglùn Táng), nordöstlich die Zunjing Gé, die Bibliothek und frühere Haupthalle des Tempels. Beliebt ist der sonntägliche Büchermarkt rund um das Gelände des Tempels mit vielen englischsprachigen Büchern über Shanghai und China.

上海文庙, 文庙路215号
> Wén Miào, 215 Wenmiao Lu, Tel. 63779101, www.confuciantemple.com, 9–16.30 Uhr, Eintritt: 10 ¥

Kulinarisches im Viertel

湖心亭, 豫园路257号
216 [K4] **Huxin Ting Teehaus**, 257 Yuyuan Lu, Tel. 63736950, tgl. 10–21 Uhr

绿波廊酒楼, 豫园路131号
217 [K4] **Lu Bo Lang Restaurant**, 131 Yuyuan Lu, Tel. 63280602, 7–23 Uhr. An der Neun-Biegungen-Brücke in einem Gebäude der Ming-Dynastie gelegen, zählte das Lu Bo Lang Restaurant schon solch illustre Gäste wie Bill Clinton. Serviert wird traditionelle Shanghai-Küche. Am Abend ist der Blick auf die umliegenden beleuchteten Gebäude besonders reizvoll. Eine Reservierung ist insbesondere am Abend ratsam.

Durch die Französische Konzession

Ein Paradies nicht nur für Citybummler! In den zahlreichen Cafés und Biergärten im Gebiet der ehemaligen Französischen Konzession lässt es sich unter schattigen, uralten Bäumen vor kolonialer Kulisse und in romantischen Parks herrlich träumen und entspannen. Auch Nachtschwärmer und Feinschmecker kommen hier nicht zu kurz. Ein Besuch dieses Viertels sollte auf keiner Reise nach Shanghai fehlen.

Das ehemalige Französische Viertel aus der Kolonialzeit erstreckt sich westlich der Altstadt **entlang der Avenue Joffre und heutigen Huaihai Lu**. Die Avenue Joffre war schon zu Zeiten der Franzosen die **Hauptschlagader des Viertels** und eine elegante Einkaufsstraße. Die nördliche Grenze zum Britischen Territorium bildet die heutige Yan'an Lu. Ursprünglich verlief hier das Flüsschen Yangjingbang, welches zum Bau der Avenue Edouard VII. zugeschüttet wurde.

Verlässt man die Huaihai Lu, kann man immer noch einen guten Eindruck von der **kolonialen Atmosphäre** gewinnen. In diesem Viertel stößt man auf Apartmenthäuser im Stil des Art déco, Parks und alte Villen mit kolonialem Charme. Viele Straßen im heutigen Luwan Distrikt sind mit Platanen bewachsen, die Gebäude mit markanten Mansarddächern und Fensterläden erinnern

Shanghai entdecken
Durch die Französische Konzession

an französische Städte aus der Zeit des frühen 20. Jahrhunderts. Viele der charmanten Häuser aus den ersten drei Jahrzehnten des 20. Jahrhunderts sind heute noch voll intakt, obgleich der monströse Bauboom auch in diesem Stadtviertel immer längere Schatten wirft.

Gerade in den letzten Jahren jedoch werden vermehrt Anstrengungen unternommen, um viele der charmanten Häuserblocks zu restaurieren. Und das scheint sich zu lohnen: Eine Vielzahl an Restaurants und Ladengeschäften sind mittlerweile hier eingezogen. Selbst die abbruchwütigen chinesischen Städteplaner wissen: Diese Gebäude abzureißen wäre ein geschäftsschädigender Akt. Denn gerade das **architektonische Erbe der Kolonialzeit** verleiht Shanghai jenes ganz besondere Gesicht, das es von allen anderen chinesischen und asiatischen Städten im Allgemeinen abhebt. In dieser wohl hübschesten Gegend der Stadt machen ausgiebige Spaziergänge oder Touren mit dem Fahrrad besonders viel Spaß. Hier findet man den Löwenanteil an Restaurants, Einkaufsmöglichkeiten und Nachtleben der Stadt.

Die Franzosen verweigerten den Zusammenschluss zur Internationalen Niederlassung (1863) und hatten ihre eigene Elektrizitätsversorgung, ihr eigenes Bus- und auch Rechtssystem. Man unterstand der französischen Kolonialverwaltung in Hanoi, welche wiederum intensive Kontakte zur Unterwelt von Marseille pflegte. So entwickelte sich zwangsläufig die Französische Konzession zum **Zentrum des Drogenhandels**. Beherrscht von der Grünen Bande (siehe Exkurs „,Großohr Du' und die Grüne Bande"), verdienten auch alle anderen Verbrechersyndikate mit. Das Viertel zog nicht nur Franzosen an, sondern auch Abenteurer, Verbrecher, kommunistische Revolutionäre, Zuhälter und Prostituierte. Schon in den 1930er-Jahren waren die Franzosen in der Minderheit, ihr altes koloniales Flair hat aber überlebt.

ⓘ Xintiandi ★★★ [H4]

新天地

Ein Viertel für alle! Nicht nur Citybummler werden in dieser herrlichen Fußgängerzone auf ihre Kosten kommen, auch für Kauflustige, Nachtschwärmer und Gourmets hat Xintiandi einiges zu bieten. Wer gerne in einem Café sitzt und Leute beobachtet, findet kaum einen besseren Platz in Shanghai.

> *Xintiandi – ein Viertel für alle*

„Großohr Du" und die Grüne Bande

Opiumhöhlen, Glücksspiel, unzählige Gangster, Zigtausende Prostituierte und verschiedene Triaden (mafiaähnliche kriminelle Vereinigungen aus dem chinesischen Kulturkreis) prägten in den 1920er- und 1930er-Jahren das Leben in Shanghai. Bereits 1902 verließ der in Gaoqiao geborene, noch junge **Du Yuesheng** *(1888–1951) seine Heimatstadt mit dem Ziel Shanghai.*

Die **Rote Bande** *mit ihrem Anführer Zhang Xiaolin war – aufgrund der guten Kontakte zur größten britischen Opiumhandelsgesellschaft Jardine, Matheson & Co. und zum britischen Geheimdienst – zur Zeit der Ankunft Du's die einflussreichste aller kriminellen Organisationen. Daneben existierten noch die* **Tong**, *die* **Liga des Himmels und der Erde** *und die* **Grüne Bande**, *eine patriotische Vereinigung im Umfeld der Binnenschiffer. Aufgrund des boomenden Opiumhandels war auch diese schon seit einiger Zeit von kriminellen Energien durchsetzt und gewann zunehmend Einfluss.*

Du Yuesheng schloss sich 1908 der Grünen Bande an und erlebte in nur wenigen Jahren innerhalb der Organisation einen rasanten Aufstieg. Die Grüne Bande wurde zu einem **gefürchteten Verbrecherkartell** *mit vermutlich mehr als 20.000 bewaffneten Mitgliedern und weitreichender Kontrolle über Opiumhöhlen und die Prostitution in den zahlreichen Bordellen der Stadt. Rauschgiftlieferant waren die Franzosen.* **Huang Jirong** *(„Huang der Pockennarbige") war verantwortlich für die reibungslose Abwicklung der Geschäfte. Der Chef der chinesischen Polizeiinspektoren in der Französischen Konzession hatte mittels Bestechung, Einschüchterung und Erpressung auch mehrere hochrangige Franzosen fest unter seiner Kontrolle und Willkür.*

Der als „Großohr Du" legendär gewordene Al Capone Chinas vervielfachte gemeinsam mit Huang innerhalb weniger Jahre das Vermögen der Grünen Bande. Du bezog ein prächtiges Anwesen in der Avenue Paul-Doumer – der heutigen Donghu Lu – und plante von hier aus den **Einstieg in das Heroingeschäft.** *Besorgt über den zunehmenden Einfluss und das Auftreten der Kommunisten, verbündete sich Du mit Chiang Kai-shek und dessen nationalistischen Kuomintang. Zur wichtigsten Einnahmequelle der Grünen Bande wurden die sogenannten „Antiopiumpillen". Nach dem Tod von Sun Yat-sen 1925 traten Du und Huang in die Kuomintang ein und unterstützten deren Führer Chiang Kai-shek. 1926 kam es zur Vereinigung mit der Roten Bande um Zhang Xiaolin, das berüchtigte Gangster-Triumvirat hatte nun die nahezu vollständige Kontrolle über die Stadt inne.*

Im April 1927 unterstützte die Unterwelt – die ihre Geschäfte und die Opiumproduktion durch die Kommunisten gefährdet sahen – die Nationalisten um Chiang Kai-shek und beteiligte sich mit tausenden schwer bewaffneten Gangstern an den **Massakern und brutalen Morden an den Kommunisten** *und aufständischen Arbeitern (siehe „Von den Anfängen bis zur Gegenwart"). In den nächsten Wochen und Monaten wurden im Auftrag Kai-sheks Tausende von Kommunisten umgebracht*

Shanghai entdecken
Durch die Französische Konzession

und die kommunistische Basis in Shanghai fast vollständig ausgelöscht.

Als Belohnung für seine Taten **erhielt Du Yuesheng hohe politische Posten:** *Generalmajor der Kuomintang und stellvertretender Gouverneur von Shanghai. In dieser Machtposition konnte er weiter ungehindert seine Opiumhöhlen und Bordelle betreiben. Der Opiumhandel wurde im August 1927 zum Staatsmonopol – mit den drei großen Bandenführern Du Yuesheng, Huang Jirong und Zhang Xiaolin als alleinige Lizenzträger. Innerhalb von nur zwölf Monaten erwirtschaftete das Monopol 40 Millionen Dollar, die kriminellen Machenschaften in Shanghai erlebten ihre Blütezeit.*

Die Franzosen waren schon bald in ihrem eigenen Viertel in der Minderheit. Mitglieder der Bande unterwanderten die internationale und französische Polizei. Louis Fabre, ein französischer Hauptmann, beschrieb 1930 den Zustand der Polizei in der Französischen Konzession folgendermaßen: „Unser Hoheitsgebiet unterstand der totalen Kontrolle einer Gruppe von Chinesen. Sie hatte den Polizeiapparat fest in der Hand, dessen französische Chefs zum größten Teil korrupt waren und dessen chinesische Mitarbeiter von ihr eingestellt und bezahlt wurden und ihr ganz und gar gefügig waren …"

1931 befreite sich „Großohr Du" von seiner eigenen Drogensucht und widmete sich vorrangig seiner eigenen Gewerkschaftsbewegung, aber auch etlichen legalen Geschäften. Du Yuesheng gab sich als Ehrenbürger und zeigte sich gerne in exklusiven Klubs mit Wirtschaftsbossen und Bankenchefs. Nach der Machtübernahme durch die Kommunisten 1949 floh der Opiumkönig als mehrfacher Millionär.

Am besten erschließt man sich die Französische Konzession zu Fuß oder mit dem Rad nach einem ausgiebigen Frühstück in Xintiandi an der Taicang Lu [H/I4]. Dieses trendige Viertel öffnete im Jahr 2000 seine Tore und ist seitdem **eines der beliebtesten Unterhaltungszentren der Stadt.** Schlemmen und Shoppen heißt das Motto im „Himmel auf Erden" zwischen Kneipen, Restaurants, Boutiquen, Kinos und Shoppingmalls.

Früher existierte hier in der Nähe des Gebäudes des Ersten Kongresses zur Gründung der Kommunistischen Partei Chinas ❶⑧ eine Gemeinde aus sogenannten Shikumen (siehe „Shanghai für Architektur- und Kunstfreunde"). Diese wurden größtenteils im Wahn des Baubooms gegen Ende der 1990er-Jahre abgerissen. Glücklicherweise besannen sich die Stadtväter Shanghais später eines Besseren und viele der alten Häuser wurden mithilfe von Firmen aus Hongkong restauriert. Beim Wiederaufbau Xin-

---

KLEINE PAUSE

Kakadu
Wer sich auf eine kulinarische Safari in das australische Outback begeben möchte, kann dies im Kakadu in geselliger Umgebung tun. Emu, Känguru und Barramundi stehen hier ebenso auf der Speisekarte wie Krokodil. Dazu gibt es eiskaltes Bier sowie eine große Auswahl an australischen und neuseeländischen Qualitätsweinen.

卡卡图,
建国中路8号8号桥1104A座
❶218 [G5] **Kakadu,** Shop 1104A, Bridge 8, 8 Jianguo Zhonglu, Tel. 54680118, 10–1 Uhr

Shanghai entdecken
Spaziergang 2: Durch die Französische Konzession

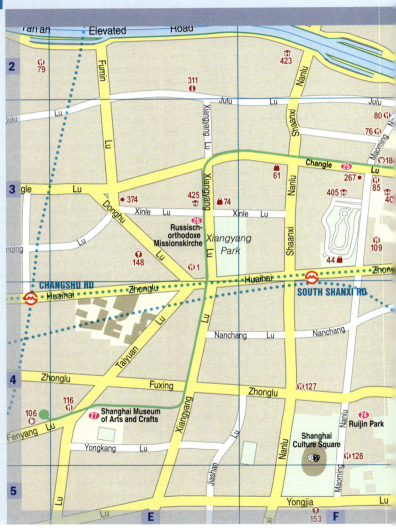

Shanghai entdecken
Spaziergang 2: Durch die Französische Konzession

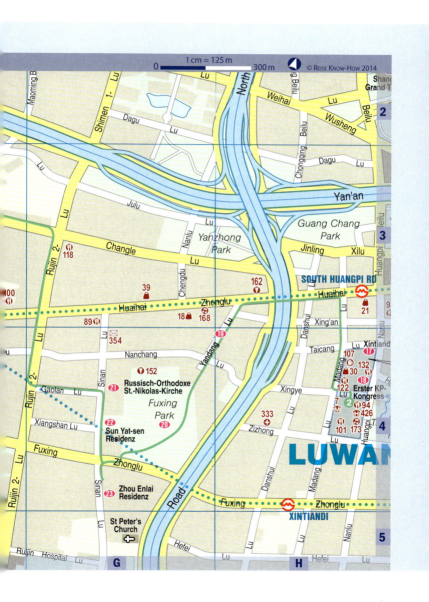

Shanghai entdecken
Spaziergang 2: Durch die Französische Konzession

*Beginnen sollte man diesen Spaziergang an der **Gründungsstätte der Kommunistischen Partei Chinas** ⓲ an der Xingye Lu im trendigen Viertel **Xintiandi** ⓱. In diesem Shikumen-Haus tagten am 23. Juli 1921 Abgeordnete verschiedener Organisationen und riefen eine kommunistische Partei ins Leben. Für Reisende, die sich für Geschichte interessieren, gibt es Fotoausstellungen sowie den damaligen Konferenzraum.*

*Über die im Westen von Xintiandi gelegene Madang Lu gelangt man in nördlicher Richtung zur Huaihai Lu, der ehemaligen Avenue Joffre. Dieser folgt man Richtung Westen, passiert die beeindruckende Straßenüberführung der Chongqing Nanlu und biegt an der nächsten Abzweigung links in die Fußgängerzone der **Yandang Lu** ⓳ ein. Die kopfsteingepflasterte Fußgängerzone ist gesäumt von Bars, Cafés und Läden.*

*Weiter geht es entlang der Yandang Lu über die Nanchang Lu zum Haupteingang des **Fuxing Parks** ⓴ direkt ins **Herz der ehemaligen Französischen Konzession**. Dort kann man sich einfach eine Weile treiben lassen und erlebt den Shanghaier Alltag hautnah. Noch immer ist der Park eine der beliebtesten Grünanlagen im Zentrum der Stadt, bekannt unter anderem für seine Rosengärten.*

*Am südöstlichen Ausgang des Parks folgt man der Fuxing Zhonglu ein kleines Stück in Richtung Westen bis zur Sinan Lu. Ein paar Schritte die Sinan Lu entlang in südliche Richtung befindet sich die sehenswerte ehemalige **Residenz von Zhou Enlai** ㉓, des Weggefährten Mao Zedongs und nach ihm berühmtesten Politikers des Landes. Folgt man der Sinan Lu Richtung Norden, kommt man an der Ecke Xiangshan Lu zur interessanten **Sun Yat-sen Residenz** ㉒. Doktor Sun Yat-sen, der Vorbereiter der Chinesischen Demokratischen Revolution von 1911, und dessen Frau Soong Qingling lebten von 1918 bis 1924 in diesem Gebäude. Anschließend lohnt ein kurzer Blick auf die **Russisch-Orthodoxe St.-Nikolas-Kirche** ㉑ an der Gaolan Lu. Dieses 1933 errichtete Gotteshaus erinnert an die Russen in Shanghai, die nach der Oktoberrevolution vor den Bolschewisten nach Shanghai flüchteten.*

*Folgt man von hier der westlich gelegenen Ruijin 2 Lu in nördlicher Richtung, passiert man die Nanchang und Huaihai Lu und gelangt zur Kreuzung mit der **Changle Lu** ㉕, auf der es sich herrlich bummeln und shoppen lässt. Schräg gegenüber vom Okura Garden an der Ecke zur Maoming Lu erblickt man mit dem Lyceum Theatre (Lanxin Theatre) (s. S. 82) aus dem Jahr 1931 ein weiteres Relikt des alten Shanghai. Die **Russisch-orthodoxe Missionskirche** ㉖ an der Ecke Xinle Lu und Xiangyang Lu mit ihren blauen Zwiebeltürmen ist ein weiterer Höhepunkt auf diesem Spaziergang. Weiter geht es in südlicher Richtung zum **Shanghai Museum of Arts and Crafts** ㉗ mit Ausstellungen von Handwerksarbeiten der letzten hundert Jahre, darunter auch wunderschöne Jade-, Elfenbein- und Holzschnitzereien.*

Im nahegelegenen Paulaner Brauhaus (s. S. 66) kann man diesen kleinen Stadtrundgang, der sich gut in drei bis vier Stunden bewältigen lässt, bei Weißbier und bajuwarischer Küche Revue passieren lassen.

tiandis benutzten die Designer alte Profile der Shikumen und kombinierten diese mit modernen Ideen.

Aufgrund der vielfältigen Unterhaltungsmöglichkeiten zieht Xintiandi zahlreiche Besucher an. Die vielen erstklassigen Restaurants sorgen dafür, dass sich in den Gassen Xintiandis gerne auch die **chinesische Prominenz zeigt,** insbesondere jene aus der Showindustrie.

Überquert man die östlich von Xintiandi gelegene Huangpi Nanlu, gelangt man zum relativ neuen und schön gestalteten **Taipingqiao Park** [H/I4]. Es lohnt sich, am künstlich angelegten See einige Zeit auf einer der zahlreichen Bänke nach einer ausgiebigen Shoppingtour auszuruhen und zu entspannen. Besonders romantisch ist es hier am frühen Abend, wenn man in der Ferne die Wolkenkratzer leuchten sieht.

太平桥绿地, 黄陂南路,
湖滨路和自忠路之间, 近马当路,
地铁9号线黄陂南路站
> Taipingqiao Lake and Gardens, im Dreieck Huangpi Nanlu, Hubin Lu und Zizhong Lu, Metro: Huangpi Nanlu oder Xintiandi, Eintritt frei

⓲ Erster KP-Kongress ★   [H4]

In dem grauen Backsteingebäude mitten im trendigen Viertel Xintiandi fand am 23. Juli 1921 der legendäre Erste Kongress zur Gründung der Kommunistischen Partei Chinas statt. Die Versammlung wurde allerdings von der französischen Polizei gestört und musste daher auf ein Hausboot auf dem See Nan Hu in der Provinz Zhejiang verlegt werden. Anwesend waren Mao Zedong und zwölf weitere junge Chinesen.

1952 wurde der historische Ort **zu einer Gedenkhalle umgestaltet** und das graue Backsteingebäude renoviert. Zu sehen sind historische Erinnerungsstücke an den Kongress und Fotos seiner Teilnehmer. Ein kleiner Laden im Hof neben dem Eingang verkauft Souvenirs und Broschüren zur Ausstellung.

中国共产党第一次全国代表大会会址,
兴业路76号
> Zhonggòng Yidà Huìzhi, 76 Xingye Lu, Tel. 53832171, 9–17 Uhr, Eintritt frei, Metro: Huangpi Nanlu oder Xintiandi

⓳ Yandang Lu ★   [H4]

雁荡路

Über die im Westen von Xintiandi gelegene Madang Lu gelangt man in nördlicher Richtung zur Huaihai Lu, der ehemaligen Avenue Joffre. Dieser folgt man Richtung Westen, passiert die beeindruckende Straßenüberführung der Chongqing Nanlu und biegt an der nächsten Abzweigung links in die Fußgängerzone der Yandang Lu. Die nette, **kopfsteingepflasterte Fußgängerzone** ist gesäumt von vielen Bars, Cafés und Läden.

Weiter entlang der Yandang Lu kommt man im Nordosten an der Nanchang Lu, der alten Route Vallon, zum Haupteingang des Fuxing Parks.
> Metro: Huangpi Nanlu

⓴ Fuxing Park ★★   [G4]

Gegründet wurde dieser Park 1909 als **Französischer Park,** nachdem er als französisches Millitärcamp gedient hatte. Noch immer ist der Park **eine der beliebtesten Grünanlagen** im Zentrum der Stadt, bekannt unter anderem für seine

Durch die Französische Konzession

Rosengärten. Am südöstlichen Eingang des Parks blickt man in südöstlicher Richtung auf das Anwesen der amerikanischen Journalistin und Autorin Agnes Smedley, die mit ihren Artikeln und Büchern über die chinesische Revolution bekannt wurde (Ecke Fuxing Zhonglu und Chongqing Nanlu).

Schon frühmorgens ist im Fuxing Park viel los. Walzer- und Tai-Chi-Gruppen beherrschen den Park, ältere Männer spielen „Xiangqi", eine Art chinesisches Schach. Es macht Spaß, sich hier am frühen Morgen eine Weile aufzuhalten und das muntere Treiben zu beobachten.

An den Statuen von Karl Marx und Friedrich Engels hält man sich westlich und passiert vor dem Ausgang zur Gaolan Lu, der früheren Rue Corneille, den Komplex des Park 97, in dem gehobene Restaurants, Bars und Diskotheken die Kundschaft locken.

复兴公园, 皋兰路2号
> Fùxīng Gōngyuán, 2 Gaolan Lu, 6–18 Uhr, Metro: Huangpi Nanlu oder Xintiandi

㉑ Russisch-Orthodoxe St.-Nikolas-Kirche ★ [G4]

Diese 1933 errichtete Kirche ist **Zeugnis der Russen in Shanghai,** die nach der Oktoberrevolution vor den Bolschewisten nach Shanghai flüchteten. Die Franzosen waren nicht gerade begeistert von dieser Invasion, denn die Russen kümmerten sich nicht um die von den anderen Ausländern betonte Rassentrennung. Sie arbeiteten für Chinesen und Ausländer gleichermaßen.

In den 1930er-Jahren lebten in Shanghai mehr als 20.000 Russen, die das kulturelle Leben mitprägten. Sie publizierten Zeitungen wie Shanghaiskaya Zarya, Rubezh und Slovo, bauten Kathedralen und Kirchen und gründeten sogar eine Ballettschule sowie ein Theater. 1947 verschwand der russische Bezirk und seine Einwohner kehrten entweder in die damalige Sowjetunion zurück oder zogen weiter auf die Philippinen, in die USA und in andere Länder.

Nach 1949 diente die St.-Nikolas-Kirche mit ihren hübschen Türmen vorübergehend als Lagerhaus für Waschmaschinen. In den vergangenen Jahren siedelten sich im Kirchengebäude einige Restaurants an, aber keines mit lang anhaltendem Erfolg. Das bunte Fensterglas, die Wand- und Deckengemälde und die Ikonen im Inneren sind jedoch sehenswert.

东正教堂, 皋兰路16号
> Dong Zheng Jiao Tang, 16 Gaolan Lu, Metro: Shaanxi Nanlu

Nach einem Blick in die Kirche geht es zurück zur Sinan Lu und südlich zur Xiangshan Lu. Hier befindet sich die

㉒ Sun Yat-sen Residenz ★★ [G4]

Doktor Sun Yat-sen, der Vorbereiter der Chinesischen Demokratischen Revolution von 1911, und dessen Frau Soong Qingling lebten von 1918 bis 1924 in diesem Gebäude, in welchem Sun Yat-sen die Repräsentanten der kommunistischen Partei zu Gesprächen traf, um die Kommunikation und Zusammenarbeit zwischen der Kommunistischen Partei und der Kuomintang zu ermöglichen.

Das schöne Haus im westlichen Stil ist heute noch so eingerichtet und dekoriert wie damals. Neben einem Rund-

Shanghai entdecken
Durch die Französische Konzession

gang durch die liebevoll eingerichteten Räumlichkeiten gibt es eine Fotoausstellung mit Informationen auf Englisch und einen kleinen Bücherstand mit Literatur über das berühmte Ehepaar sowie Postkarten.

中山故居, 香山路7号
> Sun Zhongshan Gùju Jìniànguan, 7 Xiangshan Lu, Tel. 64372954, 9–16 Uhr, Eintritt: 20 ¥, Metro: Shaanxi Nanlu

KLEINE PAUSE

Auf der Maoming Lu
Wer es traditionell chinesisch mag, sollte im **The Chinoise Story** (s. S. 64) eine Mittagspause einlegen. In einer einzigartigen Umgebung werden exquisite Kreationen der Shanghai-Küche wie im Westen üblich als individuelle Gerichte für jeden Gast auf einem eigenen Teller serviert.

㉓ Zhou Enlai Residenz ★★ [G4]

Gleich in der Nähe der Sun Yat-sen Residenz, ein paar Schritte die Sinan Lu entlang in südlicher Richtung, befindet sich die ehemalige **Residenz des nach Mao Zedong berühmtesten Politikers** und dessen Weggefährte in der Kommunistischen Partei Chinas: Zhou Enlai (1898–1976). In dieser französischen Villa lebte Zhou Enlai ab 1946 für einige Monate, gleichzeitig befand sich in demselben Gebäude auch das Büro der Kommunistischen Partei in Shanghai. Zhou Enlai bewohnte ein einfaches, spartanisch eingerichtetes Zimmer im ersten Stock. Man kann die Räumlichkeiten und den Garten mit einer Statue Zhou Enlais besichtigen sowie eine **Fotoausstellung** ansehen.

Zhou wurde durch sein Engagement während der **Bewegung des 4. Mai** 1919 im ganzen Land berühmt. Er führte während der Studentenproteste einen Angriff auf ein Büro der Regierung gegen die Verträge von Versailles an. Im Jahre 1920 zog er zum Studium nach Deutschland (u. a. Göttingen) und Frankreich. Dort war er bei revolutionären chinesischen Studenten aktiv, organisierte antiimperialistische Kundgebungen, trat 1921 dem französischen Ableger der Kommunistischen Partei Chinas bei und bereiste mehr als ein Dutzend Länder Europas. Als Zhou 1924 nach China zurückgekehrt war, schloss er sich dem Bündnis zwischen Kuomintang und der KPCh unter Sun Yat-sen an und bekleidete schon bald in beiden Parteien führende Positionen. So arbeitete er als Politischer Kommissar in der von Kommunisten und Nationalisten gemeinsam gegründeten und von Chiang Kai-shek geleiteten Whampoa-Militärakademie.

Nach dem Bruch der Kommunisten mit der Kuomintang und den Massakern im Jahr 1927 (s. S. 102) gelang es Zhou, vor dem Terror der Kuomintang zu fliehen. Er schaffte es, sich in die Provinz Jiangxi, die Hochburg der Kommunisten, durchzuschlagen. Dort bewegte sich Zhou weg von den orthodoxen, auf die Städte konzentrierten Kommunismus hin zur **maoistischen Ideologie der Revolution auf dem Land.** Hier wurde Zhou zu einem der wichtigsten Führer der Kommunistischen Partei. Er war Mitglied des Politbüros, des Zentralkomitees und enger Weggefährte Maos auf dem Langen Marsch (1934/35).

Nach dem Sieg der Kommunisten im Chinesischen Bürgerkrieg 1949 wurde Zhou **Premierminister der neugegrün-**

Durch die Französische Konzession

deten **Volksrepublik** und behielt dieses Amt bis zu seinem Tod 1976. Als Außenminister erlangte er durch seine Teilnahmen an der Genfer Indochinakonferenz 1954 und der Bandung-Konferenz asiatischer und afrikanischer Länder 1955 weltweit hohes Ansehen. Im Jahr 1958 gab er den Posten des Außenministers an Chen Yi ab, blieb aber Premierminister. Zhou war ein **äußerst populärer Politiker** und behielt seine Ämter auch während der Kulturrevolution. Später zeichnete er sich für das Programm der „Vier Modernisierungen" verantwortlich, welche die Schäden der Kulturrevolution beseitigen sollten.

Zhou war maßgeblich an der Aufnahme der Beziehungen mit dem Westen in den 1970er-Jahren verantwortlich. Im Februar 1972 empfing er den amerikanischen Präsidenten Richard Nixon und unterzeichnete mit ihm das „Communiqué von Shanghai", was schließlich im Januar 1979 zur Aufnahme offizieller diplomatischer Beziehungen mit den USA führte. Aufgrund eines Krebsleidens musste Zhou 1973 viele seiner Ämter an Deng Xiaoping abtreten. Er starb am 8. Januar 1976 einige Monate vor Mao Zedong.

Zhou Enlai war in der Bevölkerung so beliebt, dass sich drei Monate nach seinem Tod über eine Million Trauernder zu Märschen und Gedenkfeiern auf dem Tian'anmen-Platz in Beijing versammelten. Das Militär, das er selbst aufgebaut hatte, löste die Versammlung gewaltsam auf. Tausende wurden hier am 5. April 1976, dem Gedenktag der verstorbenen Ahnen (Qingming-Fest), erschossen oder verhaftet. Dies war ohne Zweifel eines der traurigsten Kapitel der jüngeren Geschichte des Landes.

周公馆, 思南 路73号
> Zhou Gong Guan, 73 Sinan Lu,
  Tel. 64730420, 9–16 Uhr, Eintritt frei,
  Metro: Shaanxi Nanlu

㉔ Ruijin Park ★ [F4]

Im Ruijin Park befindet sich das Anwesen der Familie Benjamin Morriss mit mehreren sehenswerten Villen aus der Kolonialzeit. Im Haus Nr. 118 befindet sich heute das Ruijin Guest House. Benjamin Morriss und seine Familie waren Besitzer der „North China Daily News", der einst größten englischsprachigen Zeitung in China. Er züchtete auch Windhunde und befand sich im Park sogar eine Hunderennbahn, der heutige Cultural Square. Hier fanden zahlreiche Hunderennen vor bis zu 50.000 Zuschauern statt.

Der letzte Abkömmling der Familie Morriss starb im Haus des Pförtners einige Jahre nach der kommunistischen Machtübernahme 1949. Die kunstvollen Villen mit Buntglas sind herrliche **Relikte der wohlhabenden Ausländer** aus der Zeit des alten Shanghai. Leider fielen große Abschnitte der ehemals weitläufigen Grünflächen modernen Bauprojekten zum Opfer. So entsteht hier u. a. zurzeit ein Parkhaus.

Verlässt man den Ruijin Park an seinem westlichen Eingang, erreicht man die **Maoming Nanlu** [F4]. In der von Bäumen gesäumten ehemaligen Route Cardinal Mercier lässt es sich herrlich bummeln, zudem finden sich zahlreiche Restaurants, Cafés und Modeboutiquen.

瑞金公园, 瑞金二路118号
> Ruijin Gongyuán, 118 Ruijin Er Lu,
  Metro: Shaanxi Nanlu

Durch die Französische Konzession

㉕ Changle Lu und Umgebung ★★ [F3]

Auf der Changle Lu und ihren Nebenstraßen lässt sich herrlich bummeln und shoppen.

Folgt man vom Ruijin Park der Maoming Nanlu in nördlicher Richtung, passiert man die Fuxing, Nanchang und Huaihai Lu und gelangt an der Ecke zur Changle Lu zu einem weiteren Wahrzeichen der Stadt. Das 1929 von Victor Sassoon erbaute ehemalige Cathay Mansions und heutige **Jinjiang Fandian Hotel** (s. S. 306) auf der rechten Seite ist ein gewaltiger Hotelkomplex aus mehreren alten Gebäuden im Art-déco-Stil. Hier unterzeichneten Richard Nixon und Zhou Enlai 1972 das Shanghai Communiqué, das eine neue Epoche in den Beziehungen zwischen dem kommunistischen China und den Westmächten einläutete. Seit dieser Zeit wurde der Komplex mehrfach renoviert und umgebaut. Leider hat das Hotel dadurch viel von seinem alten Flair verloren.

Nicht mehr ganz so lebhaft wie noch vor einigen Jahren präsentiert sich (hinter einem eisernen Eingangstor und parallel zur Maoming Lu) die Jin Jiang Shopping Lane mit einigen Läden, Restaurants und einem Shanghai Tang Store (Kleidung und Handarbeiten) aus Hongkong. Gegenüber befindet sich der mittlerweile ziemlich hässliche Bau des unter japanischem Management stehenden Bau des **Okura Garden Hotels** (s. S. 307). Hier residierte einst (ab 1926) der Cercle Sportif Francaise, einer der exklusivsten französischen Klubs der Kolonialzeit mit exklusiven Sälen, Swimmingpool und gemütlichen Sofas. Um einen Blick auf die originalen restaurierten Einrichtungen zu werfen, hält man sich nach der Hotellobby rechts Richtung östlicher Flügel. Hier befand sich der Eingang zum Festsaal des Cercle Sportif mit der farbenprächtigen, gläsernen Art-déco-Decke. Der Klub diente auch Mao Zedong als Domizil bei seinen Aufenthalten in Shanghai.

Schräg gegenüber vom Okura Garcen erblickt man mit dem **Lyceum Theatre** (Lanxin Theatre) (s. S. 82) aus dem Jahr 1931 ein weiteres Relikt des alten Shanghai. Dieses erste europäische Theater der Stadt wurde bekannt als Heimat der Shanghai Amateur Dramatic Society. Margot Fonteyn, die berühmte britische Tänzerin und jahrelange Partnerin von Rudolf Nurejew, tanzte hier als junges Mädchen. Orchester- und Ballettgruppen aus Amerika und Europa residierten am Lyceum. Zwischenzeitlich – nach dem Aufkommen des Films – diente das Lyceum Theatre als Kino. Heutzutage werden auf der Bühne hauptsächlich größere Popkonzerte veranstaltet.

㉖ Russisch-orthodoxe Missionskirche ★ [E3]

Die Kirche aus dem Jahr 1931 fällt mit den blauen Zwiebeltürmen aus dem gewöhnlichen architektonischen Rahmen. War die Kirche unter den russischen Einwanderern noch eines der am häufigsten besuchten Gotteshäuser, diente sie zwischenzeitlich als Restaurant, Bürohaus, Diskothek und Börse (inkl. elektronischer Anzeigetafel). Leider ist die Kirche heute nur zu bestimmten Ausstellungen für die Öffentlichkeit zugänglich.

东正大教堂, 新乐路55号
> Dong Zheng Da Jiao Tang, 55 Xinle Lu, Metro: Shaanxi Nanlu

Durch die Französische Konzession

Folgt man der Xiangyang Lu in südlicher Richtung kommt man zum kleinen, aber angenehmen **Xiangyang Park** [E3] (Xiangyang Gongyuan). Der ehemalige französische Garten in privatem Besitz (heute öffentlich zugänglich) war bekannt für seine blühenden Kirschbäume. An der südöstlichen Ecke der Xiangyang und Huaihai Lu befand sich bis zum Sommer 2006 der berühmte **Xiangyang oder Fake Market**. Der Fake Market wurde im Sommer 2006 geschlossen – um Flächen für neue moderne Gebäude zu schaffen und offiziell auch etwas gegen die Produktpiraterie zu tun. Mittlerweile gibt es wieder einige Märkte dieser Art – siehe „Shanghai für Kauflustige".

㉗ Shanghai Museum of Arts and Crafts ★★ [E4]

Das Gebäude aus Marmor und Stein aus dem Jahr 1905 im Stil der französischen Renaissance war einst Heimat des Direktors des French Municipal Council, eines französischen Generals und später Chen Yis, einer der führenden Köpfe der kommunistischen Partei.

Zu sehen sind heute im Museum Handwerksarbeiten der letzten 100 Jahre. Darunter befinden sich wunderschöne Jade-, Elfenbein- und Holzschnitzereien, prachtvoll gestickte Kleider und Wandteppiche sowie kunstvoll bemalte Vasen. Natürlich gibt es auch einen Verkaufsraum – die Preise hier sind höher als in anderen Läden, dafür bekommt man aber auch eine sehr gute Qualität.

上海工艺美术馆, 汾阳路79号
> Shanghai Gongyi Meishu Bowuguan, 79 Fenyang Lu, www.shgmb.com, Tel. 64314074, tgl. 9–16 Uhr, Eintritt: 8 ¥, Metro: Changshu Lu

㉘ Taiyuan Guesthouse – Marshall Villa ★ [D5]

In diesem hübschen, insbesondere in architektonischer Hinsicht interessanten Kolonialhaus aus den 1920er-Jahren lebte der amerikanische General und Staatsmann George Marshall, der Initiator des nach ihm benannten Marshallplans zum Wiederaufbau des zerstörten Westeuropa. 1946, nach Ende des Zweiten Weltkriegs, wurde Marshall nach China entsandt, um einen Waffenstillstand zwischen den Bürgerkriegsparteien Chiang Kai-sheks und Mao Zedongs auszuhandeln. Seine Mission blieb ohne Erfolg und Marshall wurde 1947 in die USA zurückgerufen.

Zwischen 1949 und 1976 war die Villa auch eine der vielen Wohnorte von Jiang Qing, der Frau Maos. Heute ist die Villa ein Hotel mit Pool und Business Center.

水都轩, 太原路160号
> Taiyuan Bieshu, 160 Taiyuan Lu

㉙ Hengshan Lu ★★ [C5]

衡山路
Weiter geht es zunächst in nördlicher Richtung bis zur Fenyang Lu, auf dieser südwestlich bis zur Kreuzung von Fenyang, Taojiang, Dongping und der südlich verlaufenden Yueyang Lu. In der Mitte der Kreuzung auf einer Insel befindet sich das **Puxijin Monument** [D4] zu Ehren des russischen Poeten Alexander Puschkin anlässlich seines 200. Geburtstags.

Von dem Monument geht es westlich über die Dongping Lu vorbei an zahlreichen Restaurants und kleinen Läden zur Hengshan Lu. Die frühere Avenue Petain mit schönen alten Bäumen auf beiden

Shanghai entdecken
Durch die Französische Konzession

Seiten der Straße und efeubewachsenen alten Kolonialgebäuden ist **eine der trendigsten Straßen der Stadt** und lädt zu einem gemütlichen Bummel ein. Es gibt kaum einen besseren Ort in Shanghai, um in einem Restaurant oder Café an der Straße zu sitzen und einfach nur die vorbeilaufenden Menschen zu beobachten.

Das Haus mit der Nummer 9 (in der Dongping Lu) und den gelben Fassaden war ehemals das Heim Chiang Kai-sheks und seiner Frau Soong Meiling. Gleich nebenan (11 Dongping Lu), an der Ecke zur Hengshan Lu, liegt ein weiteres Haus der Soong-Familie aus den 1920er-Jahren. Diese wunderschöne rote Villa beherbergt heute das empfehlenswerte Sasha's (s. S. 70).

Ein Blick lohnt sich auch auf die efeubewachsene, 1925 gegründete **International Community Church** [D5], die unter Ausländern bekannteste und am häufigsten besuchte protestantische Kirche in Shanghai. Spezielle Gottesdienste für Ausländer finden an Sonntagen um 14 und 16 Uhr statt.

衡山社区教堂, 衡山路53号
› Hengshan International Community Church, Guoji Libai Tang, 53 Hengshan Lu, Tel. 64376576, Metro: Hengshan Lu

㉚ Soong Qingling Residenz ★★ [B4]

Unweit der Hengshan Lu – am westlichen Abschnitt der Huaihai Lu – liegt die ehemalige Residenz und das Wohnhaus der Soong Qingling (siehe Exkurs „Soong Qingling"). In dieser wunderschönen französischen Villa aus den 1920er-Jahren lebte die Frau von Sun Yat-sen von 1948 bis zu ihrem Tod 1981 immer dann, wenn sie sich in Shanghai aufhielt. Ursprünglich gehörte das von einem deutschen Schiffseigner erbaute Anwesen Chiang Kai-shek, der es später seiner Schwägerin schenkte.

Im Haupthaus wird man von einem Guide durch die noch **original erhaltenen Einrichtungen** der Wohnräume geführt. Das Gästehaus beherbergt ein kleines Museum mit Bildern und persönlichen Dingen aus dem Leben Qinglings.

Sehenswert, nicht nur für Automobilenthusiasten, sind **zwei alte Staatskarossen** in der Garage der Residenz. Eine alte Luxuslimousine der chinesischen Marke Hongqi – ein Geschenk Maos – sowie eine glänzende sowjetische A Jim Limousine aus dem Jahr 1952 von Stalin. Der ruhige Garten mit der weißen Villa mit den mehr als 100 Jahre alten Bäumen lädt zum Verweilen und Entspannen ein.

宋庆龄故居纪念馆, 淮海中路1843号
› Sòong Qìnglíng Gùjū, 1843 Huaihai Zhonglu, www.shsoong-chingling.com, Tel. 64747183, tgl. 9–16.30 Uhr, Eintritt: 20 ¥, Metro: Hengshan Lu

㉛ Tianzifang ★★★ [F6]

In diesem herrlichen Viertel zwischen Rujin, Sinan, Jianguo und Taikang Lu kann man gut und gerne einen ganzen Tag verbringen, ohne das einem langweilig wird. In den engen, verwinkelten Gassen dieser restaurierten Shikumen-Siedlung reihen sich mehr als 200 Cafés, Bars, Restaurants, Geschäfte und vor allem Kunstgalerien, Ateliers und kleine Handwerksbetriebe aneinander.

Noch vor wenigen Jahren war auch diese Wohngegend aus den 1930er-Jahren vom Abriss bedroht. Doch der Widerstand der Bewohner – darunter der berühmte Künstler und **Maler Chen Yi Fei** – und deren Pläne zur Erhaltung und Restaurierung dieses architektonischen Erbes Shanghais blieben nicht ohne Wirkung bei der lokalen Stadtverwaltung.

2004 wurden die Baupläne neuer und moderner Luxuswohnanlagen verworfen und schon bald konnten erste Künstler und Geschäftsleute mit kleinen Studios, Gaststätten und Teehäusern in Tianzifang Fuß fassen. Heute gilt Tianzifang als **eine der bedeutensten Kultur- und Kunstzonen** des Landes.

Die meisten Touristen betreten Tianzifang von der südlichen Taikang Lu – daher auch die oftmals fälschlicherweise verwendete Bezeichnung Taikang Lu Art Center – an der engen Gasse 210, die von der Hauptstraße abzweigt. Hier kann man sich gleich die Galerien der bekannten Shanghaier Fotografen **Deke Erh** (s. S. 38) und **Xuan Min Jin** (200-2, Taikang Lu, Tel. 64661582, www.xmj-photos.com) ansehen und deren herausragende Fotografien des Shanghaier Alltags als Kopie käuflich erwerben.

Ein beliebtes Lokal nicht nur unter einheimischen Künstlern, Literaten und Intellektuellen ist das **Kommune Café**. Gerade an sonnigen Tagen sitzt man hier herrlich bei einem Drink im Freien unter schattigen Palmen und kann die Seele baumeln lassen. Die **Bell Bar** ist Szenetreff und einer der Hotspots im Viertel. In dieser recht großen und sehr gemütlichen Bar ist bis in die späten Abendstunden immer etwas los. Da Tianzifang immer noch von vielen Einheimischen bewohnt wird, heißt es, nach 22 Uhr den Geräuschpegel zu senken und das Geschehen in die Lokale zu verlegen.

泰康路248弄11号
○**219** [G5] **Bell Bar,** No. 11, Lane 248, Taikang Lu, www.bellbar.cn

公社酒吧, 泰康路210弄7号
○**220** [G5] **Kommune Café,** Bldg 7, Lane 210 Taikang Lu, Tel. 64662416

田子坊, 泰康路210弄, 近思南路
○**221** [G5] **Tianzifang,** 210 Taikang Lu, Sinan Lu, www.taikanglu.com, Metro: Linie 9, Dapuqiao

Kulinarisches im Viertel

› **1001 Nights** (s. S. 70). Neben den leckeren und authentischen Gerichten aus dem Mittleren Osten gibt es orientalischen Bauchtanz und die obligatorischen Wasserpfeifen.
› **Sasha's** (s. S. 70). Bar und Terrasse mit großem Biergarten locken Gäste an.
› **Paulaner Brauhaus** (s. S. 66). Die Bedienung im Dirndl serviert hausgebrautes Bier, derweil lindern Bratwurst und Schweinshaxe das Heimweh.

Matteo Ricci

Der italienische Priester, Jesuit und Missionar Matteo Ricci wurde am 6. Oktober 1552 in Macerata, der Hauptstadt der gleichnamigen Provinz, geboren. Durch seine missionarischen Tätigkeiten in China während der Zeit der Ming-Dynastie (1368-1644) markiert er den Beginn des modernen Christentums in China und gilt als einer der größten und bekanntesten Missionare des Landes. Matteo Ricci verstarb am 11. Mai 1610 in Beijing.

Xujiahui und das südliche Shanghai

Noch vor einem guten Jahrzehnt hatte dieses Viertel wenig zu bieten, heute erheben sich Bürogebäude und Shoppingmalls an jeder Ecke des früheren Wohnviertels. Markante Wahrzeichen sind die weithin sichtbaren Zwillingstürme des Ganghui Commercial Centers und die ehemalige St.-Ignatius-Kathedrale.

Der Bezirk Xujiahui südwestlich des Gebiets der ehemaligen Französischen Konzession ist nach der Familie Xu benannt, zu der auch der bekannteste chinesische Christ gehörte, Xu Guangqi (1562–1633), ein Schüler des berühmten italienischen Missionars Matteo Ricci (1552–1610) (siehe Exkurs). Wörtlich übersetzt bedeutet „Xujiahui" in etwa „Grundbesitz der Xu-Familie an der Kreuzung zweier Flüsse". Durch die Familie Xu **kam die katholische Kirche zu beachtlichen Ländereien**, so z. B. auch an das Gelände der berühmten Xujiahui Kathedrale ❷.

Xujiahui (oder „Ziccawei" im Shanghai-Dialekt) wurde zur **Heimat der hauptsächlich französischen Jesuiten**. Neben der Kathedrale entstanden Klöster, Schulen, Bibliotheken und ein Observatorium. Bis zur kommunistischen Machtübernahme 1949 blieb Xujiahui das **katholische Zentrum** am Stadtrand Shanghais. Doch dann kam das plötzliche Ende und die letzten Ausländer in dem Viertel verließen die Stadt in Richtung Macau oder Manila. Die meisten Gebäude in Xujiahui waren ab 1949 von der Regierung zwangsbesetzt und wurden nach und nach zu Fabriken umfunktioniert.

Mitte der 1990er-Jahre fing man an, die alten staatlichen Fabriken abzureißen. Auf dem Gelände einer alten Ziegelei befindet sich heute der Erholung spendende **Xujiahui Park** [B6], der 2002 eröffnet wurde. Hier im Park liegt das Restaurant The Little Red House oder La Villa Rouge in einer alten europäischen Villa. Es gehört zu den besten – und leider auch teuersten – Restaurants der Stadt. Ein künstlich angelegter See, ein Bach, Basketballcourts und ein großer Kinderspielplatz locken täglich Tausende von Menschen in diesen recht weitläufigen Park. In den angenehmen Frühlings- und Herbstmonaten finden regelmäßig auch kostenlose Auftritte des in der Nähe beheimateten Shanghai Conservatory of Music statt.

Das Grab des Xu Guangqi liegt im **Guangqi Park** [A6] südwestlich der Xujiahui Kathedrale. Zu sehen gibt es den recht beeindruckenden Grabhügel, eine große Büste sowie verschiedene Steinfiguren. Genau gegenüber stand früher das alte, 1872 erbaute Observatorium. Untergebracht war hier ein meteorologisches Institut, das hauptsächlich der Vorhersage von Taifunen diente. Heute befindet sich an gleicher Stelle die meteorologische Abteilung der Shanghaier Stadtverwaltung in einem, wie sollte es auch anders sein, Hochhaus.

Das **eigentliche Shoppingviertel** liegt rund um die Kreuzung von Hongqiao, Huashan, Zhaojiabang und Caoxi Beilu [B6] mit unendlich vielen Einkaufsmöglichkeiten.

Folgt man der Caoxi Beilu in südliche Richtung kommt man zum beeindruckenden **Shanghai Stadium** ❸, dem Veranstaltungsort vieler Sportevents und Konzerte. Hier hat man die Möglichkeit, in einen der Touristenbusse zu steigen

oder den weiter südöstlich gelegenen Longhua Tempel 33 und Gedenkpark der Märtyrer 34 zu besuchen.

Xujiahui Park 徐家汇公园

32 Xujiahui Kathedrale ★★ [A6]

Die römisch-katholische Xujiahui Kathedrale (ehemals St.-Ignatius-Kathedrale) ist die größte Kirche in Shanghai und eine der berühmtesten in ganz China.

Zwischen 1905 und 1910 nach Entwürfen des englischen Architekten William Doyle von französischen Jesuiten im gotischen Stil erbaut, bietet das Gotteshaus Platz für 3000 Gläubige. Die beiden Glockentürme des Gotteshauses aus Backstein und Holz recken sich 50 m in den Himmel. Sehenswert sind die Maria- und Jesusfiguren, die 1919 von Paris hierher gebracht wurden.

Messen finden regelmäßig sonntags und an wichtigen Feiertagen statt, der sonntägliche Gottesdienst wird im Schnitt von mehr als 2000 Menschen besucht.

1966 wurde die Kathedrale zu großen Teilen im Zuge der Kulturrevolution zerstört, Turmspitzen und Decken heruntergerissen und das kostbare Buntglas zerbrochen. Zehn Jahre lang diente das Haus daraufhin als profanes Getreidelager. 1978 wurde die Kathedrale wiedereröffnet und in den frühen 1980er- Jahren restauriert. 1989 schließlich fand hier die **erste Messe in chinesischer Sprache** statt. Seit 2002 gehen die Renovierungen in die zweite Runde: Bis zur Weltausstellung soll die komplette Verglasung ausgetauscht und durch neues

Malerisch: Die Xujiahui Kathedrale

Buntglas mit chinesischen Schriftzeichen und Ikonen ersetzt werden.

Die erste Szene in Steven Spielbergs „Im Reich der Sonne" (1987) wurde hier gedreht und wird zahlreichen Filmfreunden daher bekannt vorkommen.

St.-Ignatius-Kathedrale Shanghai	圣依纳爵主教座堂
Xujiahui Kathedrale	徐家汇天主教堂

徐家汇天主教堂, 蒲西路156号, 近漕溪北路

> Xújiāhuì Tiānzhǔtáng, 158 Puxi Lu, Caoxi Beilu, Messen: So. um 6, 7.30, 10 und 18 Uhr, Tel. 64382595, Metro: Xujiahui (Ausgang 3)

㉝ Longhua Tempel und Pagode ★★★ [bj]

Der Longhua Tempel („Tempel der Drachenblume") ist der größte und älteste Tempel und die wohl schönste buddhistische Tempelanlage in Shanghai.

Vor dem Haupttor steht die aus dem Jahr 977 stammende, weithin sichtbare **Longhua Pagode**, die man heute leider nicht mehr besteigen kann. Die Gründung des Tempels geht zurück auf das Jahr 242 in der Zeit der Drei Reiche. Durch Kriege zerstört, wurde die Tempelanlage letztmalig 1875 wieder aufgebaut und 2003 von Grund auf renoviert. Zwischen 1949 und 1980 war der Tempel geschlossen – auch dieser Tempel blieb von den Folgen der Kulturrevolution nicht gänzlich verschont. Heute wohnen auf der Tempelanlage 80 Mönche und die Anlage wird jährlich von mehr als einer Million Menschen besucht. Überall riecht es nach Räucherstäbchen, es herrscht eine entspannte Atmosphäre. Wenn dies möglich ist, sollte man den Tempel während der Woche besuchen, denn dann hat man den Tempel nahezu für sich.

Die Tempelanlage mit ihren auf einer Achse hintereinander angeordneten fünf Haupthallen erstreckt sich über 20.000 m². Seitlich dieser Achse gleich hinter dem Eingang stehen links und rechts ein Trommel- und ein Glockenturm (Zhong Lou). Im Glockenturm befindet sich eine **berühmte Kupferglocke** aus dem Jahr 1382 mit einer beachtlichen Höhe von 2 m, einem Durchmesser von 1,30 m und einem Gewicht von 6500 kg. Das Glockenschlagen in der Neujahrsnacht (31.12.) ist eines der aufregendsten Ereignisse, die man in der Stadt erleben kann! Die Glocke wird dann traditionell 108-mal geschlagen, um alle Sorgen der Menschheit zu vertreiben. Eintritt Neujahrsnacht 200 ¥, für 518 ¥ kann man dann selbst die Glocke schlagen (allerdings nur einmal) – nach buddhistischem Glauben befreit der Glockenschlag von allen Sorgen. Buchungen unter Tel. 62172426 oder 62173055.

龙华寺, 龙华路2853号

> Lónghuá Sì, 2853 Longhua Lu, Tel. 64576327, 7–16.30 Uhr, Eintritt: 10 ¥, Metro: Longcao Lu

㉞ Gedenkpark der Märtyrer ★ [bj]

Direkt neben dem Longhua Tempel befindet sich der Gedenkpark der Märtyrer in einer schönen und weitläufigen Grünanlage. Hier befanden sich das **Gefängnis der Kuomintang** und deren **Hinrichtungsstätte** in Shanghai. Zwischen den Jahren 1927 und 1937 wurden an diesem Ort mehr als 1000 Kommunisten, Intellektuelle und politische Gegner umgebracht. Ein unterirdischer Tunnel führt zum originalen Gefängnis. Während des Zweiten Weltkriegs befand sich auf dem Gelände ein japanisches Internierungslager.

1995 überführte man hierhin die sterblichen Überreste von mehr als 1000 von den Kuomintang hingerichteten Linken, darunter die 1931 hingerichteten Fünf Märtyrer, bekannte Intellektuelle aus dem Bund Linker Schriftsteller. Der Park wurde am 1. Juli 1995 eröffnet. Wer sich für monumentale Skulpturen im Stil des sozialistischen Realismus interessiert, ist hier genau richtig – andere werden die Anlage wahrscheinlich als langweilig empfinden. Zu sehen ist neben der Mausoleumspyramide auch ein kleines Museum, welches an die Massaker von 1927 erinnert.

龙华烈士陵园, 龙华西路2887号, 近凯旋南路
> Lónghuá Lièshì Língyuán, Longhua Cemetery of Revolutionary Martyrs, 2887 Longhua Xilu, Kaixuan Nanlu, www.slmmm.com, Tel. 64685995, tgl. 6.30–17 Uhr (Park), 9–16 Uhr (Museum), Eintritt: 5¥ (Park und Museum) bzw. 1¥ (Park), Metro: Longcao Lu

㉟ Botanischer Garten ★★ [ak]

Wer einmal mehr der Hektik und dem Lärm entfliehen möchte, kann vom Tempel oder Gedenkpark noch einen Abstecher in den schön angelegten Botanischen Garten machen. Hier kann man, umgeben vom üppigen Grün der Bäume und romantischen Vogelgezwitscher, herrlich entspannen und spazieren.

Der Botanische Garten Shanghai liegt ungefähr 2 km südwestlich der Longhua Pagode und wurde bereits 1978 angelegt. Zu sehen sind auf einer Fläche von über 81 Hektar mehr als 9000 Blumen, Sträucher und Bäume.

1999 fand in diesem großzügig angelegten Areal die Weltausstellung für Pflanzen statt. Besonders beachtenswert ist die **Bonsai-Ausstellung** des Penjing Garden im nördlichen Bereich. Auf einer Fläche von vier Hektar sind mehr als 500 Miniaturbäume ausgestellt, von denen viele schon internationale Preise gewonnen haben. In einem kleinen Museum kann man sich über die Geschichte der Bonsais informieren.

Farbenprächtig präsentiert sich die **Orchideensammlung** mit ihren mehr als 100 verschiedenen Gattungen. Sehenswert sind ebenfalls zwei zu Ehren des Kaisers Qianlong gepflanzte, mehr als 200 Jahre alte Granatapfelbäume: Trotz ihres Alters tragen diese immer noch Früchte.

Im Gedenken an die Fünf Märtyrer sollen die Pfirsichbäume des Botanischen Gartens, glaubt man einer alten Überlieferung, am fünften Tag des fünften Mondes besonders schön und zahlreich blühen.

上海植物园, 龙吴路1111号
> Shànghǎi Zhíwùyuán, 1111 Longwu Lu, 6–17 Uhr (Sommer) bzw. 7.30–16.30 Uhr (Winter), www.shbg.org, Eintritt: Botanischer Garten 15¥, mit Bonsai-Sammlung und drei weiteren Sektionen 40¥, Metro: South Railway Station (Linie 1 u. 3) und Shilong Lu (Linie 3)

㊱ Shanghai Stadium ★ [bj]

Das riesige, **80.000 Zuschauer fassende multifunktionale Stadion** wird vorrangig zur Austragung von Fußballspielen und für große Rock- und Popkonzerte genutzt. 1997 zu den 8. Nationalen Spielen der Volksrepublik China eingeweiht, zählt es zu den dreißig größten Fußballarenen weltweit und ist seit Fertigstellung des Beijing National Stadium 2007 das zweitgrößte Stadion Chinas.

Fußballer haben hier einige Vorrundenspiele der Olympischen Sommerpiele 2008 in Beijing ausgetragen. Im Volksmund heißt es auch das „80.000-Menschen-Stadion".

Gleich nebenan befindet sich das **Shanghai Indoor Stadium.** Zur Zeit seiner Erbauung galt dieses als ein Meilenstein der großen Sporthallen Chinas, heute jedoch gibt es neuere und modernere Hallen in der Umgebung. Das Shanghai Indoor Stadium wird daher mittlerweile mehr für Unterhaltung und Konzerte als für Sportveranstaltungen genutzt. Internationale Bands treten hier in den Wintermonaten auf, u. a. gab die populäre Band Linkin Park im Dezember 2006 ein Konzert.

上海体育场, 漕溪北路1111号
> 1111 Caoxi Beilu, Tel. 64385200, 64266666 (Indoor Stadium), Stadionbesichtigung tgl. 8.30–17 Uhr, Eintritt: 20¥, Metro: Shanghai Stadium

| Shanghai Indoor Stadium | 上海体育馆 |
| 80.000-Menschen-Stadion | 八万人体育场 |

Hongqiao und Gubei

Dieser westliche Bezirk der Stadt ist bekannt für seinen westlich geprägten Stil mit vielen Bürohochhäusern, Hotels, ausländischen Restaurants und Shoppingmalls. Viele der in der Stadt lebenden Ausländer bevorzugen diese Gegend als Wohnsitz, auch wegen der Nähe zu den in die westlichen Industriestädte Anting und Jiading führenden Autobahnen.

In der relativ jungen, auf dem Reißbrett entworfenen Gubei New Area entstanden zahlreiche Legoland-ähnliche Wohncompounds, die auf westliche Bedürfnisse zugeschnitten sind. Der Westen war einst auch das bevorzugte **Wohngebiet für ältere Shanghaier,** die hier ihren Lebensabend genossen. Auch Victor Sassoon hatte in diesem Gelände seine Villa, das heutige Cypress Hotel (s. S. 308).

Auf dem Gelände des Zoo Shanghai **37** befand sich seit 1917 der **erste Golfplatz Chinas.** Zahlreiche Antiquitätengeschäfte und der Hongqiao Airport machen die Gegend auch für viele Besucher interessant, die von hier aus ihre Weiterreise durch China starten.

37 Zoo Shanghai ★

Der Zoo in Shanghai gehört ohne Zweifel zu einem der besseren in China, d. h. mit vergleichsweise tierfreundlichen Gehegen. Bei einem Besuch sollte man sich aber auf lange Fußmärsche einstellen. Alles ist sehr weitläufig angelegt, mit vielen Bäumen und Grünflächen. Als Entlastung für die geschundenen Füße der Besucher klappert eine kleine Rundfahrt-Bahn die Hauptattraktionen des Zoos ab. Man kann dann an jeder der Attraktionen aussteigen und bei Ankunft der nächsten Bahn wieder zusteigen, muss aber unter Umständen eine Weile bis zur Abfahrt warten. Am besten zieht man jedoch auf eigene Faust los und macht hin und wieder eine kleine

Soong Qingling

Soong Qingling wurde im Januar 1893 als eine von drei Töchtern des reichen Geschäftsmannes und Methodistenmissionars Charlie Soong in Kunshan (Provinz Jiangsu) geboren. Dieser war durch den Verkauf von Bibeln recht wohlhabend geworden.

Die drei Schwestern konnten nicht unterschiedlicher sein: Die kapitalistische und auf Macht bedachte Soong Meiling flüchtete nach Ende des Chinesischen Bürgerkriegs mit ihrem Mann Chiang Kai-shek nach Taiwan. Soong Ailing hingegen liebte den Reichtum und heiratete den vermögenden Bankier Kong Xiangxi.

Soong Qingling ging einen völlig anderen Weg. Nach der Oberschule in Shanghai besuchte sie das Wesleyan College in Macon im US-Bundesstaat Georgia. Im Oktober 1915 heiratete sie im japanischen Kobe Sun Yat-sen – heimlich und gegen den Willen ihrer Eltern, denn Sun war immerhin schon fast 30 Jahre älter und zudem vorher mit Lu Muzhen verheiratet.

Nach dem Tod ihres Mannes im Jahr 1925 widmete sie sich ganz der Revolution und wurde 1926 in das Zentrale Exekutivkomitee der Kuomintang gewählt. 1927, infolge der Massaker von Shanghai und der Flucht der Kommunisten, ging sie ins russische Exil nach Moskau. 1933 begründete sie zusammen mit dem Schriftsteller Lu Xun die Liga der Menschenrechte. Unermüdlich kritisierte sie ihren Schwager Chiang Kai-shek und die Kuomintang als Verräter der Revolution. Während des Zweiten Japanisch-Chinesischen Kriegs (1937–1945) versöhnte sie sich mit der Kuomintang, stand aber, obwohl sie der Partei nicht beitrat, auf der Seite der Kommunisten.

Soong stand bei der Verkündung der Volkrepublik China im Oktober 1949 neben Mao auf dem Tienanmen-Platz und wurde zur Vizepräsidentin ernannt. Von 1968 bis 1972 war sie zusammen mit Dong Biwu Staatsoberhaupt. Zwei Wochen vor ihrem Tod ernannte man sie zur Ehrenpräsidentin.

Soong Qingling starb am 29. Mai 1981 in Shanghai. Im Gegensatz zu ihrer jüngeren Schwester Soong Meiling, die mit ihrem Mann Chiang Kai-shek nach Taiwan ging, wird Soong Qingling in der Volksrepublik China bis heute als „Grand Old Lady der Revolution" sehr verehrt.

Pause unter schattigen Weiden. Die Hinweisschilder (auch auf Englisch) zu den einzelnen Tiergehegen sind nicht immer hilfreich, da diese den Besucher nicht immer zum versprochenen Ziel führen. Daher ist es besser, sich einfach zu freuen, wenn man überraschend auf irgendein bekanntes Tier trifft – und davon gibt es hier viele: Affen, Tiger, Giraffen, Zebras, Nilpferde, Vögel ... und natürlich einen Panda.

Leider hat es sich in China immer noch nicht herumgesprochen, dass man sich die Tiere im Zoo nur ansieht. Weiterhin werden Affen häufig durch die Gitter mit Stöcken geärgert, Tiger mit Steinen beworfen und andere Tiere mit Keksen, Bonbons und Süßigkeiten gefüttert. Auch wenn Hinweis- und Verbotsschilder aufgestellt sind, ist das **Verhalten in chinesischen Zoos** ein für Tierfreunde nicht immer schöner Anblick. Für das leibliche

Wohl gibt es das Swan Lake Restaurant, ein Café und mehrere Kioske.

上海动物园, 虹桥路2381号, 近哈密路
› Shànghai Dòngwùyuán, 2381 Hongqiao Lu, Hami Lu, www.shanghaizoo.cn, Nov.–Feb. 6.30–17 Uhr, März–Okt. 6.30–17.30 Uhr, Eintritt: 40 ¥ (ein Kind bis 6 Jahre oder 130 cm Körpergröße in Begleitung eines Erwachsenen frei), Bus: 911, 925 und 936, Metro: Linie 10, Shanghai Zoo

38 Zhongshan Park ★ [bh]

Wenn man gerade in der Nähe ist und etwas Ruhe und Grün sucht, lohnt ein Besuch in diesem sonst nur durchschnittlich interessanten Park, der früher den Briten als Jessfield Park geläufig war. Kinder werden den Park wegen des **Fun Dazzle** lieben (siehe „Shanghai für den Nachwuchs"). In diesem großen Indoor-Spielcenter gibt es Irrgärten, Rutschen, Kletterseile, Ballgruben und vieles mehr. In der unmittelbaren Umgebung liegen ein lebendiges Einkaufsviertel mit vielen Geschäften und Restaurants sowie die Metrostation der Linien 2, 3 und 4.

中山公园, 长宁路780号, 定西路口
› Zhongshan Gongyuán, 780 Changning Lu, Dingxi Lu, 5–19 Uhr, Eintritt frei (Park), 50 ¥ für Fun Dazzle, Metro: Zhongshan Park

39 Soong Qingling Mausoleum und Park ★ [ai]

Interessierte können sich an der Hongqiao Lu – auf dem Gelände des ehemaligen internationalen Friedhofs – noch einmal auf die Spuren von Soong Qingling begeben. Ein wenig östlich der Zhongshan Xilu liegt hier an der Hongqiao Lu das **Mausoleum der Frau Sun Yat-sens** (siehe Exkurs „Soong Qingling") in einem schön angelegten Park.

Neben einer Statue und dem Grab Soong Qinglings und ihrer Eltern befinden sich auf diesem recht weitläufigen Gelände auch noch die Gräber einiger der berühmtesten in Shanghai lebenden ausländischen Familien, darunter das der Kadoories. Eine kleine Ausstellung zeigt Bilder der Lebensstationen Soongs und einige ihrer persönlichen Dinge.

宋庆龄陵园, 虹桥路
› Sòong Qìnglíng Língyuán, Hongqiao Lu, Öffnungszeiten: tgl. 10–17 Uhr

40 Qibao ★★

Wer sich nur kurz in Shanghai aufhält und etwas anderes als Hochhäuser und den Betondschungel der Innenstadt sehen möchte, sollte die nur knapp 20 km vom Stadtzentrum entfernte Ortschaft Qibao – der Name bedeutet so viel wie **„Sieben Schätze"** – besuchen. Qibao liegt im Westen der Stadt südlich des Flughafens Hongqiao in der Nähe des äußeren Ringes (A20) im Minhang Distrikt.

Kleine Kanäle durchziehen die Ortschaft, die man auch mit Touristenbooten erkunden kann. Vom Boot aus hat man zudem den schönsten Ausblick auf die alten Häuser und Brücken.

Gegründet wurde Qibao während der Song-Dynastie (960–1127) und wuchs während der Ming- (1368–1644) und Qing-Dynastie (1644–1911) zu einem lebendigen und wohlhabenden Geschäftszentrum heran. Auch heute ist Qibao alles andere als ruhig und beschaulich. Viele kleine Geschäfte mit Souvenirs und allerlei Krimskrams sowie kleine Restaurants und Imbissbuden säumen die engen Gassen. Hartgesottene Feinschmecker und **Liebhaber exotischer Speisen** kommen hier auf ihre Kosten: Neben Entenköpfen, -hälsen und Hühnerfüßen finden sich noch einige andere kulinarische Leckereien der chinesischen Küche. Es ist jedoch vor allem die **Atmosphäre** des Ortes, die den Besucher verzaubert.

2002 wurde die traditionelle, 2 km² große Ortschaft Qibao mit ihren vielen neu restaurierten und auf alt getrimmten Gebäuden und Brücken offiziell zur Touristenattraktion der Stadt Shanghai ernannt. Von den ursprünglich „Sieben Schätzen", u. a. einer Buddhafigur und einer bronzenen Glocke der Ming-Zeit, haben nur die Glocke und eine Lotos-Sutra aus dem 10. Jh. bis heute überlebt. Sehenswert wegen dieser Schätze ist der erst kürzlich renovierte und während der Ming-Dynastie erweiterte **Qibao Tempel** (Qibao Jiao Si) aus der Zeit der Fünf Dynastien (907–960).

› Metro Linie 9 bis Qibao. Ein Taxi vom Stadtzentrum kostet ca. 70 ¥. Für manche Sehenswürdigkeiten werden 5–10 ¥ Eintritt verlangt (z. B. Qibao Tempel).

| Qībǎo Gǔ Zhèn | 七宝古镇 |

Kulinarisches im Viertel

皇家泰厨, 虹梅路3911号, 3 号, 别墅近虹桥路
🕪222 **Royal Thai Kitchen**, Villa 3, 3911 Hongmei Lu, Tel. 62423023. Kleines gemütliches Thai-Restaurant mit guter Küche in einer kleinen Restaurantgasse an der Hongmei Lu.

天泰餐厅, 虹梅路3338弄28号, 虹梅休闲步行街
🕪223 **Simply Thai (4)**, Tiantài Canting, Hongmei Entertainment Street, Building 28, 3338 Hongmei Lu, Tel. 64658955. Ein weiteres Restaurant der beliebten Thai-Kette im Westen der Stadt.

乾门, 虹桥路1468号4楼, 近延安西路
🕪224 [ah] **The Door**, Qián Mén, 3/F, 1468 Hongqiao Lu, Ecke Yan'an Xilu, Tel. 62953737. Hölzerne Decken, antike Möbel und Dekoration sorgen für ein spezielles Ambiente, während eine Hausband moderne Musik auf alten chinesischen Instrumenten zelebriert. Dieses schöne, alte Fachwerkgebäude beherbergt ein chinesisches und ein westliches Restaurant sowie eine Bar.

Pudong

Wörtlich übersetzt bedeutet „Pǔdōng Xīn Qū" so viel wie „neuer Stadtbezirk östlich des Huangpu". Vor 1990 gab es auf der östlichen Seite des Huangpu außer Reis- und Gemüsefeldern, Lagerhallen und einfachen Wohnhäusern nicht viel. Heute ist Pudong mit einer weitaus größeren Grundfläche als das ursprüngliche Shanghai das neue Wirtschafts- und Hightechzentrum der Metropole.

1992 gab Deng Xiaoping mit seiner **legendären Reise in den Süden** das Signal zum wirtschaftlichen Aufbruch und zur internationalen Öffnung der Stadt – und löste damit eine Periode enormen wirtschaftlichen Wachstums aus. Dieser Wirtschaftsboom ging einher mit einem **nie da gewesenen Bauboom**. Innerhalb von nur zehn Jahren entstanden – neben zahlreichen Wolkenkratzern – ein moder-

Shanghai entdecken
Pudong

ner internationaler Flughafen, eine neue U-Bahn, die weltweit einzige Transrapid-Strecke, Asiens größtes Kaufhaus (Super Brand Mall), die Börse Shanghai, eine Uferpromenade ... Hätte man Pudong als Vorbild genommen, hätten die Bauarbeiten am Potsdamer Platz in Berlin wohl nicht so viele Jahre in Anspruch genommen!

Mehr als zwei Millionen Einwohner leben heute in Shanghais östlichem Distrikt. In der Lujiazui Finanz- und Handelszone (Lujiazui Financial & Trade Zone) befinden sich internationale Finanzinstitutionen und eine beeindruckende Wolkenkratzer-Skyline. Der Zhangjiang Hi-Tech Park östlich der Transrapid-Haltestelle Longyang Lu profiliert sich als Entwicklungsstandort für Bio-, IT- und Mikroelektroniktechnologien. Neben dem architektonisch interessanten Jin Mao Tower ❹❷ steht in Pudong auch eines der modernen Wahrzeichen der Stadt: Der Oriental Pearl Tower ❹❶ ist mit 468 m Höhe **Asiens dritthöchster Fernsehturm.** 2007 wurde in Pudong der zweithöchste Wolkenkratzer Asiens fertiggestellt, das 492 m hohe Shanghai World Financial Center ❹❸. Im weltweiten Ranking der Städte mit den meisten Wolkenkratzern liegt Shanghai schon in den Top Ten – und die meisten neuen Wolkenkratzer schießen in Pudong aus dem Boden.

Pǔdōng Xīn Qū	浦东新区

▷ *Das 185 m hohe Aurora Building in Pudong*

Pudong

④ Oriental Pearl Tower ★★★ [M2]

Der Oriental Pearl Tower („Perle des Ostens") ist mit einer Höhe von 468 m der derzeit dritthöchste Fernsehturm Asiens. Seine einzigartige Konstruktion aus elf verschieden großen, von Säulen getragenen Kugeln auf unterschiedlichen Höhen ist zum modernen Wahrzeichen der Stadt Shanghai geworden.

Die Architektur des Turmes an der Spitze Lujiazuis, dem wichtigsten Finanzdistrikt in Shanghai entlang der Shiji Dadao am Ufer des Huangpu, ist umstritten. Böse Zungen haben ihn bereits als „sozialistische Fernsehturmarchitektur" im Stile des Alexanderplatzes bezeichnet. Aber spätestens am Abend, wenn die „Perle des Orients" in ihren funkelnden Lichtern erstrahlt, verstummt auch der letzte Skeptiker. Der vom Architekten Jia Huan Cheng erbaute Turm wurde nach dreijähriger Bauzeit am 1. Januar 1995 eingeweiht und wird mittlerweile jährlich von mehr als zwei Millionen Touristen besucht.

Das Design des Tower symbolisiert einen Vers des Dichters Bai Juyi. Dieser vergleicht den wundervoll berieselnden Klang einer Pipa (Zupfinstrument der klassischen chinesischen Musik) mit Perlen, die auf eine Jadeplatte fallen.

Im Sockel des Fernsehturms befindet sich das **Museum für Stadtgeschichte**. In diesem interessanten Museum werden dem Besucher das alte Shanghai und die Geschichte der Stadt zwischen 1860 und 1940 nähergebracht, u. a. auch anhand von nachgebauten Straßenzügen – eine wirklich sehenswerte Ausstellung. Auf verschiedenen Touren kann man hier einige Stunden verbringen. Bucht man beispielsweise für 220 ¥ „Tour A", kann man alle drei Hauptkugeln auf 90, 265 und 350 m Höhe besuchen.

Übersicht über die Touren im Oriental Pearl Tower

› **Tour A:** 220 ¥ – Lower Sphere (90 m), Upper Sphere (265 m), Space Cabin (350 m), Museum für Stadtgeschichte
› **Tour B:** 160 ¥ – Lower Sphere (90 m), Upper Sphere (265 m), Museum für Stadtgeschichte
› **Tour C:** 120 ¥ – Upper Sphere (265 m), Museum für Stadtgeschichte
› **Tour D:** 288–318 ¥ – Drehrestaurant (Sky Revolving Restaurant) inkl. Buffet
› **Tour E:** 50–70 ¥ – Bootstouren auf dem Huangpu (10–22 Uhr)
› **Tour F:** 35 ¥ – Museum für Stadtgeschichte

Shanghai entdecken — Pudong

Hat man sein Ticket erworben, heißt es – nach einer ungewohnt strengen Sicherheitskontrolle inklusive Metalldetektoren und dem Durchleuchten der Taschen – je nach Besucherandrang und Wochentag erst einmal Warten.

Im Gegensatz zu den beiden oberen Aussichtskugeln wird die Aussicht in der **Lower Sphere** nicht durch eine Verglasung getrübt. Sieht man von der Vergitterung einmal ab, hat man freie Sicht auf die zahlreichen Baustellen in Pudong und auf den Bund. Hier kann man sich den Wind um die Ohren wehen lassen.

In der mittleren Kugel, der eigentlichen **Aussichtsplattform (Upper Sphere)** befinden sich neben dem 360° Sky Revolving Restaurant noch einige Souvenirshops und Unterhaltungsmöglichkeiten wie Karaoke und die Piano Bar. Bereits von hier aus hat man bei sonnigem und klarem Wetter einen Ausblick bis nach Sheshan, Chongming und auf den Yangzi.

In der **Space Cabin** gibt es neben einem Aussichtsdeck noch einen Konferenzsaal und eine elegante Coffee Bar. In den fünf kleineren Kugeln zwischen Lower und Upper Sphere auf einer Höhe von 140 bis 230 m befindet sich das Space Hotel. In jeder Kugel befinden sich eine Suite und drei Standardzimmer.

Technische Daten zum Oriental Pearl Tower

> Gesamthöhe (mit Antenne): 468 m
> Drei Aussichtsplattformen auf 90 m, 265 m (mit Drehrestaurant) und 350 m Höhe
> Größter Durchmesser der Hauptsäule: 50 m
> Gesamtgewicht des Turms: 120.000 t
> Maximale bauliche Windlast: 600 km/h
> Gesamtlänge der Antenne: 118 m
> 6 Aufzüge mit einer Kapazität von bis zu 30 Personen

东方明珠塔, 世纪大道1号, 近丰和路
> Dōngfāng Míngzhūtǎ, 1 Shiji Dadao, Fenghe Lu, Tel. 58791888, 8–21.30 Uhr, www.orientalpearltower.com/en, Metro: Lujiazui

Upper Sphere – Aussichtsplattform mit spektakulärem Glasboden

Der Oriental Pearl Tower besticht durch sein markantes Äußeres

Spaziergang 3: Pudong

Ausgangspunkt für eine Tour auf Schusters Rappen durch das moderne Shanghai ist der **Oriental Pearl Tower** ❹. Der mit 468 m dritthöchste Fernsehturm Asiens bietet von seinen drei Hauptkugeln spektakuläre Ausblicke über die City. Vom Fernsehturm geht es über (Roll-)Treppen hinauf auf die kreisrunde Fußgängerüberführung, auf der sich mit Blick auf die umliegenden gläsernen Wolkenkratzer herrlich flanieren lässt.

Einen ausgezeichneten Eindruck von der hier vertretenen und scheinbar allmächtigen Finanzwelt bekommt man, wenn man nun den **„Lujiazui Central Green Space"** im Uhrzeigersinn umrundet. Auf dem Weg passiert man zunächst den recht protzigen **China Ping'an Financial Tower** mit Hunderten übereinander gestapelter Säulen im griechischen Stil; für viele eines, wenn nicht gar das hässlichste Bauwerk der Stadt. Der 226 m hohe **Bank of China Tower** (Shànghǎi Zhōngyín Dàshà) gleich nebenan hat das liebe Geld gleich auf seiner Außenfassade verewigt: diese formt das „Y", Symbol des chinesischen Yuan. Auf der nordwestlichen Seite der Grünfläche folgen nun an der Yincheng Zhonglu der Bocom Financial Tower, die Bank of Shanghai und der Merry Land Tower. Den nördlichsten Punkt markiert das 239 m hohe **Times Finance Center.**

Auf der nordöstlichen Seite folgen der Hengsheng Bank Tower, der Huaneng Union Tower, das World Financial Mansion und der auffällige Turm der China Merchants Bank. Die besten Perspektiven vom Gesamtensemble bekommen Hobbyfotografen, wenn sie sich mit einem Weitwinkelobjektiv inmitten der Grünfläche platzieren. Zudem finden sich hier ein renoviertes Shikumen-Haus und viele Brautpaare, die für ihre Hochzeitsfotos posieren.

Läuft man die Lujiazui Ring Road weiter zur Century Dadao, lassen sich nun zwei herausragende Sehenswürdigkeiten der City besichtigen. Das 492 m hohe **World Financial Center** ❸ und der **Jin Mao Tower** ❷ mit „nur" 421 m Höhe. Der Turm ist eines der schönsten Bauwerke Chinas und beherbergt die **Cloud 9 Bar** (s. S. 77).

Wer jetzt Lust auf einen längeren Fußmarsch verspürt, kann die ca. 5 km auf der Century Dadao durch das ultramoderne Pudong bis zum **Century Park** ❺ laufen (ein Taxi zurück findet sich auch hier immer), auf dem **Fashion & Gifts Market** (s. S. 47) in der U-Bahn-Station der Linie 2 „Science & Technology Museum" preiswert shoppen oder gleich auf der Huayuanshiqiao Lu zur Uferpromenade zur **Binjiang Dadao** aufbrechen. Hier lässt sich vor schöner Kulisse herrlich flanieren, im Starbucks ein guter Kaffee genießen und auf einen schönen Sonnenuntergang über dem Bund warten.

In oder an der **Super Brand Mall** (s. S. 42) kann man je nach Wind und Wetter den Abend bei einem guten Essen ausklingen lassen: es locken u. a. das Element Fresh mit seiner gemütlichen Außenterrasse und das South Beauty (s. S. 65), das herrlich scharfe Sichuan-Küche bietet.

Shanghai entdecken
Spaziergang 3: Pudong

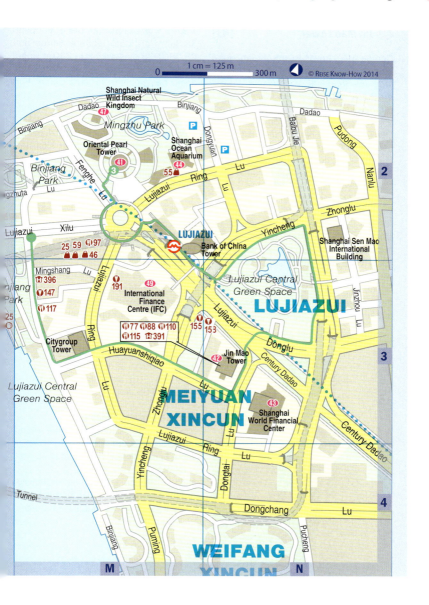

Shanghai entdecken
Pudong

㊷ Jin Mao Tower ★★★ [N3]

Der Jin Mao Tower ist mit 421 m Höhe und 88 Stockwerken seit der Fertigstellung des Shanghai World Financial Center 2008 nicht mehr das höchste, aber für viele immer noch eines der schönsten Gebäude der Volksrepublik China. Der Tower wurde nach traditionellen chinesischen Formen gestaltet: Die äußere Form des Turmes mit der treppenförmig aufsteigenden Stahl-Glas-Fassade erinnert an eine chinesische Pagode.

Das Architektenbüro Skidmore, Owings & Merrill LLP ist verantwortlich für das Design des Wolkenkratzers. Im Jahr 1994 wurde der Grundstein gelegt, nach vierjähriger Bauzeit wurde der Turm 1998 eingeweiht und verwies den King Tower auf Platz 2 der höchsten Gebäude Shanghais. Der Tower **beinhaltet die Acht als chinesische Glückszahl.** Exakt zum Zeitpunkt der Auswahl des Entwurfes war Staatschef Deng Xiaoping 88 Jahre alt, das Gebäude wurde am 28.08.1998 eingeweiht. In 340 m Höhe im 88. Stock befindet sich ein Aussichtsdeck, das höchste in ganz China. Für 100 ¥ kann man von dieser Etage aus einen fantastischen Blick über Shanghai genießen. Die unteren 50 Stockwerke werden als Büroräume genutzt. In den oberen Stockwerken befindet sich das Fünf-Sterne **Grand Hyatt Hotel** (s. S. 304) mit 555 Zimmern. Das Hotelatrium beginnt im 54. Stock und endet erst im 87. – mit 152 m Höhe und 27 m Durchmesser ist es neben jenem des Burj al Arab in Dubai das größte Atrium der Welt!

Von der grünen Oase **Lujiazui Park** gegenüber dem Tower hat man einen wunderbaren Blick auf die umstehenden Wolkenkratzer. Im Lujiazui Park steht übrigens auch ein altes, hervorragend renoviertes Shikumen-Haus, welches vielen Brautpaaren als Kulisse für ihre Hochzeitsfotos dient.

144sh Abb.: jd

金茂大厦, 浦东, 世纪大道88号
› Jin Mào Dàshà, 88 Shiji Dadao, Pudong, Tel. 50475101, www.jinmao88.com, tgl. 8.30–21 Uhr, Metro: Lujiazui

Orientierung im Jin Mao Tower
› 53/F: Hier befindet sich die Piano Bar (s. S. 77), ein Jazzklub.
› 54/F: **Hotellobby** des Grand Hyatt (mit Café).
› 55/F: **Canton** (s. S. 64), ein erstklassiges kantonesisches Restaurant, bewirtet seine Gäste auf der ganzen Etage.

◁ *Der Jin Mao Tower gilt als eines der schönsten Gebäude des Landes*

Shanghai entdecken
Pudong

- 56/F: Eine Reihe von Restaurants befinden sich auf dieser Etage: The Grill, Cucina, Japanese Kobachi, Patio Lounge.
- 57/F: Club Oasis, ein **Fitnessklub** mit dem einst höchsten Swimmingpool der Welt, lockt auf diesem Stock.
- 85/F: Hier liegen die höchstgelegenen Hotelzimmer des Grand Hyatt.
- 86/F: **Club Jin Mao** (s. S. 63), ein Restaurant mit Shanghai-Spezialitäten.
- 87/F: **Cloud 9** (s. S. 77), **eine der höchstgelegenen Bars der Erde.** Nicht nur eine wunderbare Bar, auch eine perfekte Alternative zum Observation Deck (s. u.). Die Drinks sind nicht wesentlich teurer als in anderen Hotelbars und man spart den recht teuren Eintritt zur Aussichtsplattform. Wohl aus diesem Grund ist ein Mindestverzehr von 100 ¥ festgeschrieben.
- 88/F: Im obersten Stockwerk des Jin Mao Tower, dem **Observation Deck**, befindet sich der **Skywalk**, eine 1520 m² große Aussichtsplattform in 340 m Höhe mit Platz für mehr als 1000 Skywalker – und mit schwindelerregendem Blick nach unten in das Hotelatrium des Grand Hyatt durch eine riesige gewölbte Glasscheibe. Hier befindet sich auch ein kleines **Postamt**, das höchste der Welt, von dem aus man seine dort gekauften Postkarten sogleich verschicken kann. Zum Observation Deck kommt man vom Kellergeschoss eines kleinen seitlichen Gebäudes. Dort befinden sich auch ein Food-Court (ein Bereich mit mehreren Restaurants und Imbissen) mit preiswerten leckeren Gerichten und eine kleine Ausstellung zur Architektur und Entstehung des Jin Mao Tower. Die Aufzüge bewältigen die Fahrt zum Aussichtsdeck in 45 Sekunden. Wer das Grand Hyatt oder eines der Restaurants (s. o.) besuchen möchte, muss hingegen den Hoteleingang benutzen. Tipp: Den Blick ins Atrium – und ohne störende Glasscheibe – kann man auch vom 85. Stock des Grand Hyatt Hotels aus genießen. Von dort aus muss man noch einmal den Aufzug wechseln, um zur **Cloud 9 Bar** (s. S. 77) zu gelangen.

❹❸ Shanghai World Financial Center ★★ [N3]

1997 war offizieller Baubeginn. Nachdem die Bauarbeiten aus finanziellen Gründen für fünf Jahre unterbrochen werden mussten, begann 2003 mit einer unglaublichen Geschwindigkeit der Weiterbau. Fast täglich konnte man nun beobachten, wie sich der Turm immer höher und höher in den Himmel reckte. Am 14. September 2007 wurde dann die Endhöhe von 492 m erreicht. Die Eröffnung des Centers erfolgte am 28.8.2008 – die „8" ist die chinesische Glückszahl. Neben Büroräumen gibt es ein Hotel (s. u.) und – ähnlich den Petronas Towers in Kuala Lumpur – einen überdachten Übergang, die **Skybridge**. Hier können Besucher in einer Höhe von 472 m zwischen zwei Gebäudeteilen pendeln und eine grandiose Aussicht genießen. Das Projekt World Financial Center, das in seiner Form an einen überdimensionalen Flaschenöffner erinnert, hat insgesamt mehr als 850 Millionen US-Dollar verschlungen.

Das neue **Park Hyatt Hotel** mit 174 Zimmern und Suiten befindet sich in den Stockwerken 79 bis 93. Restaurants und Bars findet der Besucher des luxuriösen

Hotels auf den Etagen 91 bis 93 (Internetseite des Hotels: www.shanghai.park.hyatt.com). Die **Aussichtsplattform** im 100/F ist mit einer Höhe von 478 m die höchste der Welt. Von hier oben kann man durch einen gläsernen Boden einen spektakulären Panoramablick auf Shanghai genießen.

上海环球金融中心, 世纪大道100号
› Shànghǎi Huánqiú Jīnróng Zhōngxīn, 100 Shiji Dadao, Tel. 68777878, www.swfc-shanghai.com, tgl. 8–23 Uhr, Eintritt: 94/F 120 ¥, 94/F, 97/F und 100/F 150 ¥, Metro: Lujiazui

㊹ Shanghai Ocean Aquarium ★★ [M2]

Gleich neben dem Oriental Pearl Tower befindet sich das 2002 eröffnete Shanghai Ocean Aquarium. Das Aquarium ist **eines der größten in Asien** und man kann mehr als 300 verschiedene Fischarten aus aller Welt in neun verschiedenen Themenbereichen bestaunen. Höhepunkte der Anlage sind der mit einer Länge von 155 m **längste Unterwassertunnel der Welt** sowie ein Becken mit kleinen Haien zum Anfassen. Gerade an verregneten Tagen oder wenn es in den Sommermonaten heiß und feucht ist, kann man sich an diesem Ort gerade mit Kindern und Jugendlichen hervorragend einige Stunden aufhalten.

陆家嘴环路1388号
› Shànghǎi Haiyáng Shuizú Guan, 11388 Lujiazui Huan Lu, Tel. 58779988, 9–18 Uhr, Eintritt: 160/110 ¥ (Erwachsene/Kinder von 100 bis 140 cm Körpergröße), www.sh-aquarium.com, Metro: Lujiazui

㊺ Century Park ★★ [fj]

Der besonders großzügig und aufwendig gestaltete junge Century Park am südlichen Ende der Shiji Dadao ist mit 140 Hektar der größte Park in Shanghai und hat sich im Laufe der Jahre zu einem riesigen Freizeitpark entwickelt, der vor allem Familien anlocken dürfte.

Neben einer **breiten Seepromenade** gibt es zweispurige Wege mit begrünten Mittelstreifen, die zu einer ausgiebigen Fahrradtour, Inlineskaten oder Spaziergängen einladen. Um den zentralen See sind Themenbereiche wie ein Minigolfplatz, eine Vogelschutzzone und eine Musik-Arena angeordnet. In der Arena finden regelmäßig Theateraufführungen und Konzerte klassischer chinesischer Musik statt. Boote und Fahrräder kann man sich ausleihen – Preisbeispiele: Elektrische Boote bekommt man am Gate 3 für 50 ¥/Stunde, Fahrräder am Gate 3 und 7 ab 40 ¥/Stunde (Tandem) bzw. 50 ¥/Stunde (Tridem). Für das leibliche Wohl sorgen ein Restaurant und mehrere Cafés.

Obwohl das Grün der Bepflanzungen noch einige Jahre zur vollständigen Entwicklung benötigt, hat man schon jetzt das **Gefühl, weit außerhalb der Stadt zu sein**. An den Eingängen des Parks besteht die Möglichkeit, sich für ein ausgiebiges Picknick am See einzudecken. Am Gate 1 versorgt ein Visitor Service Center den Besucher mit einer kostenlosen Karte des Parks, vielen weiteren Informationen und erster medizinischer Hilfe im Notfall.

世纪公园,浦东锦绣路1001号
› Shiji Gongyuan, 1001 Jinxiu Lu, 7–18 Uhr, Eintritt: 10 ¥, Metro: Century Park

Maglev – der Transrapid in Shanghai

Bereits im Juli 2000 überzeugte sich der chinesische Ministerpräsident Zhu Rongji bei einem Besuch in Deutschland auf der Teststrecke im emsländischen Lathen persönlich von der Technologie des Transrapid. Bald darauf war der Beschluss für den Bau einer ersten Strecke der deutschen Magnetschwebebahn in China gefasst. Bereits ein gutes halbes Jahr später, am 23. Januar 2001, wurde der Vertrag zwischen der Transrapid International und der Stadt Shanghai unterzeichnet, eine Trasse sollte den Flughafen Pudong mit der Innenstadt verbinden. Wenn man einen Blick auf die rasante Entwicklung der Stadt Shanghai wirft, verwundert es nicht, das schon Anfang 2004 – also nur drei Jahre später – der Regelbetrieb aufgenommen wurde. Der Transrapid Shanghai war das schnellste spurgebundene und kommerziell genutzte Fahrzeug der Welt.

Die 30 Kilometer lange Fahrt des **Mag**netic **Lev**itation Train (Maglev, chin. Cixuanfu lieche, 磁悬浮列车) dauert 8 Minuten. Nach dreieinhalb Minuten bzw. zwölf Kilometern ist die **Höchstgeschwindigkeit von 431 km/h** erreicht, 50 Sekunden befindet man sich in einem Hochgeschwindigkeitsrausch. Man fliegt förmlich an den Gebäuden und den auf der abschnittsweise parallel verlaufenden Autobahn fahrenden Fahrzeugen vorbei. Danach wird der Zug auf wiederum zwölf Kilometern abgebremst. Die Endstation des Zuges in Shanghai ist die Longyang Lu Station in einem der äußeren Stadtbezirke von Pudong. Von hier aus kann man entweder mit der Metro oder mit einem Taxi weiter in die Innenstadt fahren. Mit viel Gepäck ist dies etwas umständlich und so bevorzugen viele Reisende die 20 Minuten längere Fahrt mit einem Taxi vom Flughafen direkt zu ihrem tatsächlichen Ziel. Aber zumindest einmal sollte man sich eine Fahrt mit diesem technischen Meisterwerk gönnen. Es ist ein Erlebnis.

Die **Fahrgastzahlen** stiegen erst nach einer Senkung der Fahrpreise. So kostet eine einfache Fahrt 2. Klasse heute nur noch 50 ¥ statt 75 ¥, weitere 20 % Rabatt gibt es auf Vorzeigen eines Flugtickets desselben Tages. Über weitere Transrapidverbindungen von Shanghai nach Hangzhou und eine Verlängerung der Trasse in Shanghai zum Hongqiao-Airport wird zurzeit immer wieder diskutiert.

㊻ Shanghai Science & Technology Museum ★★ [fi]

Auf einer Ausstellungsfläche von über 100.000 m² vermittelt das Shanghai Science & Technology Museum in einem beeindruckenden Gebäude aus Glas und Metall vielfältige Einblicke in Naturwissenschaft und Technik – auch auf für Kinder verständliche Weise. Das Museum in Pudong zählt mittlerweile zu den größten Wissenschaftsmuseen der Welt.

Das Museum liegt westlich des Century Parks ㊺ an der Century Avenue (Shiji Dadao) und lässt sich hervorragend mit einem Besuch desselben kombinieren. Das im Jahr 2001 eröffnete Museum setzt mit seinen **interaktiven Exponaten und Experimenten** neue Maßstäbe

Brücken über den Huangpu

*Noch bis Ende der 1980er-Jahre spielte sich das Leben in Shanghai überwiegend auf der westlichen Seite des Huangpu, in Puxi, ab. Wer in die östlich des Flusses gelegenen Gebiete wollte, konnte diese nur mit einer der zahlreichen Fähren erreichen. In den letzten 10-15 Jahren entwickelte sich Pudong jedoch mit einer atemberaubenden Geschwindigkeit. Es entstanden moderne Stadtviertel, ein neuer internationaler Flughafen und große Industriegebiete, in denen sich auch zahlreiche ausländische Firmen ansiedelten. Deutlich wird diese rasante Entwicklung heute an der imposanten Wolkenkratzerkulisse von Pudong: Jin Mao Tower, Oriental Pearl Tower und das neue World Financial Center sind nur die bekanntesten der markanten Stahl- und Betongiganten. Unmittelbare Folge dieser dynamischen Stadtentwicklung ist ein **stetig ansteigender Verkehrsstrom über den Huangpu.** Das bestehende Fährsystem war schon bald völlig überlastet und es mussten Brücken und Tunnel gebaut werden.*

*Alle heutigen Brücken im Stadtzentrum (bis auf die Lupu-Brücke) sind **Schrägseilbrücken** und wurden als Joint Venture realisiert. Die erste der mittlerweile sechs Brücken über den Huangpu war die **Nanpu-Brücke** [ej] im Jahr 1991. Diese überspannt mit einer Gesamtlänge von 8346 m über 846 m den Huangpu – ein imposantes Bauwerk, das nicht nur Technik-Freaks mit seinem Gewirr an spiralförmigen Auf- und Abfahrten in seinen Bann zieht. Wer es zeitlich einrichten kann, sollte wenigstens einmal mit dem Taxi über diese Brücke hinüber nach Pudong fahren. Allein die schwindelerregende Auffahrt in Puxi hat eine Länge von 3754 m! Von oben, in einer Höhe von 46 m, hat man eine grandiose Aussicht auf den Huangpu und die Flussufer. Besonders schön ist eine Fahrt bei Dunkelheit, wenn einem das Lichtermeer Shanghais zu Füßen zu liegen scheint. Sportliche Naturen nutzen den Aufzug an der Zhongshan Nanlu und wandern über diese spektakuläre Hängebrücke nach Pudong. Ein besonders für Hobbyfotografen einmaliges Erlebnis.*

*Weitere Brücken im Zentrum folgten mit der Yangpu-Brücke (eröffnet 1993), der Xupu-Brücke (1997) und der Lupu-Brücke (2003) [dj]. Letztere überspannt auf einer Länge von 550 m (3900 m Gesamtlänge) den Fluss und gilt zurzeit als **längste Bogenbrücke weltweit**. Die Brücken folgen alle einem bestimmten Prinzip der Namensgebung: So verbindet die Lupu-Brücke den nördlichen Distrikt **Lu**wan mit dem südlichen **Pu**dong. (Nanpu-Brücke: **Nan**shi und **Pu**dong, Yangpu-Brücke: **Yang**pu und **Pu**dong, Xupu-Brücke: **Xu**hui und **Pu**dong).*

Lupu-Brücke	卢浦大桥
Nanpu-Brücke	南浦大桥
Xupu-Brücke	徐浦大桥
Yangpu-Brücke	杨浦大桥

und zieht Besucher aller Altersgruppen in seinen Bann. In zwölf Ausstellungsbereichen findet der Besucher Antworten auf interessante technologische Fragen zur Erforschung unseres Planeten und des Weltraums, des menschlichen Körpers oder er kann neue innovativer Technologien kennenlernen.

Im Museum befindet sich zudem ein künstlich angelegter tropischer Regenwald mit täuschend echten Insekten, Schmetterlingen, Vögeln und Amphibien aus Plastik. Außerdem stehen dem Besucher mehrere großformatige **Kinos** (3D-IMAX-Kino, 360-Grad-Rundkino, IWERKS 4D-Kino) zur Verfügung.

„Lernen durch Spielen" lautet das Motto im **Children's Technoland**, das sich speziell an Kinder im Alter von ein bis zwölf Jahren richtet. Die Faszination der Wissenschaft und Technik zieht die Kleinen in mehreren, der Altersklasse entsprechend aufgeteilten Bereichen anhand zahlreicher einfacher Experimente zum Mit- und Selbermachen in ihren Bann. Gerade an einem verregneten Tag kann man sich hier problemlos mehrere Stunden aufhalten und spannende Dinge erleben.

Das Science & Technology Museum erfreut sich großer Popularität und zählt mittlerweile pro Jahr mehr als 2 Mio. Besucher.

上海科技博物馆, 世纪大道2000号
> Shànghai Kejì Guan, 2000 Shiji Dadao,
Tel. 68622000, www.sstm.org.cn,
Di.-So. 9-17.15 Uhr, Eintritt: 60/30 ¥
(Erwachsene/Studenten und Senioren/
Kinder bis 130 cm Körpergröße),
Metro: Science & Technology Museum
(Linie 2) oder Pudian Lu (Linie 4)

Blick auf Pudong bei Nacht

㊼ Shanghai Natural Wild Insect Kingdom ★ [M2]

Nicht nur Insekten und Bienenvölker, auch Schmetterlinge und Käfer sind in diesem recht jungen Museum zu sehen – inklusive einem tropischen Regenwald und einer Reptilienhöhle. Einige der Insektenmodelle wirken etwas kitschig, aber vor allem Kinder werden die interaktiven Ausstellungen und das Füttern der Kleintiere lieben.

> **EXTRATIPP**
> **Aussichtsplattform auf der Lupu-Brücke**
>
> Einen Nervenkitzel der besonderen Art verspricht die Aussichtsplattform auf der Lupu-Brücke. Mit dem Fahrstuhl geht es zunächst vom Fuß der Brücke hinauf zur Fahrbahn in eine Höhe von 50 m über den Huangpu. Dann gilt es, 367 Stufen den Brückenbogen hinauf bis zur Aussichtsplattform zu erklimmen. Diese bietet Platz für bis zu 200 Besucher und befindet sich in luftiger Höhe 100 m über dem Fluss. Von hier hat man bei gutem Wetter die wohl schönsten Aussichten über das Gelände der Expo 2010.
>
> Persönliche Gegenstände wie Taschen etc. sind aus Sicherheitsgründen vor dem Aufstieg in Schließfächern zu deponieren. Zudem sind eine gute körperliche Verfassung und Kondition Voraussetzung für dieses außergewöhnliche Erlebnis. Offensichtlich alkoholisierte Besucher werden abgewiesen.
>
> 卢浦大桥, 鲁班路909号
> › Lupu Dasha, 909 Luban Lu,
>   Tel. 63058355, tgl. 9–17.30 Uhr,
>   Eintritt 80 ¥, Metro: Luban Lu (Linie 4)

大自然野生昆虫馆, 丰和路1号,
近滨江大道, 东方明珠
› Shanghai Daziran Yesheng Kunchong Guan,
  1 Fenghe Lu, www.shinsect.com,
  Tel. 58405921, Mo.–Fr. 9–17 Uhr,
  Sa.–So. 9–17.30 Uhr, Eintritt: 60 ¥ bzw.
  40 ¥ (Kinder unter 18 Jahre), Metro: Lujiazui

㊽ Museum of Traditional Chinese Medicine ★★

Dieses eher wenig bekannte Museum bietet faszinierende Einblicke in die jahrtausendealte traditionelle chinesische Medizin. Auf drei Etagen mit mehr als 14.000 Exponaten, einem Heilkräutergarten und 10.000 medizinischen Journalen, Zeitschriften und Dokumenten, viele davon aus den 1920er- und 1930er-Jahren, kann man sich über Arzneien, Massagetechniken, Akupunktur oder auch Ernährung- sowie Bewegungstherapien und vieles mehr aus der Welt der Medizin informieren. Es ist erstaunlich, wie wenig sich die traditionelle Medizin dabei in den letzten 5000 Jahren verändert hat.

上海中医药博物馆, 蔡伦路1200号,
金科路.
› Museum of Traditional Chinese Medicine,
  1200 Cailun Lu, Tel. 51322712,
  Di.–So. 9–16 Uhr, Eintritt 15 ¥,
  Metro: Zhangjiang High-Tech Park

㊾ International Finance Centre (IFC) ★ [M3]

Die 260 m hohen Zwillingstürme des in Form von zwei Diamanten 2011 eröffneten Bankgebäudes IFC beherbergen neben einer Shoppingmall (www.shanghaiifcmall.com.cn) und einem Apple Store mit dem Flair by The Ritz-Carlton (s. S. 83) auch **Shanghais höchste Open-Air-Bar**. Verantwortlich für diese architektonische Meisterleistung ist der Argentinier Cesar Pelli, der auch die Petronas Towers in Kuala Lumpur entworfen hat.

上海国金中心,
浦东世纪大道8号,近陆家嘴环路
› International Finance Centre (IFC),
8 Century Avenue

Kulinarisches im Viertel

宝莱纳, 滨江大道富都段,
近浦东香格里拉酒店
225 [L3] **Paulaner Brauhaus (3),** Binjiang Dadao Fudu Duan, am Pudong Shangri-La Hotel, Tel. 68883935. Hausgebrautes Bier, Schweinshaxen und Sauerkraut wird im Biergarten am Ufer des Huangpu mit Blick auf den Bund serviert.

Das nördliche Shanghai

Die Gegend nördlich des Suzhou Creek (Wusong He) war früher das Gebiet der Amerikanischen Konzession, bis diese später mit der Britischen Handelsniederlassung das International Settlement bildete. In den 1930er-Jahren war diese Region, bestehend aus den Distrikten Hongkou und Zhabei, eine der ärmsten Shanghais. Hongkou war aufgrund der gut 30.000 dort lebenden Japaner auch als Little Tokyo bekannt, Zhabei unattraktiv wegen seiner Fabriken und Slums.

Viel zu sehen gibt es in diesem Teil der Stadt auch heute nicht. Es gibt keine herausragenden Sehenswürdigkeiten und daher wird die Gegend von nur wenigen Touristen besucht. Unterhält man sich mit in der Stadt lebenden Ausländern, hört man oft, nördlich der Beijing Lu seien sie nie oder nur selten gewesen. Aber gerade das macht den **Reiz dieses Viertels** aus: Bummeln durch die vielen Seitenstraßen macht Spaß, denn man ist hier mittendrin im typischen chinesischen Alltagsleben.

› **Anfahrt:** Mit der Metro Linie 3 (Pearl Line) kommt man zur Duolun Lu (Dongbaoxing Lu) und zum Lu Xun Park (Hongkou Football Stadium) mit den Linien 3 und 8. Zudem fährt die Buslinie 21 von der Sichuan Lu über die Duolun Lu zum Lu Xun Park.

50 Lu Xun Park ★★

Der Lu Xun Park gehört zu den schönsten Parks in Shanghai und ist bei der Bevölkerung sehr beliebt.

Im Park trifft man sich zum Tai Chi und zum Tanzen, Hobby-Opernsänger und -Musikgruppen geben hier manchmal kostenlose Aufführungen. Der im Park stattfindende sonntägliche „English Corner", ein Treffpunkt und regelmäßig stattfindendes Treffen für Englisch sprechende Chinesen zum Plaudern auf Englisch, ist einer der größten in Shanghai und für Ausländer eine gute Gelegenheit, mit Chinesen ins Gespräch zu kommen. Oder man mietet ein Boot und rudert auf dem kleinen See des Parks.

Der Park hieß ursprünglich Hongkou Park. Heute ist er benannt nach dem Grab des berühmten chinesischen Schriftstellers Lu Xun (s. S. 192). Zum zwanzigsten Jahrestag seines Todes wurde das Grab 1956 vom Internationalen Friedhof hierhin verlegt. Die Kalligrafien auf dem Grabstein stammen von Mao höchstpersönlich. In der **Lu Xun Memo-**

Der Schriftsteller Lu Xun

Lu Xun ist einer der bekanntesten Dichter und Schriftsteller Chinas und gilt als Begründer der modernen chinesischen Literatur. Er war auch ein begnadeter Maler, Kalligraf, Denker und Revolutionär. Mit seinen bedeutenden und inspirierenden Werken hat er in China ganze Generationen beeinflusst. Viele seiner gesellschaftskritisch-satirischen Erzählungen, Dichtungen und Essays wurden in Dutzende von Fremdsprachen übersetzt und sind ein Muss für chinesische Hochschulstudenten. Wie sehr die Chinesen Lu Xun in ihr Herz geschlossen haben und verehren, zeigt sein häufig erwähnter Beiname: Seele der Nation.

Lu wurde 1881 als Zhōu Shùrén in Shaoxing, Provinz Zhejiang, geboren. Als Sohn einer wohlhabenden Literatenfamilie genoss er bereits in seiner frühen Kindheit eine traditionelle Ausbildung in einer Privatschule. 1899 studierte er zunächst für ein Jahr an der Nanjinger Jiangnan-Marineakademie, danach Eisenbahn- und Bergbau ebenfalls in Nanjing, bevor er 1902 zum Medizinstudium nach Japan ging. Während dieser Zeit befasste Lu sich zunehmend mit ausländischer Literatur und Philosophie und begann intensiv - auch in kritischer und ironischer Perspektive -, die literarischen und philosophischen Traditionen sowie die Kultur und Geschichte Chinas zu betrachten. Nur den Geist der Menschen und ihre Vorstellungen zu verändern, so seine Erkenntnis, konnte sein Land noch retten. Das Schreiben schien ihm hierfür der einzig richtige Weg. Während dieser Zeit schrieb er einen ersten politischen Essay.

Nach der Rückkehr in sein Heimatland unterrichtete Lu für die nächsten Jahre Naturwissenschaften als Lehrer einer Mittelschule in seiner Heimatprovinz Zhejiang. 1911, nach dem Sturz des letzten Kaisers der Qing-Dynastie und der Gründung der Republik durch Sun Yat-sen, wurde Lu als Beamter ins Bildungsministerium der neuen Regierung nach Nanjing berufen. In diesem Jahr veröffentlichte er auch seine erste Kurzgeschichte mit dem Titel „Eine Kindheit in China". Bereits ein Jahr später wurde das Ministerium nach Beijing umgesiedelt, wo Lu Xun bis 1926 blieb. Hier unterrichtete er zusätzlich an der Universität und kämpfte mit der „Bewegung des 4. Mai" gegen Imperialismus und Traditionalismus.

1918 - Lu war inzwischen auch Redakteur der Zeitschrift „Neue Jugend" (Xin Qingnian) - schrieb er seine erste Erzählung „Tagebuch eines Verrückten". In dieser Kurzgeschichte, die in der „Neuen Jugend" erschien, verurteilt er die chinesische Gesellschaft und das konfuzianische Wertesystem als ein „menschenfressendes" System. Es gilt als eines der ersten Werke der modernen chinesischen Literatur.

Nach der blutigen Niederschlagung der Aufstände ging Lu Xun 1927 nach Shanghai und bezog 1933 sein Haus im nördlichen Stadtteil Hongkou. Dort setzte er seine literarische Tätigkeit bis zu seinem Tod im Jahre 1936 fort. 1930 trat er der „Liga linker Schriftsteller" bei und schrieb während seiner Jahre in Shanghai zahlreiche Essays, kritisierte die Politik der Kuomintang unter Chiang Kai-shek und das imperialistische Japan.

rial Hall (Lu Xun Jininguan) kann man das Lebenswerk des Literaten bewundern. Neben Videos und Wachsfiguren sind verschiedene Originalmanuskripte und Fotografien ausgestellt. Der kleine Buchladen verkauft Sammlungen der Geschichten Lu Xuns, auch in deutscher Übersetzung.

鲁迅公园, 东江湾路146号
> Lu Xùn Gongyuán, 146 Dongjiangwan Lu, Tel. 56962894 (Park), 65402288 (Memorial Hall), tgl. 6–18 Uhr (Park), 9–16 Uhr (Memorial Hall), Eintritt frei, Metro: Hongkou Stadium

| Lu Xùn | 鲁迅 |
| Zhōu Shùrén | 周树人 |

🔴 Duolun Lu ★★ [eg]

多伦路

Die nur knapp 800 m lange Duolun Lu nördlich der Sichuan Beilu und südlich des Lu Xun Parks ist ein bedeutender Ort in der Geschichte der modernen Literatur Chinas. Die vor ein paar Jahren restaurierten Gebäude an dieser Straße waren Heimat einiger bedeutender Literaten und Generäle der Kuomintang.

Die historische Bedeutung der Duolun Lu als berühmtes und wichtiges Zentrum moderner Literatur geht nicht zuletzt auf die Arbeit großer Literaten wie Lu Xun, Mao Dun, Guo Moruo, Ye Shentao und der Autoren der „Liga linker Schriftsteller" wie Ding Ling und Rou Shi zurück. Heute ist die Duolun Lu ein Freilichtmuseum von Gebäuden im Shanghai-Stil mit Antiquitätenläden, Buchhandlungen, Galerien und Teehäusern. Es ist eine entspannende Angelegenheit, durch diese verschlungene, schmale und vor allem autofreie Straße zu schlendern.

Ein einzigartiges Bauwerk am südlichen Ende der Straße ist die **Kirche Hong De Tang** (59 Duolun Lu, 9.30–16.30 Uhr) aus dem Jahr 1928, die einzige christliche Kirche in Shanghai mit architektonischen Elementen eines chinesischen Tempels. Unten gibt es eine Ausstellung zeitgenössischer Handwerkskunst. Got-

Auf der Duolun Lu

tesdienste finden sonntags um 7 und 9.30 Uhr statt. Läuft man weiter in Richtung Norden zum Lu Xun Park ❺⓪, passiert man einen stattlichen Glockenturm (Xi Shi Zhong Lou) (119 Duolun Lu) und das wunderschöne **Old Film Café** (s. S. 196). Hier sollte man unbedingt eine kleine Pause einlegen: Bei einem Kaffee kann man sich alte chinesische Filme aus den 1920er- und 1930er-Jahren ansehen, die Wände sind dekoriert mit alten Filmplakaten. In den weitläufigen oberen Räumen des Cafés werden allerlei Souvenirs, Antiquitäten und Mao-Erinnerungsstücke verkauft.

Das **Museum der „Liga linker Schriftsteller"** (9.30–16.30 Uhr, Eintritt: 5 ¥) befindet sich etwas weiter in einer Seitengasse (多伦路201弄2号, 2, Lane 201 Duolun Lu). Diese wichtige literarische Vereinigung des 20. Jahrhunderts wurde am 2. März 1930 an diesem Ort gegründet. Am nördlichen Ende der Duolun Lu lohnt noch ein Blick auf die architektonisch interessante **Kong Residenz** (250 Duolun Lu) aus dem Jahr 1924, einer der Treffpunkte der Kuomintang. Leider ist das Gebäude für die Öffentlichkeit nicht zugänglich.

❺❷ Duolun Museum of Modern Art ★★ [eg]

Das im Jahre 2003 eröffnete Duolun Museum of Modern Art am südlichen Ende der Duolun Lu hat sich innerhalb weniger Jahre zu einem der wichtigsten Foren für zeitgenössische Kunst in Shanghai entwickelt.

Es gilt als das erste professionell geleitete Museum dieser Art in China. Ziel ist es, die moderne Kunst im Land zu fördern und zu unterstützen sowie den internationalen Austausch von Kultur und Kunst voranzutreiben. Hier finden Kunstfreunde **Sammlungen zeitgenössischer Kunst** aus China und anderen Ländern in Wechselausstellungen. Aktuelle Informationen findet man auf der Homepage des Museums.

Im angeschlossenen Buchladen kann man Bücher und Magazine zur modernen und zeitgenössischen Kunst käuflich erwerben. Auch zu den meisten Ausstellungen der Vergangenheit gibt es weiterhin Kataloge, Poster, Postkarten und reichhaltiges Informationsmaterial zu erstehen.

多伦现代艺术馆, 多伦路27号,
近四川北路
› Shanghai Duolun Xian Dai Yi Shu Bowuguan, 27 Duolun Lu, Sichuan Beilu, www.duolunmoma.org, Di.–So. 10–18 Uhr, Eintritt: 10 ¥, Studenten 5 ¥, Kinder unter 110 cm frei

❺❸ Changfeng Park ★★ [ag]

Der frühe Morgen ist eine besonders angenehme Zeit für einen Besuch des Changfeng Parks im Nordwesten der Stadt. Über dem See geht die Sonne auf, die ersten Menschen versammeln sich zu sportlichen Aktivitäten oder Meditation. Man könnte aber auch gut einen ganzen Tag hier verbringen: Neben den **zahlreichen sehenswerten Grünanlagen** mit Blumenwiesen, Bäumen, Sträuchern und Pavillons existieren zahlreiche weitere Möglichkeiten, um einen abwechslungsreichen Tag zu gestalten.

Gerade wenn man **mit Kindern in Shanghai** weilt, ist der Park ein Muss. Neben dem Changfeng Ocean World (s. S. 86) und einer Indoor-Kartbahn (siehe „Shanghai für den Nachwuchs") gibt es ein Karussell, einen Autoskoo-

Die Geschichte der Juden in Shanghai

Das ehemalige Jüdische Viertel liegt im nördlichen Stadtteil Hongkou, das Zentrum des Viertels bildet die Zhoushan Lu. Die Gegend war in den 1930er-Jahren ein sehr preiswertes Wohngebiet und so landeten bis 1941 fast 30.000 Juden auf ihrer Flucht vor den Nazis in Deutschland in diesem Stadtbezirk. Shanghai war aufgrund des **internationalen Status** letztlich der einzige Ort der Welt, an den man noch ohne Pass oder Visum ausreisen konnte, und zudem war das Leben in der Stadt auch für weniger wohlhabende Familien erschwinglich.

Von Deutschland über Österreich gelangte man noch bis 1940 mit dem Zug nach Italien und von dort mit den großen Passagierschiffen der italienischen Linie Lloyd Trestino nach Shanghai. Es durften maximal 10 Reichsmark, private Gegenstände, aber keine Wertsachen ausgeführt werden. Die Ausreise wurde streng von Beamten der Gestapo überwacht. Viele kamen daher bettelarm in China an.

Im Sepzember 1940 trat Italien an Deutschlands Seite in den Krieg ein. Die Ausreise über den Seeweg war damit versperrt und man konnte nur noch mit schwer erhältlichen Visa über den mühsamen Landweg durch Russland nach Shanghai gelangen. Der Zustrom der Flüchtlinge in Shanghai nahm trotzdem immer größere Ausmaße an und wurde durch lokale jüdische Gemeindemitglieder unterstützt. Internationale Hilfsgelder gab es durch den **JOINT** (American Jewish Joint Distribution Committee) und weitere Organisationen. Zahlreiche Flüchtlinge wurden in speziell dafür eingerichteten Unterkünften mit der lebensnotwendigen Versorgung und warmen Mahlzeiten untergebracht.

Japan trat 1941 - nach dem Angriff auf Pearl Harbor - als Verbündeter NS-Deutschlands in den 2. Weltkrieg ein und übernahm die Macht in Shanghai, verfolgte aber keine deutschen Juden. Am 18. Februar 1943 richteten die Japaner eine sogenannte „Designated Area" ein. Alle Juden, die nach 1937 in Shanghai angekommen waren, mussten in dieses **Getto in Hongkou** umsiedeln. Das Getto in dem Stadtteil, der durch den Krieg von 1937 die schwersten Zerstörungen erlebte, wurde nach Kriegsende 1945 von den Amerikanern aufgelöst.

Nach Ende des Krieges verließen die meisten Juden Shanghai schnellstmöglich in Richtung USA, Israel oder Australien. Aber auch europäische Staaten wie Österreich und selbst Deutschland waren durchaus begehrte Einreiseländer, wiederum unterstützt durch Hilfsorganisationen. Bereits 1948 waren schon mehr als 10.000 Juden von Shanghai in andere Länder ausgereist. Nach 1949 wurde für die noch in Shanghai verbliebenen Juden das Leben mit dem zunehmenden Machtgewinn Mao Zedongs immer ungemütlicher. Mit Flugzeugen und Schiffen verließen bis zum Frühling 1950 die meisten der Juden Shanghai. Heute leben in Shanghai noch schätzungsweise etwa 800 Juden.

ter sowie elektrische und Ruderboote zu mieten, mit denen man den recht großen See des Parks erkunden kann. An den Verkaufsständen bekommt man kleine Snacks und Erfrischungsgetränke für eine gemütliche Pause auf den zahlreichen Bänken am See.

长风公园, 大渡河路25号, 近枣阳路
> Changfeng Gongyuán, 25 Daduhe Lu, Zaoyang Lu, Tel. 62453270, 6–17.30 Uhr, Metro: Jinshajiang Lu (Linie 3)

54 Ohel Moishe Synagoge ★ [fh]

Diese schöne Synagoge aus dem Jahr 1927 erinnert an die jüdischen Flüchtlinge aus Europa. Von der russisch-aschkenasischen Jüdischen Gemeinde von Shanghai errichtet, befindet sie sich **inmitten des ehemaligen Jüdischen Gettos.** Dieses war in den 1940ern von den Japanern errichtet worden und Heimat der Mehrheit der damals in Shanghai lebenden 30.000 Juden.

Außer einer mehrsprachigen Ausstellung über das Leben jüdischer Emigranten in Shanghai ab 1938 gab es in der Synagoge lange Zeit nicht viel zu sehen. Noch bis in die 1990er-Jahre waren hier staatliche Büros untergebracht. Die Synagoge wurde lange Zeit vernachlässigt, denn sie erinnerte zu sehr an die koloniale Vergangenheit und wollte nicht so recht in die kommunistische Weltanschauung passen.

Doch im Laufe der Jahre kamen immer mehr Gäste – Emigranten wie Politiker – aus dem Ausland, vorrangig aus Israel und den USA. Inzwischen ist man in Shanghai wieder stolz auf die Geschichte der Stadt als Emigrationsziel für verfolgte Juden. 2007 wurde die Synagoge daher aufwendig restauriert und zu einer **Gedenkstätte mit mehrsprachigen Ausstellungen,** dem Jewish Refugee Museum, auf mehr als 500 m² ausgebaut.

Auch die umliegende Gegend ist sehr interessant. Hier gibt es keine großartigen Sehenswürdigkeiten, aber typisch chinesische Lebensart zu entdecken.

摩西会堂, 犹太难民在上海博物馆, 长阳路62号
> Moxi Huitang, 62 Changyang Lu, Tel. 65415008, 9–16 Uhr, Eintritt: 50 ¥, Metro: Linie 4, Dalian Lu

Kulinarisches im Viertel

勃逊, 武定西路1455号, 近江苏路
226 [B1] **Le Bouchon,** 1455 Wuding Xilu, Jiangsu Lu, www.lebouchon-shanghai.com, Tel. 62257088, 18.30–22.30 Uhr. Ein kleines und gemütliches Restaurant. Die solide frankophile Küche und eine gute Auswahl an französischen Weinen machen den Weg ins Niemandsland des Shanghaier Nordens zu einem kulinarisch lohnenden Ausflug.

老电影咖啡吧, 多伦路123号, 近四川北路
227 [eg] **Old Film Café,** 123 Duolun Lu, Sichuan Beilu, Tel. 56964763, 10–1 Uhr, Metro: Hongkou Football Stadium (Linie 3 und 8) und Dongbaoxing Lu (Linie 3)

上海远洋宾馆, 东大名路1171号
228 [fh] **Revolving 28,** Ocean Hotel, 1171 Dongdaming Lu, www.oceanhotel.sh.cn/en, Tel. 65458888. Spektakulärer Blick über das nördliche Shanghai im rotierenden Restaurant, dazu werden gute europäische Gerichte sowie scharfe Sichuan-Speisen serviert.

Entdeckungen außerhalb

Entdeckungen außerhalb
Ausflug ins Wasserland im Südwesten Shanghais

Shanghai ist ohne Zweifel die, sieht man einmal von der geografischen Lage ab, westlichste Stadt in der Volksrepublik China mit allen den daraus resultierenden Vor- und Nachteilen für deren Bewohner und Besucher. Auf der Suche nach traditionellen Dörfern und ländlichen Lebensweisen braucht man sich aber nur einige Kilometer außerhalb der Stadtgrenzen zu begeben und schon befindet man sich in einer anderen Welt.

Neben den zahlreichen viel besuchten Naherholungsgebieten für gestresste Shanghaier lassen sich mit den Tipps in diesem Kapitel viele ruhige und entspannende Plätze und Orte erkunden, von denen man nie geglaubt hätte, man könnte sie in der unmittelbaren Umgebung dieser Megacity überhaupt finden. Ein „China aus dem Bilderbuch" lässt sich also auch in unmittelbarer Nähe Shanghais erkunden.

Ausflug ins Wasserland im Südwesten Shanghais

Wer genug hat vom Smog, der Hektik und dem Betondschungel Shanghais, der sollte sich auf den Weg aufs Land machen. Schon einige Kilometer nachdem man die Stadtgrenzen Shanghais hinter sich gelassen hat, erlebt man ein ganz anderes, traditionelles China.

Es ist ratsam, die Gegend westlich und südwestlich der Stadt mit einem Mietfahrzeug zu erkunden oder ein Taxi zu chartern – eine Tagestour durch den Südwesten Shanghais kostet auch mit dem Taxi selten mehr als 500 ¥. Teilt man sich diese Kosten mit anderen Reisenden, ist es wirklich preiswert und man spart eine Menge Zeit gegenüber öffentlichen Verkehrsmitteln. Im Hotel wird man bei der Vermittlung und den Preisverhandlungen gerne behilflich sein. Sämtliche Ziele in diesem Abschnitt sind in diesem Fall gut an einem Tag zu besuchen. Wer seinen Trip in die Umgebung mit öffentlichen Verkehrsmitteln oder einem der Ausflugsbusse

◁ *Vorseite: im Garten des Meisters der Netze* 66 *in Suzhou*

(ab Shanghai Stadium 36) plant, sollte sich aus zeitlichen Gründen auf ein Ziel beschränken.

In jedem Fall gilt es, frühmorgens zu starten, um dem Berufsverkehr auf den in den Westen führenden Ausfallstraßen und Highways zu entgehen. Folgt man vom Zentrum Shanghais aus der Yan'an Lu Richtung Westen, kommt man in der Nähe des Hongqiao Airports auf den Huqingping Highway.

Wie auch auf allen anderen Ausfallstraßen ist die Strecke zunächst nicht sehr attraktiv, aber man sieht **typisch chinesisches Leben an und auf der Straße:** fliegende Händler, Job suchende Tagelöhner, stinkende, dahinkriechende Lkws und den einen oder anderen Viehtransporter, der randvoll gestopft ist mit mehr oder weniger lebenden Hühnern oder Schweinen – bei diesen Verhältnissen würden europäische Tierschützer auf die Barrikaden gehen! Allein den fließenden – oder eben meist auch nicht fließenden – Verkehr zu beobachten, ist interessant. Man mag nicht glauben, dass man sich auf einem „Highway" befindet! Es wird an-

Entdeckungen außerhalb

Ausflug ins Wasserland im Südwesten Shanghais

gehalten oder abgebogen, wo immer es geht oder gerade sein muss. Parkende Lkws auf der Überholspur sind keine Seltenheit, Fußgänger oder entgegengesetzt der Fahrtrichtung fahrende Zweiräder erst recht nicht.

Man kann sich vorstellen, dass es recht langsam vorwärts geht – und die relativ langweilige Landschaft lädt nicht gerade zum Verweilen ein. Wer aber **das wahre China** außerhalb der touristischen Zentren einer Großstadt erleben möchte, sollte auch in den Randbezirken der Metropole ruhig einmal anhalten und einen der Märkte an den Ausfallstraßen besuchen.

Auch wenn man hier nichts kaufen möchte, finden Hobbyfotografen dort garantiert das ein oder andere interessante Motiv. Hat man den Großraum Shanghai aber erst einmal verlassen, entschädigen die vielen traditionellen Ortschaften mit ihren mannigfaltigen Sehenswürdigkeiten und dem romantischen Flair – ein China, wie man es aus Büchern oder Dokumentationen ansatzweise kennt.

55 Qingpu ★★

青浦

Die Kreisstadt Qingpu im Westen lohnt trotz ihrer mittlerweile mehr als 500.000 Einwohner aufgrund ihrer alten Geschichte einen Besuch.

Qingpu ist der westlichste Stadtbezirk Shanghais. Dieser grenzt an das Wasserreservoir des Dianshan-Sees, dem einzigen Süßwasserreservoir Shanghais. Es wird vermutet, dass Qingpu eine **frühgeschichtliche Metropole im Yangzi-Delta** war, denn Archäologen fanden hier mehr als 3000 Jahre alte Siedlungen, Gräber und Brunnenanlagen – ein Beweis dafür, dass die Menschen im Yangzi-Delta schon vor 3000 Jahren Brunnen bohrten, um ihre Trinkwasserversorgung zu gewährleisten. Andere überraschende archäologische Entdeckungen sind ein Altar für einen Feuergott sowie Werkzeuge zur Herstellung von Tongegenständen.

Die Hauptsehenswürdigkeit ist der um 1745 während der Qing-Dynastie am Daying Fluss angelegte **Garten des mäandernden Flusses** (Qushui Yuan) in der Ortschaft Chengxiang im Nordosten der Stadt. Der Garten ist einer der fünf berühmten Gärten in der Provinz Shanghai und beeindruckt durch seine künstlich um einen Teich angelegte Wasserlandschaft.

Es gibt einige Pavillons, Brücken, mit Steinen angelegte Gärten, Pinien sowie künstlich angelegte Bäche mit Wasserfällen in einer hügeligen Landschaft. Die gartenarchitektonische Gesamtkomposition vermittelt einen harmonischen und idyllischen Eindruck. Im südlichen Teil des Gartens befindet sich die **Halle der konzentrierten Harmonie** (Ninghe Tang) und die **Halle der Blumengöttin** (Huashen Tang). Im mittleren Abschnitt gibt es den Lotosblumenteich mit der **Halle des Erwachens** und einigen Brücken. Der nördliche Teil des Gartens besteht aus grotesken Felslandschaften.

曲水园, 公园路14号
› Qushui Yuan (Garten des mäandernden Flusses), 14 Gongyuan Lu, Tel. 59728861, tgl. 9–17.30 Uhr, Eintritt: 5 ¥, Infos: http://english.shqp.gov.cn

Auf dem Dianshan-See westlich der Stadt finden im Mai und Juni viele **Drachenbootrennen** statt.

Entdeckungen außerhalb
Ausflug ins Wasserland im Südwesten Shanghais

Garten des mäandernden Flusses (Qushui Yuan)	曲水园
Halle der konzentrierten Harmonie (Ninghe Tang)	凝和堂
Halle der Blumengöttin (Huashen Tang)	花神堂

Anreise nach Qingpu

Ab Shanghai mit dem Taxi (ca. 120 ¥) bis zum Garten des mäandernden Flusses. Anreise mit dem Auto über die Yan'an Lu und den Huyu Expressway (G50) in westliche Richtung bis Qingpu (Dauer: ca. eine Stunde).

56 Sheshan ★★★

佘山

In Sheshan befindet sich, neben einem Dutzend anderer Hügel, der mit 102 m höchste „Berg" Shanghais. Man kann hier herrlich zwischen den Hügeln im Grünen wandern und findet bestimmt ein idyllisches Fleckchen für ein gemütliches Picknick. Die idyllischen Bambuswälder sind ein wahrer Ort der Ruhe und eine willkommene Abwechslung für viele Touristen, die dem Moloch Shanghai entfliehen möchten.

Das Naherholungsgebiet mit dem Namen **„Kopf der neun Gipfel über den Wolken"** zieht natürlich eine ganze Reihe touristischer Einrichtungen an: Neben Vergnügungsparks, Restaurants und Hotels gibt es hier sogar eine Seilbahn.

Nicht nur für Freunde der Kirchenarchitektur sehenswert ist die 1863 (Neubau 1925–27) von portugiesischen Missionaren errichtete **„Kathedrale der heiligen Mutter"** (Sheshan Shengmu Dajiaotang), die auf dem höchsten Hügel des Gebiets und westlichem Gipfel des Sheshan thront. Diese Kirche ist übrigens die höchste im fernen Osten und besticht durch einen Stilmix aus romanischen, barocken und gotischen Elementen. Die majestätisch auf dem Berg liegende Kirche ist Sommersitz des Bischofs von Shanghai und zieht jedes Jahr zur Marienwallfahrt im Mai Zigtausende von Katholiken an. Für den steilen Aufstieg zur Kathedrale sollte man den Kreuzweg am südlichen Eingang wählen.

◁ *Kathedrale der heiligen Mutter in Sheshan*

Entdeckungen außerhalb
Ausflug ins Wasserland im Südwesten Shanghais

14 Kreuzwegstationen stellen in kleinen Pavillons den Leidensweg Jesu dar. Die Kathedrale ist der einzige Wallfahrtsort für Katholiken in ganz China. Vom Hochplateau genießt man einen spektakulären Ausblick.

Auf dem Weg zur Kathedrale trifft man auf weitere Sehenswürdigkeiten: das jesuitische **Observatorium** von 1900 und die 20 m hohe und siebenstöckige **Xiudaozhe Pagode** aus der Song-Zeit. Auf halbem Weg zum Gipfel liegt die 1844–70 errichtete, malerische und liebevoll dekorierte **Mittelkirche**. Die stille Atmosphäre und der kleine Garten an der Kirche laden zum Entspannen ein.

Vogelfreunde können unterhalb der Kathedrale mit einer kleinen Seilbahn zum Nachbargipfel fliegen und Hunderte von zwitschernden Arten in einem kleinen Vogelpark bewundern. Der Eintritt in den **Songjiang Sheshan National Forest Park** kostet 40 ¥ inklusive Seilbahn.

余山国际森林公园
> Sheshan National Forest Park, Tel. 57653235, 8–16.30 Uhr

Wer Zeit mitbringt, kann noch den im Juli 2013 eröffneten **Playa Maya Water Park** mit seinen exzellenten Wasserrutschen besuchen – vorausgesetzt, das Wetter spielt mit. Neben einem riesigen Becken für mehr als 3000 kleine Wasserratten gibt es auch für die Älteren einige Attraktionen. So gibt es das weltgrößte Wellenbecken mit bis zu 3,50 m hohen Wellen, Massage- und Schwimmbecken sowie zwei chinesische Restaurants. Höhepunkte sind neben mehr als 30 Attraktionen der Bumble Bee, eine rasante Wasserachterbahn, und die mehr als 120 m lange Wasserrutsche Giant Beast Bowl.

上海玛雅海滩水公园, 余山镇林湖路888号(近林荫大道)
> Playa Maya Water Park, 888 Linhu Rd, Sheshan Town, Songjiang District, Tel. 37792222, tgl. 10–21 Uhr (Juni bis September), Eintritt: 150 ¥, an Wochenenden 180 ¥.

Kathedrale der heiligen Mutter (Sheshan Shengmu Dajiaotang)	余山圣母大教堂
Tugendhafte Pagode (Xiudaozhe Baota)	秀道者宝塔

Einen Hauch von Italien verspürt man acht Kilometer weiter südwestlich von Sheshan. Hier steht mit der **Huzhu Pagode** aus dem Jahr 1079 die **chinesische Antwort auf den Schiefen Turm von Pisa**. Wenn auch das italienische Pendant wesentlich bekannter ist, so ist diese Pagode nicht zuletzt wegen ihrer stärkeren Neigung bemerkenswert. Die Pagode fing jedoch erst in den späten Jahren des 19. Jahrhunderts an, sich zu neigen. Der Grund hierfür sind Grabungen nach einem mysteriösen Schatz an einer der Grundmauern der Pagode. Die Anreise ab Shanghai mit dem Taxi kostet ca. 120 ¥.

护珠塔, 天马山上的
> Huzhu Ta, Huzhu Pagode, Tianmashan

Anreise nach Sheshan

Ab Shanghai mit dem Taxi (ca. 120 ¥) oder mit Metrolinie 9 ab Xujiahui bis Sheshan (5 ¥). Anreise mit dem Auto über die Yan'an Lu und den Huyu Expressway (G50) Richtung Westen, bis man auf die Jiasong Road (S224) trifft. Dieser folgt man ca. 4 km nach Süden bis zum Shenzhuan Highway (X023) nach Sheshan (Dauer: ca. eine Stunde).

Entdeckungen außerhalb
Ausflug ins Wasserland im Südwesten Shanghais

🆔 Songjiang ★★

松江

Songjiang ist eine moderne Stadt, hat aber aufgrund der vielen alten Gebäude entlang der Wasserstraßen aus der Ming- und Qing-Dynastie ihren Charme erhalten.

Songjiang ist eine der am längsten besiedelten Gegenden der Provinz Shanghai. Die Geschichte der Stadt reicht bis in das 6. Jahrhundert zurück und noch heute sind einige Relikte aus den Zeiten seit der Tang-Dynastie zu sehen. Eines der ältesten ist eine Steinsäule aus dem Jahr 859 auf dem Gelände der Leifeng Primary School an der Zhongshan Zhonglu. Diese **achteckige Dharani-Sutren-Stele** (Tuoluoni Jingzhang) wurde 1962 restauriert und besteht aus 21 Stufen und hat eine Gesamthöhe von 9,3 m. Die gesamte Stele ist mit Inschriften, Buddhafiguren, Lotosblättern und verschiedenen Mustern überzogen. Säulen dieser Art aus der Zeit der Tang-Dynastie gibt es zwar viele – jene in Songjiang jedoch gehört zu den größten in ganz China und gilt zudem als das älteste Bauwerk der Stadt.

Ebenfalls sehenswert ist die **Xilin Pagode** im westlichen Teil der Stadt. Die Pagode auf dem Gelände eines buddhistischen Tempels wurde vor einiger Zeit renoviert und stammt ursprünglich aus der Zeit der Südlichen Song-Dynastie. Während der Ming-Dynastie wurde sie um 1440 neu erbaut. Leider kann man die Pagode heute nicht mehr erklimmen. Eintritt frei.

西林塔, 中山中路, 西林北路
> Xilin Ta, Zhongshan Zhonglu, Xilin Beilu, tgl. 9–17 Uhr

Die bekannteste Attraktion in Songjiang ist die **Viereckige Pagode** (Fang Ta) im Südosten der Stadt. Der beinahe 50 m hohe neunstöckige Turm wurde zwischen 1068 und 1077 als Teil des Xingshengjiao-Tempels erbaut – der Tempel existiert schon lange nicht mehr. Über Jahrhunderte hinweg war die Pagode **das höchste Gebäude der ganzen Region**. Während einiger Restaurierungsarbeiten 1975 fand man im Inneren der Pagode einen Bronze-Buddha und andere Relikte.

Auch der an die Pagode angrenzende Garten und **Park** mit seinen mehr als 600 Jahre alten Bäumen lohnt einen Besuch. Es gibt einige „Attraktionen" wie Bootsverleih, Autoskooter für den Nachwuchs und einiges mehr, was den insgesamt harmonischen Eindruck der Anlage ein wenig stört. Der Eintritt zum Park kostet 18 ¥. Nördlich der Pagode steht eine in dieser Region sehr bekannte **Schutzmauer** aus grauem Backstein. In deren Mitte befindet sich die Gravur eines Fabelwesens namens Tan. Dieses Wesen, eine Mischung aus Drache, Löwe, Hirsch und Ochse, soll der Legende nach ziemlich gierig gewesen sein. Nachdem Tan alle Schätze dieser Erde verschlungen hatte, wollte er sich an die Sonne machen. Diese erwies sich allerdings als unerreichbar und Tan stürzte ins Meer und ertrank.

方塔园, 中山东路235号
> Fang Ta Yuan, 235 Zhongshan Donglu, tgl. 9–17 Uhr, Eintritt: 18 ¥ (Park)

Im Süden der Stadt befindet sich ein kleiner, nur 1,3 Hektar großer Garten mit dem **Teich des Betrunkenen Bai** (Zui Bai Chi) aus dem Jahr 1670. Die Anlage war

Entdeckungen außerhalb
Ausflug ins Wasserland im Südwesten Shanghais

der Wohnsitz des Malers Gu Dashen und ist ein gelungenes Beispiel für die Gartenbauarchitektur in der Region rund um Shanghai. Schon der berühmte Maler der Ming-Zeit Dong Qichang soll hier gelebt und gearbeitet haben. Den Teich ließ Gu Dashen zu Ehren Dong Qichangs und des Dichters Bai Juyi anlegen, der ein Gedicht über den Teich verfasst hatte.

醉白池, 人民南路64号
> Zui Bai Chi (Teich des Betrunkenen Bai),
  64 Renmin Nanlu, Tel. 57814763, tgl. 7–17 Uhr, Eintritt: 12 ¥

Architektonisch interessant ist die **Zhenjiao Moschee** südlich der Zhongshan Zhonglu im Zentrum. Erbaut zwischen 1341 und 1367 während der Yuan-Zeit, verbindet die von einer Mauer umgebene Moschee chinesische und arabische Architektur. Die Moschee wurde 1985 renoviert und der Großteil ihrer alten Pracht konnte wiederhergestellt werden. Man kann die Moschee auch von innen besichtigen (Eintritt: 6¥). Der Islam hatte schon recht früh über den Seeweg und die Seidenstraße Einzug nach China gehalten. Gerade in den Küstenregionen und Hafenstädten gab es eine ganze Reihe von Moscheen. Diese hier in Songjiang zählt ohne Zweifel zu den sehenswertesten in der Provinz Shanghai.

松江清真寺, 缸甏巷21号
> Zhēnjiāosì, 21 Gangbeng Xiang,
  Tel. 57823684, tgl. 9–17 Uhr, Eintritt: 5¥

Anreise nach Songjiang
Die bequemste Art, nach Songjiang zu kommen, sind die Metro Linie 9 bis zur Station Songjiang Xincheng (5¥) oder ein Taxi (kostet ca. 90–120¥).

58 Zhujiajiao ★★★

朱家角

In dem Wasserdorf Zhujiajiao, einige Kilometer westlich von Qingpu, findet man noch zahlreiche Häuser aus der Ming-Zeit. Die neun engen, kanalgesäumten Gassen sind über 36 Brücken aus der Ming- und Qing-Zeit miteinander verbunden. Die überwiegend aus Stein gebauten Brücken sind so zusammengesetzt, dass sie ohne Mörtel tragfähig sind.

An der **Brücke zur Freilassung** (Fangsheng Qiao) haben früher die Fischer ihre überflüssig gefangenen Fische wieder in Freiheit gesetzt. Die Brücke aus dem Jahr 1571 ist mit einer Länge von 71 m und einer Höhe von 7,5 m die größte Steinbrücke dieser Art in der Provinz Shanghai. Der Oberbau wurde 1812 rekonstruiert. Von oben hat man einen guten Überblick über das ganze Dorf. Der alte Brauch, Fische auszusetzen, wird auch heute noch fortgesetzt: Chinesische Touristen kaufen kleine Fische und setzen diese dann im Kanal aus. Beim Anblick des schmutzigen Wassers kommen einem jedoch Zweifel an einer hohen Lebenserwartung der freigelassenen Fische … Oft sieht man in der Nähe der Brücke mit Zeichenblöcken bewaffnete Kunststudenten aus den umliegenden Nachbarstädten. Auch gläubige Buddhisten zieht es immer wieder zur Fangsheng Qiao. Sie glauben, dass sie von Buddha gesegnet werden, wenn sie lebenden Karpfen von der Brücke aus die Freiheit schenken.

Entstanden ist Zhujiajiao vermutlich vor rund 1000 Jahren. Dank des gut ausgebauten Transportsnetzes auf den vielen Kanälen florierten hier Textilienindustrie und -handel bereits vom 10. bis

Ausflug ins Wasserland im Südwesten Shanghais

zum 13. Jahrhundert. Während der Ming-Dynastie zwischen 1368 und 1644 gab es laut historischen Dokumenten rund 1000 Haushalte in Zhujiajiao. Seine **Blütezeit** erlebte das Dorf jedoch Anfang des 19. Jahrhunderts. Mit einer sich schnell entwickelnden Leichtindustrie und unter dem Einfluss zunehmender Investitionen entstanden in Zhujiajiao ein Postamt, Reisgeschäfte, Banken und Lampenfabriken. Zu dieser Zeit war das Dorf ein Paradies für Bodenspekulanten. Die **Geschäftsstraße Beida Jie**, die bis heute gut erhalten ist, war in der Vergangenheit eine der wichtigsten Geschäftsstraßen im Yangzi-Delta. Besucher sollten daher unbedingt einen Spaziergang auf der 300 m langen Gasse machen. Gesäumt von Häuschen mit grauen Ziegeldächern haftet der Gasse ein Hauch Nostalgie an.

Mit einer Tasse grünem Tee und einem lokalen Snack kann man in entspannter Stimmung in einem der Teehäuser an einem der Kanäle sitzen und die vorbeifahrenden Boote beobachten. Die Bauern benutzen ihre kleinen Boote, um von ihren Wohnhäusern zu den nahe gelegenen Reisfeldern zu gelangen. Das **alte Postamt** Zhujiajiaos ist gut erhalten. Es gehörte zu den ersten Postämtern in China. Gebaut wurde es während der letzten Jahre der Qing-Dynastie vor ca. 100 Jahren. Vor dem Haupteingang hängt ein riesiger Vorhang aus Stoff, auf dem der Schriftzug „Post des Qing-Reiches" zu lesen ist. Das alte Postamt verfügt sogar über eine eigene Anlegestelle.

In Zhujiajiao kann man gerade im Frühjahr **Interessantes aus dem Alltagsleben der Bewohner** beobachten. Bei gutem Wetter hängen Frauen ihre Bettdecken, Kleidung, Schuhe und Strümpfe und sogar die frisch gewaschenen Plüschpuppen der Kinder auf die Leine – in der Zeit des Frühjahrsmonsuns ist Sonnenschein nämlich eine Rarität. Dann sprüht das ganze Dorf vor Energie und Leben! An den Ufern der Kanäle waschen die Frauen ihre Wäsche. Und wenn es abends dämmert, sieht und hört man die Einheimischen bei ihrer liebsten Freizeitbeschäftigung, dem traditionellen Mah-Jongg-Spiel. Unternimmt man am frühen Abend einen Spaziergang auf den Uferpfaden, die mit grün bemoosten Steinstücken gepflastert sind, entdeckt man auch die mit roten Lampions schön geschmückten Haustüren der Einwohner. Auf den am Ufer anlegenden kleinen Booten bieten Fischer frischen Fisch und Krabben an.

Das **Dorf Jinze** südwestlich von Zhujiajiao ist ein verträumter Ort umgeben von einer schönen Wasserlandschaft am Dianshan See und lohnt, da es noch nicht von Touristenmassen überlaufen ist, einen Besuch. Das idyllische Jinze ist bekannt für seine vielen kleinen steinernen Brücken. In dem nur 0,6 km² großen Dorf erstreckt sich ein dichtes Netz aus kleinen Kanälen, die man früher auf insgesamt **42 steinernen Brücken** überqueren konnte. Sieben dieser Brücken sind heute noch sehr gut erhalten. Das Dorf entstand während der Song-Dynastie vor rund 1000 Jahren und erreichte seine Blütezeit in der Yuan-Dynastie vor ca. 700 Jahren. Vor etwa 1000 Jahren gab es in dem kleinen Wasserdorf sechs Klöster, eine buddhistische Pagode und die 42 Bogenbrücken. Heute zeugen nur noch die Brücken von der (architektonischen) Blütezeit.

Brücke zur Freilassung	放生桥
Jinze	金泽镇

Ausflug ins Wasserland im Südwesten Shanghais

Anreise nach Zhujiajiao

Ab Shanghai nimmt man ein Taxi (ca. 180 ¥). Die Anreise mit dem Auto erfolgt über die Yanan Lu und den Huyu Expressway (G50) in westliche Richtung bis Zhujiajiao (Dauer etwa eine Stunde) und weiter in südwestliche Richtung nach Jinze (Dauer von Zhujiajiao 20–30 Minuten). Eintritt Zhujiajiao: 30–90 ¥ (abhängig von der Anzahl der zu besichtigenden Attraktionen), Tel. 59240077, www.zhujiajiao.com. Bootstouren über die Kanäle zu den Sehenswürdigkeiten kosten je nach Dauer 60 bzw. 120 ¥.

59 Zhouzhuang ★★

周庄

Mit der mehr als 900 Jahre alten Geschichte gilt Zhouzhuang in China – trotz der heutigen kommerziellen Vermarktung – immer noch als „Wasserstadt Nr. 1". Umgeben von einer relativ hässlichen Neustadt lockt die touristisch interessante historische Altstadt mit ihren mehr als 36 Steinbrücken, welche die Kanäle überspannen.

Zhouzhuang liegt im Einzugsgebiet des Taisees (Tai Hu) zwischen Shanghai und Suzhou in der Provinz Jiangsu. Früher war Zhouzhuang nur über Flüsse und Kanäle zu erreichen. Die Lage am Jinghang-Kanal begünstigte jedoch das Dorf, es entwickelte sich während der Ming-Dynastie zu einem **Umschlagplatz für Seide, Töpferwaren und Getreide**. Viele reiche Regierungsbeamte und Künstler zog es nach Zhouzhuang und so entstanden wunderschöne Villen, prächtige Steinbrücken und von Bäumen gesäumte Kanäle. Etwa 60 % aller Gebäude in Zhouzhuang stammen aus der Zeit

▽ *Typische Gondeln in Zhouzhuang*

Entdeckungen außerhalb
Ausflug ins Wasserland im Südwesten Shanghais

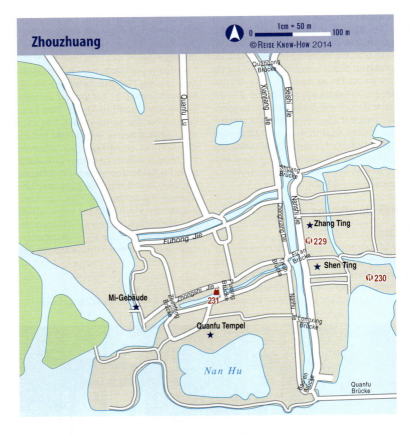

🍽 **229** Zhang Ting
   Restaurant S. 208
🏨 **230** Feng Dan Double Bridge
   Resort S. 209
🛍 **231** Shuixiang
   Pearl Mill S. 209

der Ming- (1368–1644) und Qing-Dynastie (1644–1911). Zwar ist Zhouzhuang seit Mitte der 1980er-Jahre immer touristischer geworden, doch findet man hier auch heute noch ursprüngliches chinesisches Leben.

Mittlerweile kommen jedes Jahr **Millionen in- und ausländischer Touristen** nach Zhouzhuang. Man sollte den Ort daher nach Möglichkeit **nicht an einem**

Ausflug ins Wasserland im Südwesten Shanghais

Wochenende oder an chinesischen Feiertagen besuchen. Dann zwängen sich Tausende chinesischer Wochenendausflügler durch die engen Gassen, vorbei an den vielen zu Souvenir- und Verkaufsbuden umfunktionierten Häusern. Geführt von einem Reiseleiter erkunden sie den Ort auf der Suche nach ihrer – während der Zeit Maos als verwerflich geltenden – eigenen Kultur und Tradition.

Der rasant steigende Tourismus in der ganzen Region brachte auch den Einwohnern Zhouzhuangs zunehmenden Wohlstand. Alleine der Eintritt für Zhouzhuang beträgt von 8 bis 16 Uhr 100¥(!) und von 16 bis 21 Uhr 80¥, die Benutzung einer einfachen chinesischen Toilette lässt man sich mit 3¥ vergüten. Die Einwohner gehen aus verständlichen Gründen mittlerweile keinem traditionellen Handwerk mehr nach, sondern braten beispielsweise für Touristen die bekannteste kulinarische Spezialität Zhouzhuangs. Die berühmten **Schweinshaxen** (*Suti* oder *Wansan Ti*) aus Zhouzhuang werden nach einem alten einheimischen Rezept 24 Stunden in speziellen Töpfen in einer Soße mit Honig mariniert und nehmen dadurch ihre typisch rötliche Farbe und einen süßlichen Geruch an. Man kann die Haxen, die man unbedingt probieren sollte, inklusive schöner Aussicht in vielen Restaurants hoch über den Kanälen genießen.

Die **Fu'an-Brücke** am östlichen Ende der Zhongshi Jie ist das **Wahrzeichen der Wasserstadt**. Das Bauwerk aus dem Jahr 1355 (Yuan-Dynastie), bestehend aus der Brücke und jeweils zwei alten Gebäuden an deren Enden, ist architektonisch einzigartig in ganz Südchina. Der Brückenbogen besteht aus Granit, die Brückengeländer und Treppenstufen aus rotbraunem Wukang-Stein. In den zur Brücke gehörenden Gebäuden befinden sich heute ein Teehaus, ein Restaurant und natürlich einige Souvenirgeschäfte. Teetrinker werden im Teehaus auf ihre Kosten kommen und können ganz nebenbei das muntere Treiben an den Kanälen beobachten.

Weiterhin sehenswert ist das **Wohnhaus der Familie Shen** (Shen Ting) in der Nanshi Lu südöstlich der Fu'an-Brücke. Das für Zhouzhuang typische Bauwerk aus der Zeit der Qing-Dynastie besteht aus sieben Höfen, fünf Torbögen und weit mehr als 100 Räumen auf einer Fläche von mehr als 2000 m². Es wurde im Jahr 1742 während der Regierungszeit des Qing-Kaises Qianlong erbaut. Das Shen Ting besteht aus drei Teilen: Im vorderen Teil befindet sich eine Bootsanlegestelle. (Hier wird noch heute Wäsche gewaschen.) In der Mitte des Komplexes liegen Torbogen, Teehalle und Haupthalle. Im dahinter liegenden dritten Abschnitt befinden sich die Wohnzimmer und Hauptträume. Am besten besichtigt man das Shen Ting zu Fuß, beginnt mit der großen Haupthalle samt ihren Veranden und geht von dort aus weiter durch die Wandelgänge, mit denen fast alle Gebäudeteile verbunden sind. Alternativ kann man das Gelände auch mit kleinen Booten besichtigen. Praktischerweise befindet sich auch im Shen-Ting-Komplex ein Teehaus, in dem man etwas entspannen und die Atmosphäre auf sich wirken lassen kann.

Das **Wohnhaus der Familie Zhang** (Zhang Ting) ist eines der wenigen alten Bauwerke aus der Ming-Dynastie und hat eine mehr als 500 Jahre alte Geschichte. Es war früher das Wohnhaus einer reichen Familie, verfügt über sechs Höfe

Ausflug ins Wasserland im Südwesten Shanghais

und mehr als 70 Räume auf einer Fläche von über 1800 m². Neben der Haupthalle des Wohnhauses fließt ein kleiner Fluss, in der Mitte des Zhang Ting befindet sich ein Teich. Man kann das Haus besichtigen und sogar mit Booten durch den Geländekomplex fahren. Das Zhang Ting ist Kulturdenkmal der Provinz Jiangsu.

Der sehenswerte buddhistische **Quanfu Tempelkomplex** besteht aus fünf Höfen, einigen offenen Tempelhallen und wunderschönen Pavillons. Große Teile des Tempels stehen auf steinernen Stelzen direkt auf einem See und sind mit fantasievoll dekorierten Brücken verbunden. Allein die wunderschöne grüne Landschaft rund um den Tempel und die vielen Seerosen um die einzelnen Gebäude auf dem Wasser machen den Besuch zum Pflichtprogramm für Reisende in Zhouzhuang. In der Haupthalle des Tempels befindet sich eine riesige, fast 10 m hohe Buddhastatue und in einer der Nebenhallen eine 1500 kg schwere Tempelglocke, die täglich von den hier lebenden Mönchen geschlagen wird.

Die überaus sehenswerten **Doppelbrücken** (Shuang Qiao) aus der Ming-Dynastie bestehen aus einer Steinbogenbrücke und einer Steinbalkenbrücke. Sie befinden sich im Nordosten der Altstadt an einer Kanalkreuzung. Eine Brücke verläuft von Nord nach Süd, die andere von Ost nach West. Die Brücken erinnern in ihrer Form an einen antiken chinesischen Schlüssel, daher werden die Brücken auch als „Schlüssel-Brücken" bezeichnet. Im Zusammenspiel mit den sie umgebenden historischen Wohngebäuden fühlt man sich an diesem Ort in frühere Zeiten zurückversetzt.

Beachtenswert ist auch das **Mi-Gebäude** und frühere „De-Restaurant und Weinladen". Inhaber war Li Defu, der zum Ende der Qing-Zeit aus der Provinz Zhejiang nach Zhouzhuang kam. Der Laden war Treffpunkt berühmter Dichter und Künstler, die hier tranken, Gedichte verfassten und diese auch am selben Ort sogleich veröffentlichten. Mit den Werken der Künstler wurde auch das Gebäude im Laufe der Zeit immer berühmter.

Im Zentrum der Altstadt befindet sich in fast jedem zweiten Gebäude ein Restaurant. Man sollte sich die Zeit nehmen und die Preise, Einrichtungen und Ausblicke vergleichen. Viele der Restaurants sind auf (vor allem chinesische) Touristengruppen eingestellt und die Preise dementsprechend hoch. Wer gemütlich im Freien sitzen möchte, findet einige preiswerte Restaurants am südlichen Ende der Nanshi Jie und Nanhu Jie sowie an beiden Seiten des Kanals zwischen der Longxing und Bao'en Brücke. An der Zhongshi Jie laden einige nette Teehäuser zum Verweilen ein.

KLEINE PAUSE

Lecker essen an der Nanshu Jie

Im **Zhang Ting Restaurant** wird überdurchschnittlich gute lokale Küche serviert. Neben verschiedenen köstlichen Seafood-Gerichten bekommt man auch die Spezialität Wansan Ti. Die Gerichte kosten ab 15 ¥. Leider ist das Restaurant nicht auf ausländische Touristen eingerichtet und so gibt es keine Speisekarten auf Englisch oder gar Deutsch. Aber man kann ja auf Speisen deuten, die am Nachbartisch serviert werden und sich überraschen lassen. Das sehr sauber wirkende Restaurant befindet sich in der Nähe der Haupthalle des Zhang Ting an der Nanshi Jie.

229 [S.206] **Zhang Ting Restaurant** €, Nanshi Jie, geöffnet: tägl. 11–20.30 Uhr

Unterkunftstipp

230 [S.206] **Feng Dan Double Bridge Resort,** Fengdan Shuangqiao Dujiacun, Daqiao Lu, Tel. 0512 57211549, DZ ab 220 ¥. Der schöne Ausblick und die Lage entschädigen für die nicht gerade einladenden Zimmer.

Einkaufstipp

231 [S.206] **Shuixiang Pearl Mill,** Shuixiang Zhenzhufang, Zhongzhi Jie, Tel. 0512 57212019, 8.30–17.30 Uhr. Gute Auswahl und feste Preise, Handeln ist nicht möglich. Viele preiswerte Perlenketten sehr guter Qualität ab 150 ¥.

Fährt man von Zhouzhuang zurück in Richtung Zhujiajiao ❺❽, erreicht man nach kurzer Zeit den **Garten der Augenweide** (Daguan Yuan). Angelegt wurde der Garten nach den Beschreibungen der berühmten Novelle „Der Traum der Roten Kammer" von Cao Xueqin aus dem 18. Jahrhundert, die mehrfach verfilmt wurde. Der erste Garten dieser Art entstand in Beijing, mittlerweile gibt es im ganzen Land „Gärten der Augenweide".

Dieser Garten und Themenpark an den Ufern des Dianshan-Sees gliedert sich in einen westlichen Teil, in dem viele Szenen aus dem Roman nachgestellt sind, und in einen herrlichen östlichen Teil, der der Wasserlandschaft des südlichen Yangzi nachempfunden ist. Es gibt zahlreiche Pavillons, Felslandschaften, Hallen und Höfe, die man auf gewundenen Wegen erreicht. Einheimische Musikgruppen und Aufführungen chinesischer Hochzeiten in traditionellen Kostümen unterhalten die zahlreichen Besucher.

上海大观园, 青浦区青商公路701号, 近淀山湖

› Daguan Yuan (Garten der Augenweide), 701 Qingshang Highway, Tel. 59262831, www.sh-daguanyuan.com, tgl. 8–17 Uhr, Eintritt: 60 ¥, Bootsfahrten 50–100 ¥ (je nach Dauer)

Anreise nach Zhouzhuang

Am sinnvollsten ist die Anreise ab Shanghai mit dem Taxi (ca. 200 ¥).

Wohnhaus der Familie Shen (Shen Ting)	沈庭
Wohnhaus der Familie Zhang (Zhang Ting)	张庭
Garten der Augenweide (Daguan Yuan)	大观园

Ausflug in den Nordwesten Shanghais

Obwohl die Gegend an den Seen und vielen Kanälen im Südwesten Shanghais landschaftlich wesentlich interessanter ist, gibt es auch nordwestlich der Metropole einiges zu entdecken. Dieser Abschnitt behandelt die Autostadt Anting, Jiading mit dem größten Konfuzius-Tempel der Provinz und Nanxiang mit dem Garten der klassischen Eleganz.

Dank der gut ausgebauten Infrastruktur sind die hier vorgestellten Ziele sowohl mit privaten als auch mit öffentlichen Verkehrsmitteln gut zu erreichen. Man sollte nur sehr früh aufbrechen, da gerade die Ausfallstraßen in Richtung Nordwesten zu den Stoßzeiten des Berufsverkehrs restlos überfüllt sind und man mit Sicherheit einige Zeit im Stau verbringen muss.

Entdeckungen außerhalb
Ausflug in den Nordwesten Shanghais

60 Anting – Chinas deutsche Stadt ★

安亭

Die 50.000 Einwohner zählende Stadt Anting an der Grenze zur benachbarten Provinz Jiangsu ist eines der Zentren der chinesischen Automobilindustrie. Hier befindet sich der Standort des deutsch-chinesischen Joint Ventures Shanghai-Volkswagen (SVW), dem Unternehmen mit dem größten Marktanteil an Pkws in China. In der Nähe der Stadt liegt der **Shanghai International Circuit**, Chinas erste Formel-1-Rennstrecke. Zu sehen gibt es in Anting eigentlich wenig, aber die Stadt beeindruckt durch ihre **breiten Straßen und moderne Architektur**. Im Süden der Stadt liegt die „Autostadt Anting" bzw. „Anting New Town", ein vom Architektenbüro AS & P (Albert Speer und Partner GmbH) entworfenes Stadtbauprojekt nach deutschem Vorbild. Wer sich das Leben in einer typisch chinesischen Kleinstadt ansehen möchte, ist in Anting aufgrund der vielen Parks und Grünflächen sehr gut aufgehoben. Sehenswert sind der restaurierte **Puti Tempel** aus dem Jahr 239 und die in der Nähe des Tempels stehende neunstufige, 53 m hohe Yongan Pagode. Der Tempel wurde 1937 von den Japanern und während der Kulturrevolution nahezu vollständig zerstört. Hier in der **Anting Old Street** im Nordwesten der sonst so modernen Stadt (an der Kreuzung Xinyuan Lu und Changji Lu) findet man zahlreiche auf traditionell getrimmte chinesische Restaurants, Teehäuser, Bars und Antiquitätenläden.

Für Oldtimer-Begeisterte dürfte das **Shanghai Auto Museum** von besonderem Interesse sein. Neben einem Shanghai VW Santana aus dem Jahr 1983 ist dort so ziemlich alles vertreten, was Rang und Namen hat: Maserati und Rolls Royce, Ferrari und Jaguar sowie amerikanische Oldies von Cadillac, Buick und Oldsmobile. Aber auch ein ganz „gewöhnlicher" VW Käfer aus dem Jahr 1951 kann in diesem Museum begutachtet werden.

上海汽车博物馆, 博园路7565号

› Shanghai Auto Museum, 7565 Boyuan Lu, www.shautomuseum.gov.cn/en, Tel. 69550055, Di.–So. 9.30–16 Uhr, Eintritt: 60 ¥, Studenten 40 ¥, Kinder bis 120 cm Körpergröße 30 ¥

Anreise nach Anting

Verlässt man das Zentrum Shanghais in westliche Richtung über die Yan'an Lu, kommt man sehr bald in der Nähe des Shangai Zoo auf den Äußeren Ring (A20). Diesem folgt man einige Kilometer Richtung Norden und hat zwei Möglichkeiten, nach Anting zu kommen: entweder über den Cao'an Highway oder den Shanghai-Nanjing Expressway (A11). Die wesentlich schnellere, aber landschaftlich wenig reizvolle Strecke führt über den mautpflichtigen Expressway (15 ¥). Wer mehr Zeit mitbringt, folgt dem Cao'an Highway über eine vierspurige, von vielen Autos, Lkws und Zweirädern befahrene Ausfallstraße. Diese Strecke führt vorbei an kleinen Ortschaften mit Märkten, chinesischen Einkaufszentren und typisch chinesischem Leben. Anting erreicht man dann im Süden an der Kreuzung zur Moyu Lu.

Die einfache Fahrt nach Anting mit dem Taxi kostet ca. 150 ¥ inklusive Maut. Die Metrolinie 11 verbindet Shanghai mit Anting und Jiading (61). Die Züge starten in Shanghai von der Station „Jiangsu Lu" und fahren in einem Intervall von ca. 20 Minuten nach Anting. Die Fahrtdauer beträgt 50 Minuten. Der erste Zug verlässt Shanghai um 6.17 Uhr, die letzte Bahn fährt um 20.53 Uhr. Der Fahrpreis beträgt 7 ¥.

Kanal an der Anting Old Street

(61) Jiading ★

嘉定

Jiading existierte bereits zur Zeit der Streitenden Reiche und erhielt während der Qin-Zeit (221–206 v. Chr.) den Status einer Kreisstadt. Die von einem Kanal umgebene Stadt lohnt nicht nur wegen ihrer zahlreichen Parks, die zu einem Picknik einladen, einen Besuch. Es gibt hier außerdem einige historische Sehenswürdigkeiten zu bewundern.

Jiading liegt 20 km nordwestlich von Shanghai. Eine der bekanntesten Attraktionen der Stadt ist der friedvolle Garten am Teich der sich treffenden Drachen (Huilong Tan) aus dem Jahr 1588. Der Huilong Tan ist benannt nach fünf Bachläufen, die in einen zentralen Teich münden. Chinesen vergleichen diese Szenerie mit fünf Drachen im Kampf um eine Perle.

汇龙潭, 塔城路299号

› Huilong Tan (Teich der sich treffenden Drachen), 299 Tacheng Lu, http://english.jiading.gov.cn, Tel. 59532604, 7–17 Uhr geöffnet, Eintritt: 5 ¥

Verlässt man den Garten an der westlichen Seite Richtung Konfuzius-Tempel, passiert man 72 sehenswerte Säulen mit steinernen Löwen, die hier 72 herausragende Schüler des Konfuzius verkörpern. Der **Konfuzius-Tempel** (Kongzi Miao) aus dem Jahr 1219 beherbergt heute das **Jiading County Museum** mit Ausstellungen zur Geschichte des Bezirks und einigen Bambusschnitzereien.

孔子庙, 大街南路183号

› Kongzi Miao (Konfuzius-Tempel), 183 Dajie Nanlu, Tel. 59911136, tgl. 8–17 Uhr, 20 ¥

Entdeckungen außerhalb
Ausflug in den Nordwesten Shanghais

Von hier läuft man fünf Minuten in nördliche Richtung und erreicht die siebenstöckige **Fahua Pagode** im Herzen der Stadt mit den vielen Kanälen. In der unmittelbaren Umgebung der Pagode gibt es einige Restaurants und Shops. Entlang des Kanals an der Dongda Jie geht es von hier aus in einigen Minuten zum wunderschönen **Garten der Herbstwolken** (Qiuxia Pu Yuan). Dieser 1502 unter der Regierung des Kaisers Hong Zhi während der Zeit der Ming-Dynastie angelegte Garten ist der älteste in der Provinz Shanghai. Auf dem Gelände des Gartens liegt auch ein Stadtgott-Tempel, eine Seltenheit in der Gartenbauarchitektur südlich des Yangzi. Gegenüber, auf der anderen Seite des Kanals, befindet sich ein großer Obst- und Gemüsemarkt.

秋霞圃, 东大街314号
> Qiuxia Pu Yuan (Garten der Herbstwolken), Chenxiang, 314 Dongda Jie, Tel. 59531949, tgl. 8–16.30 Uhr, Eintritt: 10 ¥

Anreise nach Jiading
Ab Shanghai mit dem Taxi (ca. 150 ¥) Mit der Metrolinie 11 kommt man in ca. 50 Minuten für 7 ¥ von Shanghai nach Jiading. Der erste Zug fährt um 6.00 Uhr ab der Station „Jiangsu Lu", die letzte Bahn um 21.00 Uhr.

62 Nanxiang ★★

南翔

Die Stadt als solche ist nicht besonders interessant, doch findet man hier einige sehenswerte Attraktionen. Im Osten der Stadt (in Autobahnnähe) liegt ein weiterer absolut sehenswerter Garten aus der Zeit der Ming-Dynastie. Angelegt wurde der Garten unter dem Namen Yi Yuan während der Regierungszeit des Kaisers Jiajing zwischen den Jahren 1522 und 1566. Später während der Qing-Zeit unter Kaiser Qinling wurde der Garten restauriert und erhielt seinen jetzigen Namen: **Guyi Yuan** (dt. „Garten der klassischen Eleganz"). Im Zentrum dieser schönen traditionellen Anlage befindet sich der **Teich der spielenden Gänse**. Entworfen wurde der Garten von Zhu Shansong, einem während der Ming-Zeit lebenden Meister der Bambusschnitzerei. Der Garten ist bis in die Gegenwart hinein ständig erweitert worden und umfasst insgesamt sechs Abschnitte.

Im Stadtzentrum befindet sich einer der größten Tempel der Provinz Shanghai, der **Yun Xiang Si**. Der **weitläufige Tempelkomplex** blickt auf eine 1500-jährige Geschichte zurück. Einst kam der Mönch De Qi an diesen Ort, sah zwei weiße Kraniche über sich kreisen, die sich auf einem Felsen niederließen. Da er dies als ein Symbol für langes Leben und Weisheit deutete, sammelte er Geld und baute den Tempel. Einige Jahre später, als der Bau des Tempels abgeschlossen war, flogen die beiden Kraniche in Richtung Süden davon und wurden nie wieder gesehen. Ursprünglich hieß der Tempel auch „Baihe Nanxiang Tempel" – „Tempel der weißen Kraniche, die in den Süden fliegen". Der Name der Stadt, „Nanxiang", bedeutet „in den Süden fliegen" und erinnert die Menschen heute noch an die Legende der Kraniche. Unter Kaiser Kangxi (1654–1722) wurde das Tempelgelände auf seine heutige Größe von 12 Hektar erweitert.

Zu sehen gibt es neben einigen Tempelhallen auch einen Botanischen Garten. Der Tempel erfreut sich bei Gläubigen und Touristen großer Beliebtheit.

古漪園, 沪宜公路218号
> Guyi Yuan, 218 Huyi Gong Lu, Tel. 59121535, www.english.jiading.gov.cn/lifeDetail.asp?id=44, tgl. 8–16.30 Uhr, Eintritt: 12 ¥

云翔寺, 人民街100号
> Yun Xiang Si, 100 Renmin Jie, Tel. 59123333, tgl. 8–16.30 Uhr, Eintritt: 8 ¥

Anreise nach Nanxiang

Ab Shanghai mit dem Taxi (ca. 80 ¥) oder mit der Metro Linie 11 bis Nanxiang (5 ¥).

Suzhou

苏州

Marco Polo nannte Suzhou mit seinen vielen Kanälen und Wasserwegen einst das „Venedig des Ostens". Auch heute noch zählt die moderne Handelsstadt mit einigen der schönsten und berühmtesten Gärten Chinas zu den beliebtesten Ausflugszielen im Osten des Landes. Doch wie Shanghai plant auch Suzhou seine Zukunft im Eiltempo. Der „Gate of the Orient" ragt schon heute 278 m in den Himmel. Bis 2016 soll der erste 400 m hohe Wolkenkratzer entstehen. Nicht zuletzt aufgrund der berühmten Gärten ist jedoch bis heute noch viel vom alten Charme erhalten geblieben.

Suzhou, 88 km westlich von Shanghai gelegen, ist mit seiner 2500 Jahre alten Geschichte eine der sehenswertesten Städte in ganz China. Die Stadt am Kaiserkanal mit ihren etwa 2,1 Mio. Einwohnern ist von Shanghai mit dem Zug in gut einer Stunde zu erreichen.

Die Gegend um Suzhou ist die Wiege der alten Wu-Kultur. Gegründet wurde die Stadt von König He Lu (515–496 v. Chr.), dem Herrscher von Wu während der Frühlings- und Herbstperiode. Dieser machte Suzhou auch zu seiner Hauptstadt. In der Geschichte Chinas war Suzhou **immer ein Zentrum von Handwerk und Handel**. Mit der Fertigstellung des Kaiserkanals im 6. Jahrhundert als Handelsweg in Richtung Norden nahm Suzhou einen gewaltigen Aufschwung und wuchs zu einem bedeutenden Handels- und Verwaltungszentrum heran. Marco Polo soll Suzhou im Jahr 1276 besucht und als großartig empfunden haben. Viele Namen wurden der Stadt seitdem verliehen: „Venedig des Orients" oder „Stadt der Gärten" sind nur zwei prominente Beispiele. Ein Sprichwort in China lautet: „Im Himmel ist das Paradies, auf Erden sind Suzhou und Hangzhou."

Auch bekannt als **„Seidenhauptstadt" Chinas** ist Suzhou seit dem 14. Jahrhundert in der Seidenproduktion führend. Während der Ming- und Qing-Zeit stand Suzhou als Zentrum für Seiden- und Brokatherstellung sowie der Stickerei in voller Pracht. Umgeben war die Stadt von einer 17 km langen Stadtmauer mit immerhin zehn Stadttoren, von denen das Panmen-Tor noch erhalten ist.

Die meisten der **berühmten Gärten** der Stadt entstanden ebenfalls während der Zeit der Ming- und Qing-Dynastien zwischen dem 14. und 20. Jahrhundert. Hohe Beamte, Mandarine, Künstler und reiche Kaufleute bauten sich in Suzhou ihre Privatgärten. In seiner Blütezeit gab es in Suzhou über 200 dieser Gärten! Abgesehen von kurzen Phasen – durch die Armee des Taiping-Reichs im 19. Jahrhundert und die japanische Besatzung während des Zweiten Weltkriegs – wurde Suzhou von den Wirren und Zerstörungen der Geschichte nicht wesentlich in Mitleidenschaft gezogen und konnte so in vielen Teilen seinen alten Charme bewahren. Seit 1981 steht Suzhou wie Beijing, Hangzhou und Guilin auf der Liste schützenswerter Kulturstädte. 1997 sind einige der berühmten Gärten in die **Liste des UNESCO-Weltkulturerbes** aufgenommen worden. Abgesehen von den Gärten verschwinden aber leider viele alte Häuser und Brücken mit großer Geschwindigkeit und alte Kanäle werden zugeschüttet, denn auch in Suzhou wird der industriellen Moderne Platz gemacht.

Nicht nur der enorme Reichtum der Bürger, auch das milde und feuchte Klima sowie die reichhaltigen Wasserressourcen bildeten die günstigen Voraussetzungen für die Entstehung der Gärten. Beim Anlegen der Gärten wurde versucht, die grundlegende Vorstellung aus der chinesischen Philosophie von der **Harmonie zwischen Mensch und Natur** zu übernehmen. Konventionelle gartenarchitektonische Regeln, z. B. das Gebot der Symmetrie, wurden ignoriert. So entstanden verwinkelte, mit Kieseln gepflasterte Pfade und kleine steinerne Brücken, welche die einzelnen Gebäude miteinander verbinden. Dies alles erzeugt mit den zahlreich gepflanzten Sträuchern und Bäumen einen natürlichen, harmonischen Eindruck.

Mit einer Vielfalt an Schmuck und Dekorationen sind diese Landschaftsgärten ein wahrer **Genuss fürs Auge.** Zu allen Jahreszeiten bietet sich dem Betrachter durch die vielen unterschiedlichen Blumen und blühenden Bäume und Sträucher (beliebt sind Kiefern, Korbweiden oder Pfirsichbäume) ein stets neues und doch immer prächtiges Panorama. Mehr als 150 dieser Gärten soll es heute noch in Suzhou und Umgebung geben, die größten und bekanntesten sind für die Öffentlichkeit zugänglich.

Sehenswertes in Suzhou

(63) Nordtempel-Pagode ★★ [B1]

Wer für einen Tagesausflug ohne Gepäck mit der Bahn nach Suzhou kommt, kann sich gleich eines der Wahrzeichen der Stadt ansehen und den grandiosen Ausblick auf das Häusermeer der Stadt genießen. Die Nordtempel-Pagode (Bei Si Ta) im Norden der Altstadt am Ende der Renmin Lu ist ein Ziegel- und Holzbau aus der Zeit der Südlichen Song-Dynastie (1127–1279), der nach einem Brand im Jahr 1570 zur Zeit des Kaisers Kangxi (Regierungszeit 1662–1722) erneuert wurde. Vom **76 m hohen achteckigen Turm** mit seinen Zwischendächern und umlaufenden Galerien ist leider nicht mehr viel von den alten Kanälen, ziegelgedeckten Altstadthäusern und vielen kleinen Gassen des alten Suzhou zu sehen. Eine moderne Skyline aus Bürohochhäusern und Industriezonen beherrscht mittlerweile das Bild. Den Zugang zur Pagode ziert eine schöne steinerne Buddhastatue. Bemerkenswert sind auch die riesigen Räucherstäbchen, die hier geopfert werden. Der die Pagode umgebende **Tempel der Wohltätigkeit** (Bao'en Si) aus dem Jahr 222 beherbergt heute ein Museum.

北寺塔, 人民路1918号, 西北街

› Běi Sì Tă, 1918 Renmin Lu, Xi Bei Jie, tgl. 8–17.30 Uhr, Eintritt: 35 ¥ (inkl. Museum)

› *„Grüne" Politik*

64 Garten der Politik des einfachen Mannes ★★★ [C1]

Etwas weiter östlich der Pagode, an der Dongbei Jie, liegen das Suzhou Museum und der mit 50.000 m² größte Garten in Suzhou: Der Garten der Politik des einfachen Mannes **zählt zu den vier berühmtesten Landschaftsgärten Chinas.** (die restlichen Drei: Garten des Verweilens in Suzhou 67, Sommerpalast in Beijing und Kaiserlicher Sommersitz in Chengde). Angelegt wurde er zwischen 1509 und 1513 während der Ming-Zeit von Wang Xianchen, einem pensionierten und hochrangigen kaiserlichen Beamten. Sein Sohn verspielte den Garten später beim Glücksspiel.

Die gesamte Anlage ist in **drei Teile** unterteilt. Der zentrale mittlere Teil ist der eigentliche Gartenbereich. Das **Element Wasser** spielt hier die alles beherrschende Rolle. Es gibt unzählige Bäche und großzügige Teiche mit kleinen Inseln aus Bambus, die alle durch Steinbrücken, überdachte Wandelgänge und verschlungene Pfade miteinander verbunden sind. Immer wieder ergeben sich für den Besucher neue, spannende Ansichten in dieser endlos erscheinenden Landschaft. Zu den bekanntesten Bauten im mittleren Teil gehören der „Palast des fernen Duftes" (Yuanxiang Tang), der „Pavillon des aus vier Richtungen wehenden Windes" (Hefengsimian Ting), der „Pavillon des Wartens auf den Rauhreif" (Daishuang Ting) und die „Brücke des fliegenden Regenbogens" (Xiao Feihong).

Im östlichen Bereich der Gartenanlage (gleich hinter dem Eingang) befindet sich der „Pavillon der Himmelsquelle" (Tianquan Ting), der „Hügel der Wolkenjagd" (Zhuizun Feng) und eine Residenz, in der die Besucher empfangen und von dort in den mittleren Garten begleitet wurden. Im westlichen Abschnitt findet man eine eindrucksvolle Bonsai-Baumschule und den schönen „Palast der 36 Mandarinenten" (Sanshiliu Yuanyang Yuan).

Verlässt man den Garten in westlicher Richtung, kann man noch das Suzhou Museum 73 im von I. M. Pei (der sich u. a. auch für die Glaspyramiden am Louvre verantwortlich zeigt) entworfenen Gebäude besuchen. Die Gebäude des alten Museums nebenan waren einst die Residenz von Li Xiucheng, einem Führer der Taiping. Zu sehen gibt es dort einige interessante alte Karten aus der Region um Suzhou, des Kaiserkanals, der Erde sowie einige ausgegrabene Porzellanschalen, Bronzeschwerter und viele weitere Gegenstände des täglichen Lebens aus der Gegend um Suzhou. Leider gibt es keine Erklärungen auf Englisch.

拙政园, 东北街178号
› Zhuō Zhèng Yuán, 178 Dongbei Lu,
Tel. 0512 67510286, www.szzzy.cn,
7.30–17.30 Uhr, Eintritt: 70 ¥ bzw. 50 ¥
(in der Nebensaison von Oktober bis April)

216 Entdeckungen außerhalb
Suzhou

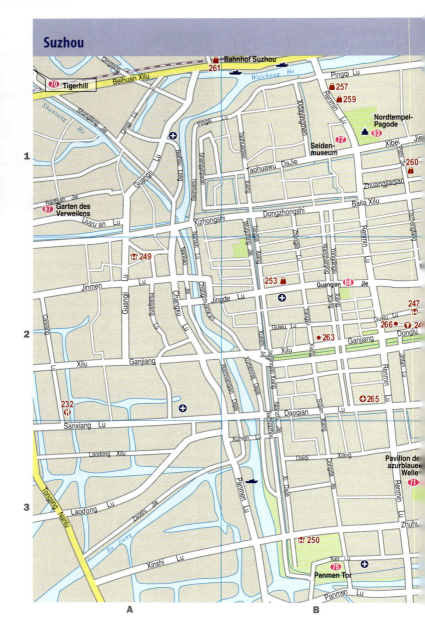

Entdeckungen außerhalb
Suzhou

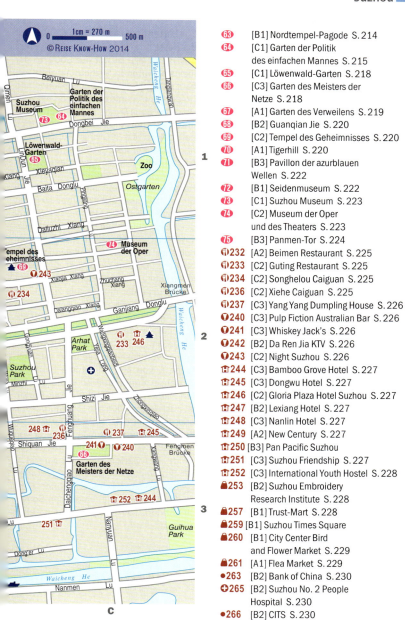

- ❻❸ [B1] Nordtempel-Pagode S. 214
- ❻❹ [C1] Garten der Politik des einfachen Mannes S. 215
- ❻❺ [C1] Löwenwald-Garten S. 218
- ❻❻ [C3] Garten des Meisters der Netze S. 218
- ❻❼ [A1] Garten des Verweilens S. 219
- ❻❽ [B2] Guanqian Jie S. 220
- ❻❾ [C2] Tempel des Geheimnisses S. 220
- ❼⓪ [A1] Tigerhill S. 220
- ❼❶ [B3] Pavillon der azurblauen Wellen S. 222
- ❼❷ [B1] Seidenmuseum S. 222
- ❼❸ [C1] Suzhou Museum S. 223
- ❼❹ [C2] Museum der Oper und des Theaters S. 223
- ❼❺ [B3] Panmen-Tor S. 224
- 🍴232 [A2] Beimen Restaurant S. 225
- 🍴233 [C2] Guting Restaurant S. 225
- 🍴234 [C2] Songhelou Caiguan S. 225
- 🍴236 [C2] Xiehe Caiguan S. 225
- 🍴237 [C3] Yang Yang Dumpling House S. 226
- 🍷240 [C3] Pulp Fiction Australian Bar S. 226
- 🍷241 [C3] Whiskey Jack's S. 226
- 🍷242 [B2] Da Ren Jia KTV S. 226
- 🍷243 [C2] Night Suzhou S. 226
- 🏨244 [C3] Bamboo Grove Hotel S. 227
- 🏨245 [C3] Dongwu Hotel S. 227
- 🏨246 [C2] Gloria Plaza Hotel Suzhou S. 227
- 🏨247 [B2] Lexiang Hotel S. 227
- 🏨248 [C3] Nanlin Hotel S. 227
- 🏨249 [A2] New Century S. 227
- 🏨250 [B3] Pan Pacific Suzhou
- 🏨251 [C3] Suzhou Friendship S. 227
- 🏨252 [C3] International Youth Hostel S. 228
- 🛍253 [B2] Suzhou Embroidery Research Institute S. 228
- 🛍257 [B1] Trust-Mart S. 228
- 🛍259 [B1] Suzhou Times Square
- 🛍260 [B1] City Center Bird and Flower Market S. 229
- 🛍261 [A1] Flea Market S. 229
- ●263 [B2] Bank of China S. 230
- ✚265 [B2] Suzhou No. 2 People Hospital S. 230
- ●266 [B2] CITS S. 230

Suzhou

65 Löwenwald-Garten ★★ [C1]

Nicht weit vom Garten der Politik des einfachen Mannes entfernt liegt ein weiterer klassischer Garten Suzhous. Der Löwenwald-Garten wurde vom buddhistischen Mönch Tian Ru zu Ehren seines Lehrers Zhi Zheng 1342 während der Yuan-Zeit angelegt. Dieser soll in der Provinz Zhejiang auf dem Löwenfelsen gelebt haben und so findet man in diesem Garten viele Stein- und Felsformationen, die der Gestalt eines Löwen ähnlich sein sollen. Die **bizarren Steine** stammen aus dem Tai-See und sind zahlreich an den Teichen im zentralen und südwestlichen Teil des Gartens zu sehen. Hier befindet sich auch ein beeindruckender Wasserfall. Vielen Studenten der damaligen Zeit gab der Löwenwald-Garten reichlich Inspiration für ihre Gedichte, Zeichnungen und Gemälde.

Im unter Denkmalschutz stehenden Garten gibt es **zahlreiche Pagoden, Seen, Höhlen und enge Durchgänge.** Große Teile sind mit üppigem Bambus bewachsen. In den einzelnen Pavillons sind exquisite Möbel, Ziergegenstände und Keramikarbeiten ausgestellt. Es gibt geführte Spaziergänge durch den Garten, auch auf Englisch. Seine heutige Form erhielt der Garten durch den Großvater des berühmten amerikanischen Architekten I. M. Pei, der auch das Gebäude der Bank of China und die Pyramide des Louvre in Paris entwarf. Zwischen 1918 und 1926 wurde der Garten letztmalig erweitert und restauriert.

狮子林园, 园林路23号
> Shīzi Lín Yuán, 23 Yuanlin Lu, Tel. 0512 67272428, www.szszl.com, 7.30–17 Uhr, Eintritt: 30 ¥ bzw. 20 ¥ in der Nebensaison von Oktober bis April

66 Garten des Meisters der Netze ★★★ [C3]

Diese Anlage ist **mit nur 5000 m² der kleinste Garten in Suzhou** und dicht bebaut mit vornehmen Wohngebäuden und Höfen. Der elegante Garten entstand während der Song-Dynastie zwischen 1174 und 1189. Im Mittelpunkt des Gartens befindet sich ein 300 m² großer Teich von nahezu quadratischer Form, der umgeben ist von Pavillons, über dem Wasser stehenden Gebäuden, Felsformationen, Höfen und „inneren Gärten". Das Motiv für das Ufer des Teichs aus Kalkstein mit kunstvollen Nischen stammt aus der traditionellen chinesischen Landschaftsmalerei. Alle Gartenelemente sind über Wandelgänge und Brücken miteinander verbunden, trotzdem hinterlässt die Anlage einen sehr weitläufigen Eindruck.

Der Name der Anlage geht zurück auf ein Gebäude des hohen Beamten Yu Yin (Einsiedelei des Fischers). Der Garten hieß zunächst auch Yu Yin Yuan und wurde um 1770, nachdem er verfallen und in Vergessenheit geraten war, restauriert. Von nun an nannte man den Garten in Erinnerung an seinen früheren Namen Wang Shi Yuan. Der Garten ist auch heute noch sehr beeindruckend und einer der elegantesten Gärten Suzhous. So wundert es nicht, dass er von der UNESCO zum Weltkulturerbe erklärt wurde. Der Garten liegt sehr zentral in der Stadtmitte, den Eingang findet man etwas versteckt in einer kleinen Gasse (Shiquan Jie) mit zahlreichen Souvenirständen. (Der Weg dorthin ist aber ausgeschildert.)

> *Wang Shi Yuan – Idylle im Garten des Meisters der Netze*

An Abenden der sogenannten **Klassischen Nächte** (allabendlich von April bis Mitte November) wirkt der Garten durch die sich im Wasser spiegelnde romantische Beleuchtung wie verzaubert. In den Pavillons finden dann Konzerte mit traditionellen Instrumenten und Aufführungen typischer Szenen aus bekannten Theaterstücken und traditioneller Tänze statt. Die Veranstaltung beginnt um 19.30 Uhr und endet gegen 22.00 Uhr. **Tickets** (80 ¥) bekommt man bei CITS (siehe „Informationsquellen") oder direkt am Eingang des Gartens.

网师园, 阔家头巷11号
› Wǎng Shī Yuán, 11 Koujiatou Jie, Tel. 0512 65293190, www.szwsy.com, 7.30–17.30 Uhr, Eintritt: 30 ¥ bzw. 20 ¥ von November bis April

⓰ Garten des Verweilens ★ ★ ★   [A1]

Klassische Architektur und Landschaftsgestaltung sind in diesem Garten vollendet miteinander verknüpft.

Der Garten des Verweilens (Liu Yuan) aus dem Jahr 1583 liegt etwas außerhalb im Nordwesten der Stadt. Mit einer Fläche von mehr als 20 Hektar ist er nicht nur einer der größten, sondern auch einer der vielfältigsten der Stadt. Ursprünglich wurde der Liu Yuan vom Abt Xu Taishi mit einem westlichen (Xi Yuan) und einem östlichen Teil (Dong Yuan) angelegt.

Der damalige östliche Teil bildet die heutige Gartenanlage. Hier ließ Xu Taishi Steine und Felsen integrieren. Bemerkenswert sind zwölf Kalksteinspitzen, die vom Tai-See stammen. Später verfiel der Garten und wurde erst mehr als 200 Jahre später wieder zu neuem Leben erweckt. Der spätere Besitzer Sheng Xuren, ein hoher Minister, ließ den Liu Yuan 1876 neu gestalten und in die heutigen vier Bereiche gliedern: östlicher, mittlerer, nördlicher und westlicher Teil.

Im mittleren befindet sich eine Ruhe ausstrahlende **künstliche Hügel- und Seenlandschaft**, die an traditionelle chinesische Malerei erinnert. Der östliche Teil verfügt über Höfe, Pavillons und elegante Gebäude. Im Westen des Gartens wuchert die Natur mit baumbewachsenen Hügeln und im nördlichen Abschnitt überwiegt die Idylle aufgrund der Komposition von einigen mit Bambus eingezäunten Hütten.

Der „Garten des Verweilens" ist ein **ausgezeichnetes Beispiel raffinierter Raumgestaltung** in der Gartenbaukunst. Kaum ein anderer Garten ist so dicht bebaut: Über ein Drittel der Fläche besteht aus Gebäuden. Die einzelnen Bereiche sind durch überdachte Wandelgänge miteinander verbunden.

Der damalige westliche Teil des Xi Yuan ist heute durch eine Straße vom „Garten des Verweilens getrennt" und wurde 1835 in ein Kloster umgewandelt, das das höchste buddhistische Heiligtum der Stadt darstellt.

留园, 留园路338号
> Liu Yuán, 338 Liu Yuan Lu, Tel. 0512 65337903, www.gardenly.com, 7.30–17.30 Uhr, Eintritt: 40 ¥ bzw. 30 ¥ vom 31. Oktober bis 15. April

❻❽ Guanqian Jie ★★ [B2]

观前街

Die Guanquian Jie ist das **eigentliche Zentrum der Stadt.** An dieser bereits Anfang der 1980er-Jahre zu einer der ersten Fußgängerzonen Chinas umgestalteten Straße befinden sich viele Läden, Kaufhäuser, Werkstätten und Restaurants. Man kann hier hervorragend stundenlang bummeln, shoppen und kulinarischen Genüssen verfallen. Hier und in den Nebengassen ist bis zum späten Abend immer etwas los. Den Mittelpunkt der Straße bilden der daoistische Tempel des Geheimnisses ❻❾ und der umliegende Markt.

❻❾ Tempel des Geheimnisses ★★★ [C2]

Der daoistische Tempel liegt direkt im Zentrum im Herzen der Altstadt und geht bis auf das 3. Jahrhundert zurück. Hier hatte bereits He Lu, der Herrscher des Staates Wu, seine Residenz. Auf dem ganzen Gelände spürt man einen Hauch des alten China. Die Ausmaße des Tempels sind beeindruckend.

Vom großen Innenhof gelangt man zur San Qing-Halle (San Qing Dian), der **„Halle der Drei Reinen"** aus dem Jahr 1179 mit 60 beeindruckenden, glänzend rot lackierten Säulen und Statuen der drei höchsten daoistischen Gottheiten: der in dieser Trinität am höchsten stehenden Jadekaiser und Herrscher über Himmel und Erde Yu Di (oder auch Yu Huang), der vergöttlichte Philosoph Laozi und Daojun. Sehenswert sind außerdem die Gemälde mit Götterdarstellungen und das bemerkenswerte zweistufige Dach mit seinen nach oben gewandten Dachrinnen. Während der Kulturrevolution nutzten die Roten Garden die Gebäude. Das Gelände ist offen, auf dem **Markt rund um den Tempel** herrscht ein buntes Treiben und reger Handel und Wandel.

玄妙观, 观前街
> Xuánmiào Guàn (Tempel des Geheimnisses), Guanqian Jie, 7.30–17.30 Uhr, Eintritt: 30 ¥

❼⓪ Tigerhill ★★★ [A1]

Der Tigerhill liegt etwa 3 km nordwestlich der Stadt und ist unter chinesischen Touristen die Hauptattraktion der Stadt. Die malerische Erhebung hat über Jahrhunderte hinweg berühmte Gelehrte angezogen, die zum Malen oder Dichten hierher kamen – so auch Su Dongpo (1037–1101), von dem der

> *Tiger Hill ❼⓪:*
> *Wolkenfels-Pagode (Yunyan Ta)*

Entdeckungen außerhalb
Suzhou

Ausspruch überliefert sein soll, dass ein Besuch Suzhous, ohne den Tigerhill besichtigt zu haben, nicht vollständig sei.

Unzählige Legenden haben zum **geheimnisvollen Ruf dieses Hügels** beigetragen. Der Sage nach soll hier einst der Wu-König und Gründer Suzhous, He Lu (515–496 v. Chr.), während der Frühlings- und Herbstperiode mit Tausenden seiner Schwerter begraben worden sein. Drei Tage später kam ein weißer Tiger, um das Grab zu bewachen. Dieser Geschichte verdankt die Erhebung ihren Namen.

Das 13 Hektar große Gelände ist heute ein **Themenpark**. Auf dem Gipfel des Tigerhill erhebt sich die siebenstöckige und achteckige „**Wolkenfels-Pagode**", **Yunyan Ta**, in den Himmel. Leider darf man diesen „Schiefen Turm" nicht besteigen, von oben hätte man mit Sicherheit einen der besten Ausblicke auf Suzhou. An der Spitze der Pagode aus dem Jahr 961 neigt sich diese mittlerweile um fast zwei Meter zur Seite! Ständig sind neue Absicherungsmaßnahmen durch Einsatz modernster Technik erforderlich, um ein Einstürzen zu verhindern. Die Yunyan Ta galt lange als Wahrzeichen von Suzhou und war einst als „die höchste Sehenswürdigkeit im Staate Wu" bekannt. Genau an der Stelle der heutigen Pagode soll sich das Grab des Königs befunden haben.

Das Gelände um den Hügel ist voll von bizarr gestalteten Felsformationen, Wasserfällen, Pavillons und uralten Bäumen. Auf halbem Weg zum Tigerhill liegt der „**Zehntausend-Menschen-Fels**" (Wanren Shi). Hier sollen 10.000 Männer nach dem Bau des Grabes von König He Lu hingerichtet worden sein. Ihr Blut, so die Legende, färbt die Felsformation noch

heute rot. Sehenswert ist auch der Garten mit seinen über 1000 prachtvollen Bonsai-Exemplaren.

Wer sich den Tigerhill in aller Ruhe ansehen und die Scharen von chinesischen Touristen lieber meiden möchte, sollte nicht an einem Wochenende oder an einem chinesischen Feiertag hierher kommen.

虎丘山, 虎丘山门内8号
> Hu Qiu Shan, 8 Hu Qiu Shan Men Nei, Tel. 0512 67232305, 7.30–18 Uhr, Eintritt: 60 ¥

Entdeckungen außerhalb
Suzhou

🅐 Pavillon der azurblauen Wellen ★★ [B3]

Dieser beachtenswerte und nur gut ein Hektar große Garten im Süden der Stadt an der Renmin Lu wurde bereits während der Song-Zeit (960–1279) im Jahr 1044 vom Literaten und Dichter Su Shunqin, auch Su Zimei genannt, angelegt. Der Garten des Pavillons der azurblauen Wellen ist nicht nur der älteste Garten in Suzhou, er unterscheidet sich auch in mehrfacher Hinsicht von den anderen Gärten der Stadt. Der Canglang Ting ist beispielsweise nicht von einer hohen Mauer, sondern von einem Wassergraben umgeben.

Inmitten von Bambus, Kampfer und Zypressen erhebt sich der höchste künstliche Hügel Suzhous, auf dem der früher als Residenz für Adlige dienende **Canglang-Pavillon** thront. Dessen Fensteröffnungen sind beeindruckend, vielfältig und aufwendig gestaltet. Durch Einbeziehung der umgebenden Landschaft und des Hügels als Kontrast zu den angelegten Gewässern wirkt dieser recht kleine, aber bezaubernde Garten sehr weitläufig.

沧浪亭, 人民路, 沧浪亭街3号
> Cānglàng Tíng, 3 Canglang Ting Jie, Renmin Lu, Tel. 0512 65194375, tgl. 8–17 Uhr, Eintritt: 30 ¥ bzw. 20 ¥ von Nov. bis April

🅑 Seidenmuseum ★★ [B1]

Im Seidenmuseum bekommt der Besucher einen wunderbaren Einblick in die lange und faszinierende Geschichte der Seidenherstellung in Suzhou. Die Zucht von Seidenraupen hat in China eine mehr als 5000 Jahre alte Tradition und Geschichte.

Das 1991 eröffnete Museum gliedert sich in mehrere Bereiche und veranschaulicht die lange **Geschichte der Seidenherstellung** anhand wertvoller Seidenreliquien, Bilder und Skulpturen. Man erfährt vieles über Seidenraupenzucht und die – glaubt man der Legende – von der Frau des mythischen Gelben Kaisers Huang Di entdeckten Zusammenhänge von Maulbeerbäumen, Raupen und Seidenkokons.

Im **Workshop des Seidenmuseums** sieht man webende Mädchen in traditionellen Kostümen an antiken Webstühlen bei der Produktion der erlesenen Stoffe und feinsten Seidenmuster. Diese galten über Jahrhunderte auch als **begehrte Währung**. Hohe Beamte, Offiziere und auch Händler aus dem Ausland wurden mit Seide entlohnt oder beschenkt. Die Seidenherstellung blieb bis ins 2. Jh. v. Chr. ein Geheimnis der Chinesen, bevor sie auch in Japan und Korea bekannt wurde. Erst 800 Jahre später gelangte Seide über die Seidenstraße nach Europa.

Der dem Museum angeschlossene **Verkaufsraum** im Stil der Ming- und Qing-Dynastien bietet dem Interessierten ein exquisites Sortiment an hochwertigen seidenen Kleidungsstücken und Stoffen. In einem Nachbargebäude befindet sich ein Institut, das sich auf die Restauration und Reproduktion antiker Seide spezialisiert hat.

丝绸博物馆, 人民路2001号
> Sūzhōu Sīchóu Bówùguǎn, 2001 Renmin Lu, www.szsilkmuseum.com, Tel. 0512 67536506, tgl. 9–16.30 Uhr, Eintritt frei, Buslinien 1, 101, 112, 32 und 38

▷ *Glasbläser am Suzhou Museum*

73 Suzhou Museum ★★★ [C1]

Das 1960 gegründete Suzhou Museum befindet sich in der früheren Residenz Zhong Wang Fu des Taiping-Führers Li Xiucheng. Ausgestellt sind kulturelle Relikte wie **Grabbeilagen, Keramiken und Gebrauchsgegenstände** aus den Kunstgewerbemanufakturen der Stadt. Die erklärenden Texttafeln sind leider allesamt auf Chinesisch verfasst.

Ein neues, vom weltberühmten Architekten I. M. Pei entworfenes Museumsgebäude wurde mit einer Ausstellungsfläche von mehr als 10.000 m² im Oktober 2006 fertiggestellt. Es befindet sich an der Kreuzung Dongbei Jie und Qimen Lu. Die Architektur erinnert an die traditionelle Bauweise des Zhong Wang Fu. Das Museum beherbergt mehr als 30.000 Ausstellungsstücke, darunter Malereien, Kalligrafien und Werke traditioneller Handwerkskünste aus der Zeit der Ming- und Qing-Dynastie.

苏州博物馆, 东北街204号
> Sūzhōu Bówùguǎn, 204 Dongbei Lu, www.szmuseum.com, Tel. 0512 67575666, Di.–So. 9–16 Uhr, Eintritt frei, Buslinien 1, 2, 5, 40, 811, 923

74 Museum der Oper und des Theaters ★ [C2]

Das Museum für Oper und Theater befindet sich in der ehemaligen Theaterschule und ist dem beliebtesten Opernstil der Region gewidmet. Diese **Kun-Opern** werden auf dem Museumsgelände in einem Gebäude der Ming-Zeit

Entdeckungen außerhalb Suzhou

> **KLEINE PAUSE**
>
> **China Arts Gallery and Tea House**
> Gegenüber dem Suzhou Museum betreibt die freundliche Jenny Chen die kleine, aber feine China Arts Gallery. In ihren Verkaufsräumen findet man allerlei erdenkliche Utensilien rund um den Tee. Teekannen und -tassen, kunstvolle Keramiken und viele weitere wunderschöne Handwerksarbeiten. In der oberen Etage befinden sich die Gasträume, von denen aus man bei preiswerten Mahlzeiten und einem köstlichen Tee das Treiben vor dem Suzhou Museum beobachten kann.
> › China Arts Gallery, Jenny Chen, 255 Dongbei Lu, Tel. 67574839

aufgeführt. Im Museum sind Requisiten und Gemälde mit Schauspielszenen und Relikte aus der Theatergeschichte Chinas ausgestellt. Zu bewundern sind u.a. Kostüme, Opernmasken und Musikinstrumente. Insbesondere die hölzerne Haupthalle mit ihrer Kuppel ist sehenswert.

戏曲博物馆, 中张家巷14号
› Xìqǔ Bówùguǎn, 14 Zhongzhangjia Jie, Tel. 0512 67273741, tgl. 8.30–16 Uhr, Eintritt frei

⓻⓹ Panmen-Tor ★★ [B3]

Das **Panmen-Tor** südwestlich der Altstadt ist das einzig erhaltene von ehemals zehn Stadttoren und wurde 516 v. Chr. während der Frühlings- und Herbstperiode erbaut. Das Panmen besteht aus zwei separaten Toren. Das eine ist über den Kaiserkanal gebaut und erlaubte Schiffen die Ein- bzw. Ausfahrt aus der Stadt. Das andere, direkt daran angeschlossene Tor war für Landtransporte bestimmt. Diese Konstruktion ist in ganz China einzigartig. Auf dem Panmen-Tor steht ein **Stadtturm**. Der heutige restaurierte Turm stammt aus dem Jahr 1986. Im Inneren befindet sich eine kleine Ausstellung antiker Waffen.

Über steinerne Treppen kann man ein Stück über die alte Stadtmauer entlanggehen. Die besten Ausblicke auf die Umgebung und das rege Treiben auf dem Kanal genießt man vom Bogen der **Wumen-Brücke** gleich südlich des Tors. Diese älteste Brücke der Stadt aus dem Jahr 1084 mit einer Höhe von elf Metern und einer Länge von fast 70 m wurde zuletzt während der Qing-Dynastie (1644–1911) restauriert.

Neben dem Panmen-Tor und der Wumen-Brücke zählt die 54 m hohe **Ruiguang-Pagode** zu einer weiteren Attraktion in dem Stadtgebiet. Diese siebenstöckige und achteckige Pagode stammt aus der Zeit der Wu-Dynastie (222–280) und ist die älteste Pagode der Stadt. Sun Quan (182–252), der Führer des Staates Wu (222–280) während der Epoche der „Drei Reiche", soll dieses Bauwerk 247 zu Ehren seiner Mutter errichtet haben. Die Pagode wurde über die Jahrhunderte immer wieder bei kriegerischen Auseinandersetzungen zerstört. 1978 fand man im dritten Stockwerk der Pagode einen kleinen buddhistischen Schrein und weitere kulturelle Relikte wie Inschriften und eine bronzene Buddhastatue. Diese sind heute im Suzhou Museum ⓻⓷ zu besichtigen.
› tgl. 7.30–18 Uhr, Eintritt: 25 ¥, Ruiguang-Pagode 6 ¥ (Kinder unter 120 cm frei)

Panmen-Tor	盘门
Ruiguang-Pagode	瑞光塔
Wumen-Brücke	吴门桥

Restaurantkategorien

€ bis 100 ¥ (bis 12 €)
€€ 100–200 ¥ (12–24 €)
€€€ über 200 ¥ (über 24 €)
(Preisangaben für jeweils zwei Personen ohne Getränke)

Kulinarisches

Suzhou ist **bekannt für seinen guten Fisch und exquisiten Reis.** Zu jeder Jahreszeit gibt es reichlich Fisch, Gemüse und Obst. Die Küche von Suzhou legt großen Wert auf die Auswahl der Zutaten und auf Farbe, Aroma, Geschmack und Form der Gerichte. Man ist bestrebt, den ursprünglichen Geschmack der Zutaten beizubehalten und vitaminreiches Essen mit niedrigem Fettgehalt anzubieten. Fleisch, Fisch, Gemüse und Obst werden ausgewogen kombiniert. Bekannte Gerichte der Suzhou-Küche sind gebratener Mandarinfisch, in Biluochun-Tee (ein in China sehr bekannter grüner Tee aus der Provinz Jiangsu) geschmorter Fisch und gedämpfte Krabben.

北门饭店, 三香路160号
232 [A2] **Beimen Restaurant** €€€, 160 Sanxiang Lu, Tel. 68271178, www.szbmfd.com, tägl. 11–13.30 u. 17–20.30 Uhr. Nettes Lokal mit Spezialitäten der Provinz Jiangsu.

顾亭酒家, 干将东路, 甲辰巷6号
233 [C2] **Guting Restaurant** €€, 6 Jiachen Xiang, Ganjiang Donglu, Tel. 0512 65213888, 11–14 u. 17–22 Uhr. In dem historischen Gebäude werden gute kantonesische Gerichte und leckere Dim Sum serviert.

松鹤楼菜馆,
平江区太监弄72号(近玄妙观)
234 [C2] **Songhelou Caiguan** €€€, 72 Taijian Jie (200 m östlich der Renmin Lu), Tel. 0512 67700688, 11–14 u. 17–22 Uhr. Eines der berühmtesten und ältesten Restaurants der Stadt – schon Kaiser Qianlong (1711–1799) soll hier gespeist haben. Die Speisekarte beinhaltet viel frischen Fisch, der ausgezeichnet ist. Pro Person sollte man mindestens 150 ¥ einplanen.

Neben dem Songhelou gibt es noch vier weitere Restaurants an der Tajian Jie, alle mit einer mehr als 100 Jahre alten Geschichte: das **Dasanyuan**, **Deyuelou**, **Wangsi** und **Laozhengxing**. Alle genannten Lokale sind groß, viel besucht und bieten eine große Auswahl an einheimischen Spezialitäten. Freundliches Personal und englischsprachige Speisekarten.

香雪海饭店中餐厅,
东环路930号苏大东校对面
235 Xiangxuehai Restaurant €€, 930 Donghuan Lu, Tel. 67608166, tgl. 9–21 Uhr. Relativ preiswertes Seafood und sehr freundliche Bedienung machen das Xiangxuehai bei Touristen und der lokalen Bevölkerung gleichermaßen beliebt.

协和菜馆, 凤凰街15号
236 [C2] **Xiehe Caiguan** €, 15 Fenghuang Jie, Tel. 0512 65117830, 10.30–21.30 Uhr. Schmackhafte Hausmannskost aus Suzhou. Das Xiehe Caiguan ist sehr beliebt bei den Einheimischen, sodass man manchmal lange auf einen freien Tisch warten muss. Hier werden kulinarische Entdecker glücklich – es gibt keine englischsprachige Speisekarte. Man sollte sich auf die Empfehlungen des Hauses verlassen oder sich einfach überraschen lassen. Es schmeckt hervorragend.

洋洋饺子馆，十全街420号
❶**237** [C3] **Yang Yang Dumpling House** €, 420 Shiquan Jie, Tel. 0512 65192728. Hervorragende Dumplings (Jiaozi) in allen möglichen Variationen und viele vegetarische Gerichte.

Nachtleben

Das Nachtleben in Suzhou ist im Vergleich zu Shanghai eher ruhig. Ausnahmen bilden die Bars und Lokale in den Hotels und an der Shiquan Jie (十全街). Letztere bezieht die gewölbten Brücken über den Kanal ein – Nightlife inmitten 1000 Jahre alter Geschichte. Heute befinden sich in den Häusern im Qing-Stil Teehäuser, Bars, Restaurants und Kneipen mit Poolbillard, Darts und anderen Spielen. Zudem treten häufig Livebands auf. Viele jüngere Leute aus Suzhou ziehen aber dennoch das Nachtleben im nur eine Stunde entfernten Shanghai vor.

Bars

哈利酒吧，工业园区李公堤3期13幢102
❶**238** **Harry's Bar**, 102 Block 13, Ligong Di III, Suzhou SIP, 67546411. Immer noch einer der Hotspots im Suzhouer Nachtleben. Sehr gute Livemusik mit Hits von den 1970er-Jahren bis heute, preiswerte Getränke und Poolbillard locken gerade an den Wochenenden Chinesen und Westler gemeinsam in diese Bar. Die Getränkekarte bietet eine gute Auswahl an importierten Bieren, Weinen und Spirituosen.

蓝风餐厅酒吧，左岸商业街78号
❶**239** **LIFE's Bar and Restaurant**, 78 Shangye Jie, Zuoan, Tel. 0512 67627778, Do. 16.30–24 Uhr „All you can Drink" für 100 ¥ (Jungs) bzw. 80 ¥ (Mädels). Gutes Essen, Poolbillard, eine lange Theke mit preiswerten Getränken und die ausgesprochen gute Liveband, die hier jeden Abend spielt, machen das LIFE's zu einem beliebten Treffpunkt des Suzhouer Nachtlebens.

十全街451号
❶**240** [C3] **Pulp Fiction Australian Bar**, 451 Shiquan Jie, Tel. 0512 65208067. Sehr beliebte Bar bei den in der Stadt lebenden Ausländern. Hier kann man zu Rock, Pop und Blues Darts und Poolbillard spielen.

后海酒吧，十全街445号
❶**241** [C3] **Whiskey Jack's**, 445 Shiquan Jie, Tel. 65166476. Das Whiskey Jack's wirbt mit dem Slogan „Your place for Party, Music and Fun". Spaß zu haben steht hier im Vordergrund. Gerade an den Wochenenden geht es hier bis in die frühen Morgenstunden zu den heißen Beats der Live-Band hoch her.

Karaoke-Bars

大人家飙歌城，富仁坊巷68号
❶**242** [B2] **Da Ren Jia KTV**, 68 Fu Ren Fang, Tel. 0512 65236888

夜苏州，观前街10号
❶**243** [C2] **Night Suzhou**, 10 Guanqian Jie, Tel. 0512 65152668

Unterkunft

Die größte Auswahl an Unterkünften findet man rund um die Shiquan Jie im Süden der Stadt. Viele der Sehenswürdigkeiten lassen sich von hier recht leicht erreichen. In der Nebensaison von Oktober bis Mai lässt sich in vielen Hotels häufig noch ein Nachlass von 10 bis 20 % auf den an der Rezeption genannten Zimmerpreis aushandeln. Es ist rat-

Suzhou

sam, die zahlreichen Schlepper, die in Suzhou aufdringlicher erscheinen als im restlichen China, nach Ankunft am Bahnhof einfach zu ignorieren. Es gibt in der Stadt zahlreiche Unterkünfte in allen Preislagen, die man durchaus auch auf eigene Faust finden kann.

竹辉饭店, 竹辉路168号
244 [C3] **Bamboo Grove Hotel,** Zhúhuī Fàndiàn, 168 Zhuhui Lu, Tel. 0512 65205601, www.bamboogrovehotelsuzhou.cn. Mit seiner ansprechenden Lobby, den komfortabel eingerichteten Zimmern, dem lauschigen, mit viel Bambus verzierten Teich sowie dem liebenswürdigen Service ist das Hotel eine der besten Adressen der Stadt. DZ ab 580 ¥.

东吴饭店, 十全街, 吴衙场24号
245 [C3] **Dongwu Hotel,** 24 Wu Ya Chang, Shiquan Jie, Tel. 0512 65194590. Eine der besten Unterkünfte der unteren Preisklasse in Suzhou! Betrieben von der Suzhou University liegt das Hotel sehr zentral und doch ruhig. Noch preiswertere Zimmer findet man im dahinter liegenden Foreign Students Guesthouse (140-200 ¥). Zudem gibt es eine preiswerte und gute Kantine.

苏州凯莱大酒店, 干将东路535号
246 [C2] **Gloria Plaza Hotel Suzhou,** 535 Ganjiang Donglu, Tel. 0512 65218855, http://suzhou-plaza.gloriahotels.com. Mitten im Stadtzentrum gelegen wirkt das Hotel von außen eher schlicht. Innen dann beeindruckt die volle Pracht mit Marmorböden, Kassettendecken, Lüstern und Leuchtern. Die Zimmer sind großzügig geschnitten und elegant möbliert, DZ ab 1080 ¥.

乐乡饭店, 大井巷18号
247 [B2] **Lexiang Hotel,** 18 Dajing Xiang Jie (südlich der Guanqian Jie und östlich Renmin Lu), Tel. 0512 65228888. Freundliches Hotel in zentraler Lage mit einigen guten Restaurants in der näheren Umgebung. In dieser Preisklasse und Lage eine der besten Optionen der Stadt, DZ 450-600 ¥.

南林饭店, 十全街, 滚绣坊20号
248 [C3] **Nanlin Hotel,** 20 Gun Xiu Fang, Shiquan Jie, www.nanlin.cn, Tel. 0512 68017888. Großes Mittelklassehotel mit einer schönen Lobby. Die Zimmer im neuen Flügel sind luxuriös, im alten Gebäudeteil gibt es Doppel- und Dreibettzimmer zu vernünftigen Preisen. DZ im neuen Flügel ab 800 ¥.

新世纪大酒店, 广济路38号
249 [A2] **New Century,** 38 Guangji Lu, www.sz-newcenturyhotel.cn/en, Tel. 0512 80988888. Im Westen der Stadt, nett dekorierte und komfortable Zimmer, Sauna mit Fitnessbereich, DZ 450-600 ¥. Geschäftsreisende werden das modern ausgestattete Konferenz- und Business-Center schätzen.

吴宫泛太平洋酒店西餐厅, 新市路259号
250 [B3] **Pan Pacific Suzhou,** 259 Xinshi Lu, Tel. 0512 65103388, www.panpacific.com/en/Suzhou/Overview.html. Eines der besten Hotels der Stadt mit einem sehr guten Preis/Leistungs-Verhältnis und allen nur denkbaren Annehmlichkeiten, DZ ab ca. 600 ¥.

苏州友谊宾馆, 竹辉路349号
251 [C3] **Suzhou Friendship,** 349 Zhuhui Lu, Tel. 0512 82118888. Großes und freundliches Hotel mit nettem Garten im Atrium und sehr gutem Preis-Leistungs-Verhältnis. DZ 300-450 ¥.

Entdeckungen außerhalb
Suzhou

苏州国际青年旅社, 竹辉路186号
252 [C3] **Suzhou International Youth Hostel**, 186 Zhuhui Lu, Tel. 0512 65180266. Ein etwas außerhalb gelegenes Hostel mit komfortablen, preiswerten Betten im Schlafsaal. Ein Bett im Schlafsaal kostet 50 ¥, ein DZ 200–300 ¥.

Shopping

Suzhou ist **bekannt für seine Seide und sein Kunsthandwerk.** Suzhou-Stickerei zählt zu den vier bekannten Stickereischulen Chinas. Diese weltbekannte Handarbeit zeichnet sich durch schöne und prächtige Muster, vornehme und saubere Farben sowie abwechslungsreiche Stilfolgen aus. Außerdem gibt es noch den Suzhou-Brokat, verschiedene Sorten von Seiden, Sandelholzfächer, Jadeschnitzereien, Teigfiguren, die berühmten Hu-Pinsel und vieles mehr. Auch der grüne Tee Biluochun und der Jasmintee aus Suzhou sind sehr beliebt.

Feine Stickereien aus Suzhou bekommt man in allen Geschäften der Stadt und im Suzhou Embroidery Research Institute. Eine gute Auswahl an Suzhou-Seide findet man in Geschäften an der Guanqian Jie **68**, im Seidenmuseum **72** und auf dem Markt rund um den Tempel des Geheimnisses **69**.

刺绣研究学会, 苏州刺绣研究所, 景德路262号
253 [B2] **Suzhou Embroidery Research Institute,** Suzhou Cixiu Yanjiusuo, 262 Jingde Lu, Tel. 0521 65222403, tgl. 9–16.30 Uhr, kein Eintritt

Bücher

苏州市新华书店, 观前街166号
254 Xinhua Bookstore (1), 166 Guanqian Jie, Tel. 0512 67270241. Buchladen mit ordentlicher Auswahl an englischsprachiger Lektüre.

Lebensmittel, Supermärkte

家乐福三香路店, 三香路183–184号
255 Carrefour, 183–184 Sanxiang Lu, Tel. 0512 68628796

麦德龙商场, 长江路579号
256 Metro Cash and Carry Store, 579 Changjiang Lu, Tel. 0512 66618888

好又多量贩, 东吴北路288号
257 [B1] **Trust-Mart,** 288 Dongwu Beilu, Tel. 0512 65642550

Geschmackssache: Aalverkauf auf einem der Märkte in Suzhou

Shoppingmalls

印象城购物中心，现代大道1699号
- **258** In City Shopping Mall, 1699 Modern Avenue, Suzhou Industrial Park. Große Auswahl an Kleidung, Schuhen und Accessoires bekannter Marken.

圆融时代广场，
江苏省苏州市吴中区旺墩路268号
- **259** [B1] **Suzhou Times Square**, 268 Wangdun Lu, www.sz-times.com.cn, tgl. 10–21 Uhr

Märkte

市中心花鸟市场，皮市街172号
- **260** [B1] **City Center Bird and Flower Market**, 172 Pishi Lu. Über diesen Markt zu schlendern macht gerade am Wochenende enorm viel Spaß. Hier werden u. a. Vögel, Kaninchen, Fische und einige Gartenpflanzen angeboten.

钱万世里桥小商品市场，火车站附近
- **261** [A1] **Flea Market** (Qian Wan Li Qiao Xiao Shang Pin Shi Chang), in der Nähe des Hauptbahnhofs. Hier findet man alles, was man auch auf einem deutschen Flohmarkt erwartet: Haushaltswaren und Souvenirs

Praktische Tipps Suzhou

An- und Weiterreise

Suzhou kann man von Shanghai aus sehr leicht auf eigene Faust erreichen. Die Stadt liegt an der Eisenbahnlinie Shanghai – Nanjing mit mehreren stündlichen Zugverbindungen ab Shanghai Railway Station. Fast alle Reisenden kommen daher mit der Bahn nach Suzhou. Die Zugfahrt dauert maximal eine Stunde und kostet ab 25 ¥. Für Tagesausflüge eignen sich besonders die Züge G7212 (Abfahrt Shanghai um 6.10 Uhr, Ankunft Suzhou um 6.36 Uhr) und D3056 (Abfahrt Shanghai um 7.05 Uhr, Ankunft Suzhou um 7.40 Uhr).

Zurück nach Shanghai gibt es ebenfalls zahlreiche Verbindungen. Am frühen Abend ist der G7021 eine der schnellsten Verbindungen nach Shanghai (Abfahrt Suzhou um 18.14 Uhr, Ankunft Shanghai um 18.39 Uhr). Innerhalb der Stadt bieten sich zur Fortbewegung das Taxi oder ein Fahrrad an.

Täglich fahren mehrere komfortable Hochgeschwindigkeitszüge (Typ G) von Suzhou nach Beijing, Fahrzeit etwa fünf Stunden, Abfahrt Suzhou z. B. um 7.34 Uhr, Ankunft Beijing um 12.42 Uhr, 523 ¥ Second Class, 883 ¥ First Class). Die **Suzhou Railway Station** (Tel. 0512 95105105) liegt im nördlichen Teil der Stadt an der Chezhan Lu, westlich der Kreuzung mit der Renmin Lu.

Recht zuverlässige **Fahrplanauskünfte** bekommt man unter www.travelchinaguide.com/china-trains.

苏州火车站，车站路1号
- **262** Suzhou Railway Station, 27 Chezhan Lu, Tel. 0512 95105105

Alternativ kann man ab der North Bus Station (Qiche Bei Zhan, Tel. 0512 67530686) mit dem **Bus** zurückfahren. Die Busse fahren alle 20 Minuten zwischen 7 und 18.20 Uhr in neunzig Minuten nach Shanghai. Tickets kosten 26–30 ¥.

Fahrradverleih

Zahlreiche Souvenirgeschäfte entlang der Shiquan Jie vermieten Fahrräder gegen eine geringe Leihgebühr von 15 bis

25 ¥ pro Tag und ein Pfand in der Höhe von bis zu mehreren Hundert Yuan oder einen Reisepass. Einige Läden nördlich des Seidenmuseums ⓬ vermieten ebenfalls Fahrräder.

Geldangelegenheiten

中国银行苏州分行，
干将西路188号
- ●263 [B2] **Bank of China**, 188 Ganjiang Xilu, Tel. 0512 65112719

香港上海汇丰银行苏州分行，
苏华路1号，世纪金融大厦15楼
- ●264 **HSBC, Suzhou Branch**, 15/F Century Financial Tower No. 1 Suhua Lu, Tel. 0512 67619669

Medizinische Versorgung

苏州市第二人民医院，道前街26号
- ✚265 [B2] **Suzhou No. 2 People Hospital**, 26 Daoqian Lu, Tel. 0512 65223691

Stadttouren

Wer Suzhou nicht alleine erkunden möchte, kann in den meisten gehobenen Hotels organisierte Bustouren buchen.

苏州中国国际旅行社，大井巷118号
- ●266 [B2] **CITS – China International Travel Service**, 118 Dajing Xiang Jie, Tel. 0512 65159606. Der CITS bietet Englisch sprechende Guides mit Auto für 400 ¥ pro Tag und Teilnehmer. Eintrittsgelder zu den Sehenswürdigkeiten und Lunch sind nicht im Preis enthalten.

- ●267 **Jin Jiang Optional Tours Center**, 191 Changle Lu, Tel. 021 64720354. Das Center bietet in Shanghai organisierte (s. S. 301) angenehme Tagestouren nach Suzhou und Zhouzhuang mit Englisch sprechenden Führern und Lunch für 650 bzw. 325 ¥ (Kinder von 2 bis 7 Jahren). Die Touren starten morgens zwischen 8 und 9 Uhr, die Rückkehr ist am späten Nachmittag. Jin Jiang organisiert auch private Touren mit Guide, klimatisiertem Auto und Abholservice (1400/800/600 ¥ für jeweils einen, zwei oder maximal vier Teilnehmer).

Am preiswertesten und genau so einfach ist die **Erkundung der Stadt mit dem Taxi**. Taxifahrten innerhalb der Stadt kosten in der Regel zwischen 10 und 20 ¥.

Ausflug nach Tongli

20 km südöstlich von Suzhou liegt – umgeben von fünf Seen und durchzogen von zahlreichen Kanälen – die Wasserstadt Tongli aus der Zeit der Song-Dynastie. Die Stadt mit ihrer mehr als tausendjährigen Geschichte erweckt auch heute noch den Eindruck, einem Film über das alte China entsprungen scheint.

Die alte Kulturstadt zwischen Suzhou und Shanghai war einst **Heimat reicher Familien**, deren noch heute zu besichtigenden Residenzen überaus sehenswert sind. Man sollte Tongli unbedingt während der Woche und nicht an Feiertagen besuchen, will man nicht von Besuchermassen oder Fernseh- und Filmteams überrannt werden, die Tongli 1983 als Kulisse für verschiedene Produktionen entdeckten. Der Eintritt nach Tongli ist kostenlos, allerdings wird eine Gebühr von 100 ¥ für die Besichtigung aller Sehenswürdigkeiten erhoben. Informationen und Beschriftungen sind auch auch auf Englisch verfasst. Wer mehr erfahren möchte, kann sich an das Tongli Tourist Information Centre wenden.

●**268 Tongli Tourist Information Centre,**
Tel. 0512 63493027 oder 63331145, südöstlich des Tuisi Yuan („Garten zur tiefen Besinnung", s. u.). Hier werden englischsprachige Guides zu den Sehenswürdigkeiten der Altstadt und der Insel Luoxing Zhou (für 160 ¥) und für die Besichtigung des Tuisi Yuan (für 60 ¥) vermittelt.

Tongli entdecken

Die touristisch interessante **Altstadt Tonglis** befindet sich nördlich des Shangyuan Kanals (Shangyuan Gang). Tatsächlich handelt es sich um sieben kleine Inseln, die über 40 Steinbogenbrücken miteinander verbunden und von 15 Kanälen durchzogen sind. Ursprünglich geht die Stadt zurück auf die Zeit der Song-Dynastien (960–1279), aber viele der erhaltenen Gebäude in der Altstadt stammen aus der Ming- und Qing-Zeit. Bis vor wenigen Jahren fand das tägliche Leben der Bewohner noch an den Kanälen statt. Man sah spielende Kinder und Frauen, die hier ihren Waschtag abhielten. All das wurde für den Tourismus weitgehend eingestellt und heute beherrschen Gondeln mit Touristen und natürlich auch der damit verbundene Abfall das Bild an und auf den Kanälen.

Boote lassen sich an mehreren Anlegestellen für 80 ¥ für eine halbe Stunde mieten. Abseits der Kanäle in den Gassen der Altstadt beherrschen Shops und Restaurants das Bild. Die geschäftigste Gasse ist die **Mingqing Jie** mit zahlreichen Gebäuden aus der Zeit der Ming- und Qing-Dynastie.

Folgt man dieser in nördlicher Richtung, kommt man zu der Hauptsehenswürdigkeit der Stadt. Der **Garten Tuisi Yuan** („Garten zur tiefen Besinnung") eines entlassenen Gerichtsbeamten aus dem Jahr 1886 unterteilt sich von West nach Ost in drei Abschnitte. Im westlichen Teil befinden sich die Wohnhäuser, in der Mitte Gesellschaftsräume und im östlichen Teil ein Landschaftsgarten. Im Mittelpunkt des Gartens liegt ein Teich mit Pavillons, Hallen und Gebäuden. Der Betrachter der Szene bekommt den Eindruck, als ob die Bauten über der Wasserfläche schwebten. Durch die zahlreichen gewundenen Wege, Pavillons und den See wirkt der Gesamtkomplex größer, als er in Wirklichkeit ist.

Beachtenswert ist der westlich des Tuisi Yuan gelegene Komplex des Zhu Xiang der Familie Gengle (Gengle Tang) aus der Ming-Dynastie (1368–1644), der nicht weniger als 52 Räume und mehrere Höfe umfasst. Das Anwesen des einheimischen Gelehrten Liu Yazi (Jiayin Tang) mit den hohen weißen Mauern und Eingängen aus dem Jahr 1922 erinnert mehr an die südliche Anhui-Huizhou-Architektur. Hier bildet der schön angelegte Garten das Zentrum des Anwesens.

Die **Chongben Halle** (Chongben Tang) aus dem Jahr 1912 steht am Gegenüber der Jiayin-Halle. Sie entstand am Ende der Qing-Dynastie und ist berühmt für ihre geschnitzten Balken und bemalten Pfeiler. Es gibt dort über 100 Holzschnitzereien aus der klassischen chinesischen Literatur. Jede Reihe der Gebäude hier ist höher als die vorherige – Symbol für den Wunsch des Besitzers, jede Generation seiner Familie möge erfolgreicher sein als die vorherige.

Zwei weitere Residenzen sind durch drei Brücken miteinander verbunden. **Taiping Qiao** (Brücke des Friedens), **Jili Qiao** (Brücke des Glücks) und **Changqing Qiao** (Brücke der Ehre). Früher wurden hier Bräute in ihren Sänften über die Brücken getragen, heute lässt man den alten Brauch wieder aufleben, indem man für Touristen die gleiche Zeremonie vorführt. In der Gebühr für die Sehenswürdigkeiten ist auch **Luoxing Zhou** (Insel Luoxing) in der Mitte des Tongli Hu enthalten. Obwohl es hier bereits einen Tempel aus der Yuan-Zeit gab, sind die meisten Gebäude relativ neu – ein bunter Mix aus buddhistischen, daoistischen und konfuzianischen Einflüssen.

Kulinarisches

Die meisten Restaurants in Tongli sind auf Touristengruppen vorbereitet. Das **Xiangge Jiulou** (Shanger Restaurant) an der Mingqing Jie (Tel. 0512 63336988) hat eine englischsprachige Speisekarte und bietet neben einigen lokalen Spezialitäten auch einfache chinesische Gerichte an. Viele weitere Restaurants mit einfachen und preiswerten Gerichten findet man entlang dieser Straße. Das **Nanyuan Chashe** (Nanyuan Teehaus) an der Kreuzung Dongkang Lu und Nankang Lu im südlichen Teil der Altstadt befindet sich in einem restaurierten Gebäude aus der Qing-Zeit. Bei einer Tasse Tee und lokalen Snacks genießt man den Blick über die Kanäle und das bunte Treiben aus dem zweiten Stock.

An- und Rückreise

Tongli ist sowohl von Suzhou als auch von Shanghai aus hervorragend zu erreichen. Übernachtet man in Suzhou, sind die kleinen Reisebüros der Hotels erste Anlaufstelle oder eine der vielen Reiseagenturen der Stadt. Wer unabhängiger sein möchte, mietet sich am besten ein Taxi für den Ausflug. Die Fahrt von Suzhou nach Tongli dauert ca. 30 Min (60 ¥).

Von Shanghai gibt es Busse nach Tongli, die am Shanghai Stadium ㊱ (Shanghai Tourism Centre/Shanghai Indoor Stadium, 666 Tianyaoqiao Lu) starten. Diese Busse fahren morgens um 8.30 Uhr in ca. 90 Minuten nach Tongli und am späten Nachmittag ab 16 Uhr wieder zurück nach Shanghai. Infos über genaue Abfahrtzeiten bekommt man unter Tel. 64265555. Die Tickets für den gesamten Trip inklusive Eintrittsgelder kosten 130 ¥.

Hangzhou

杭州

Für Reisende, die sich längere Zeit in Shanghai aufhalten, gehört eine Tagestour oder besser gleich ein mehrtägiger Ausflug nach Hangzhou zum Pflichtprogramm. Die Stadt am Xi Hu (Westsee) mit den Inseln im See, den Dämmen und wunderbaren Spazierwegen zählt aufgrund ihrer reizvollen grünen Umgebung mit Hügeln, Bambuswäldern und Teeplantagen und aufgrund der zahlreichen historischen sowie kulturellen Sehenswürdigkeiten für Chinesen zu den schönsten und begehrtesten Ausflugszielen – nicht nur der chinesischen Ostküste, sondern des ganzen Landes.

Wer von Shanghai mit der Bahn nach Hangzhou reist, könnte im ersten Moment denken, er sei einmal im Kreis gefahren: Hochhäuser, Industrieanlagen und viel Beton beherrschen auf den ersten Blick das Bild der Provinzhauptstadt Zhejiangs. Schnellstraßen durchziehen heute die Stadt, wo noch Mitte der 1980er-Jahre Lastenfahrräder und Pferdefuhrwerke durch die romantische Altstadt mit ihren schmalen Gassen zogen.

Entdeckungen außerhalb
Hangzhou

Der eigentliche Grund, nach Hangzhou zu kommen, ist aber der **berühmte Xi Hu, der Westsee**. Nicht nur für viele Chinesen ist die Landschaft um den Westsee eines der begehrtesten Ausflugs- und Reiseziele des Landes – ein **Synonym für Schönheit und Romantik** und Gegenstand vieler literarischer Werke.

Neben dem Westsee ist Hangzhou **bekannt für die Seidenherstellung und als Teeanbaugebiet.** Der Hangzhouer Seidenmarkt wird von Seidenmanufakturen aus der näheren Umgebung versorgt und ist ein beliebtes Ziel kauflustiger Touristen. Der auf den Hügeln südwestlich des Westsees angebaute **Drachenbrunnentee** (Longjingcha) erlangte nicht zuletzt dank Qing-Kaiser Qianlong, der ihn als besten Grüntee Chinas bezeichnete, über die Grenzen Chinas hinaus große Berühmtheit. Dieser Tee ist außerhalb Chinas leider nur schwer käuflich zu erwerben, da die Chinesen ihren besten Tee lieber selbst genießen und er daher nur in sehr geringen Mengen exportiert wird.

Hangzhou ist die Hauptstadt der Provinz Zhejiang und liegt an der Mündung des Flusses Qiantang. Die von der Flussmündung geformte Bucht heißt Hangzhou Wan (Hangzhou Bucht). In Hangzhou beginnt zudem der sogenannte **Kaiserkanal**, ein wichtiger Wasserweg in den Norden. Die Gegend um Hangzhou ist zudem eine der Wiegen der chinesischen Zivilisation, der 5000 Jahre alten Liangzhu-Kultur. Diese alte chinesische Kultur aus der Jungsteinzeit der Süd-

◁ *Viele Chinesen suchen am Xi Hu* 76 *eine ordentliche Portion Romantik*

Entdeckungen außerhalb
Hangzhou

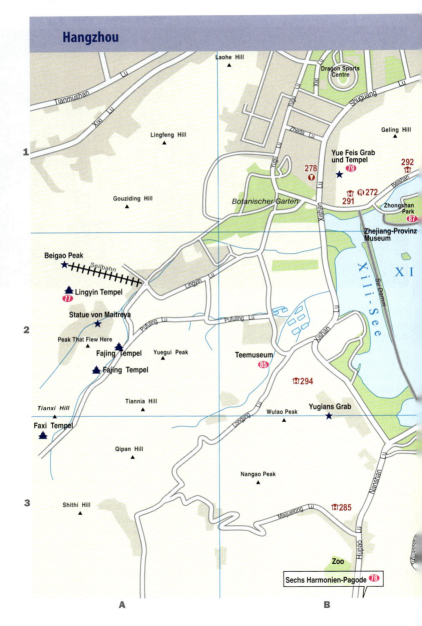

Entdeckungen außerhalb
Hangzhou

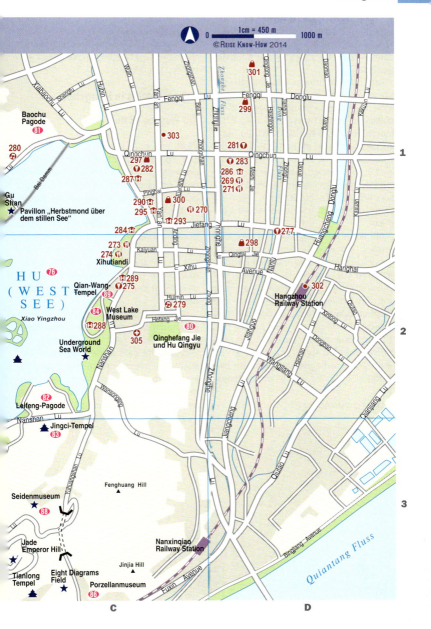

ostküste Chinas wurde bekannt durch Funde von Gräbern mit einer beachtlichen Anzahl an Jadestücken höchster Qualität.

Die dokumentierte Geschichte der Stadt reicht bis ins Jahr 221 v.Chr. zurück. Hangzhou war die Hauptstadt der südlichen Song-Dynastie (1127–1279). Marco Polo (1254–1324) soll die Stadt als „schönste und großartigste Stadt der Welt" bezeichnet haben. Zu seiner Zeit, im 13. Jahrhundert, hatte die Stadt den größten Hafen der Welt. Heute ist Hangzhou keine Hafenstadt mehr, denn im Laufe der Jahrhunderte verlandete die Bucht.

Die Stadt verfügt mit der Zhejiang-Universität über eine der besten Universitäten des Landes. Diese unterhält Partnerschaften u.a. mit der TU München, der Universität Kiel, der Universität Passau und der Universität Lübeck sowie der Fachhochschule Hannover und der HTW Dresden.

Eine neue sechsspurige Autobahnbrücke über die Hangzhou-Bucht wurde Ende 2007 fertiggestellt. Diese Brücke ist mit einer Länge von 36 km die **längste Überseebrücke der Welt** und verkürzt seit Sommer 2008 die Strecke zwischen Shanghai und Ningbo von seinerzeit 400 auf nur noch 80 km.

Sehenswertes in Hangzhou

76 Westsee (Xi Hu) ★★★ [C2]

西湖

Der 15,6 km² große, an seiner tiefsten Stelle jedoch nur 1,8 m tiefe Westsee ist wohl eines der berühmtesten Stadtgewässer Chinas. Er ist mit seinen traumhaften Brücken, Dämmen, Inseln und der malerischen Umgebung von jeher auch Schauplatz vieler Liebesgeschichten und -dichtungen. Man braucht ihn nur zu erwähnen, schon weckt man romantische und von Sehnsucht erfüllte Gefühle in den Herzen der meisten Chinesen.

Glaubt man der **Legende**, stritten einst ein Drache und ein Phönix um eine Perle. Diese fiel schließlich auf den Boden und verwandelte sich in den Westsee. Tatsächlich entstand der See als Bucht des heute drei Kilometer entfernten Qiantang-Flusses im 8. Jahrhundert. Damals, während der Tang-Dynastie (618–907),

Sonnenuntergang am Westsee

Entdeckungen außerhalb
Hangzhou

Detaillegende zur Karte S. 234

- **76** [C2] Westsee (Xi Hu) S. 236
- **77** [A2] Lingyin Tempel S. 239
- **78** [B3] Sechs-Harmonien-Pagode S. 239
- **79** [B1] Yue Feis Grab und Tempel S. 240
- **80** [C2] Qinghefang Jie und Hu Qingyu Apotheke (Hu Qingyu Tang) S. 241
- **81** [C1] Baochu Pagode S. 242
- **82** [C2] Leifeng Pagode S. 242
- **83** [C3] Jingci-Tempel S. 243
- **84** [C2] Qian-Wang-Tempel S. 243
- **85** [B2] Teemuseum S. 244
- **86** [C3] Porzellanmuseum S. 244
- **87** [B1] Zhejiang-Provinz-Museum S. 245
- **88** [C3] Seidenmuseum S. 246
- **89** [C2] West Lake Museum S. 246
- **269** [D1] Be For Time S. 246
- **270** [C1] Bieyinju Restaurant S. 246
- **271** [D1] Louwailou Restaurant S. 246
- **272** [B1] Shang Palace S. 247
- **273** [C2] Va Bene S. 247
- **274** [C2] Zen S. 247
- **275** [C2] Eudora Station S. 247
- **277** [D1] Shamrock Irish Pub S. 247
- **278** [B1] Traveller S. 247
- **279** [C2] MAX Club S. 248
- **280** [C1] West Lake Forest Bar S. 248
- **281** [D1] Hao Le Di S. 248
- **282** [C1] Party World S. 248
- **283** [D1] Yin Le Di KTV S. 248
- **284** [C1] Dahua Hotel S. 248
- **285** [B3] Hangzhou Jiangnanyi International Youth Hostel S. 248
- **286** [D1] Hangzhou Merchant Marco Edgelake Hotel S. 248
- **287** [C1] Hangzhou Overseas Chinese Hotel S. 248
- **288** [C2] Liuying Hotel S. 248
- **289** [C2] Mingtown Hangzhou International Youth Hostel S. 249
- **290** [C1] New Dongpo Hotel S. 249
- **291** [B1] Shangri-La S. 249
- **292** [B1] The New Hotel (Xinxin Hotel) S. 249
- **293** [C1] Xinqiao Hotel S. 249
- **294** [B2] Zhejiang Hotel S. 249
- **295** [C1] Zhonghua Hotel S. 249
- **297** [C1] Xinhua Bookstore (2) S. 250
- **298** [D2] Hangzhou Food and Tea Market S. 250
- **299** [D1] Huanbei Little Products Market S. 250
- **300** [C1] Nachtmarkt S. 250
- **301** [D1] Seidenmarkt S. 250
- **302** [D2] Hangzhou Train Station S. 251
- **303** [C1] Bank of China S. 251
- **305** [C2] North American International Hospital Hangzhou S. 251

wurde der See auf die heutige Tiefe von durchschnittlich 1,50 Meter ausgehoben und mit einer Sandbank vom Fluss abgetrennt.

Zwei Dämme teilen den Westsee in drei Teile: Der fast 3 km lange **Su-Damm** (Su-Di) wurde vom Song-Dichter, -Maler und -Politiker Su Dongpo (1037–1101) errichtet, verläuft im Westen des Sees und verbindet die Beishan Lu im Norden mit der Nanshan Lu im Süden. Auffallend sind seine sechs prachtvoll gestalteten Brücken. Diese wurden sogar im Sommerpalast in Beijing kopiert. Der **Bai-Damm** (Bai-Di) im Norden des Westsees ist benannt nach dem Dichter Bai Juyi. Dieser Damm wurde bereits während der Tang-Dynastie angelegt. Er verbindet das nordöstliche Ufer mit der Insel Gushan.

Künstlich angelegt sind auch die **Insel Xiao Yingzhou** („Kleine Paradiesinsel") in der Form eines vierspeichigen Rades mit vier kleinen Seen, das den Eindruck eines „Sees im See" vermittelt, und ihre beiden kleineren Schwestern Huxinting und Ruangongdun. Schwimmen ist im Westsee verboten und so kann man die Inseln nur per Boot erreichen. Am meisten Spaß macht es, sich mit den typischen, mit einem Stoffdach bedeckten Westsee-Ruderbooten über den See und zu den Sehenswürdigkeiten schippern zu lassen.

Hangzhou

Auf der Rückseite des chinesischen Ein-Yuan-Geldscheines ist eine der berühmtesten Sehenswürdigkeiten des Westsees zu sehen: Vom Südende der Insel Xiao Yingzhou Insel blickt man auf **drei kleine Steinpagoden im See.** Su Dongpo ließ sie ursprünglich aufstellen, vermutlich um die tiefste Stelle des Xi Hu zu markieren. Glaubt man einer anderen Überlieferung, markieren sie die Stelle im See, an der das Pflanzen von Wasserkastanien verboten war. Die heute sichtbaren Pagoden sind jedoch neueren Datums, denn die urprünglichen wurden von marodierenden Mongolen zerstört. Nachts wird das Innere der Pagoden von Kerzen erleuchtet. Das Kerzenlicht fällt durch runde Öffnungen auf die Wasseroberfläche und erzeugt dort ein mondähnliches Spiegelbild. Daher stammt auch der Name der Pagoden: **Santan Yinyue** – „**Drei Teiche, die den Mond spiegeln**".

Die größte Insel im Westsee ist die **Insel Gu Shan** im Norden des Xi Hu, der „Berg der Einsamkeit". Hier befindet sich auch das sehenswerte Zhejiang-Provinz-Museum ⑧. Der schönste Weg vom Stadtzentrum zur Insel entlang der schönen Pfirsichbäume und Weiden führt über den Bai-Damm. Kaiser Qianlong ließ sich am Ostufer der Insel einen Pavillon namens „Herbstmond über dem stillen See" (Pinghu Qiuyue) bauen und genoss von dort einen der schönsten Ausblicke auf die Umgebung.

Zahlreiche Tempel, Pavillons, Hallen und Pagoden liegen an den Ufern des Xi Hu. In China und anderen ostasiatischen Ländern gibt es 36 Imitationen des Gewässers! Dies ist ein deutliches Zeichen für die tiefe Verbundenheit, die der See in den Seelen vieler Menschen hinterlassen hat – und dies immer noch tut.

Bai-Di (Bai-Damm)	白堤
Su-Di (Su-Damm)	苏堤
Drei Teiche, die den Mond spiegeln	三潭印月

🔴 Lingyin Tempel ★★★ [A2]

Der imposante und viel besuchte Lingyin Si (Tempel der Seelenzuflucht) aus dem Jahr 326 zählt zu den bedeutendsten Klöstern Chinas. Er liegt in den Bergen westlich des Xi Hu. An manchen Wochenenden oder an chinesischen Feiertagen erhält man den Eindruck, dass mindestens die Hälfte der chinesischen Menschheit sich hier zu einem geselligen Beisammensein eingefunden hätte.

Der große Tempelkomplex besteht aus neun Hauptgebäuden, 18 Pavillons und mehr als 70 Tempelhallen. In den Mönchszellen lebten einst mehr als 3000 Mönche. Der Weg zum Tempel führt vorbei an vielen aus dem Fels gehauenen buddhistischen Skulpturen. Das ist aber erst der Anfang einer Reihe von Sehenswürdigkeiten. Unter anderem zieht die **Yue Ta**, eine ca. 20 m hohe, neunstöckige Steinpagode, den Blick der Besucher auf sich. Die Haupthalle des Tempels aus dem Anfang des 20. Jahrhunderts ist über 33 m hoch und birgt eine über 19 m hohe vergoldete, hölzerne Buddhastatue sowie, den Buddha flankierend, Statuen der 18 Schüler des Buddha.

Hinter dem Lingyin Si führt ein Weg über einen kleinen daoistischen Tempel bis zum **Nordgipfel (Beigao Feng)**. Von hier hat man einen prachtvollen Blick über den See. Den Beigao kann man auch mit einer Seilbahn erreichen und von dort zum Lingyin Tempel hinabsteigen. (Die Talstation der Seilbahn liegt am westlichen Ende der Lingyin Lu.) Wer es sportlicher mag, erklimmt den Berg zu Fuß auf einer in den Fels gehauenen Treppe, die unter der Seilbahn den Anstieg hinaufführt.

Südlich vom Lingyin Tempel liegt der fast 170 m hohe Gipfel Feilai Feng („Herübergeflogener Gipfel") mit buddhistischen Felsskulpturen und einem kleinen Tempel aus dem 10. bis 12. Jh. (Eintritt: 25 ¥, zum Tempel zusätzlich 20 ¥).

灵隐寺，灵隐路法云弄1号
> Língyǐn Sì, 1 Fayun Lane, Lingyin Lu, Tel. 0571 87968665, http://en.lingyinsi.org, tgl. 7–18 Uhr, Eintritt: 30 ¥. Mit den Buslinien K7 und Y2 kommt man vom Stadtzentrum zum Lingyin Tempel. Wer mehr über den Tempel erfahren möchte, kann unter Tel. 13588100951 (nach Kathy fragen) auch geführte Touren auf Englisch durch die Anlage buchen. Der Preis ist Verhandlungssache.

🔴 Sechs-Harmonien-Pagode ★★ [B3]

Im Süden der Stadt am nördlichen Ufer des Flusses Qiantang befindet sich die fast 60 m hohe Sechs-Harmonien-Pagode (Liuhe Ta). Sie wurde erstmals zur Zeit der Nördlichen Song-Dynastie um 970 erbaut, **diente als Leuchtturm**, sollte die Götter günstig stimmen und vor den jährlichen Fluten des Qiantang-Flusses schützen.

Die Pagode wurde im Jahr 1121 im Zuge einer Rebellion zerstört. Kurz danach wurde Hangzhou von einer verherenden Springflut des Qiantang heimgesucht und die Bewohner bauten die Pagode umgehend wieder auf.

Der Name der Pagode verweist auf die „Sechs Harmonien": Norden, Sü-

◁ *Am Ufer des Xi Hu* 🔴

Yue Fei

*Yue Fei (1103-1142), General der Südlichen Song-Dynastie (1127-1279) unter Kaiser Gaozong, gilt heute als **einer der großen Volkshelden in China**. Um 1115 hatten die Jurchen, Vorfahren der Mandschu, große Teile des nördlichen China unter ihre Kontrolle gebracht. Der Fall der Hauptstadt Kaifeng 1126 und die Gefangennahme des Kaisers Huizong bedeuteten das Ende der Nördlichen Song-Dynastie.*

*Der Süden, mit Hangzhou als Hauptstadt, blieb jedoch die nächsten 150 Jahre Herrschaftsgebiet der Südlichen Song-Dynastie. Unter Kaiser Gaozong (1127-1162) gab es allerdings **zwei Lager**: General Yue Fei hatte sich die Rückeroberung der nördlichen Gebiete zur Aufgabe gemacht, während Kanzler Qin Hui (1090-1155) eine Politik der Versöhnung mit der von den Jurchen eingerichteten Jin-Dynastie im Norden verfolgte. 1138 kam es tatsächlich zu einem ersten Friedensabkommen mit den Jurchen.*

*Zu dieser Zeit hatte Yue Fei bereits große Gebiete zurückgewonnen und stand kurz vor Kaifeng. Auf seinen Kriegszügen hatte er seine Kriegstruppen stetig vergrößert, sodass er Heerführer einer der mächtigsten Armeen der Südlichen Song-Dynastie geworden war. 1142 wurde jedoch ein endgültiger Friedensvertrag mit der Jin-Dynastie unter Prinz Zongbi geschlossen. Yue Fei wurde unter dem **Vorwurf der Rebellion** verhaftet und zusammen mit seinem Sohn noch im selben Jahr hingerichtet.*

*Erst unter dem späteren Kaiser Xiaozong wurde der Verfechter der Rückeroberung Nordchinas rehabilitiert und in der Populärliteratur **zum Helden Chinas stilisiert**. Kanzler Qin Hui hingegen gilt seitdem als Inbegriff eines egoistischen und korrupten Beamten, der China für seine eigenen Interessen in die Hände der Barbaren fallen ließ.*

den, Westen, Osten, Himmel und Erde. Der Kern der heutigen Pagode stammt noch aus der Song-Zeit, die Holzverkleidung aus dem Jahr 1899. Heute ist es möglich, sieben Stockwerke der Pagode über eine Wendeltreppe zu besichtigen. Vom obersten Stockwerk bietet sich ein spektakulärer Blick über den Qiantang-Fluss.

六和塔, 之江路16号
> Liùhé Tǎ, 16 Zhijiang Lu, Tel. 0571 86591401, tgl. 8.30-17.30, Eintritt: 30 ¥ für den Park, weitere 10 ¥ für den Aufstieg auf die Pagode, Anfahrt mit den Buslinien Y5, 504, 510 und 514 ab Stadtzentrum

⑲ Yue Feis Grab und Tempel ★ [B1]

Der Yue Fei Tempel befindet sich am nördlichen Ufer des Westsees am Fuß des Xixiang Hügels. Der Tempel wurde zu Ehren des Generals Yue Fei (1103-1142) errichtet, dem es zur damaligen Zeit gelang, weite Teile Nordchinas von den nomadischen Völkern der Jurchen zurückzuerobern. Er wurde jedoch von seinen eigenen Beamten und Kanzler Qin Hui hintergangen, inhaftiert und schließlich hingerichtet (siehe Exkurs). Der spätere Kaiser Xiaozong aber bewunderte die Leistungen Yues sehr und ließ daher 20 Jahre nach dessen Tod diesen Tempel errichten.

Neben dem Grab Yue Feis und dem seines Sohnes befindet sich auch eine Monumentalfigur Yues in einem kleinen Gedenktempel. Die vor dem Grabhügel knienden Bronzefiguren Qin Huis und dreier Komplizen werden auch heute noch traditionell angespuckt.

岳飞墓, 西湖西北角栖霞岭下北山路
> Yuèfēi Mù, Beishan Lu, tgl. 7.30–17.30 Uhr, Eintritt: 25￥, Buslinien Y1–Y5 („Tourist Bus Lines")

⑧⓪ Qinghefang Jie und Hu Qingyu Apotheke (Hu Qingyu Tang) ★★ [C2]

In der knapp 500 m langen Qinghefang Jie am Fuße des Hügels Wushan wird das alte Hangzhou lebendig. Ein Bummel durch diese historische Straße der **Hangzhouer Altstadt** mit vielen restaurierten Gebäuden, die bis in die Zeit der Song-Dynastien zurückreichen, gehört zu einem der Höhepunkte einer Reise in die Hauptstadt der Provinz Zhejiang.

Teeliebhaber wird es gleich in das traditionelle **Taiji Teahouse** (太极茶道, 河坊街184号, Tai Ji Cha Dao, 184 Hefang Jie, Tel. 0571 87801791) ziehen. Tee steht hier im Vordergrund, es gibt weder Heizung im Winter noch Klimaanlagen im Sommer. Die Einrichtung ist spartanisch. Ein beliebtes Fotomotiv ist das Trocknen der Teeblüten in den riesigen Pfannen vor dem Eingang. Traditionelle Nudelgerichte bekommt man im **Zhuang Yuan Guan**, einem der ältesten Restaurants in Hangzhou aus dem Jahr 1871 (状元馆, 河坊街85号, 85 Hefang Jie, Tel. 0571 87025796). Die Nudeln mit Shrimps und Aal (虾爆鳝面) sind einfach nur köstlich. Die ganze Qinghefang Jie ist gespickt mit kleinen Restaurants, Teehäusern, Souvenirläden und unzähligen Fotomotiven.

Die Hu Qingyu Tang in einer kleinen Seitengasse ist eine der ältesten der traditionellen pharmazeutischen Manufakturen in Hangzhou. Neben der Tongentang Apotheke in Beijing **zählt sie zu den berühmtesten Apotheken des ganzen Landes.** Gegründet wurde sie im Jahre 1874 von dem reichen Kaufmann Hu Xueyan während der Qing-Dynastie. Im Oktober des Jahres 1989 wurde die Apotheke dann zu einem **Museum für Traditionelle Chinesische Medizin (TCM)** umgebaut.

Hauptattraktion ist das Gebäude selbst, denn die Architektur des reichlich mit Schnitzereien verzierten Gebäudes ist mehr als imposant. Im zweistöckigen Laden kann man dabei zusehen, wie traditionelle chinesische Medikamente gemischt werden. Hunderte von Heilkräutern, eingelegte Schlangen und Kriechtiere, Tinkturen und Salben werden auch heute noch nach den alten Rezepturen verarbeitet. Im Museum wird die Geschichte der TCM anschaulich dargestellt.

Im **prächtigen Verkaufsraum** werden auch heute noch die alten Rezepturen unter das Volk gebracht. Sehr begehrt ist das sogenannte Tonikum für die ewige Jugend. Pflanzliche Arzneien gegen Kopfschmerzen oder Erkältungen bekommt man schon äußerst preiswert für 2–4￥. Zudem befindet sich gegenüber der Apotheke ein Restaurant, in dem preisgünstige medizinische Speisen serviert werden. Wer möchte, kann noch zur 41,6 m hohen **Chenghuang Pagode,** die auf dem Wushan thront, laufen (Eintritt 30￥). Von hier oben genießt man bei gutem Wetter einen prächtigen Ausblick über den Westsee, die Stadt Hangzhou und den Qiantang.

Hangzhou

胡庆余堂中药博物馆，
河坊街大井巷95号
› Hú Qìngyú Táng Zhōngyào Bówùguǎn, 95 Dajing Jie, Hefang Lu, Tel. 0571 87815209, tgl. 8.30–17 Uhr, Eintritt: 10 ¥

❽❶ Baochu Pagode ★★★ [C1]

Eines der bekanntesten Bauwerke in Hangzhou und eines der Wahrzeichen der Stadt ist die mehr als 45 m hohe Baochu Pagode.

Die ursprüngliche Pagode wurde zwischen 968 und 975 während der Nördlichen Song-Dynastie errichtet. Im Laufe der Geschichte mehrmals zerstört und wieder aufgebaut, wurde sie letztmalig 1933 auf einem Ziegelfundament rekonstruiert. Die schon aus weiter Entfernung sichtbare Pagode liegt nördlich des Xi Hu auf dem Gipfel des 200 m hohen „**Edelsteinhügels**" **Baoshi Shan**. Früher wurden hier wertvolle Edelsteine und Jade gefunden. Von der Anhöhe hat man einen herrlichen Ausblick über den Westsee und die moderne Innenstadt von Hangzhou.

Nach einer alten Legende rief der neue Kaiser und Gründer der Nördlichen Song-Dynastie, Zhao Kuangyin, den König von Wuyue (früherer Name für die heutigen Provinzen Jiangsu und Zhejiang), Qian Hongchu, in die Hauptstadt Kaifeng. Qian Hongchus Onkel, Wu Yanshuang, betete für seine sichere Rückkehr, ließ die Pagode errichten und nannte sie Baochu Ta, „Beschützer-Chu-Pagode". 1789 fand man am Fuß der Pagode eine zerbrochene Steintafel von Wu Yanshuang mit Inschriften, die die Errichtung des Bauwerks zum Thema haben.

Weiter nördlich hinter der Pagode liegen noch mehrere Tempel verschiedener Religionen, zudem kann man die **Huanglong-Höhle** (Gelbdrachenhöhle) 500 m weiter westlich besuchen. Hier finden täglich traditionelle Musik- und Operndarbietungen statt (Eintritt: 15 ¥).

保俶塔，宝石山
› Bǎochū Tǎ, Bǎoshí Shān

黄龙洞，曙光路和黄龙路
› Gelbdrachenhöhle, Shuguang Lu und Huanglong Lu, tgl. 8–17 Uhr, Buslinien K16, K28, K66, K228, Y4 und Y5 bis zur Haltestelle Song Mu Chang (松木场)

❽❷ Leifeng Pagode ★★ [C2]

雷峰塔

Am südlichen Ufer des Xi Hu liegt die achteckige Leifeng Pagode. Diese Pagode wurde zwischen 975 und 977 während der Nördlichen Song-Dynastie von König Qing Hongchu erbaut. Ursprünglich hieß die Pagode Huangfei Pagode – „Pagode der Geliebten". Qing Hongchu ließ sie zur Feier der Geburt des Sohnes seiner bevorzugten Geliebten errichten. Erst einige Jahrhunderte später erhielt sie ihren heutigen Namen.

Im Laufe der Jahrhunderte wurde die Leifeng Pagode **mehrmals zerstört und immer wieder rekonstruiert**. 1924 stürzte sie letztmalig ein. Die Leifeng Pagode blieb bis zur Entscheidung für einen Neubau im Jahr 2000 ein Trümmerhaufen. Das heutige Bauwerk ist eine fast 71 m hohe Rekonstruktion aus dem Jahr 2002 und ein durchaus modernes Gebäude im historischen Stil. Es gibt sogar einen Aufzug und Rolltreppen! Von oben genießt man einen lohnenswerten Ausblick auf Hangzhou. Im Erdgeschoss befindet sich ein kleines Museum, das einige der erhaltenen Überreste der ursprünglichen Pagode zeigt.

Besonders schön ist es hier während der Abenddämmerung, wenn die Pagode in ihrem Lichterglanz erstrahlt und die ganze Umgebung in ein mystisches Licht taucht.

雷峰塔, 南山路15号
> Leifeng Ta, 15 Nanshan Lu, www.leifengta.com, Tel. 87982111, Eintritt: 40¥, Kinder bis 120 cm Körpergröße 20¥, 7.30–20.30 Uhr, Buslinien Y1, Y2, Y3 und Y6

83 Jingci-Tempel ★★ [C3]

Der Jingci-Tempel (Tempel der stillen Barmherzigkeit) liegt am südlichen Ufer des Xi Hu gegenüber der Leifeng-Pagode 82 an der Nanshan Lu. Die Geschichte des Tempels geht zurück auf das Jahr 954. Auf den ersten Blick scheint dieser Tempel nicht besonders spannend, doch die Sagen um den berühmten Mönch Ji Gong (auch Ji Dian, „der verrückte Ji"), der hier während der nördlichen Song-Zeit lebte, machte und macht das Kloster zu einem **beliebten Wallfahrtsort** und einem der bedeutendsten buddhistischen Einrichtungen am Westsee. Auf seinem Höhepunkt lebten etwa 2000 Mönche in dem Kloster.

Ji Gong war berühmt-berüchtigt für seine **Respektlosigkeit gegenüber allen Autoritäten und Regeln der Gesellschaft.** Er erlangte vor allem im Volk große Popularität. Ji genoss Fleisch, trank Wein und erschien als arrogant. Er besaß keine ordentliche Kleidung und trat als ziemlich heruntergekommener Zeitgenosse auf, immer mit einem alten Fächer und einer Flasche Wein im Arm. Wegen dieser Eskapaden wurde er aus dem auf der anderen Seite des Sees liegenden Lingyin-Kloster ausgeschlossen. Mit offenen Armen nahm man ihn im Jingci-Tempel auf, denn er war ehrlich, selbstlos – und vor allen Dingen als erfolgreicher Spendensammler bekannt.

Einer jüngeren Legende zufolge soll Ji Gong für den Neubau einer neuen Tempelhalle auf unterirdischen Wasserwegen riesige Holzstämme aus der Provinz Sichuan herbeigeschafft haben, die dann wie durch ein Wunder im Klosterbrunnen des Jingci Si erschienen. Dieser Brunnen ist noch heute eine der Attraktionen des Klosters.

In der Haupthalle des Klosters findet man an der Hinterseite des Altars eine **Statue** des Ji Gong. Als buddhistischer Heiliger erfreut er sich heute in ganz Südostasien (besonders in Taiwan) großer Beliebtheit.

Im Tempel befindet sich eine große, mehr als 10 t schwere Glocke. Der seit der Song-Zeit allabendlich stattfindende **Glockenschlag** ertönt heute allerdings vom Band, ist aber immer noch ein Ereignis, zu dem sich viele Menschen versammeln. Zu Beginn des chinesischen Neujahrs wird die Glocke traditionsgemäß 108-mal geschlagen.

净慈寺, 南山路56号
> Jingci Si, 56 Nanshan Lu, Tel. 0571 87962880, tgl. 7.30–17 Uhr, Eintritt: 10¥, Buslinien K4, K504, Y1, Y2 und Y3

84 Qian-Wang-Tempel ★ [C2]

Möchte man den Menschenmassen am Lingyin Tempel, an der Leifeng- oder Sechs-Harmonien-Pagode entgehen, sollte man sich diese Tempelanlage ansehen. Der Tempel hat keine so herausragende geschichtliche Bedeutung und erinnert an die Könige des Wu Yue Kö-

Entdeckungen außerhalb
Hangzhou

nigreiches, die hier zwischen 923 und 978 regierten. Im Laufe der Jahrhunderte wurde die Anlage mehrmals zerstört und wieder aufgebaut, u. a. in Erinnerung an den Wu Yue König Qian. Fotofreunde finden hier einige interessante Motive.

钱王祠，南山路中国美院对面
› Qian Wang Si, Nanshan Lu (gegenüber der China Academy of Arts), tgl. 8–17 Uhr, Eintritt: 15 ¥, Buslinien K4, K12, und K30

🅘 Teemuseum ★★ [B2]

Das Hangzhou Teemuseum wurde im April 1991 von einer engagierten Teepflücker-Gemeinde eröffnet. Nicht nur passionierte Teetrinker können sich hier in fünf Ausstellungsräumen über Anbau, Verarbeitung, Zubereitung sowie Teesorten und Qualitätsmerkmale des grünen Genussmittels informieren.

Gefundene Utensilien aus einem Grab der Tang-Dynastie (618–907) zeugen von der mehr als 1100 Jahre alten **Geschichte der Teezeremonien** in China. An das Museum schließt sich ein Teehaus an, in dem man verschiedene Sorten genießen kann. Das Museumsgelände ist von üppigem Grün und Teeplantagen umgeben.

中国茶叶博物馆，西湖龙井茶乡
› Zhōngguó Chaye Bowuguan, Xihu Longjing Chaxiang, www.teamuseum.cn, Tel. 0571 87964221, Di.–So. 8.30–16.30 Uhr, Buslinien K27 und Y3, Eintritt frei

🅙 Porzellanmuseum ★ [C3]

Porzellan hat in China eine über 2000-jährige Geschichte. Während der Song-Dynastien (960–1279) erreichte die Kunst der Porzellanbrennerei in China ihren Höhepunkt. Zu dieser Zeit war auch die Kaiserstadt Hangzhou **einer der wichtigsten Produzenten**. Man spricht in Hangzhou auch von „Guan-Brennerei-

△ *Traditionelle chinesische Musik am Westsee* 🅖

en". Das gefertigte Porzellan von höchster Qualität wurde für offizielle königliche Anlässe und nicht für den alltäglichen Gebrauch gefertigt.

Das Porzellanmuseum wurde 1992 im Süden des Xi Hu eröffnet, 2002 erweitert und zeigt in seinen Ausstellungsräumen auf einer Fläche von mehr als 4000 m² **beeindruckende Werke der Guan-Brennerei** aus der Zeit der Südlichen Song-Dynastie. Sehenswert sind auch die Ausgrabungsfunde einer antiken Porzellanmanufaktur aus der Song-Dynastie.

南宋官窑博物馆, 施家山南42号
› Hangzhou Southern Song Dynasty Kiln Museum, 42 Nan Shi Jia Shan, Tel. 0571 86083990, Di.–So. 8.30–16.30 Uhr, Eintritt frei

❽ Zhejiang-Provinz-Museum ★★ [B1]

Wer sich für die Geschichte und Kultur der Provinz Zhejiang interessiert, sollte dieses Museum auf der Gushan-Insel im Westsee nicht verpassen. Zu bestaunen sind Ausstellungen über Kunsthandwerk, Münzen, Kalligrafie und Möbel aus der Ming- und Qing-Dynastie. Insgesamt umfasst die Museumssammlung **mehr als 100.000 Ausstellungsstücke**. Einige der wertvollsten sind Ton-, Holz-, Knochen- und Elfenbeinfunde aus der Zeit der Hemudu-Kultur – die ältesten davon sind fast 7000 Jahre alt.

Sehenswert sind zudem die Jadeartikel und Seidenstoffe aus der Zeit der Liangzhu-Kultur und Werke von Malern aus der Provinz Zhejiang aus den Epochen der Ming- und Qing-Dynastien. Spektakulärer Höhepunkt des Museums ist der **Miniaturnachbau einer kaiserlichen Prachtstraße** Hangzhous aus der Zeit der Song-Dynastie. Der Detailreichtum ist beeindruckend, es sind u.a. Seidenwebereien, Geschäfte, Regierungsgebäude und Märkte zu erkennen. Die Beschreibungen der Exponate sind dankenswerterweise auch auf Englisch verfasst.

浙江省博物馆, 孤山路25号
› Zhèjiāng Shěng Bówùguǎn, 25 Gushan Lu, www.zhejiangmuseum.com, Tel. 0571 87980281, tgl. 9–16 Uhr, Mo. vormittags geschlossen, Eintritt: 10 ¥, Buslinien Y1, Y2

EXTRATIPP

Tee-Dorf Longjing

Ganz in der Nähe Hangzhous, ca. 4 km südwestlich des Xi Hu, liegt das Tee-Dorf Longjing. Longjing heißt übersetzt „Drachenbrunnen". Die Gegend ist bekannt geworden durch den hier angebauten und im ganzen Land berühmten **„Drachenbrunnen-Tee"**. Von allen grünen Tees in China gilt dieser als der beste. Schon König Qianlong soll einst nach einer Kostprobe den Longjing-Tee als „kaiserlich" bezeichnet haben. Am besten schmecke er, so erzählt man im Dorf, mit dem Wasser aus dem Drachenbrunnen.

Heute ist Longjing einer der geeignetsten Orte, um sich über den Anbau von Tee sowie die weitere Verarbeitung zu informieren – und um auch die eine oder andere Tasse zu genießen. In der grünen, hügeligen Umgebung um das Dorf lässt es sich außerdem vortrefflich wandern.

龙井村, 龙井路
› Tee-Dorf Longjing, Longjing Lu. Die beste Zeit für einen Besuch ist der Frühling zur Erntezeit (März–April), Anfahrt mit den Buslinien 27 und Y3.

Hangzhou

⓲ Seidenmuseum ★★★ [C3]

In Hangzhou befindet sich das wichtigste und bekannteste Seidenmuseum ganz Chinas.

Das Museum wurde 1992 eröffnet und bietet dem Besucher auf über 10.000 m² einen faszinierenden Überblick über die spannende Geschichte und Vielfalt der chinesischen Seidenproduktion. **Mehr als 2000 Jahre alte Stoffe** versetzen den Betrachter in Erstaunen: Seidenstoffe aus der östlichen Han-Dynastie, Jacken aus der Song-Dynastie, feinster Satin und Roben aus der späten Kaiserzeit. Der Höhepunkt der Sammlung ist eine goldglänzende Hofrobe des Kaisers Qianlong (1736–1795). Im Museum wird man zudem über die einzelnen **Abläufe der Seidenproduktion** informiert. Außerdem kann man eigenhändig testen, ob man Kunstseide von echter Seide unterscheiden kann. Auch über Seidenraupen, Weberei und Brauchtum erfährt man hier einiges.

中国丝绸博物馆, 玉皇山路73号
> Zhōngguó Sichou Bowuguan, 73 Yuhuangshan Lu, www.chinasilkmuseum.com, Tel. 0571 87035150 (Information), Mo. 12–17, Di.–So. 9–17 Uhr, Eintritt frei, Buslinie Y3 und K12

⓳ West Lake Museum ★★ [C2]

Hier erfährt man – durch den Einsatz multimedialer Elemente – alles Wissenswerte über Flora, Fauna, Geschichte und Kultur rund um den Westsee. So kann sich der Besucher in einer Filmvorführung über die mehr als 4000 Jahre alte Geschichte der Gegend informieren. Spannend ist der Gang über die **virtuelle „Brücke der vier Jahreszeiten"**: Hier sieht man auf riesigen Bildschirmen zu beiden Seiten wunderschöne Animationen der wechselnden Jahreszeiten am Xi Hu.

西湖博物馆, 南山路89号
> Xihu Bówùguǎn, 89 Nanshan Lu, 8–17 Uhr

Kulinarisches

Viele empfehlenswerte Restaurants befinden sich zwischen der Yan'an Lu und der Hubin Lu. Beliebt ist auch die Hefang Jie mit vielen Imbissbuden und kleineren lokalen Restaurants. Was Xintiandi in Shanghai, ist das relativ junge **Xihutiandi** am östlichen Ufer des Xi Hu in Hangzhou: das neue Ausgeh- und Restaurantviertel. Neben schicken Lokalen wie dem Va Bene oder Zen (s. u.) findet man auch ein Starbucks Café.

避风塘, 体育场路279号粮贸大厦2楼
🍴**269** [C1] **Be For Time** €€, Bifengtang, 2/F Liangmao Mansion, 279 Tiyuchang, Tel. 85064156. Gute kantonesische Küche und die vielleicht besten Dim Sum im Ort.

别饮居大酒店, 邮电路48号
🍴**270** [C1] **Bieyinju Restaurant** €, 48 Youdian Lu, Tel. 87035122, 9–21 Uhr. Äußerst beliebt bei Einheimischen und ein sehr gutes Restaurant, um die lokale Hangzhou-Küche zu entdecken. Empfehlenswert sind „Dried Duck with sticky Rice" und die Spezialität des Hauses „Bieyin stir fried Rice" mit verschiedenen Sorten Fleisch und Gemüse. Englischsprachige Speisekarte, recht preiswert.

楼外楼, 崮山路30号
🍴**271** [B1] **Louwailou Restaurant** €€, Lóuwài Lóu, 30 Gushan Lu, Tel. 0571 87969023. In dem 1849 gegründeten Traditionslokal muss man einmal gegessen haben. Das turbulente Lokal liegt am Nordufer des Westsees. Spezi-

alitäten sind der Fisch aus dem See, Bettlerhuhn und in Tee gekochte Krabben.

香宫, 北山路78号,
香格里拉饭店西楼3楼
272 [B1] **Shang Palace** €€, 3/F, West Building, Shangri-La Hotel, 78 Beishan Lu, Tel. 0571 87977951, 11.30–14 u. 17.30–21.30 Uhr. Einer der besten Orte am Westsee, um die Spezialitäten der einheimischen Hangzhou-, aber auch der Kanton-Küche zu kosten.

华缤霓意大利餐厅, 南山路147号,
西湖天地8号楼2楼
273 [C2] **Va Bene** €€€, Xihutiandi, 147 Nanshan Lu, 2/F, House 8, Tel. 0571 87026333, 10–24 Uhr. Klein und gemütlich im Herzen Xihutiandis gelegen ist das Va Bene in Hangzhou eines der besten italienischen Restaurants dieser Kette aus Hongkong. Gute Auswahl an italienischen Gerichten und Weinen, der Service lässt keine Wünsche offen.

湖蝶, 岳王路1号东方金座3层
274 [C2] **Zen** €€, 3/F, Dongfang Jinzuo Mansion, 1 Yuewang Lu, Tel. 0571 87019777. Ausgezeichnete kantonesische Küche.

Nachtleben

Das Nachtleben in Hangzhou ist nicht so ausschweifend wie das in Shanghai, doch finden sich auch hier für nahezu jeden Geschmack entsprechende Kneipen und Klubs. Zentren des Nachtlebens sind die **Shuguang Lu** [B1], an denen sich zahlreiche einfache Bars befinden.

Bars

亿多瑞站, 南山路101-7号
275 [C2] **Eudora Station**, 101–7 Nanshan Lu, Tel. 87914760, 9–2 Uhr. Große Bar und

> ## Preiskategorie
>
> € bis 100 ¥ (bis 12 €)
> €€ 100–200 ¥ (12–24 €)
> €€€ über 200 ¥ (über 24 €)
> (Preisangaben für jeweils zwei Personen ohne Getränke)

Restaurant über drei Stockwerke. Es gibt Poolbillard, Darts und an den Wochenenden häufig Livemusik. Gegen den Kater am nächsten Morgen hilft der ausgezeichnete Kaffee und ein reichhaltiges Frühstück (an den Wochenenden Buffet).

黑根酒吧, 学院路131号
276 Reggae Bar, 131 Xueyuan Lu, Tel. 86575749, von 18 Uhr bis spät in die Nacht geöffnet. Die Reggae Bar bietet jedem Nachtschwärmer etwas: Hier tanzt man bis in den frühen Morgen zum – glaubt man Insidern – besten Reggae, Funk und Hip-Hop der Stadt, raucht gemütlich mit ein paar Freunden eine Hookah oder vertreibt sich die Zeit mit Tischfußball und Darts.

三叶啤酒屋, 解放路89号,
沿东河1楼(解放路和建国路交界)
277 [D1] **Shamrock Irish Pub**, 89 Jiefang Lu (an der Kreuzung Jiefang Lu und Jianguo Lu), Tel. 87555212, 10–2 Uhr. An den Wochenenden mit guter Livemusik.

旅行者酒吧, 曙光路176号)
278 [B1] **Traveller**, 176 Shuguang Lu, Tel. 87968846, 19–2 Uhr. Ein Urgestein des Hangzhouer Nachtlebens. Das Traveller ist bekannt für die regelmäßigen Auftritte nationaler und internationaler Rock- und Punkbands.

Klubs

麦克斯酒吧，延安南路20号，
吴山广场附近

279 [C2] **MAX Club**, 20 Yan'an Nanlu, Tel. 87018288, 20.30–4 Uhr, Eintritt frei. Die Bar und Diskothek mit guter Musik ist ein Treffpunkt vieler junger Chinesen aus Hangzhou.

西子森林酒吧，北山路31号

280 [C1] **West Lake Forest Bar**, 31 Beishan Lu, Tel. 85118299, tgl. 20.30–4 Uhr, Eintritt frei. Schon der Eingang ist ein Erlebnis: Durch einen langen Tunnel gelangt man in das Innere des wirklich empfehlenswerten Klubs mit einer kleinen Tanzfläche, einigen Karaoke-Räumen und preiswerten Getränken.

Karaoke-Bars

好乐迪量贩KTV，庆春路118号，
嘉德广场3楼

281 [C1] **Hao Le Di.**, 3/F Golden Plaza, 118 Qingchun Lu, Tel. 87218866, 24 Std. geöffnet. Ohne Zweifel eine der beliebtesten Karaoke-Bars unter den Studenten der Stadt.

钱柜，湖滨路50号地下1层

282 [C1] **Party World**, BF, 50 Hubin Lu, Tel. 28821111, 24 Stunden geöffnet. Die größte Auswahl an englischen Songs in der Stadt und das preiswerte Buffet sprechen für diese Karaoke-Bar.

银乐迪KTV，庆春路149号，商业大厦2楼

283 [D1] **Yin Le Di KTV**, Qingchun Branch, 2/F, Business Tower, 149 Qingchun Lu, Tel. 87250707, 11–6 Uhr. Nicht so luxuriös wie das Party World, aber die günstigen Preise und das gute Soundsystem machen das Yin Le Di vor allem bei jungen Leuten beliebt.

Unterkunft

大华饭店，南山路171号

284 [C1] **Dahua Hotel**, Dàhuá Fàndiàn, 171 Nanshan Lu, www.dh-hotel.com, Tel. 0571 87181888. Das Hotel liegt einige Häuserblocks südlich der Jiefang Lu am Westsee. Komfortable Zimmer und erstklassiger Service machen das Hotel zu einer guten Wahl – schon Mao Zedong und Zhou Enlai nächtigten hier bei ihren Besuchen in Hangzhou. DZ zwischen 600 und 1500 ¥.

杭州江南驿国际青年旅社，
满觉陇路32号

285 [B3] **Hangzhou Jiangnanyi International Youth Hostel**, 32 Xiamanjuelong Lu, Tel. 0571 87153273. DZ ab 150 ¥, Betten im Schlafsaal ab 45 ¥.

杭州新世纪大酒店，淀纱路99号

286 [C1] **Hangzhou Merchant Marco Edgelake Hotel**, 99 Huansha Lu, http://edgelake.merchantmarcohotel.com, Tel. 0571 87922888. Preiswerte und saubere Zimmer bekommt man ab 440 ¥.

杭州华侨饭店，湖滨路39号

287 [C1] **Hangzhou Overseas Chinese Hotel**, 39 Hubin Lu, Tel. 0571 87685555. Perfekte Lage in Seennähe. Angenehme Zimmer und ein gutes Restaurant machen das Hotel zu einem beliebten Treffpunkt für preisbewusste Reisende. DZ ab 480 ¥.

柳杨饭店，南山路6号

288 [C2] **Liuying Hotel**, Qingboqiao Hexia, 6 Nanshan Lu, Tel. 0571 87080188, www.liuyinghotel.com. Kleines, aber feines Hotel mit freundlichem Service. Die Zimmer sind sauber und einfach eingerichtet. Gegenüber liegen die „Drei Teiche, die den Mond spiegeln" (s. S. 238). DZ ab 600 ¥.

Entdeckungen außerhalb
Hangzhou

杭州国际青年旅社, 南山路101–11号
289 [C2] **Mingtown Hangzhou International Youth Hostel**, 101–11 Nanshan Lu, www.yhachina.com, Tel. 0571 87918948. DZ ab 160 ¥, Betten im Schlafsaal ab 60 ¥. Gemütliche Zimmer und ein schöner Garten sorgen für Erholung.

东坡宾馆, 仁和路52号
290 [C1] **New Dongpo Hotel**, Dōngpō Bīnguǎn, 52 Renhe Lu, www.newdongpo.com, Tel. 0571 28973333. Hübsch eingerichtete, saubere Zimmer und das freundliche Personal machen das Dongpo zu einem echten Geheimtipp! Sehr gutes Preis-Leistungs-Verhältnis, DZ 350–560 ¥.

杭州香格里拉饭店, 北山路 78号
291 [B1] **Shangri-La**, Xiānggélǐlā Fàndiàn, 78 Beishan Lu, Tel. 0571 87977951, www.shangri-la.com/hangzhou/shangrila. Das berühmteste Hotel der Stadt liegt am nördlichen Ufer des Westsees. Die geräumigen Zimmer mit Blick auf den See sind traumhaft! DZ ab 1700 ¥ (Garden View) bis 2599 ¥ (Lake View).

新新饭店, 北山路 58号
292 [B1] **The New Hotel (Xinxin Hotel)**, Xīnxīn Fàndiàn, 58 Beishan Lu, Tel. 0571 87660000. Die Zimmer sind schon leicht verwohnt, aber sauber und man genießt eine der besten Aussichten auf das Nordufer des Westsees. DZ kosten zwischen 600 und 800 ¥.

新桥饭店, 解放路226号
293 [C1] **Xinqiao Hotel**, Xīnqiáo Fàndiàn, 226 Jiefang Lu (Ecke Yan'an Lu), Tel. 0571 87076688, Fax 87071428. Gemütliches Hotel in absolut zentraler Lage. Die Zimmer kosten zwischen 600 und 800 ¥.

浙江宾馆, 三台山路278号
294 [B2] **Zhejiang Hotel**, 278 Santaishan Lu, www.zhejianghotel.com, Tel. 0571 87180808. Komfortables Hotel, eingebettet in einer riesigen grünen Gartenlandschaft und Hügeln. Hier kann man herrlich einige Tage entspannen. Auf mehreren Tennisplätzen und im Schwimmbad kann man sich sportlich betätigen. DZ ab 760 ¥.

中华饭店, 邮电路55号
295 [C1] **Zhonghua Hotel**, Zhōnghuá Fàndiàn, 55 Youdian Lu, Tel. 0571 87027094. Sehr zentrale Lage zwischen dem Ufer des Westsees und der Yan'an Lu. Schöne Einzel- und Doppelzimmer für 300–450 ¥.

Shopping

Die Beinamen Hangzhous – „Seidenstadt" und „Hauptstadt des Tees" – verweisen auf die wichtigsten und bekanntesten Produkte der Stadt. Bereits in alter Zeit trafen sich in diesem **Einkaufsparadies** zahlreiche Kaufleute aus allen Landesteilen Chinas, denn die traditionellen Produkte wurden und werden wegen ihrer Qualität weit und breit geschätzt, so die feinen Waren aus Seide, der exzellente Drachenbrunnentee und die Fächer der Marke Wangxingji.

Die wichtigsten Einkaufsstätten liegen am Wulin-Platz und an der Yan'an Lu. Hier findet man auch das größte Kaufhaus Hangzhous, ein Einkaufszentrum und viele spezielle Läden für bestimmte Marken. Ein Blick auf die vielen Märkte der Stadt lohnt sich ebenfalls. Neben Seide und Tee bekommt man preiswerte Kleidung, CDs und DVDs, Souvenirs sowie allerlei Mitbringsel für die Lieben daheim.

Bücher

博库书城, 文二路38号
296 BOKU Super Bookstore, 38 Wener Lu, Tel. 0571 88831111, 9–21 Uhr. Gute Auswahl an Büchern auf Englisch.

新华书店, 延安路305号, 庆春路217号
297 [C1] **Xinhua Bookstore (2)**, 305 Yan'an Lu, 217 Qingchun Lu, Tel. 0571 87210878, geöffnet 9–21 Uhr. Ein typischer Xinhua Buchladen. Wer detaillierte Karten von Hangzhou sucht, wird hier fündig.

Qiantang-Flutfestival

Das Qiantang-Flutfestival hat eine Tradition von mehr als 1000 Jahren. Es findet in jedem Jahr Mitte bis Ende September statt und dauert zehn Tage. Am 18. Tag des achten Mondes kann man eine mächtige, bis zu sechs Meter hohe **Flutwelle** *auf dem Qiantang beobachten. Die Mondanziehungskraft in Kombination mit der Erdrotation drückt an diesem Tag das Wasser der Hangzhou-Bucht besonders stark in die trompetenförmige Öffnung des Flusses, wo das gestaute Wasser durch starke Strömungen zu einer Flutwelle ansteigt.*

Das Schauspiel lässt sich besonders gut in den Vororten von Hangzhou wie Yanguan (45 km von Hangzhou-Zentrum entfernt) an der Mündung des Qiantang bestaunen. Man sollte eine gewisse **Vorsicht** *walten lassen, jedes Jahr ertrinken Schaulustige, die sich zu nah an die Flut herangewagt haben. Begleitet wird das spektakuläre Schauspiel mit Drachentänzen. Das Festival lockt jedes Jahr bis zu 100.000 Touristen an.*

Märkte

杭州副食品茶叶市场, 解放路, 南班巷18–20号
298 [D2] **Hangzhou Food and Tea Market**, 18–20 Nanban Lane, Jiefang Lu, tgl. 8–17.30 Uhr. Auf diesem Markt findet sich alles, was mit Tee zu tun hat: alle nur erdenklichen Teesorten, Tassen, Teesets und sonstiges Zubehör. Teilweise etwas überteuert, man findet viele der Waren billiger auch auf dem Nachtmarkt (s. u.). Aber man kann hier einige Teesorten probieren, auch ohne unbedingt etwas kaufen zu müssen bzw. ohne den Ladenbesitzer zu verärgern.

环北小商品市场, 凤起路和西健康路
299 [D1] **Huanbei Little Products Market**, Fengqi Lu und Jiankang Xilu, tgl. 8–18 Uhr. Gegenüber dem Seidenmarkt gibt es einen weiteren Markt für hauptsächlich preiswerte Herrenbekleidung, Anzüge, Hemden und vieles mehr.

吴山夜市, 仁和路和惠兴路
300 [C1] **Nachtmarkt**, Renhe Lu und Huixing Lu, öffnet täglich am frühen Abend. Noch immer einer der besten Plätze für Souvenirs, Shirts aus Seide, Erinnerungsstücke an Mao und natürlich CDs und DVDs in Hülle und Fülle. Die Stände öffnen am frühen Abend und wie auf allen anderen Märkten sollte man auch hier hartnäckig handeln.

杭州中国丝绸城, 西健康路
301 [D1] **Seidenmarkt**, Jiankang Xilu, tgl. 9–17.30 Uhr. Auf diesem Markt werden Seidenstoffe in allen Farben und Musterungen angeboten. Die beachtliche Zahl an kleinen Shops erleichtert das Handeln. Man sollte jedoch ein genaues Auge auf die angebotenen Stoffe werfen – es sind auch zahlreiche Imitate im Umlauf!

Praktische Tipps Hangzhou

An- und Weiterreise

Fast alle **Züge von Shanghai nach Hangzhou** fahren von der neuen **Hongqiao Railway Station** (s. S. 320) ab. Von hier fährt der Hochgeschwindigkeitszug G7551 morgens um 6.20 Uhr nach Hangzhou. Die Ankunft ist um 7.19 Uhr. Das Ticket kostet 117/73 ¥ (1./2. Klasse). Ab Hangzhou kann man mit dem G7330 abends um 21.49 Uhr zurück nach Shanghai fahren. Ankunft in Shanghai ist um 22.47 Uhr. Das Ticket sollte man gleich bei Ankunft in Hangzhou am Bahnhof kaufen. Zu erreichen ist die **Hongqiao Railway Station** über die Metro-Linien 2 und 10.

Die **Hangzhou Train Station** (Hangzhou Huoche Zhan) liegt im östlichen Teil der Stadt. Mit den Bussen Nr. 7 und K7 kommt man für 1–2 ¥ in die Innenstadt und zum Shangri-La Hotel (s. o.) am Westsee.

Unbedingt meiden sollte man bei einem Tagesausflug die Verbindungen von Shanghai zur Hangzhou South Railway Station (Hangzhou Nan Zhàn), die ca. 20 km südöstlich vom Stadtzentrum entfernt im Distrikt Xiaoshan liegt. Man verliert eine Menge Zeit und zahlt die recht hohen Taxikosten (ca. 80 ¥) ins Stadtzentrum.

杭州城站火车站, 环城东路1号
●**302** [D2] **Hangzhou Train Station,** 1 Huancheng Donglu, Tel. 0571 87829418

Geldangelegenheiten

中国银行, 延安路320号
●**303** [C1] **Bank of China,** Zhōng Guó Yín Háng, 320 Yan'an Lu, Tel. 87074820

Medizinische Versorgung

杭州市中医院, 体育场路453号
◐**304** **Hangzhou Hospital of Traditional Chinese Medicine,** 453 Tiyuchang Lu, Tel. 0571 85827766, 24 Stunden geöffnet

杭州北美医院, 河坊街419号
◐**305** [C2] **North American International Hospital Hangzhou,** 419 Hefang Lu, Tel. 0571 87780120, tgl. 9–18 Uhr. Englischsprachiges Ärzteteam.

邵逸夫医院, 庆春东路3号
◐**306** **Sir Run Run Shaw Hospital,** College of Medicine, Zhejiang University, 3 Qingchun Donglu, Tel. 0571 86070073. Termine bei einem deutschsprachigen Arzt freitags 13.30–17 Uhr unter Tel. 0571 86006016.

Stadttouren

In Hangzhou lassen sich Tagesausflüge durch die City und Umgebung über die **Hangzhou Letour International Travel Company** (Rm. 801, Tong Fang Fortune Building, 334 Fengqi Lu, Tel. 0571 85781937, 85781936, www.gotohangzhou.com) buchen. Im Angebot sind zudem Wander- und Fahrradausflüge. Will man aber einige der Sehenswürdigkeiten der Stadt intensiver besuchen, sollte man wenigstens eine oder zwei Übernachtungen in Hangzhou einplanen.

Auch im Hotel Shangri-La in Hangzhou (s. S. 249) kann man Tagestouren durch Hangzhou und Umgebung buchen.

Unterwegs in Hangzhou

Das bequemste und eines der schnellsten Transportmittel in Hangzhou ist eindeutig das **Taxi.** Die Preise für Taxis in Hangzhou sind ebenso günstig wie in Shanghai und so kann man ein Taxi auch

Entdeckungen außerhalb
Hangzhou

EXTRATIPP

Fahrradfahren in Hangzhou

Hangzhou und dort vor allem die idyllische Gegend um den Westsee eignet sich hervorragend für ausgiebige Touren mit dem Drahtesel. Obwohl es um die Stadt Hangzhou herum zahlreiche Hügel und Berge gibt, ist Hangzhou selbst recht flach. Zudem gibt es insbesondere in der Innenstadt und rund um den Westsee **erstklassige Radwege.**

In Hangzhou gibt es ein gut ausgebautes und sehr preiswertes öffentliches **Fahrradverleihsystem.** Für die Anmietung eines dieser auffällig roten Drahtesel an einem der zahlreich in der Stadt verteilten Service-Points benötigt man lediglich ein Ausweisdokument (Reisepass oder Führerschein), 300 ¥ Bargeld (200 ¥ Kaution, 100 ¥ für die Benutzung) und schon kann es losgehen. Man erwirbt eine Chipkarte und entriegelt damit eines der an einem elektronisch gesicherten Stand aufgereihten Fahrräder. Die Rückgabe erfolgt, indem man sein Fahrrad an einer der Stationen mit der Chipkarte wieder verriegelt. Kosten: Die erste Stunde ist kostenlos, 1 ¥ für zwei und 3 ¥ für drei Stunden. Danach fallen 3 ¥ pro Stunde an. Das restliche Guthaben sowie die Kaution bekommt man nach Rückgabe der Karte – mit der man auch in vielen Buslinien bezahlen kann – erstattet. Die Verleihstationen sind von 8.30 Uhr bis 17.30 Uhr geöffnet. Eine der Vermietstationen befindet sich an der Nanshan Lu in der Nähe des West Lake Museums **89** (Service-Hotline: 0571 85331122).

Fahrräder kann man auch an vielen Stellen in der Innenstadt von Hangzhou und rund um den See gegen eine geringe Gebühr (ab 25 ¥/Tag) ausleihen.

für längere Strecken in die Umgebung um den Westsee benutzen, ohne gleich arm zu werden. Die Autos hier sind zudem im Allgemeinen jünger und komfortabler als in Shanghai. Häufig trifft man auf Volkswagen der Modellreihe Passat.

Die **Taxifahrer** sind meist freundlich und zuvorkommend, aber leider **nicht immer die ehrlichsten.** Aufpassen sollte man insbesondere auf die Fahrstrecke, die der Taxifahrer wählt. Gerade bei ausländischen (westlichen) Fahrgästen werden in Hangzhou von den Taxifahrern gern lange Umwege gefahren. Die Fahrt kostet zwar dadurch nur unwesentlich mehr, aber man verliert kostbare Zeit. Wer die ungefähre Richtung kennt oder einen Stadtplan dabei hat, kann sich unnötige Wege und Kosten ersparen.

Auch mit den zahlreichen **Buslinien** kommt man in Hangzhou preiswert zu den Sehenswürdigkeiten. Die für Besucher interessantesten sind die **Touristenlinien** Y1–Y7, Y9 und K7. In den Linien Y1, Y2 und Y9 erhält man durch einen Busbegleiter bereits einige Informationen zu den Sehenswürdigkeiten, leider jedoch nur auf Chinesisch. Aber zumindest die Haltestellen werden auch auf Englisch angesagt. Tickets kosten 3–5 ¥.

Grundsätzlich gibt es zwei Arten **öffentlicher Busse:** klimatisierte und nichtklimatisierte. Fahrten mit klimatisierten Bussen (diese erkennt man an dem „K" vor der Nummer) kosten innerhalb der Stadt 2 ¥, die nichtklimatisierte Version 1 ¥. Zudem gibt es zwei **Nachtlinien** rund um den Westsee. Linie 1 startet und endet am Wulin Square, Linie 2 an der Hangzhou Railway Station. Tickets für beide Nachtlinien kosten 5 ¥.

Vor dem Citytrip

An- und Rückreise

Flughäfen und Flugverbindungen

In Shanghai gibt es gleich **zwei große Flughäfen**. Der moderne **Shanghai International Airport** liegt im Bezirk Pudong, 45 km südöstlich des Stadtzentrums, der ältere **Hongqiao International Airport** 20 km westlich der Innenstadt entfernt. Alle interkontinentalen Flüge kommen in Pudong an. Der Flughafen Hongqiao wird heute nur noch für Inlandsflüge sowie einige Verbindungen nach Japan, Korea und Taiwan genutzt. Das neue Terminal 2 am Flughafen Pudong ist seit März 2008 in Betrieb. Zahlreiche Fluggesellschaften wie British Airways, Finnair, Air China, Lufthansa und viele mehr sind seitdem hierhin umgezogen. Wer von hier mit dem Bus in die City möchte, muss zuerst mit dem kostenlosen Shuttle-Bus zum Terminal 1. Dieser startet in einem Intervall von zehn Minuten vor der Ankunftshalle (6–21 Uhr).

浦东国际机场
- **307** Pudong International Airport, www.shanghaiairport.com, Tel. 68341000, Hotline für Fluginformationen Tel. 38484500

虹桥国际机场
- **308** Hongqiao International Airport, Tel. 62688899, Fluginformationen Tel. 62688918, www.shanghaiairport.com

◁ *Vorseite: Statue des Konfuzius in der Shanghaier Altstadt*

Air China, China Eastern Airlines und Lufthansa sind die wichtigsten Fluggesellschaften, die **Direktflüge ab Deutschland** nach Shanghai anbieten. Es gibt tägliche Direktflüge (Flugzeit: 10–11 Stunden) von München und Frankfurt nach Shanghai.

Informationen und Flugpläne:
- **Air China:** www.airchina.de, Tel. 069 27137911 oder 27137914
- **China Eastern Airlines:** www.ce-air.com, Tel. 069 1338930
- **Lufthansa:** www.lufthansa.de

Flüge mit Zwischenlandung gibt es zum Beispiel mit Emirates über Dubai, Thai Airways über Bangkok, Cathay Pacific mit Partner Dragon Air über Hongkong oder Air France über Paris. Die günstigsten Preise (Hin- und Rückflug) liegen zurzeit bei 580 €. Hainan Airlines (http://global.hnair.com) bietet zudem häufig sehr günstige Flüge von Berlin über Beijing nach Shanghai.

Flüge von Österreich aus gibt es ab Wien mit Austrian Airlines (im Internet unter www.austrian.com) über Beijing und weiter nach Shanghai mit Air China. **Aus der Schweiz** bietet die Fluggesellschaft Swiss (Internetseite: www.swiss.com) eine Direktverbindung von Zürich nach Shanghai an. Es gibt auch Codeshare-Verbindungen mit der Lufthansa ab Basel, Genf und Zürich via Frankfurt oder München mit einem täglichen Lufthansa-Flug in die chinesische Wirtschaftsmetropole.

Alternative Reisemöglichkeiten von Schweizer Flughäfen nach Shanghai bestehen via Hongkong mit Anschlussflug mit den Fluggesellschaften China Eastern Airlines oder Hongkong Dragon Airlines. Günstige Verbindungen gibt es

Vor dem Citytrip
An- und Rückreise

auch mit der KLM über Amsterdam. Die preiswertesten Tickets kosten zurzeit ungefähr 750 CHF inklusive aller Gebühren und Steuern.

Bereits im Flugzeug bekommt man **zwei Formulare**, die man schon während des Fluges ausfüllen sollte: Eine Karte für die Passkontrolle bei der Einreise („Entry Card") und eine Karte für die Ausreise („Departure Card") mit einigen persönlichen Angaben wie Name, Geburtsdatum und Passnummer. Die Karten sieht sich aber ohnehin niemand wirklich an, man gibt sie im Vorbeigehen mit dem Reisepass ab

Vom Flughafen in die City

Mehrere Buslinien verbinden in der Zeit von 7 bis 23 Uhr den Flughafen Pudong (Terminal 1) mit verschiedenen Stadtteilen Shanghais. Der Flughafenbus Nr. 1 fährt alle 20 Minuten vom Pudong International Airport zum Hongqiao Airport (Fahrzeit: 50–60 Minuten, Preis: 30 ¥).

Die weiteren Linien mit den jeweiligen Destinationen (Preis: 2–30 ¥, je nach Entfernung):

› Linie 2: City Air Terminal (am Jing'an Tempel ❿) in der Nähe des Hilton Hotel (Ausgang 7)
› Linie 3: Longyang Lu, Xujiahui und Galaxy Hotel (Ausgang 7)
› Linie 4: Deping Lu, Hongkou Football Stadium in der Nähe des Lu Xun Parks (Ausgang 8
› Linie 5: Lujiazui Financial Centre, People's Square und Shanghai Railway Station (Ausgang 8)
› Linie 6: Zhang Jiang High-Tech Park, Huashan Lu und Zhongshan Park (Ausgang 9)
› Linie 7: Shanghai South Railway Station (Ausgang 3)

Im modernen Pudong International Airport

› Linie 8: Lingang Xincheng (Ausgang 12
› Midnight Line (ab 23 Uhr): Longyang Lu, Huashan Lu und Hongqiao Airport (Ausg. 6)

Tickets erwirbt man im Bus. Wer direkt vom Flughafen weiterreisen möchte, findet Busse nach Suzhou, Nanjing oder Hangzhou gegenüber von Ausgang 15, 2F (Terminal 1). Die im März 2010 in Betrieb genommene Verlängerung der **Metro-Linie 2** bis zum Pudong Airport ist eine hervorragende Möglichkeit, von hier preiswert ins Stadtzentrum oder zum Hongqiao Airport zu gelangen. Die Metro-Station befindet sich zwischen Terminal 1 und 2.

Der **Transrapid** bzw. **Maglev** („Magnetic Levitation", www.smtdc.com, tgl. 7.02–21.42 Uhr, alle 15 Minuten) verbindet den Flughafen Pudong mit der Metro-Linie 2 an der Haltestelle Longyang Lu in Pudong. Die Fahrzeit beträgt 8 Minuten, der Preis 50 (einfach) bzw. 80 ¥ (hin und zurück). Es gibt 20 % Ermäßigung bei Vorlage eines Flugtickets vom selben Tag. Leider kommt man von hier nicht direkt in die Innenstadt, sondern muss noch einmal mit der Metro oder dem Taxi weiter. Mit viel Gepäck ist das nicht unbedingt zu empfehlen, man umgeht aber zu den Hauptverkehrszeiten die Staus auf den Autobahnen.

Taxis stehen am Flughafen zur Verfügung. Fahrten ins Zentrum kosten je nach Ziel zwischen 200 und 250 ¥. Die offiziellen Taxistände sind in den Terminals ausgeschildert. Hier muss man eigentlich nie lange auf ein freies Taxi warten.

Keinesfalls sollte man auf eines der Angebote der **Taxi-Schlepper**, die einen schon in und vor den Ankunftshallen ansprechen, hereinfallen. Hier ist „Abzocke" garantiert!

Ausrüstung und Kleidung

Für einen Citytrip nach Shanghai und Umgebung benötigt man keine spezielle Ausrüstung oder Kleidung. Was man in seinen Koffer packt, ist letztendlich abhängig vom Grund der Reise und den geplanten Aktivitäten sowie der Jahreszeit und den damit verbundenen klimatischen Verhältnissen.

In den heißen Sommermonaten trägt man am besten **leichte Baumwollkleidung**. Als Citybummler sollte man sich dazu bereits in Deutschland leichte und bequeme Sport- oder Laufschuhe anschaffen. Wegen der hohen Luftfeuchtigkeit ist es ratsam, seine Kleidung täglich zu wechseln und bei Bedarf im Hotel waschen lassen. (Nicht nur die Luxushotels bieten diesen Service.) Auf diese Weise beugt man auch Pilz- und Hauterkrankungen vor. Ärmellose T-Shirts oder allzu kurze Miniröcke sind in der Stadt und erst recht in Tempelanlagen oder Kirchen unpassend und nicht gern gesehen, Shorts bei Männern sind höchstens für sportliche Aktivitäten geeignet.

Shanghai ist wie die meisten chinesischen Großstädte sehr stark von **Luftverschmutzung** betroffen. Straßen und Gehwege sind staubig und nach Regenfällen bilden sich auf ihnen riesige schlammige Pfützen. Helles Schuhwerk und Kleidung verschmutzt daher schon nach kurzer Zeit sichtbar und sollte aus diesem Grund nicht genutzt werden.

Im Winter (Dezember bis Februar) kann es bei Temperaturen bis unter den Gefrierpunkt recht ungemütlich werden. Warme Winterkleidung ist dann ratsam. Aber auch hiervon sollte man von Deutschland nicht zu viel mitnehmen, denn in den meisten Kaufhäusern und auf Kleidermärkten bekommt man sowohl preiswerte Sommerbekleidung wie beispielsweise T-Shirts als auch Daunenjacken für den Winter. Regenschirme kann man, sobald es anfängt zu regnen, überall von fliegenden Händlern preiswert (20–25 ¥) erwerben. Die Schirme überleben allerdings mangels Qualität einen längeren Urlaub häufig nicht.

Formelle Kleidung wird nur zu offiziellen Anlässen erwartet. Als Geschäftsreisender trägt man während der Arbeit oder bei Meetings mit Geschäftspartnern Anzug und Krawatte. Die Geschäftsfrau trägt vorzugsweise ein Kostüm oder einen Hosenanzug. Zu Röcken gehören dann immer auch Feinstrumpfhosen. Tritt man allzu lässig auf, wird man sehr schnell von seinem chinesischen Gegenüber nicht ernst genommen.

Die meisten Dinge des täglichen Lebens sind in den Supermärkten und Shoppingmalls der Stadt erhältlich. Nicht vergessen sollte man **spezielle Medikamente**, die man regelmäßig benötigt – man kann seinen Hausarzt auch um ein Langzeitrezept bitten. Grundsätzlich gibt es aber in Shanghai wenig, was es nicht gibt, und so gibt es keinen Grund zu großer Sorge, wenn man doch einmal etwas vergessen haben sollte.

Barrierefreies Reisen

Die Situation für körperlich behinderte Reisende bessert sich langsam auch in China, zumindest in den großen Touristenzentren wie Beijing und Shanghai. Behindertengerechte Toiletten, Aufzüge, Rollstuhlrampen und TDD-Telefone für Hörbehinderte gibt es im internationalen Flughafen Pudong. Auch die meisten **gehobenen Hotels haben Einrichtungen für Rollstuhlfahrer** und sind auf deren Bedürfnisse eingestellt. Viele Museen und Sehenswürdigkeiten sind auf Rollstuhlfahrer eingerichtet und weisen auch durch entsprechende Hinweisschilder darauf hin. Trotzdem sollten sich körperlich behinderte Reisende bei einer Reise nach Shanghai **besser einer organisierten Tour anschließen**. Spätestens beim Benutzen öffentlicher Verkehrsmittel oder einer Fahrt mit dem Taxi wird es die ersten Probleme geben. Sind die Haltestellen der Metro noch für Rollstuhlfahrer zugänglich, wird es doch spätestens beim **Einsteigen in die Züge** zu ersten Problemen kommen. Öffnen sich die Türen, ist das Startsignal gefallen: Dutzende, manchmal auch Hunderte von Menschen versuchen nun gleichzeitig, in die Züge zu kommen oder eben aus diesen heraus. Als allein reisender Rollstuhlfahrer hat man dann keine Chance, auch

◁ *Großstadtdschungel Shanghai (hier Nanjing Donglu* ❷*)*

nur in die Nähe der Türen zu gelangen. Man sollte also zumindest eine **Begleitperson** bei sich haben, die sich gegen die Menschenmassen durchsetzen kann.

Auch in ein Taxi mit einem Rollstuhl zu gelangen, wird sich schon bald als fast unmöglich erweisen. Es wird (fast) immer ein schnellerer Chinese schneller sein und sich ins Taxi drängeln – Rücksichtnahme kann man leider nicht erwarten. Hohe Bordsteinkanten, Menschenmassen, Fahrrad- und Motorrollerfahrer auf den Gehwegen sind weitere Hindernisse für körperlich behinderte Menschen.

Trotzdem sollte man sich **nicht abschrecken lassen**. Mit entsprechender Begleitung und Vorbereitung der Reise wird auch für körperlich behinderte Menschen der Aufenthalt in Shanghai zu einem tollen Erlebnis.

Kontaktadressen

› **Bundesverband Selbsthilfe Körperbehinderter e.V.**, Altkrautheimer Str. 20, 74238 Krautheim, Tel. (06294) 42810, www.reisen-ohne-barrieren.eu
› **Mobility International Schweiz**, Amtshausquai 21, 4600 Olten, Tel. (062) 2126740, www.mis-ch.ch
› **Nationale Koordinationsstelle Tourismus für Alle e.V.**, Fleher Str. 317a, 40223 Düsseldorf, Tel. (0211) 3368001, www.natko.de

Diplomatische Vertretungen

› **Botschaft der Volksrepublik China in Deutschland**, Märkisches Ufer 54, 10179 Berlin, Tel. 030 275880, Fax 030 27588221, www.china-botschaft.de
› **Botschaft der Volksrepublik China in Österreich**, Neulinggasse 29-1-11, 1030 Wien, Tel. 01 7103648 (Di. u. Do. 9-11 Uhr), Fax 01 7103770, www.chinaembassy.at, Öffnungszeiten der Konsularabteilung: Mo., Mi. 8.30-11 Uhr u. 14-16 Uhr, Fr. 9-11 Uhr
› **Botschaft der Volksrepublik China in der Schweiz**, Kalcheggweg 10, 3006 Bern, Tel. 031 3527333, Fax 031 3514573, www.china-embassy.ch, Konsularabteilung: Lombachweg 23, 3006 Bern, Tel. 031 3514593 (Mo.-Fr. 14.30-15.30 Uhr)

Ein- und Ausreisebestimmungen

Da sich die Ein- und Ausreisebestimmungen kurzfristig ändern können, ist es empfehlenswert, sich vor der Reise auf den Internetseiten der Diplomatischen Vertretungen abzusichern.

Visa

Für die Einreise nach China benötigt man einen noch mindestens sechs Monate gültigen Reisepass mit zwei leeren Seiten und ein Visum. Aktuelle Infos zur Beantragung eines Visums findet man auf der Homepage des **Chinese Visa Application Service Center** in Deutschland unter www.visaforchina.org. Hier steht neben einem Merkblatt mit wichtigen Hinweisen für die Einreise auch das notwendige Antragsformular für ein Visum zum Download oder Ausdrucken bereit.

Auf den ersten Blick erscheint alles vielleicht ein wenig kompliziert und unübersichtlich: Für China existieren im-

Vor dem Citytrip
Ein- und Ausreisebestimmungen

merhin **zwölf herkömmliche Visakategorien,** die durch verschiedene Buchstaben gekennzeichnet sind. Diese Buchstaben findet man auch später in der rechten oberen Ecke des Visums wieder. Desweiteren gibt es Visa für die einmalige, zweimalige und mehrmalige Einreise mit unterschiedlicher Gültigkeitsdauer und entsprechend unterschiedlich hohen Gebühren.

Wer **als Tourist nach China einreisen** möchte, benötigt Folgendes zur Beantragung eines Visums:

› **Reisepass** mit einer Gültigkeit von noch mindestens sechs Monaten
› **ausgefülltes Antragsformular mit Lichtbild** (Das Formular erhält man auf den Internetseiten der jeweiligen chinesischen Botschaft in Deutschland, Österreich und der Schweiz, s. „Informationsquellen"/ „Botschaften".)
› **Flugtickets** für den Hin- und Rückflug
› **Unterlagen** über den Reiseverlauf, einschließlich **Nachweis über Hotelreservierungen** für die gesamte Aufenthaltsdauer in China
› ggf. **Buchungsunterlagen** für Rundreisen oder Kreuzfahrten
› **Bearbeitungsgebühr** (zahlbar mit Debit- oder Kreditkarte).

Die Dokumente sind frühestens 50 Tage vor der geplanten Reise persönlich oder durch eine beauftragte Person bei der zuständigen Stelle einzureichen und auch wieder abzuholen. Für die Beantragung eines Visums sind in Deutschland spezielle Visazentren zuständig, allerdings entscheidet letztlich die Botschaft über die Anträge (s. „Informationsquellen"/„Botschaften"). Man kann den Antrag bei Gruppenreisen durch den Reiseveranstalter stellen lassen.

Seit 2013 können sich deutsche, österreichische und Schweizer Staatsangehörige bis zu 72 Stunden ohne Visum in Peking und Shanghai aufhalten. Diese Regelung wurde inzwischen auch auf Kanton (Guangzhou) und Chengdu ausgeweitet. Voraussetzung ist ein Ticket für den Weiterflug in ein Drittland mit festem Reisedatum und reserviertem Sitzplatz. Falls Visumspflicht für das Drittland besteht, ist dies ebenfalls nachzuweisen.

Visagebühren

Deutsche Staatsbürger

Touristen- und Geschäftsvisum für deutsche Staatsbürger:

› Visum für die einmalige Einreise: 30 €
› Visum für eine zweimalige Einreise: 45 €
› Visum für mehrmalige Einreise mit einer Gültigkeit von sechs Monaten: 60 €
› Visum für mehrmalige Einreise mit einer Gültigkeit von einem Jahr: 90 €

Ohne deutsche Staatsangehörigkeit:

› Visum, einmalige Einreise: 30 €
› Visum, zweimalige Einreise: 50 €
› Visum, mehrmalige Einreise für sechs Monate: 70 €
› Visum, mehrmalige Einreise für ein Jahr: 100 €

Für die Bearbeitung eines Visums sind in Deutschland die **Chinese Visa Application Service Center** zuständig:

› **Berlin:** Invalidenstraße 116, Erdgeschoss rechts, 10115 Berlin, Tel. 030 979920000, Öffnungszeiten: Mo.–Fr. 9–15 Uhr
› **Frankfurt a.M.:** Bockenheimer Landstraße 51, 60325 Frankfurt/M, Tel. 069 26919130, Öffnungszeiten: Mo.–Fr. 9–15 Uhr

Ein- und Ausreisebestimmungen

› **Hamburg:** Willy-Brandt-Straße 57, 5. OG, 20457 Hamburg, Tel. 040 323106000, Öffnungszeiten: Mo.-Fr. 9-15 Uhr
› **München:** Lutzstraße 2, 80687 München, Tel. 089 58927460, Öffnungszeiten: Mo.-Fr. 9-15 Uhr (Anträge können nur dann gestellt werden, wenn der Wohnsitz in Bayern liegt)

Visaanträge können nicht mehr bei den chinesischen Auslandsvertretungen (Botschaften, Konsulate) gestellt werden.

Österreichische Staatsbürger

Touristen- und Geschäftsvisum für österreichische Staatsbürger:
› Visum für die einmalige Einreise mit einer Gültigkeit von drei Monaten: 30 €
› Visum für eine zweimalige Einreise mit einer Gültigkeit von sechs Monaten: 45 €
› Visum für mehrmalige Einreise mit einer Gültigkeit von sechs Monaten: 60 €
› Visum für mehrmalige Einreise mit einer Gültigkeit von einem Jahr: 90 €

Für das Ausstellen eines Visums ist in der Republik Österreich die Konsularabteilung der Botschaft der VR China in Wien zuständig (siehe „Diplomatische Vertretungen").

Schweizer Staatsbürger

Touristen- und Geschäftsvisum für Schweizer Staatsbürger:
› Visum für die einmalige Einreise mit einer Gültigkeit von drei Monaten: 80 CHF
› Visum für eine zweimalige Einreise mit einer Gültigkeit von sechs Monaten: 100 CHF
› Visum für mehrmalige Einreise mit einer Gültigkeit von sechs Monaten: 130 CHF
› Visum für mehrmalige Einreise mit einer Gültigkeit von einem Jahr: 190 CHF

Für das Ausstellen eines Visums ist in der Schweiz auch das Generalkonsulat in Zürich zuständig:
› **Generalkonsulat der VR China in Zürich,** Mythenquai 100, CH-8002 Zürich, Tel. 044 2091500 (Di. und Fr. 15-17 Uhr), Öffnungszeiten: Mo.-Fr. 9-12 Uhr

Visadienste

› **Visa Dienst Bonn GmbH,** Koblenzer Straße 85, 53177 Bonn, Tel. 0228 367990, Fax 3679936, www.visum.de
› **Merten Visaservice,** Konsular- und Visadienst, Am Friedrichshain 22, 10407 Berlin, Tel. 030 83222190, Fax 83222191, www.visa-service-berlin.de
› **Visumexpress GmbH Internationaler Konsularservice & Visumbeschaffung,** Rather Mauspfad 56, 51107 Köln, Tel. 0221 69065990, www.visumexpress.de

Wichtigste Visakategorien

Im Folgenden werden die wichtigsten Informationen und Visatypen zusammengefasst und beschrieben.

Touristenvisum (L-Visum)

Visa für Touristen werden grundsätzlich nur mit einer **Gültigkeit von drei Monaten** ab Ausstellungsdatum und für eine **ein- oder zweimalige Einreise** ausgestellt. Man sollte allerdings bedenken, dass man sich mit einem Touristenvisum **maximal einen Monat im Land aufhalten darf.** Wer länger bleiben möchte, sollte das Visum daher rechtzeitig vor Ort verlängern lassen. Das ist bei den örtlichen Polizeidienststellen relativ unproblematisch möglich und dauert nur wenige Tage. Achtung: Ohne Pass sind weder Geldumtausch noch Flugreisen möglich!

Ein- und Ausreisebestimmungen

Was aber, wenn das Visum bereits abgelaufen ist? Zunächst ist auch das kein Grund zu großer Sorge, man wird in China nicht gleich verhaftet oder des Landes verwiesen. Unangenehm sind jedoch die recht **hohen Geldbußen,** die in diesem Fall sehr wahrscheinlich anfallen werden. Laut Gesetz belaufen sich diese auf 500 ¥ (etwa 50 €) pro Tag. Man sollte also schnell handeln und mit dem abgelaufenen Visum bei der nächsten Polizeidienststelle eine Verlängerung beantragen. Mit etwas Glück trifft man auf einen freundlichen Polizeibeamten und zahlt etwas weniger oder im Idealfall gar keine Strafe. Wichtig ist in jedem Fall ein gepflegtes und freundliches Auftreten.

Sofern man bei seinem China-Trip auch einen Abstecher in die Sonderverwaltungszonen Hongkong oder Macau eingeplant hat, bedeutet dies visatechnisch eine Ausreise aus der Volksrepublik China. Das chinesische Visum muss also unbedingt mindestens für eine zweimalige Einreise ausgestellt sein, wenn man von dort nach Festlandchina zurückkreisen möchte.

Bei der **Einreise mit Kindern** ist für jedes Kind ein eigener Reisepass oder Kinderreisepass mit Lichtbild erforderlich. Kindereinträge im Reisepass eines Elternteils werden nicht mehr akzeptiert. Jedes Kind benötigt ein eigenes Ausweisdokument und ein Visum. Auch Kinder aus Österreich und der Schweiz benötigen einen eigenen Reisepass.

Geschäftsvisum (F-Visum)

Ein Geschäftsvisum für die Volksrepublik China benötigt man immer dann, wenn man für geschäftliche Kontakte nach China einreisen möchte. In diesem Fall ist eine **offizielle Einladung** einer chinesischen Firma oder Behörde notwendig.

Man benötigt folgende Unterlagen, welche frühestens 50 Tage vor Reiseantritt bei der chinesischen Botschaft oder einem Konsulat eingereicht werden können:
› ein Passfoto
› das ausgefüllte Antragsformular
› einen Reisepass mit einer Gültigkeit von noch mindestens sechs Monaten und mindestens einer leeren Seite für das Visum
› das offizielle Einladungsschreiben im Original

Die **Kosten** für das Visum setzen sich aus der Berechtigungsdauer und der Bearbeitungsdauer des Antrags zusammen. Bei kürzeren oder einmaligen geschäftlichen Aufenthalten ist es daher sinnvoll, mit einem Touristenvisum einzureisen, welches unkomplizierter zu beantragen und kostengünstiger ist. Bei längeren Aufenthalten oder häufigen Geschäftsreisen ist das Geschäftsvisum besser geeignet, denn es ist für beliebig viele Einreisen bis zu einem Jahr gültig.

Arbeitsvisum (Z-Visum)

Wer als Ausländer in der Volksrepublik China arbeiten möchte, benötigt ein Arbeitsvisum, das sogenannte Z-Visum. Mit diesem ist es dann erlaubt, bei ausländischen oder chinesischen Firmen zu arbeiten und dort sein Gehalt zu beziehen.

Üblicherweise übernehmen die Arbeitgeber in China die Formalitäten und richten den Antrag an die Behörde der Wirtschafts- und Handelsförderstelle in Peking. Binnen 30 Tagen nach Einreise muss das Z-Visum in Aufenthaltserlaubnis (ein Jahr gültig) mit uneingeschränkter Einreise umgewandelt werden.

Ein- und Ausreisebestimmungen

Studentenvisum (X-Visum)

Wer in China studieren möchte, benötigt ein Studentenvisum. Man benötigt für ein Studentenvisum folgende Unterlagen:
- ein Passfoto
- das ausgefüllte Antragsformular
- einen Reisepass mit einer Gültigkeit von noch mindestens sechs Monaten und mindestens einer leeren Seite für das Visum
- Zulassungsbescheid der chin. Hochschule
- das Einladungsformular der Hochschule in China (Formular Nr. JW202)

Die Unterlagen können frühestens 50 Tage vor Reiseantritt bei der chinesischen Botschaft oder einem Konsulat eingereicht werden. Informationen zum Antrag auf ein Studentenvisum erhält man auch bei den Hochschulen in Deutschland oder den diplomatischen Vertretungen Chinas.

Devisen

Die chinesischen Behörden erlauben die **Einfuhr von 5000 US-$** (oder Gegenwert in anderen Devisen) für ausländische Staatsangehörige und 2000 US-$ (oder Gegenwert in anderen Devisen) für chinesische Staatsangehörige. Über darüber hinausgehende Geldbeträge muss eine Einfuhrerklärung abgegeben werden. Zusätzlich dürfen bis zu 20.000 Yuan unabhängig von der Staatsangehörigkeit eingeführt werden.

Zoll-, Ein- und Ausfuhrbestimmungen

Die Einfuhr von Rauschmitteln, Waffen, Munition, Pornografie und in China verbotener Video- und Audioaufnahmen oder Literatur ist ebenso verboten wie die Einfuhr verseuchter Nahrungsmittel. Die **zollfreie Einfuhr** von Genussmitteln ist begrenzt auf:
- 400 Zigaretten, 100 Zigarren oder 500 g Tabak
- zwei Flaschen Spirituosen (0,75 l)
- Parfüm oder Eau de Toilette für den persönlichen Bedarf

Für den persönlichen Bedarf dürfen **technische Geräte** wie ein Fotoapparat, ein Radio, ein Laptop etc. eingeführt werden. Genaue Informationen erhält man im Zweifelsfall bei den chinesischen Konsulaten (s. „Informationsquellen"). Bei der Einreise ist eine mit persönlichen Angaben wie Name, Passnummer etc. ausgefüllte Einreisekarte („Entry Card") abzugeben. Diese Formulare werden bereits vor der Ankunft im Flugzeug verteilt, liegen aber auch in der Ankunftshalle aus.

Die **Ausfuhr von Tieren** oder Produkten aus Tieren, die dem Washingtoner Artenschutzübereinkommen von 1973 unterliegen (dazu zählen z. B. Produkte aus Elfenbein oder Krokodilleder), ist streng verboten. Auch die **Ausfuhr von Antiquitäten** ist strengen Regelungen unterworfen, unterteilt nach Art und Bedeutung der Kunstgegenstände. So dürfen Münzen aus der Zeit vor 1949 überhaupt nicht ausgeführt werden und viele Antiquitäten nur dann, wenn sie die rote Siegelmarke des chinesischen Kulturamts tragen. An Devisen dürfen 5.000 US$ (oder Gegenwert) sowie 20.000 Yuan ausgeführt werden.

Bei der Ausreise ist eine **Ausreisekarte** („Departure Card") abzugeben (Angaben zu Name, Geburtsdatum, Passnummer usw.). Diese Formulare findet man in der Halle vor der Passkontrolle.

Strafrechtliche Bestimmungen

Die Einfuhr und der Besitz von Drogen führen in China zu einer **hohen Freiheits- oder gar zur Todesstrafe!** Der Besitz von bis zu 50 g Heroin oder 1 kg Opium wird mit Freiheitsstrafen ab sieben Jahren und bei Überschreiten dieser Grenze und allgemein bei Herstellung, Handel und Transport von Drogen in schweren Fällen mit der Todesstrafe geahndet. Von der **Mitnahme von Gegenständen oder Koffern unbekannten Inhalts** für unbekannte Mitreisende muss daher dringend gewarnt werden!

In China gibt es ein **Sicherheitsgesetz**, das empfindliche Strafen für Eigentums-, Drogen- und Sexualdelikte vorsieht und auch für Ausländer gilt. Bei Verstoß gegen dieses Gesetz muss man mit einer sofortigen Geld- oder Freiheitsstrafe rechnen, die von der Polizei in schwerwiegenden Fällen auch unmittelbar ohne Gerichtsverhandlung vollstreckt werden kann. Abhängig vom Gesetzesverstoß können für Ausländer auch der Entzug der Aufenthaltserlaubnis und die sofortige Ausweisung aus China die Folge sein.

Das Generalkonsulat weist ausdrücklich darauf hin, dass neben dem Anbieten auch die **Inanspruchnahme von Prostitution** nach dem neuen Gesetz strafbar ist und mit Haft zwischen 10 und 15 Tagen sowie einer Geldstrafe von bis zu 5000 ¥ (500 €) geahndet wird. Weiter ist mit der sofortigen Ausweisung nach Verbüßung der Haftstrafe zu rechnen.

▷ *Auch in Shanghai immer beliebter: Hund als Haustier*

Mitnahme von Haustieren

Auch Hunde oder Katzen kann man für einen längeren Aufenthalt nach China bzw. Shanghai mitnehmen. Es müssen allerdings einige Dinge bei der Einreise beachtet werden und man sollte sich gründlich überlegen, ob man seinem vierbeinigen Freund damit einen Gefallen tut. Gerade für Hunde, die viel und regelmäßigen Auslauf benötigen oder ein dichtes, langes Fell besitzen, ist der Aufenthalt in Shanghai gerade in den Sommermonaten eine Qual.

Jede erwachsene Person (über 18 Jahre) darf jeweils nur ein Tier nach China einführen. Hunde ab einer Schulterhöhe von 35 cm bleiben nach der Ankunft in China zunächst einen Monat am Flughafen in einer Quarantänestation, erst danach kann man seinen besten Freund abholen. Auf alle Fälle gilt: Man sollte sich rechtzeitig bei der chinesischen Botschaft oder einem Konsulat über die Einreisekriterien informieren.

Folgende Dokumente müssen bei Ankunft der zuständigen Quarantänebehörde übergeben werden:

- Gesundheitszeugnis von einem amtlichen Veterinär des Heimatlandes
- Impfpass oder Impfnachweise für die bei dem Tier durchgeführten Impfungen (wichtig ist vor allem die Tollwutimpfung)
- Kopie des eigenen Reisepasses
- Bestätigung über die Wohnanschrift in China (Meldebestätigung)

In Hotels sind Hunde oder Katzen in der Regel nicht erlaubt. **Vögel** dürfen nicht nach China eingeführt werden. In den internationalen Supermärkten wie Carrefour findet man ein gut sortiertes Angebot an Tierprodukten.

Meldepflicht

Auch in China gibt es – ähnlich wie in Deutschland bei den Einwohnermeldeämtern – eine Meldepflicht. Hält man sich als Ausländer in China länger als 24 Stunden an einem Ort auf, so muss man sich beim Amt für Öffentliche Sicherheit melden. Als Tourist braucht man sich aber in der Regel nicht selbst darum kümmern, die Anmeldung wird **von den Hotels vorgenommen.**

Auch **Studierende**, die mit einem Studentenvisum nach China eingereist sind, müssen sich spätestens nach 30 Tagen bei der lokalen Polizeibehörde anmelden und registrieren lassen. Bei Arbeitsaufenthalten übernehmen in der Regel die ortsansässigen Unternehmen die Anmeldeformalitäten.

Für Ausländer besteht in China eine **Ausweispflicht.** Das bedeutet, dass der Reisepass mit gültigem Visum stets mitgeführt werden muss. In der Praxis macht das aber kaum jemand und als Ausländer wird man auch in aller Regel nicht kontrolliert. Wer sichergehen möchte, trägt **Fotokopien der wichtigsten Dokumente** bei sich. Das beugt zudem der Gefahr vor, den Pass zu verlieren.

Informationsquellen

Fremdenverkehrsämter und Informationsstellen

- **Fremdenverkehrsamt der Volksrepublik China,** Ilkenhansstraße 6, 60433 Frankfurt a. M., Tel. 069 520135, Fax 069 528490, www.china-tourism.de, www.fac.de. Hier bekommt man umfangreiches Informationsmaterial zu den touristisch interessanten Provinzen Chinas. Es gibt kostenlose Landkarten und Stadtpläne von Shanghai, Hangzhou und Suzhou.
- **Fremdenverkehrsamt der Volksrepublik China,** Brandschenkestrasse 178, 8002 Zürich, Tel. 044 2018877, www.chinatourism.ch. Das Fremdenverkehrsamt in Zürich ist auch für Österreicher zuständig.
- **Deutsche Gesellschaft für Asienkunde,** Rothenbaumchaussee 32, 20148 Hamburg, Tel. 040 445891, www.asienkunde.de. Liefert Informationen zu aktuellen Ereignissen und Entwicklungen in China.
- **Gesellschaft für Deutsch-Chinesische Freundschaft e.V.,** Innsbrucker Straße 3, 10825 Berlin, Tel. 030 8545744, www.dnc-online.de/gdfc. Es finden regelmäßig kulturelle Veranstaltungen statt und man kann an Kursen in Kalligrafie oder chinesischer Sprache teilnehmen. Der interessierte Leser findet umfangreiche Literatur zu vielen Themen rund um Shanghai und China.

Ein Stadtplan hilft bei der Orientierung in der City

Reiseveranstalter

Die bekanntesten und zuverlässigsten chinesischen Reiseveranstalter sind **CITS** (China International Travel Service), **CTS** (China Travel Service) und **CYTS** (China Youth Travel Service). Bei diesen Veranstaltern bekommt man Zug- und Flugtickets und kann auch Stadttouren und Reisen durch das ganze Land buchen. CITS betreibt mehrere Büros in der Stadt und ist der größte Reiseveranstalter in China. Für Touristen in Shanghai ist das Büro in der Beijing Lu eine der besten Adressen:

中国国际旅行社, 北京西路1277号
> **CITS,** 1277 Beijing Xilu, http://de.cits.net, Tel. 62898899, Metro: Linie 2, Henan Lu. Bahn- sowie China Eastern Airlines Flugtickets.

中国国际旅行社, 南京东路66号
> **CITS,** 66 Nanjing Donglu (neben dem Peace Hotel), Tel. 63234067. Verkauf von Flugtickets.

隽程, 福泉路99号
> **Ctrip,** 99 Fuquan Lu, http://de.ctrip.com und www.english.ctrip.com, Tel. 4006199999, 32104669. Online-Veranstalter, Flug- und Hotelbuchungen, sehr zuverlässig.

国际学生青年旅游组织,
四平路188号上海商贸大厦1609室
> **STA Travel,** Rm. 1609, 188 Siping Lu, Metro: Linie 4 oder 10 (Hailun Lu), Tel. 22817723, http://en.statravel.com.cn

上海大众国际旅行社有限公司,
西藏北路255号
> **Shanghai Dazhong International Travel Service,** 255 Xizang Beilu, Tel. 62521688 (Zentrale), 63531349, 63176621, 63170519, www.dzit.com

上海春秋国际旅行社有限公司,
定西路1558号
> **China Spring Tour,** 6/F, 118 Zhaohua Lu, Tel. 62515777, www.chinaspringtour.com

Informationsquellen

Informationsstellen in wShanghai

上海文化信息票务中心，奉贤路272号
❶309 [F1] **Shanghai Cultural Information and Booking Centre**, 272 Fengxian Lu, Tel. 62186507, 62173055, www.culture.sh.cn/English. Aktuelle Termine und Informationen zu kulturellen Veranstaltungen, Sportevents und Konzerten sowie Ticketservice.

上海春秋旅行社，秣陵路303号
❶310 [dg] **Shanghai Information Center for International Visitors (SICIV)**, Lane 123, Xingye Lu, Xintiandi, Tel. 63849366, http://en.shio.gov.cn/services-center.html, tgl. 10–22 Uhr. Neben ausführlichem Informationsmaterial zu den Sehenswürdigkeiten der Stadt bekommt man hier auch Bus-, Bahn- und Flugtickets und kann Hotelzimmer oder Eintrittskarten zu Veranstaltungen reservieren lassen.

Marco Polo, der berühmte Entdeckungsreisende, erkundete auch den Osten Chinas (Statue in Hangzhou)

› **Tourist Hotline:** Tel. 962020, tgl. 8–22 Uhr. Shanghai Spring International Travel Service betreibt diese englischsprachige Hotline für touristische Fragen.
› **Shanghai Call Center:** Tel. 962288, 24 Stunden täglich erreichbar. Kostenlose Info-Hotline der Stadt Shanghai mit vielen Informationen zu Kultur, Unterhaltung, Bildung, medizinischem Service, Tourismus und vielen weiteren Themen in englischer Sprache.

Publikationen

Einer der für Ausländer besonders nützlichen in Shanghai zu erwerbenden Stadtpläne ist die **Shanghai Tourist Map** des Verlages Sinomaps Press. Alle Straßen sind auf dieser Karte sowohl mit Pinyin-Umschrift als auch mit chinesischen Schriftzeichen beschriftet. Zudem gibt es Detailkarten der touristisch interessantesten Gebiete und ein Straßenverzeichnis. Die Karte bekommt man zurzeit für 10 ¥ u. a. im Foreign Language Bookstore (s. S. 48), aber auch bei vielen Straßenverkäufern.

Stadtmagazine wie That's Shanghai, Cityweekend oder Shanghai Talk gibt es kostenlos in vielen Restaurants und Kneipen. Hier findet man Informationen zu aktuellen Veranstaltungen und Festivals in der Stadt. **Englischsprachige Zeitungen** wie China Daily und Shanghai Daily gibt es in den Shops der gehobenen Hotels und in den entsprechenden Abteilungen vieler Shoppingmalls. Hier sind häufig auch die Times und das Magazin Newsweek erhältlich. Deutsche Magazine wie den Spiegel findet man in einigen Hotels, diese sind aber häufig bereits zwei oder drei Wochen alt.

Die Kette **City Shop** verkauft an ihren Kassen eine nicht gerade kostengünstige, aber sehr lohnende Sammlung von Adressen im Visitenkartenformat an einem Schlüsselring. Alle bedeutenden Adressen sind in Englisch, chinesischer Lautschrift und chinesischen Zeichen gelistet, so dass man sie dem Taxifahrer zeigen kann. Kosten: 200 ¥.

Literaturtipps

Dieser CityGuide kann nicht alle Themen rund um Shanghai an-, geschweige denn umfassend besprechen. Wer Interesse an weiteren Informationen und Hintergrundwissen zur Stadt und China im Allgemeinen sucht, wird in der folgenden Literaturauswahl bestimmt das eine oder andere interessante Werk finden. Viel Spaß beim Stöbern vor oder während der Reise!

Belletristik

› Michele Kahn: **Shanghai**, Econ-Taschenbuchverlag, 1999. Spannender Roman über das Leben im Shanghai der 1930er-Jahre, erzählt wird die Geschichte eines jüdischen Emigranten.
› Zhou Wei Hui: **Shanghai Baby**, Ullstein, 2003. Shanghai Baby erzählt die freizügige, erotische Geschichte der jungen Schriftstellerin Coco, die zwischen zwei Männern steht. In China wurde der Roman von der KPCh wegen seiner „erotischen Exzesse und Dekadenz" fünf Monate nach Erscheinen lange Zeit verboten und der Verlag geschlossen.
› Peter May: **Tod in Shanghai**, Goldmann Verlag, 2003. Auf einer Großbaustelle in Shanghai werden die Leichen von 18 Frauen entdeckt. Kommissar Li Yan und die Pathologin Margret Campbell übernehmen in der spannend geschilderten Story die Ermittlungen.

› Vicky Baum: **Hotel Shanghai**, Kiepenheuer & Witsch, 2007. Die packende Geschichte spielt in den 1930er-Jahren und handelt von acht Menschen, die ein jeweils sehr verschiedenes Schicksal nach Shanghai in das elegante „Hotel Shanghai" verschlägt. Dieses wird im chinesisch-japanischen Krieg zum Ziel einer Bombe.
› Nien Cheng: **Leben und Tod in Schanghai**, Ullstein TB-Verlag, 1999. Die Autorin erzählt aus ihrem ereignisreichen Leben und über die Leiden ihrer Haft während der grausamen Kulturrevolution.

Geschichte und Politik

› Jürgen Osterhammel: **Shanghai, 30. Mai 1925. Die chinesische Revolution**, d tv, 1997. Der Historiker Osterhammel skizziert die Geschichte Chinas von dem Beginn der nationalen Revolution bis zur Gründung der Volksrepublik.
› Helwig Schmidt-Glintzer: **Das alte China. Von den Anfängen bis zum 19. Jahrhundert**, C. H. Beck, 2007. Umfassende Darstellung der chinesischen Geschichte und Kultur von ihren Anfängen bis zum 19. Jahrhundert.
› Helwig Schmidt-Glintzer: **Das neue China. Von den Opiumkriegen bis heute**, C. H. Beck, 2014. Ausführliche Schilderung der wichtigsten Ereignisse der letzten 150 Jahre.
› Thoralf Klein: **Geschichte Chinas. Von 1800 bis zur Gegenwart**, UTB, 2007. Ausführliche und informative Einführung in die Geschichte des modernen China.

Reisebücher und -erzählungen

› Volker Häring, Françoise Hauser: **Flusskreuzfahrten auf dem Yangzi. Von der Quelle bis zur Mündung**, Trescher Verlag, 2006. Ausführlicher und gründlich recherchierter Reiseband mit vielen Hintergrundinformationen zum interessantesten und längsten Fluss der Volksrepublik China.

> Marco Polo, Elise Guignard: **Il Milione. Die Wunder der Welt,** Insel Verlag, 2004. Der Reisebericht des Marco Polo, den es vor 750 Jahren auch nach China verschlug – eines der bekanntesten literarischen Werke des Mittelalters.

> Marcel Bergmann: **Trotzdem China – Im Rollstuhl von Shanghai nach Peking,** Herder Verlag, 2008. Der querschnittsgelähmte ZDF-Redakteur erfüllt sich mit der Reise durch China einen großen Traum.

Wirtschaft

> Alexander Thomas, Eberhard Schenk: **Beruflich in China. Trainingsprogramm für Manager, Fach- und Führungskräfte,** Vandenhoeck & Ruprecht Verlag, 3. Auflage 2008. Wertvolle Informationen für alle, die einen beruflichen Aufenthalt in China planen.

Alltag und Geschäftskultur in China

> Hanne Chen: **Kulturschock China,** Reise Know-How Verlag, 2012. Dieses Buch beschreibt die Denk- und Verhaltensweisen der Chinesen, erklärt die geschichtlichen, religiösen und sozialen Hintergründe, die zu diesen Lebensweisen führen, und bietet somit eine Orientierung im Dschungel des fremden Alltags.

> Yu Chien Kuan, Petra Häring-Kuan: **Der China-Knigge. Eine Gebrauchsanweisung für das Reich der Mitte,** Fischer Verlag, 9. Auflage 2012. Informationen über China und die Chinesen, den Alltag im Land, Traditionen und Kultur.

> Martin Posth: **1000 Tage in Shanghai,** Hanser Verlag, 1. Auflage 2006. Manager Magazin, 9/2006: „Ein Werk, das weit mehr ist als nur ein Wirtschaftsbuch. Es ist auch eines über Land, Leute und die atemberaubend rasante Entwicklung Chinas in den vergangenen 25 Jahren. Endlich mal kein abstraktes Beraterbuch mit den üblichen, oft allzu simplen Ratschlägen, wie man mit den ach so schwierigen Chinesen Geschäfte machen kann. Posths Buch ist konkret, weil es mitten im prallen Wirtschaftsleben spielt. Mit einer gewissen Leichtigkeit lernt man durch die Lektüre Chinas Bürokraten- und Geschäftswelt kennen. Wer mit Chinesen verhandeln muss, sollte dieses Buch lesen."

> Georg Blume, Chikako Yamamoto: **Chinesische Reise. Provinzen und Städte in der Volksrepublik,** Wagenbach, 1999. Dieser Bericht einer Reise durch das sich im Eiltempo verändernde China macht die Auswirkungen des politischen und wirtschaftlichen Wandels deutlich.

Bildbände

> Erich Follath, Karl Johaentges, Marieanne Wolny-Follath: **Mythos Shanghai,** Heyne, 2005. Ein bemerkenswertes Porträt der heute beutendsten Wirtschaftsmetropole der Volksrepublik China.

> Erhard Pansegrau, Angelika Viets: **Shanghai,** Reich Verlag, 2001. Beeindruckende großformatige Fotos aus der Megacity Shanghai.

> Hu Yang: **Menschen in Shanghai,** Fackelträger-Verlag, 2007. Dokumentation des Fotografen Hu Yang über die Menschen aus allen Gesellschaftsschichten in Shanghai.

> Horst Zielske, Daniel Zielske: **Megalopolis Shanghai,** Edition Braus im Wachter Verlag, 2006. Shanghaier Stadtlandschaften und Architektur werden in diesem Band großformatig und detailreich dokumentiert.

Sprache

> Marie-Luise Latsch, Helmut Forster-Latsch: **Hochchinesisch – Wort für Wort,** Reise Know-How Verlag, 2011. Kleiner und handlicher Sprachführer für den Gebrauch im Reisealltag.

- Françoise Hauser, Katharina Sommer: **Chinesisch kulinarisch – Wort für Wort**, Reise Know-How Verlag, 2008. In diesem Kauderwelsch-Band finden sich sowohl eine Reihe gängiger Gerichte, die sich per Fingerzeig bestellen lassen, als auch eine Kurzanleitung, die es dem Besucher auch ohne Schriftkenntnisse ermöglicht, große Teile einer Speisekarte in einem chinesischen Restaurant zu entschlüsseln – und so unliebsame Überraschungen zu vermeiden.

Shanghai im Internet

Allgemeine Reiseinformationen

Eines der umfangreichsten Angebote zur Vorbereitung einer Reise nach Shanghai und China findet man im Internet unter **www.schanghai.com**. Neben Informationen zu An- und Einreise, zahlreichen Übernachtungsmöglichkeiten, Restaurants, Bars und Klubs sowie Shopping gibt es Bildergalerien zur optischen Einstimmung, ein Forum zum Austausch aktueller Informationen und Tipps sowie Hinweise zu Jobs und Studium. Weitere nützliche Websites zur Reisevorbereitung:

- **www.china-guide.de:** Daten, Fakten und Nachrichten zu Shanghai und vielen weiteren Destinationen in China bietet diese umfangreiche Seite.
- **www.shanghai.gov.cn:** offizielle Seite der Stadt Shanghai (Chinesisch und Englisch)
- **www.china.org.cn:** Aktuelle Nachrichten aus China finden sich auf dieser Seite (mehrsprachig).
- **www.shanghai-fotos.de:** Eine sehr schön gestaltete private Homepage zur Einstimmung auf die Stadt mit vielen faszinierenden Fotos.
- **www.ds-shanghai.de:** Website der Deutschen Schule Shanghai mit vielen praktischen Informationen zum Alltag in der Stadt.
- **www.meet-in-shanghai.net:** Die offizielle Website der Shanghai Municipal Tourism Administration.
- **www.wangjianshuo.com:** Privater Blog eines Chinesen aus Shanghai, in dem sich sehr viele praktische und immer aktuelle Informationen und Geschichten rund um das Leben in der Stadt finden lassen (Englisch).
- **www.thatsmags.com** und **www.cityweekend.com.cn:** Infoseiten der bekannten Stadtmagazine That's Shanghai und City Weekend mit vielen Adressen – auch mit chinesischen Schriftzeichen
- **www.onedir.com:** Bilder von Webcams am Bund und in Pudong, dazu einige Videos
- **www.exploreshanghai.com:** Interaktive Karte der Metro Shanghai, auch als App fürs Smartphone erhältlich (s. S. 347).
- **www.smartshanghai.com:** Auflistung von Hotels, Restaurants, Bars und Klubs mit Adressen in chinesischer Schrift zum Ausdrucken (Englisch)
- **www.zapchinese.com:** Online-Sprachkurs für Einsteiger

Ämter, Behörden

- **www.auswärtiges-amt.de:** Hier findet man allgemeine Länder- und Reiseinformationen sowie regelmäßig aktualisierte Sicherheitshinweise.
- **www.fmprc.gov.cn:** Seite des Außenministeriums der Volksrepublik China (Presseinfos, Außenpolitik usw.)
- **http://german.mofcom.gov.cn:** Ministerium für Außenhandel und wirtschaftliche Zusammenarbeit (aktuelle Themen, Statistiken, Handelsbeziehungen, Links usw.)

Hotels und Reservierungen

- **http://english.ctrip.com** und **http://:de.ctrip.com (deutsch):** Hotel- und Flugbuchungen
- **www.chinahotel.com.cn**

Geldfragen

Währung

Die Währung in der VR China heißt **Volkswährung** oder auf Chinesisch **Renminbi**. Die Einheit des Renminbi ist der Yuan. 1 Yuan (Währungssymbol „¥"), im Volksmund auch „Kuai" genannt, ist in 10 Jiao (auch „Mao" genannt) bzw. 100 Fen unterteilt. Ausländische Währungen dürfen nach China im Wert von 5000 US-$ eingeführt werden, sie müssen jedoch bei der Einreise deklariert werden. Im Umlauf sind 100-, 50-, 20-, 10-, 5-, 2-, und 1-Yuan- sowie auch 5-, 2- und 1-Jiao-**Banknoten**.

Münzen gibt es mit folgenden Werten: 1 und 1,5 Jiao sowie 5, 2 und 1 Fen.

Der **Bargeldumtausch** ist an Wechselschaltern in fast allen Hotels sowie Banken und am Pudong Airport möglich. Günstigere Kurse erhält man in den Banken. **Travellerschecks** der großen Unternehmen wie Thomas Cook, American Express oder Citibank sind mittlerweile in China weit verbreitet und der Umtausch kein Problem. US-Dollar- oder RMB-Travellerschecks bekommt man bei der Bank of China gegen eine Gebühr von 1,5 % (Bar) bzw. 4 % (Kreditkarte). Die Umtauschbelege sollte man bis zum Ende der Reise aufbewahren, denn nur dann lassen sich gegen Vorlage dieser Belege Renminbi wieder in andere Währungen zurücktauschen.

Aktueller Wechselkurs (Mai 2014):
> 1 Yuan (CNY, ¥) = 0,11 Euro
> 1 Euro = 8,47 Yuan
> 1 Yuan = 0,14 Schweizer Franken
> 1 Schweizer Franken = 6,95 Yuan

> Im Internet unter www.oanda.com.

EXTRAINFO: Eingeschränkte Nutzung von EC-Karten im Ausland

2011 begannen einige Banken, neue EC-Karten mit einem angeblich schwerer zu fälschenden Chip (**V Pay**) als bisher an ihre Kunden zu verteilen. Die Umstellung dauert je nach Kreditinstitut noch an. Vor allem im außereuropäischen Ausland kann kein Bargeld mit diesen Karten abgehoben werden. Man sollte sich also unbedingt vor der Reise erkundigen, ob auch die Karten der eigenen Hausbank betroffen sind. So erspart man sich zumindest ein böses Erwachen vor Ort. Auch **Maestro-(EC-)Karten** werden immer häufiger von Kreditinstituten für bestimmte Länder gesperrt. Auch hier sollte man sich rechtzeitig erkundigen und die Karte für den Zeitraum der Reise freischalten lassen.

Eine Kreditkarte ist daher häufig für Fernreisen unverzichtbar geworden. Man sollte vor der Reise im Kartenvertrag nachsehen, wie hoch die Gebühren für die Nutzung im Ausland beim Bezahlen und Abheben von Bargeld sind.

Kreditkarten, Banken, Geldautomaten

Kreditkarten werden auch in Shanghai von vielen großen Hotels, Fluggesellschaften, Reiseveranstaltern, Restaurants, in denen auch regelmäßig Ausländer verkehren, und Touristengeschäften akzeptiert. Die meisten Filialen der Bank of China akzeptieren Kreditkarten und zahlen gegen eine Gebühr von 3 % Bargeld aus. Ansonsten ist es schwierig, andere Banken zu finden, die Kreditkarten akzeptieren.

Geldautomaten (englische Abkürzung: ATM), die auch ausländische Kredit- oder Maestro-(EC-)Karten akzeptieren, findet man inzwischen in ganz Shanghai. Am zuverlässigsten funktionieren die Automaten der Bank of China, HSBC oder Citibank. Hier bekommt man bei einer Abbuchung einen Betrag von 2500 ¥, manchmal auch mehr. Die meisten der Automaten sind 24 Stunden am Tag aktiv. Die Auszahlungsbelege sollte man gut aufbewahren und später mit seinen Kreditkartenabrechnungen oder seinen Kontoauszügen vergleichen.

Am sinnvollsten ist die Mitnahme der **Maestro-(EC-)Karte**, da die Gebühren in der Regel niedriger sind als bei Kreditkarten. In seltenen Fällen versagt aber noch die Technik. Die **Menüs der Geldautomaten** sind in der Regel zweisprachig (Chinesisch und Englisch). Geldautomaten der großen Banken findet man vorzugsweise in den vielen Einkaufszentren sowie den großen Shoppingmeilen der Stadt.

Zum Thema Verlust von Kredit- und Maestro-Karten vgl. Abschnitt „Notfälle" (s. S. 291).

Kontoeröffnung

Wer längere Zeit in Shanghai lebt, kann ein Konto bei der Bank of China oder China International Trust & Investment Corporation (CITIC) eröffnen. Für **Studenten**, die ihr Stipendium per Banküberweisung erhalten, ist die Kontoeröffnung sogar Pflicht. Die Eröffnung eines Kontos bei den Banken ist jedoch recht problemlos. Man benötigt nur seinen Reisepass mit einem gültigen Visum und erhält dann auch eine **Bankkarte** (Great Wall Debit Card). **Überweisungen** aus Deutschland dauern ca. 3–7 Tage.

Gesundheitsvorsorge

Die in Deutschland üblichen Impfungen (Tetanus, Diphtherie, Polio und Hepatitis A) sollte man wie vor jeder Reise ins Ausland überprüfen und gegebenenfalls auffrischen lassen. Informationen darüber, welche **zusätzlichen Impfungen** für ein bestimmtes Reiseland empfohlen werden, bekommt man bei den Krankenkassen oder bei Impfberatungen in Apotheken. Gute Info-WWW-Adressen sind der Reisemedizinische Infoservice des Tropeninstituts München (www.fit-for-travel.de) oder die Seite www.crm.de.

Bei Langzeitaufenthalt über mehrere Monate ist auch der Schutz gegen **Hepatitis B** empfehlenswert. Bei längeren Aufenthalten **außerhalb der großen Städte** Chinas kann ein Impfschutz gegen **Tollwut und Typhus** sinnvoll sein, außerdem ist saisonbedingt und bei längerem Aufenthalt in ländlichen Gebieten die Impfung gegen die **Japanische Enzephalitis** zu empfehlen. Ein Nachweis über eine gültige **Gelbfieberimpfung** wird von den chinesischen Behörden nur bei der Einreise aus einem Gelbfiebergebiet verlangt. Einen **Impfpass oder Gesundheitspass** mit Angabe der Blutgruppe, Allergien und benötigten Medikamenten sollte man grundsätzlich immer mit auf Reisen nehmen. Auch für einen Citytrip nach Shanghai ist das Zusammenstellen einer **Reiseapotheke** auf jeden Fall sinnvoll. Diese sollte zusätzlich zur normalen Standardausrüstung bei jeder Reise ins Ausland (Heftpflaster, Binden, Abführmittel usw.) auch – vor allem im Sommer und in Südchina – Sonnenschutzmittel und eine sonnenbrandlindernde Creme enthalten – nicht nur an tropischen Stränden kann man sich schnell

Reiseapotheke

Alle die im Folgenden aufgeführten Dinge kann man auch sehr preiswert und in guter Qualität in den Apotheken Shanghais erwerben. Aufgrund von Sprachproblemen sollte man aber immer einen Grundbedarf mit sich führen – zudem ist nicht immer eine Apotheke in der Nähe:

> *persönlich benötigte Medikamente*
> *Tabletten gegen Magen- und Darmerkrankungen*
> *Halsschmerztabletten*
> *Schmerztabletten und fiebersenkende Mittel (Aspirin, Paracetamol)*
> *Sonnenschutzmittel (in den heißen Sommermonaten)*
> *Antibiotika (wenn verschrieben)*
> *Pflaster*
> *Salben gegen Juckreiz und Hauterkrankungen*
> *Wundsalben*
> *Mullbinden*
> *Sicherheitsnadeln*
> *Desinfektionsmittel*
> *Tampons bzw. Binden*
> *Schere*
> *Pinzette*

Literaturtipps:

Zum Thema Gesundheit/Krankheiten auf Reisen hat der REISE KNOW-HOW Verlag nützliche Ratgeber im Programm:
> *Dürrfeld, Dr. Bruce-M., Rickels, Prof. Dr. Eckhard: **Selbstdiagnose und Behandlung unterwegs***
> *Ruhstorfer, Thomas: **Gesundheitshandbuch für Fernreisen***

verbrennen. Man sollte bedenken, dass Medikamente in China preiswerter und in Shanghai nahezu überall zu bekommen sind.

China ist immer noch ein Entwicklungsland und hat Probleme mit der Wasserqualität. Man sollte grundsätzlich **kein Leitungswasser trinken** und auch zum Kochen Mineralwasser ohne Kohlensäure verwenden. Wer länger in der Stadt lebt, kann sich mit Mineralwasserfässern beliefern lassen und diese je nach Bedarf per Telefon bestellen.

Versicherungen

Eine **Auslandskrankenversicherung** sollte man – wie eigentlich bei jeder Reise ins außereuropäische Ausland – auf jeden Fall abschließen. Man kann eine solche Police mittlerweile in jedem Reisebüro bei Buchung der Reise mit abschließen. Ist man aus beruflichen Gründen unterwegs, wird der Versicherungsschutz im Normalfall über den Arbeitgeber geregelt. Die Höhe der Beiträge berechnet sich nach Reiseziel und Versicherungsdauer. Eine gute Krankenversicherung übernimmt neben den Kosten für ärztliche Behandlungen sowie Medikamenten auch die Kosten für den **Rücktransport ins Heimatland**, auf diesen Service sollte man unbedingt achten.

Wichtig ist auch die automatische Verlängerung, falls die Rückreise aufgrund von Krankheit oder Unfall verschoben werden muss. In jedem Fall sind entstehende Kosten auch in China zunächst einmal vom Versicherten vor Ort selbst zu begleichen. Um diese zurückerstattet zu bekommen, benötigt man unbedingt eine **detaillierte Aufstellung aller ange-**

fallenen Leistungen sowie **Medikamente** des behandelnden Arztes oder Krankenhauses mit einer englischen oder wenn möglich deutschen Übersetzung.

In jedem Reisebüro werden auch **Reisegepäckversicherungen** angeboten. Ob der Abschluss einer solchen Versicherung sinnvoll ist, muss jeder für sich selbst entscheiden. Der Beitrag richtet sich nach der Dauer der Reise sowie der Höhe der Versicherungssumme. Wer z. B. eine wertvolle Foto- oder Videoausrüstung mit auf Reisen nimmt, sollte diese jedoch immer versichern. Versichert ist man gegen Verlust, Beschädigung, Diebstahl, Einbruch-Diebstahl, Raub oder räuberische Erpressung sowie vorsätzliche Sachbeschädigung durch Dritte. Bei Diebstahl oder Raub muss auf jeden Fall ein Bericht der chinesischen Polizei vorliegen sowie eine beglaubigte Übersetzung des Polizeiprotokolls auf Deutsch oder Englisch. Für Wertsachen gelten bestimmte Höchstgrenzen und häufig schließen Vertragsklauseln bestimmte Gegenstände und Situationen aus.

Eine **Reiserücktrittsversicherung** übernimmt für den Fall, dass man die gebuchte Reise nicht antreten kann, die Stornogebühren des Reiseveranstalters. Die Höhe der Stornogebühren ist abhängig vom Zeitpunkt der Absage der Reise. Voraussetzung für die Kostenübernahme durch die Versicherung ist, dass die Reise aus sehr wichtigen Gründen (zum Beispiel im Fall einer Krankheit) nicht angetreten werden kann. Der Grund muss in jedem Fall durch beispielsweise ein ärztliches Attest belegt werden. Die normale Reiserücktrittskostenversicherung endet mit Reiseantritt. Mit einer **Reiseabbruchversicherung** kann man den Versicherungsschutz bis zum Ende der Reise verlängern.

Einen **Überblick** über die vielen unterschiedlichen Tarife und Policen der Reiseversicherer findet man unter:
› www.reiseversicherung.com

Wetter und Reisezeit

Shanghai wie auch die umliegenden in diesem CityGuide beschriebenen Ausflugsziele Hangzhou und Suzhou liegen in einer **subtropisch maritimen Monsunklimazone**. Hier gibt es ähnlich wie in Westeuropa vier ausgeprägte Jahreszeiten. Frühling und Herbst sind dabei relativ kurz.

Der **Winter** ist feuchtkalt und die Temperaturen bewegen sich dann im Normalfall zwischen -1 und 5 °C. An manchen Tagen ist es auch deutlich kälter, gelegentlich gibt es sogar Schneefall oder tagelang andauernden Regen. Für die Bewohner südlich des Yangzi waren die Wintermonate (Dezember–März) früher eine sehr unangenehme Jahreszeit. Der Fluss markierte einst eine „Heizlinie": Nördlich dieser Markierung durfte die Bevölkerung während der Wintermonate heizen, südlich davon war es von der Regierung untersagt – aber auch hier ist es während des Winters unangenehm kalt. Diese Regelung gibt es glücklicherweise mittlerweile nicht mehr.

Die **Sommermonate** Juni bis September sind bei Temperaturen von durchschnittlich 28–35 °C und einer Luftfeuchtigkeit über 80 % **schwül und heiß.** In den Monaten Juli und August werden sogar Werte von 40 °C und darüber erreicht. Zu dieser Zeit sollte man die Stadt und auch die umliegenden Reise- und

Wetter und Reisezeit

Ausflugsziele meiden. In einer solchen Freiluft-Dampfsauna rettet man sich von einer Klimaanlage zur nächsten ... Aber auch im Frühlingsmonat April muss man bereits mit einigen Tagen rechnen, die nicht heiß, aber für uns Westeuropäer nahezu unerträglich schwül sind.

Die erste Abkühlung in Form von kälteren Luftmassen aus dem Norden erreicht Shanghai bereits im Oktober. Doch auch bis Ende November kann es in der Stadt bei Höchsttemperaturen um die 20–25 °C noch recht angenehm warm sein.

Die Jahresdurchschnittstemperatur liegt bei 16 °C, **die häufigsten Regenfälle** gibt es von Mitte Mai bis Mitte September. Zu dieser Zeit gibt es auch drei ausgeprägte Regenperioden: den „Frühlingsregen", den „Pflaumenregen" und den „Herbstregen".

Die besten Reisemonate für Shanghai und Umgebung sind die Monate April bis Juni und September bis November. Das Wetter ist dann recht beständig bei angenehmen Durchschnittstemperaturen von 20–25 °C.

Die **hohe Luftverschmutzung und Smog** mit zeitweise bedrohlichen Messwerten der „PM2,5-Partikel" in den Metropolen Chinas ist bekannt. Reisende mit chronischen Atemwegserkrankungen sollten unbedingt die Wintermonate Januar und Februar meiden. Verantwortlich sind in Verbindung mit den typischen Inversionswetterlagen u. a. der erhöhte Verbrauch von Kohlebrennstoff vieler Privathaushalten sowie ein hoher Ausstoß der Kohle- und Heizkraftwerke in der kalten Jahreszeit. Auch wenn es komisch aussieht: Man sollte es den vielen Chinesen gleichtun und Atemschutzmasken tragen (am besten schon von zu Hause mitbringen). Aktuelle Luftwerte: http://aqicn.org/city/shanghai (Air Quality Index), www.stateair.net/web/post/1/4.html (Messstation des amerikanischen Generalkonsulats)

Das chinesische Umweltministerium stellt auf seiner Internetseite ebenfalls **Daten zur aktuellen Luftqualität** chinesischer Städte zur Verfügung: http://english.mep.gov.cn

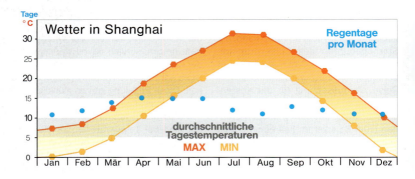

Praktische Reisetipps

Arbeiten und Studieren in Shanghai

Allgemeine Situation

Die rasante Entwicklung der chinesischen Wirtschaft zieht seit Jahren immer mehr Ausländer nach China im Allgemeinen und in die Metropole Shanghai im Speziellen. Zurzeit sind es mehr als 50.000 Ausländer allein in Shanghai, die hauptsächlich in Unternehmen mit ständigen Vertretungen tätig sind. Einen Überblick über Unternehmen mit Jobangeboten findet man in der Stellenbörse des **Delegiertenbüros der Deutschen Wirtschaft:**
› www.china.ahk.de

Ingenieure, Vertriebsleiter und Finanzfachleute haben gute Chancen, insbesondere bei mittelständischen Unternehmen fündig zu werden. Bei großen Konzernen ist dies oft schwieriger, denn diese entsenden entweder ihre eigenen Mitarbeiter auf freie Stellen oder setzen auf in Deutschland ausgebildete Chinesen.

Wer aber nun unbedingt in Shanghai arbeiten möchte, kann auch **vor Ort nach Stellen suchen.** In Stellenbörsen kann man selbst inserieren und auf Inserate antworten. Eine weitere Möglichkeit sind Kontakte oder Direktbewerbungen bei Unternehmen, die auf dem chinesischen Markt aktiv sind. Häufig muss man **Abstriche beim Gehalt** machen, es sei denn, man besitzt bestimmte Fach- oder Sprachkenntnisse. Bewirbt man sich bei chinesischen Firmen, wird normalerweise nur ein „chinesisches Gehalt" bezahlt, dass gerade einmal zum Leben in der Stadt ausreicht. Vor allem Stellen als Englischlehrer sind bei westlichen Studenten oder jungen Absolventen beliebt. Sprachschulen gibt es reichlich in Shanghai.

Groß ist auch das Interesse an einem **Studium der Sinologie** (Studium der chinesischen Sprache und Kultur) und viele Studenten verbringen während ihres Studiums ein oder zwei Semester in China. Zur Finanzierung des Studiums gibt es unterschiedliche Möglichkeiten, Zuschüsse zu erhalten. Beim Deutschen Akademischen Austauschdienst (DAAD) kann man sich für ein Jahresstipendium bewerben oder bei den Austauschprogrammen der eigenen Uni.

Auf jeden Fall sollte man seinen Aufenthalt in China **langfristig planen**. Bewerbungsfristen laufen häufig schon 12 bis 18 Monate vor dem geplanten Studienbeginn ab. Man sollte sich auch im Klaren darüber sein, dass das Studium in der Regel nur aus einem Sprachunterricht mit anderen ausländischen Studierenden besteht. Der Besuch von Lehrveranstaltungen mit chinesischen Kommilitonen ist normalerweise nicht möglich. In den meisten Fällen wird man in den Wohnheimen für ausländische Studenten an der Universität untergebracht. Das hat den Vorteil, dass man sich vor der Ankunft nicht selbst um eine Bleibe kümmern muss. Es liegt natürlich im Interesse der jeweiligen Universität, dass die ausländischen Studenten im Studentenwohnheim wohnen, da sie dafür Miete kassieren. Manche Unis verbieten den Studenten auch, eine eigene Wohnung zu mieten.

‹ *Vorseite: Wo gehen wir jetzt hin?*

Arbeiten und Studieren in Shanghai

❶311 [E2] **DAAD-Informationszentrum Shanghai**, Abteilung Kultur und Bildung des Generalkonsulats der Bundesrepublik Deutschland, 628 Julu Lu (zwischen Fumin Lu und Xiangyang Beilu), 200040 Shanghai, Tel. 00862132220316-106, http://ic.daad.de/shanghai/de

Informationsstellen in Shanghai

德国工商代表大会,
浦东世纪大道1568号, 中建大厦25楼
❶312 [fi] **Deutsche Handelskammer, Delegiertenbüro der Deutschen Wirtschaft**, 25/F China Fortune Tower, 1568 Century Avenue Pudong, Tel. 5081 2266, www.china.ahk.de oder www.ahk.de

上海德国学校, 高光路350号
❶313 **Deutsche Schule Shanghai**, 350 Gao Guang Lu, Shanghai 201702, Tel. 021 39760555, Fax 39760566, www.ds-shanghai.de

上海德意志工商中心有限公司,
张江高科技园区, 科苑路88号
❶314 **German Centre for Industry and Trade Shanghai Co. Ltd.**, 88 Keyuan Lu, Zhangjiang Hi-Tech Park, Pudong, Tel. 28986888, Fax 28986892, www.germancentreshanghai.de. Vermietung von Büroräumen an deutsche Firmen, Jobvermittlung, Investitions- und Rechtsberatung.

Jobbörsen im Internet

Auf folgenden Webseiten kann man als Ausländer fündig werden:
› www.worldwidejobs.de
› http://jobs.asiabot.com
› http://china-jobboerse.chinaseite.de
› www.chinaweb.de
› www.china.ahk.de
› www.schanghai.com
› www.jobchina.net
› www.kopra.org

Universitäten in Shanghai

Wer als Student nach Shanghai gehen möchte, kann sich auch direkt an eine der Hochschulen in Shanghai wenden und sich dort bewerben. Informationen dazu findet man auf der jeweiligen Homepage der Universität. Mit der Bewerbung muss man eine **Bearbeitungsgebühr** überweisen, die auch bei einer Absage nicht zurückerstattet wird. Erhält man eine Zulassung für ein Semester, kann man mit dieser Zulassung dann das notwendige Visum (X-Visum, siehe Abschnitt „Ein- und Ausreisebestimmungen") beantragen. Die Studiengebühren müssen für ein halbes Jahr im Voraus bezahlt werden.

华东师范大学, 中山北路3663号
●315 [ag] **East China Normal University Shanghai**, 3663 Zhongshan Beilu, Tel. +86 (0)21 62232013, Fax 62238352, www.ecnu.edu.cn

华东理工大学, 梅陇路130号
●316 **East China University of Science & Technology Shanghai**, 130 Meilong Lu, Tel. +86 (0)21 64253277, Fax 64252769, www.ecust.edu.cn

复旦大学, 邯郸路220号
●317 **Fudan University**, 220 Handan Lu, Tel. +86 (0)21 65642222 oder 65643333, Fax 65117298, www.fudan.edu.cn/englishnew. Eine der führenden Universitäten in der Volksrepublik China mit drei weiteren Standorten in der Stadt.

上海交通大学, 华山路1954号
- **318** [A5] **Shanghai Jiao Tong University**, 1954 Huashan Lu, Tel. +86 (0) 62821079 oder 62822031, Fax 62817613, http://en.sjtu.edu.cn

上海第二医科大学, 重庆南路227号
- **319** [G5] **Shanghai Second Medical University**, 227 Chongqing Nanlu, Tel. +86 (0)21 63846590, Fax 53068717, www.shsmu.edu.cn

上海大学, 延长路149号
- **320 Shanghai University**, 99 Shangda Lu, Tel. +86 (0)21 56331839, Fax 56333187, www.shu.edu.cn

同济大学, 四平路1239号
- **321 Tongji University Shanghai**, 1239 Siping Lu, Tel. +86 (0)21 65983611, Fax 65987933, www.tongji.edu.cn

Autofahren

Vom Fahren eines Autos oder gar Motorrades kann Touristen in Shanghai **nur abgeraten werden!** Der Verkehr ist chaotisch und auch für erfahrene Fahrer gerade in der Innenstadt eine schwer zu meisternde Herausforderung. Verkehrsregeln existieren offiziell, werden aber in der Praxis nicht eingehalten. Drängeln, Hupen, unerlaubtes Wechseln der Fahrbahnen, plötzliches Anhalten und Rückwärtsfahren auch auf Autobahnen (um die verpasste Ausfahrt doch noch irgendwie zu erreichen) gehören zur Tagesordnung. Ständige Staus nicht nur auf den Stadtautobahnen, Mangel an Parkmöglichkeiten und eine für Ortsfremde unübersichtliche Ausschilderung kommen erschwerend hinzu.

Wer trotzdem mit dem eigenen Auto in Shanghai unterwegs sein möchte, benötigt man eine **zertifizierte Übersetzung** seines deutschen oder internationalen **Führerscheins,** muss eine theoretische Führerscheinprüfung (Multiple Choice) ablegen und einen Sehtest bestehen. Die Prüfung besteht man aber in der Regel immer.

Besitzt man seit mindestens drei Jahren einen ausländischen Führerschein, entfällt die praktische Fahrprüfung. Zuständige Behörde:

› **Shanghai Vehicle Management Bureau**, 1330 Hami Lu, Tel. 62690606

上海市外事翻译工作者协会,
北京西路1277号1607室
› **Shanghai Interpreters Association**, Rm. 1607, 1277 Beijing Xilu, Tel. 63239910, Mo.–Fr. 9–16.30 Uhr. Ein zertifiziertes Übersetzungsbüro.

Die Alkoholgrenze liegt bei 0,5 Promille. Entspannter und nur unwesentlich teurer ist das **Mieten eines Autos mit Fahrer.** Diese bekommt man in jedem Hotel vermittelt, sind aber aufgrund des Preises nur für längere Überlandfahrten sinnvoll. Die preiswerteste und schnellste Methode in Shanghai ist es immer noch, längere Strecken mit der Metro, kürzere mit dem Taxi zu überwinden.

▷ *Hochstraße als Stadtautobahn in der Innenstadt*

Diplomatische Vertretungen in China, Visaangelegenheiten

Diplomatische Vertretungen in Shanghai

Generalkonsulat der Bundesrepublik Deutschland

德国驻上海总领事馆，永福路181号
- **322** [C4] **Gernerakonsulat der Bundesrepublik Deutschland,** 181 Yongfu Lu, Shanghai 200031, Tel. 021 34010106, Fax 021 64714448, www.china.diplo.de

德国驻上海总领事馆，铜仁路299号 SOHO东海广场8楼
- **323** [E1] **Büro für Konsular- und Visaangelegenheiten,** 8/F SOHO Donghai Plaza, 299 Tongren Lu, Shanghai 200040, Tel. 021 62171520, Fax 021 62180004. Der Bereitschaftsdienst des Generalkonsulats ist in **Notfällen** unter der Telefonnummer 13901892081 zu folgenden Zeiten erreichbar: Mo.–Do. 16.45–24 Uhr, Fr. 15.45–24 Uhr (01.10.–31.05.), Mo.–Do. 16–24 Uhr, Fr. 13.30–24 Uhr (01.06.–30.09.), Sa./So. und an Feiertagen 8–24 Uhr.

德国驻上海总领事馆，福州路318号，百腾大厦101
- **324** [K2] **Abteilung Kultur und Bildung (Goethe-Institut),** 101 Cross Tower, 318 Fuzhou Lu, www.goethe.de/ins/cn/sha/deindex.htm, Tel. 63912068. Im Shanghaier Goethe-Institut werden regelmäßig deutsche Filme gezeigt.

Österreichisches Generalkonsulat

奥地利驻上海总领事馆，
淮海中路1375号，启华大厦3楼A座
- **325** [D4] **Österreichisches Generalkonsulat im Qi Hua Tower,** 3/F No. 3A, 1375 Huaihai Zhonglu, Shanghai 200031, Tel. 021 64740268, Fax 64711554, www.bmeia.gv.at/botschaft/gk-shanghai.html

Schweizer Generalkonsulat

瑞士驻上海总领事馆，仙霞路319号，
远东国际广场A幢22楼
- 326 [ah] **Schweizer Generalkonsulat**, Bldg. A, Far East International Plaza, 319 Xianxia Lu, Shanghai 200051, Tel. 021 62700519, Fax 021 62700522, www.eda.admin.ch/shanghai.html

Visaangelegenheiten

美西企业管理咨询服务有限公司，
武定路555号318室（近陕西北路）
- 327 [ch] **Meshing Consultancy Services**, Rm. 318, 555 Wuding Lu, Shaanxi Beilu, Tel. 51699039, 13501828752, www.visainchina.com, Öffnungszeiten: Mo.–Fr. 9–18 Uhr. Visabeschaffung und -verlängerung für Touristen und Geschäftsleute.

Elektrizität

Landesweit kommt der Strom wie in Deutschland, Österreich und der Schweiz mit 220 V, 50 Hz aus der Steckdose. Je nach Region sind aber **Adapter** erforderlich. Wer von Shanghai aus in ländliche Regionen reist, sollte einen Mehrfachadapter mit sich führen. In den größeren Hotels in Shanghai kommt man jedoch mit den in Deutschland üblichen Steckern zurecht. Adapter kann man im Notfall aber auch für wenige Yuan in den Elektroabteilungen der großen Shoppingmalls kaufen.

▷ *Fotofreunde finden in Shanghai immer interessante Motive*

Fernsehen

In den meisten Hotels kann man außer chinesischen Sendern wie CCTV (China Central TV) und anderen lokalen Kanälen auch **ausländische Sender** wie DW-TV (deutsch), BBC bzw. CNN (englisch), TV5 (französisch) und RAI (italienisch) empfangen. Der englischsprachige Kanal des chinesischen Fernsehens ist CCTV 9. CCTV bringt stündlich Nachrichten auf Englisch. Es gibt zudem einige englischsprachige Sport- und Spielfilmkanäle wie Star Movie, HBO oder Cinemaxx.

Film und Foto

Chinesen sind ebenso **fotobegeistert** wie Japaner. Abgesehen von militärischen Anlagen ist Fotografieren überall erlaubt. Beim Fotografieren von Menschen sollte man sich aber vorher vergewissern, ob diese damit einverstanden sind. In der Regel ist das aber kein Problem – viele chinesische Touristen in Shanghai werden auf gleiche Weise versuchen, ein Gruppenfoto mit einem Ausländer an einer der Sehenswürdigkeiten zu bekom-

EXTRATIPP

Preiswerte Film- und Fotoartikel
Kameras und Fotozubehör bekommt man preiswert im **Huan Long Market** gegenüber der Shanghai Main Railway Station. Dutzende kleiner Läden bieten hier neue wie auch gebrauchte Foto- und Filmausrüstungen aller bekannten Marken an.

环龙，上海市闸北区梅园路360号，
环龙照材城三楼（火车站对面）

Praktische Reisetipps
Film und Foto

men. Trotz sprachlicher Probleme macht das häufig sehr viel Spaß.

Filmmaterial, Kamerabatterien und Speicherkarten für Digitalkameras sind in den Fachabteilungen der großen Kaufhäuser sowie in vielen Kamerageschäften zu bekommen. Eine große Auswahl findet man im Metro City sowie Digital Plaza in Xujiahui (s. S. 49). Digitalkameras kosten als Markengeräte genauso viel wie in deutschen Fachgeschäften. Farbnegativfilme kann man in Fotoläden entwickeln lassen und in den meisten Fällen bereits nach einigen Stunden wieder abholen.

Die **günstigste Zeit zum Fotografieren** ist der frühe Morgen zwischen 6 und 10 Uhr sowie der Nachmittag ab 16 Uhr bis zum Einbruch der Dämmerung. Wer gerne Menschen fotografiert, wird am frühen Morgen am Bund oder im Fuxing Park auf seine Kosten kommen. Die schönsten Stadtansichten bekommt man von einer der Dachterrassen am Bund (z. B. im Peace Hotel, s. S. 306).

Da Shanghai erst am Abend in vollem Glanz erstrahlt, ist die Mitnahme eines kleinen Stativs sinnvoll.

冠龙照相器材, 南京东路372号
328 [K1] **Guan Long Camera Shop**, 372 Nanjing Donglu, Tel. 63222805, 9.30–21.30 Uhr. Hier bekommt man eine große Auswahl an Kameras, Objektiven, Filmmaterial und fast alles an Zubehör, was man sich wünschen kann. Die Preise sind etwas höher als in einigen anderen Shops der Stadt. Eine kleinere Filiale befindet sich in der 227 Jinling Donglu, westlich der Henan Lu.

Hygiene

Die hygienischen Verhältnisse in Shanghai, Hangzhou und Suzhou sind bei Weitem nicht so schlecht, wie dies in vielen Gebieten der chinesischen Provinz oder einigen anderen asiatischen Ländern noch immer der Fall ist. Doch wird auch in Shanghai einiges bei Europäern Kopfschütteln und Ekelgefühle hervorrufen.

Insbesondere ein immer noch sehr beliebter chinesischer Volkssport sei hier genannt: das **Spucken**. Auch wenn es in ländlichen Gebieten noch weit mehr verbreitet ist, wird das Spucken dem Reisenden auch in Shanghai bereits kurz nach der Ankunft auffallen. Spucken wird überall auf der Straße oder in Parkanlagen lautstark praktiziert. Auch Taxi- und Busfahrer öffnen nicht selten vor roten Ampeln oder im Stau das Fenster, um sich schnell ihrer tief im Rachen befindlichen Schleime zu entledigen. Die Geräusche und der Gedanke, ständig auf Gehwegen darin hineintreten zu können, sind für viele Ausländer äußerst unangenehm. Unhygienisch ist diese Praxis außerdem, da auch Krankheitserreger übertragen werden können. In China sieht man das Spucken hingegen als einen **hygienischen Akt der Befreiung des Körpers von Schlacken.**

Mittlerweile, gerade auch im Vorfeld der Expo 2010 in Shanghai mit Millionen von ausländischen Besuchern, gab und gibt es jedoch zahlreiche **Kampagnen gegen das Spucken** und an vielen touristischen Orten wie dem Bund ist diese Praxis verboten. Es werden in der ganzen Stadt vermehrt Hinweisschilder aufgestellt. Warum es allerdings nicht wenige davon seltsamerweise in englischer Sprache gibt, bleibt wohl ein chinesisches Rätsel. Ganz unterbinden lässt sich diese chinesische Gepflogenheit aber auch durch Verbotsschilder nicht und obwohl Bußgelder verhängt werden. Im Gegenzug empfinden Chinesen das Schnäuzen in ein Taschentuch und die in Europa übliche Praxis, das benutzte Taschentuch dann wieder einzustecken, als unappetitlich – andere Länder, andere Sitten.

Ein weiteres leidiges Thema sind die chinesischen **Toiletten**. Das Positive vorweg: In Shanghai gibt es mittlerweile zahlreiche öffentliche Toilettenhäuser. Einwandfreie Hygiene und Sauberkeit sollte man allerdings auch dort nicht erwarten. Viele Chinesen erledigen ihre Geschäfte immer noch gerne im Hocken, so dürfen auch Schuhabdrücke auf den Brillen – sofern es denn welche gibt – nicht verwundern. Häufig ist kein Toilettenpapier vorhanden, sodass man daher für den Notfall immer kleine Rollen mit sich führen sollte (bekommt man in den meisten kleinen Supermärkten im für Handtaschen gerechten Format ohne lästige Papprolle). Meistens kostet die Benutzung der öffentlichen Toiletten 1–2 Jiao.

In vielen kleineren Bars in den Vergnügungsvierteln müssen sich gerade Frauen darauf einstellen, dass es nur eine Toilette für alle gibt und diese auch nicht ständig gereinigt wird. Längere Wartezeiten und nicht immer hygienische Verhältnisse sollte man daher einkalkulieren. Viele Toiletten sind auch nicht auf das Wegspülen von Toilettenpapier ausgelegt. So ziehen es viele Chinesen vor, benutztes Toilettenpapier in einen Mülleimer neben die Toilette oder auch einfach nur daneben zu werfen. So bleibt die Hygiene natürlich auf der Strecke. Wer es einrichten kann, sollte **Toiletten**

Spucken in die Tüte

Man stelle sich folgendes Szenario auf einer der Hauptverkehrsstraßen in Shanghai vor: Als unbedarfter Tourist sitzt man nach langem Flug, Hotel-Check-in und nachdem der freundliche Portier im Hotel noch die Adresse der begehrten Sehenswürdigkeit in chinesischen Schriftzeichen notiert hat, nun endlich im Taxi. Wie dies in Shanghai nun einmal üblich ist, steht man unweigerlich nach geraumer Zeit im Stau oder zumindest einige Minuten vor einer roten Ampel. Der kurz vorher noch freundlich lächelnde Taxifahrer öffnet plötzlich seine Tür und lehnt sich hinaus – und plötzlich ertönt ein lautes „Chrrrrrr – Chrrrrrr – Chrrrrr – Tschschsch …". Die Tür schließt sich wieder und weiter geht's durch das Verkehrschaos der City. Nachdenkliches Kopfschütteln und ein gewisses Unwohlsein macht sich beim Fahrgast breit.

Doch eine neue Kampagne sollte in Shanghai ab Anfang 2007 den Taxifahrern der Stadt – und nicht nur diesen – das Spucken aus dem Autofenster austreiben. Die städtische Gesundheitsbehörde verteilte **Spucktüten** an jedes der mehr als 45.000 Taxis in Shanghai. Das Ausspucken aus dem Autofenster oder der geöffneten Autotür ist in Shanghai (und nicht nur hier) eine verbreitete Angewohnheit und eine Art Volkssport unter chinesischen Taxifahrern. Die Spucktüten waren allerdings so in den Taxis angebracht, dass auch die Fahrgäste sie mitbenutzen konnten – ein nicht gerade sehr einladender Gedanke für westliche Touristen. Heute sind sie zum Großteil wieder verschwunden.

Diese **Kampagne** war Gegenstand eines groß angelegten Kampfes gegen das Ausspucken auf öffentlichen Straßen, Plätzen und in Parks. Shanghai hatte das Ziel, bis zur Weltausstellung, die im Jahr 2010 stattfand, eine „gesunde und hygienische Stadt" zu werden. Das weitverbreitete öffentliche Spucken war bei früheren Meinungsumfragen zur schlimmsten Angewohnheit der Shanghaier Bevölkerung gewählt worden. Frühere Versuche, die Stadtbewohner in dieser Richtung zu erziehen, waren allerdings von wenig Erfolg gekrönt. Spucknäpfe, die man an vielen Mülleimern der Stadt montiert hat, wurden häufig nur als Aschenbecher benutzt und zum Spucken völlig ignoriert. An bestimmten touristischen Punkten der Stadt ist die „Spuckquote" jedoch aufgrund der angedrohten Strafen deutlich eingedämmt worden.

in einem der besseren Hotels oder Restaurants aufsuchen. Bei westlichen Touristen wird dies durchaus respektiert, sofern man höflich danach fragt.

Leitungswasser sollte man in Shanghai **nur zum Zähneputzen und Duschen benutzen.** Das Wasser riecht aus vielen Leitungen leicht nach Chlor, ist häufig mit Schadstoffen stark belastet und spätestens beim Befüllen einer Badewanne wird man eine leicht bräunliche Färbung feststellen. Leitungswasser mit Entkeimungsmitteln aufzubereiten, lohnt sich in Shanghai aber nicht. **Trinkwasser** bekommt man sehr preiswert in Flaschen oder kleinen Kanistern in jedem kleinen Supermarkt, im Hotel oder auch auf Reisen in Zügen. Nur in den Luxushotels ist das Leitungswasser genießbar. Man kann aber im Hotel nachfragen.

Obst kann man aus jedem Supermarkt oder beim Händler auf der Straße bedenkenlos kaufen und verzehren, wenn man es **gründlich schält**. Auch die Fleischspieße, die häufig am Abend an den vielen kleinen mobilen Grillständen angeboten werden, sind hygienisch unbedenklich und häufig ein kulinarischer Leckerbissen. **Ungekochte, nicht gebratene Nahrungsmittel** sowie Früchte und Gemüse, die nicht geschält werden können, sollte man hingegen **unbedingt meiden!**

In einfachen chinesischen Restaurants sollte man darauf achten, dass die hölzernen **Einweg-Essstäbchen** entweder noch verpackt oder zumindest noch am oberen Ende miteinander verbunden sind, wenn diese schon vor Betreten des Restaurants auf dem Tisch lagen. Dies ist ein sicheres Zeichen dafür, dass sie nicht schon vom vorherigen Gast benutzt wurden. Schälchen, Suppenlöffel oder Gläser, die im Restaurant bereits auf dem Tisch standen, kann man im Zweifelsfall austauschen lassen oder selber mit etwas heißem Tee ausspülen.

Internet

Es gibt unzählige – wenn auch für Touristen häufig schwer zu findende – Internetcafés in Shanghai. Wer auf das weltweite Netz angewiesen ist, braucht sich in Shanghai nicht zu sorgen. Man sollte im Hotel nach dem nächsten Internetcafé (网吧) fragen. Internetcafés in China sind i.d.R. Spielhöllen – können aber auch anderwertig genutzt werden. Die Verbindungsgeschwindigkeit ist im Allgemeinen gut. Das chinesische Internet wird allerdings **durch die staatliche Zensur kontrolliert**. Einige Seiten wie etwa Wikipedia oder Yahoo werden immer wieder zeitweise gesperrt. Es kann auch, von Einheimischen wie Gästen, der Reisepass verlangt werden, bevor man an die Internetplätze vorgelassen wird. Der bei uns bekannte Freemail-Anbieter GMX funktioniert in China häufig nicht, daher lohnt es sich, für einen längeren Aufenthalt vorübergehend eine andere Adresse zu benutzen bzw. einzurichten. Wer mit dem eigenen Notebook/Laptop in Shanghai unterwegs ist, kommt mittlerweile in den meisten einfachen Ho(s)tels und Jugendherbergen in den Genuss einer kostenlosen WLAN-Verbindung in das weltweite Netz. Auch viele westliche Restaurants und Bars wie das Malone's (s. S. 76), Element Fresh (s. S. 143) oder Sasha's (s. S. 70) bieten diesen Service an. Große internationale Hotels und Hotelketten lassen sich dieses Vergnügen häufig fürstlich entlohnen.

上海图书馆网吧, 淮海中路1555号
@329 [C4] **Shanghai Library Internet Café**, 1555 Huaihai Zhonglu, Tel. 64455555. Gut ausgestattetes Café mit mit schnellen Internetverbindungen. Hier befindet sich auch die **Deutsche Informationsbibliothek** (tgl. 9–17 Uhr) mit deutschsprachigen Printmedien, Zeitungs- und Zeitschriftenabonnements, CD-ROM-Datenbanken und audiovisuellen Medien. Für die Nutzung der Materialien vor Ort ist ein Ausweis für die Lesesäle erforderlich. Dieser kostet 10 ¥ für einen Monat oder 25 ¥ für ein Jahr. Um diesen Ausweis zu erhalten, muss man eine Aufenthaltsgenehmigung für Shanghai für mindestens drei Monate vorweisen können. Zudem ist die Hinterlegung einer Kaution in Höhe von 200 ¥ sowie die Zahlung einer Jahresgebühr von 10 ¥ erforderlich.

Mit Kindern unterwegs

Wer mit einem Baby oder Kleinkind unterwegs ist, wird schnell feststellen dass Chinesen **sehr kinderfreundlich** und sehr bemüht sind, den Kleinen alles so angenehm wie möglich zu machen. Ob in Hotels oder Restaurants, überall wird man jemanden finden, der das Kind herumtragen oder mit ihm spielen will. Das Problem ist allerdings, dass es oftmals nicht respektiert wird, wenn ein Kind keinen Kontakt möchte und abwehrend reagiert. Da ist es häufig nicht einfach für Eltern, hier einen passenden Ausweg aus der Situation zu finden.

Die **lange Anreise** verarbeiten Kinder viel einfacher als Erwachsene. Bei der Flugbuchung sollte man ein Kindermenü gleich mitbestellen. Kinder bekommen dann nicht nur ein kindgerechtes Essen und einige kleine Spielzeuge, sie bekommen ihr Essen auch zuerst serviert. So kann man zunächst dem Kind behilflich sein und anschließend selbst in Ruhe essen. Kinder unter zwei Jahren zahlen nur eine geringe Fluggebühr, haben dann aber auch keinen Anspruch auf einen eigenen Sitzplatz. Gerade in ausgebuchten Maschinen kann es äußerst anstrengend werden, die Kleinen die gesamte Flugzeit auf dem Schoß haben zu müssen. Man kann sich aber immer der Hilfe der FlugbegleiterInnen sicher sein, die einem den Flug so angenehm wie möglich zu machen versuchen. Vielleicht lässt sich ja doch noch ein freier Platz finden.

Die **Zeitumstellung** macht sich auch bei Kindern bemerkbar. In den ersten Nächten gehören Spielstunden am späten Abend zum Standardprogramm. Man sollte Kleinigkeiten zum Essen und Trinken aus der Heimat bereithalten, denn auch ein Kindermagen benötigt einige Tage für die Umstellung. Weiterhin muss man den **Tagesablauf und die Besuchsziele** den kindlichen Bedürfnissen anpassen. Galerien, Museen oder Modegeschäfte werden eher Langeweile und Protest hervorrufen.

Ein **strukturierter Tag** mit festen Spielstunden, Besuchen in Parks und kindgerechten Ausflugszielen werden auch die Reise nach Shanghai zu einem angenehmen Erlebnis für die ganze Familie machen. Ein fester Standort, von dem man auch Ausflüge in die Umgebung unternimmt, Besuche in immer wieder denselben Restaurants mit Spielplätzen und dem gleichen Personal werden schnell eine vertraute Umgebung schaffen, in der sich auch Kinder zu Hause fühlen. Unbedingt mitnehmen sollte man das **Lieblingsspielzeug**. Auch Kuscheltiere und die eigene Kuscheldecke geben

> *Chinesen gelten als äußerst kinderfreundlich*

Kleinkindern eine gewisse Sicherheit und sie fühlen sich in der fremden Umgebung schneller wohl.

Vor direkter Sonneneinstrahlung müssen Kinder gerade im Sommer besonders geschützt werden. Ein schützender Sonnenhut, der auch die empfindlichen Kinderaugen abschattet, ist dann unverzichtbar. Die Mittagshitze sollte man in den Monaten Juni bis August meiden und die Aktivitäten auf die frühen Morgenstunden und den späten Nachmittag verlegen. Es gibt aber ausreichend Möglichkeiten, den ganzen Tag in klimatisierten Räumen oder Sehenswürdigkeiten zu verbringen. Auch die meisten Taxis sind klimatisiert. Mit älteren Kindern kann man sich dann die Zeit auch gut in diversen Bars mit Spielen wie Tischfußball, Poolbillard oder Darts vertreiben.

Austrocknung (Dehydration) geschieht fast unmerklich und bei Kindern noch viel schneller als bei Erwachsenen! Auf Ausflügen ins Umland sollte man daher immer ausreichend Wasser oder Fruchtsäfte bei sich haben. In größeren Ortschaften und natürlich auch in Shanghai kann man Getränke an fast jeder Straßenecke oder in unmittelbarer Nähe von Sehenswürdigkeiten günstig kaufen. **Babynahrung** (z. B. Heinz, Gerber, Danone und Hipp) findet man in einer relativ guten Auswahl in den Supermärkten der Stadt (z. B. Carrefour, s. S. 45). Bei Milchpulver kann man unter verschiedenen Herstellern wählen, Hafer- und Grießbrei ist kaum zu finden und sollte mitgebracht werden.

Die **medizinische Versorgung** von Kindern ist in Shanghai recht gut gesichert. Die meisten Krankenhäuser haben spezielle Abteilungen für Kinder. **Kleidung** für Babys und Kinder bis sieben Jahre kann man in Shanghai sehr günstig erstehen, auf den Kleidermärkten und in kleinen Boutiquen z. B. in der Longmen Lu und der Ninghai Lu in der Nähe der Jingling Lu. Kinderbekleidung bis Größe 152 führen die großen Kaufhäuser (s. S. 41).

Maße und Gewichte

Das **metrische System** ist in China, v. a in den großen Städten, weitverbreitet, auch wenn teilweise, so z. B. auf lokalen Märkten, noch mit **traditionellen Gewichtseinheiten** gemessen wird. Gemüse und Früchte werden in *jin* (500 g), kleinere Gewichte wie Gewürze, Kräuter oder auch Dumplings in *liang* (50 g) gewogen.

Gewichte

› 1 liang 50 g
› 1 jin 500 g
› 1 gongjin 1 kg
› 1 dan 50 kg

Volumen

› 1 sheng 1 l
› 1 dou 10 l
› 1 dan 100 l

Längenmaße

› 1 cun 330 mm
› 1 chi 3333 mm
› 1 li 500 m (chinesische Meile)
› 1 gongli 1 km

Flächenmaße

› 1 mu 0,066 ha
› 1 qing 6,66 ha

Medizinische Versorgung

Die medizinische Versorgung in Shanghai sowie der Standard vieler Kliniken erreichen heute durchaus westliches Niveau. Seit 1993 sind in China auch ausländische Ärzte zugelassen. Das erleichtert die Situation von Touristen und Expats im Krankheitsfall, da seitdem die **Verständigung auf Englisch** in vielen Hospitälern möglich ist. Alltägliche Eingriffe wie Blinddarmoperationen kann man in Shanghai heute ohne Bedenken durchführen lassen.

In den Ausländerabteilungen sind auch nachts immer Englisch sprechende Ärzte erreichbar. Man sollte aber bedenken, dass die Behandlungen und auch Operationen **immer bar bezahlt werden müssen.** Vorab kann und sollte man sich telefonisch über voraussichtliche Kosten und eventuell anfallende weitere Gebühren informieren. Bei ernsthaften Erkrankungen sollte man trotzdem nach Hause oder zumindest nach Hongkong fliegen, sofern man transportfähig ist. Eine Auslandskrankenversicherung, die auch die Kosten eines Rücktransports abdeckt, lohnt sich daher auf alle Fälle (siehe „Versicherungen").

Krankenhäuser

(Die Auflistung stellt in ihrer Reihenfolge keine Bewertung dar.)

瑞新医疗
Parkway Health Medical Centers, www.parkwayhealth.cn, Tel. 64455999. Westlicher Standard mit einem internationalen Ärzteteam. Ehemals **World Link**. Es gibt mehrere Standorte in Shanghai:

瑞新医疗, 虹桥路2258号
❶330 **Hongqiao Medical Center**, 2258 Hongqiao Lu

瑞新医疗, 南京西路1376号,
上海商城西峰购物区203室
❶331 [E1] **Shanghai Centre Medical and Dental Centers**, 1376 Nanjing Xilu, 203-4 West Retail Plaza, Shanghai Centre

瑞新医疗, 南京西路389号
❶332 [G1] **Shanghai Gleneagles International Medical, Dental and Surgical Centers**, 389 Nanjing Xilu

瑞新医疗, 淡水路170号
❶333 [H4] **Specialty and Inpatient Center**, 3F, 170 Danshui Lu (Nähe Xintiandi)

瑞新医疗, 虹许路788号
❶334 **Mandarine City Medical Center**, 788 Hongxu Lu

瑞新医疗, 红枫路51号
❶335 **Jinqiao Clinic**, 51 Hongfeng Lu

Weitere Krankenhäuser:
华山医院, 乌鲁木齐中路12号
❶336 [C3] **Huashan Worldwide Medical Center**, 12 Wulumuqi Zhonglu, www.shhwmc.com.cn, Tel. 62483986. Ausländerstation im Huashan Hospital auf der achten Etage von Gebäude Nummer 1 mit Erste-Hilfe-Station, täglich 8-22 Uhr. Nach 22 Uhr begibt man sich im Notfall in die 15. Etage von Gebäude Nummer 6. Keine Kinder unter 14 Jahren!

上海交通大学医学院附属瑞金医院,
瑞金二路197号
❶337 [G5] **Ruijin Hospital**, 197 Ruijin 2 Lu, Tel. 64370045, www.rjh.com.cn/chpage/c1352

Medizinische Versorgung

上海和睦家医院, 仙霞路1139号
✪338 **Shanghai United Family Hospital and Clinics**, 1139 Xianxia Lu, http://shanghai.ufh.com.cn/en, Tel. 4006393900 oder 22163900, Notfallrufnummer innerhalb Shanghais (24 Std. täglich erreichbar): Tel. 22163999

上海市和美家诊所,
闵行区华漕镇金丰路555弄上海网球俱乐部内
✪339 **Shanghai United Family Clinic**, Jinfeng Lu, Lane 555, Minhang District, Tel. 22010995, http://shanghai.ufh.com.cn/en/locations/minhang-area, Mo. 13-19 Uhr, Di.-Fr. 12-18 Uhr, Sa. 9-15 Uhr (Ableger des Shanghai United Family Hospital)

Apotheken

Apotheken findet man überall in der Stadt. Häufig gibt es dort Joint-Venture-Präparate, die erheblich preiswerter sind als die Originalpräparate der westlichen Pharmahersteller. Eine gute Adresse ist die:

上海第一医药股份有限公司,
南京东路616号, 近浙江中路
✪340 [J1] **Shanghai No.1 Pharmacy**, 616 Nanjing Donglu, Zhejiang Zhonglu, Tel. 63224567, Öffnungszeiten: 10-22 Uhr

Zahnärzte

Auch bei Zahnschmerzen oder -problemen braucht man in Shanghai nicht in Panik zu verfallen. Es gibt eine ganze Reihe guter Ärzte und Kliniken, an die man sich wenden kann:

瑞尔齿科, 淮海中路222号,
力宝广场204室
✪341 [I3] **Arrail Dental**, Unit 204, Lippo Plaza, 222 Huaihai Zhonglu, www.arrail-dental.com, Tel. 53966538, 53966539, 53563380, Fax 53965971

缔矢口腔门诊, 淮海中路1325号
✪342 [D4] **DDS Dental Care**, 1325 Huaihai Zhonglu, www.dds-dental.com, Tel. 54652678 oder 54655766, 24-Stunden-Hotline: Tel. 13501635171 oder 13918855155

金医生口腔诊所,
华山路2088号汇银广场1904室
✪343 [A5] **Dr. Harriet Jin**, 2088 Huashan Lu, 1904 Hui Yin Plaza, Tel. 64480882, www.drharrietdental.com

上海和睦家泉口诊所,
上海市长宁区泉口路8号
✪344 **Shanghai United Family Hospital Dental Clinic**, 8 Quankou Lu, Tel. 22163909, Fax 64459595, www.ufh.com.cn

✪345 **Deutsche Zahnärztin Dr. Tina Holthusen**, Pure Smile, 2268 Hongqiao Lu, http://

puresmile.com. Dr. Holthusen praktiziert seit 2012 wieder in Shanghai. Termine kann man unter Tel. 63276969 vereinbaren.

Kinderärzte

Hilfe in Not- und Krankheitsfällen beim Nachwuchs sollte man am besten in den unten genannten Kinderkliniken suchen. Bei Notfällen mit Kindern kann man aber grundsätzlich auch in jede andere Klinik gehen, insbesondere zu den Kinderärzten der Parkway Health Medical Centers (s. o.).

复旦大学附属儿科医院,
万源路399号, 近顾戴路
- **346** Children's Hospital of Fudan University, 399 Wanyuan Lu, Tel. 64931121, http://ch.shmu.edu.cn/eng.asp

上海儿童医学中心, 东方路1678号
- **347** [fj] Shanghai Children's Medical Centre, 1678 Dongfang Lu, Pudong, Tel. 38626161, www.scmc.com.cn/english

Augenärzte

瑞视眼科, 黄浦区西藏南路758号,
金开利广场2-3楼 (建国新路口)
- **348** [I5] New Vision Eye Clinic: International Patient Services, 3/F Jin Kai Li Square, 758 Xizang Nanlu, Tel. 64377445, www.rjeye.co

◁ *In der Hu-Qingyu-Apotheke (Hu Qingyu Tang) in Hangzhou* **80**

上海爱尔眼科医院, 虹桥路1286号,
近宋园路
- **349** [ai] Shanghai Aier Eye Hospital, 1286 Hongqiao Lu, Songyuan Lu, Tel. 32519930, http://aier021.com/en, Di.–Sa. 8.30–17.30 Uhr

Traditionelle chinesische Medizin

Die traditionelle Medizin ist schon mehrere Tausend Jahre alt. Sie beinhaltet u. a. Kräuterheilkunde, Akupunktur und Massagen.

身心佳中医门诊部, 西藏南路760号,
(建国新路1号), 安基大厦14楼5室
- **350** [I5] Body & Soul, The TCM Clinic, 14/F, An Ji Plaza, 760 Xizang Nanlu, 1 Jianguo Xin Lu, Tel. 51019262, www.tcm-shanghai.com. Bei der deutschen Doris Rathgeber kann man sich in allen Fragen der Traditionellen Chinesischen Medizin beraten lassen.

上海市中医医院, 芷江中路274号
- **351** [dg] Shanghai Chinese Medical Hospital, 274 Zhijiang Zhonglu, http://szy.sh.cn, Tel. 56639828, 7–11 Uhr u. 12.30–16.30 Uhr

上海中医药大学附属岳阳
中西结合医院, 青海路44号
- **352** [G1] Shanghai Yue-yang Integrated Medicine Hospital, 44 Qinghai Lu, Tel. 52288651, www.yymyc.com

Rückholdienst

Beim Abschluss einer Auslandskrankenversicherung sollte man unbedingt darauf achten, dass die Kosten für einen Rücktransport übernommen werden (siehe „Versicherungen"). Im Ernstfall muss ein Arzt vor Ort feststellen, ob die Evakuierung des Patienten notwendig ist und entscheiden, ob der Transport in einer Linienmaschine oder in einem Notarztflugzeug zu erfolgen hat. Ein solcher Transport kann sehr teuer werden. Wer z. B. nach Hongkong ausgeflogen oder in sein Heimatland transportiert werden muss, kann sich in Shanghai z. B. an SOS wenden, die den Transport organisieren:

> **International SOS – Shanghai Representative Office**, Unit E–G, 22 /F, Sun Tong Infoport Plaza, 55 Huaihai Xilu, Huashan Lu, Tel. 62959951, 52989538, Fax 52989096. 24-Stunden-Alarm-Centre: Tel. 62950099, www.internationalsos.com

Notfälle

Bei Unfällen kann man über die **Notrufnummer Tel. 120** eine Notfallzentrale erreichen. Leider gibt es dort immer noch aufgrund fehlender Sprachkenntnisse **Verständigungsschwierigkeiten.** Wenn möglich, sollte man daher einen Englisch sprechenden Chinesen um Hilfe bitten.

Unbedingt angeben muss man die **exakte Adresse auf Chinesisch** und falls möglich die Anzahl der verletzten Personen und die Art der Verletzung(en). Danach wird entschieden, ob ein Krankenwagen zum Transport oder ein Rettungswagen mit ärztlicher Hilfe zum Unfallort geschickt wird.

Obwohl die Notrufzentrale recht gut organisiert ist, sollte man nicht immer auf schnelle Hilfe hoffen. Auch Kranken- und Rettungswagen werden in der Regel nicht anders behandelt als andere Verkehrsteilnehmer und ebenso wenig durchgelassen. Gerade zur Rushhour kann es schon einmal sehr lange dauern, bis Hilfe eintrifft. Westliche Ausländer bringt man in das **nächstgelegene Krankenhaus mit einer Ausländerabteilung.** Wichtig ist, dass man seinen **Reisepass und etwas Bargeld** dabei hat, denn in den Kliniken wird fast ausnahmslos Bargeld akzeptiert. Zusätzlich zu den Behandlungskosten sind 110 ¥ für einen Kranken- bzw. 160 ¥ für einen Rettungswagen bar zu zahlen.

Geldbeschaffung

Im monetären Notfall kann man sich nach Shanghai über das Unternehmen **Western Union** aus Deutschland, Österreich und der Schweiz schnell Geld von Verwandten, Freunden oder Bekannten überweisen lassen.

Die Abwicklung einer Überweisung dauert nur wenige Minuten, wenn das Geld bei einer Western-Union-Agentur im Heimatland eingezahlt wird. (Die Standorte der Western-Union-Agenturen in Deutschland sind unter www.reisebank.de in Erfahrung zu bringen.) Nach der Einzahlung des Geldes erhält der Geldabsender eine Bestätigungsnummer (MTCN), die er dem Geldempfänger mitteilen muss. Dieser geht anschließend mit seinem Ausweis und der MTCN zu der nächstgelegenen Western-Union-Agentur und kann dann das Geld in bar abholen. Western-Union-Agenturen in Shanghai:

邮政支局,
淮海中路1337号
✉ **353** [D4] **China Post**,
  1337 Huaihai Zhonglu, Tel. 64374071

邮政支局, 思南路7号
✉ **354** [G4] **China Post**,
  7 Sinan Road, Tel. 63848398

In Filialen der Agricultural Bank of China ist es ebenfalls möglich, das überwiesene Geld zu bekommen. Weitere Informationen findet man unter:
› www.westernunion.com

Kartensperrung

Bei Verlust oder Diebstahl einer **Kredit-, Maestro-(EC-) oder SIM-Karte** (Mobiltelefon) sollte man diese umgehend per Anruf beim **zentralen Sperr-Notruf** unter **Tel. 0049 116116** (aus dem Ausland gebührenpflichtig) sperren lassen (www.sperrnotruf.de). Bis dato sind nur von Postbank und Karstadt-Quelle-Bank ausgegebene Karten nicht eingeschlossen (Infos: www.kartensicherheit.de). Ansonsten sind die Notrufnummern meist auf der Rückseite von Karten vermerkt und man sollte sich diese vorab notieren. Leider gilt dieser zentrale Notruf nur für Deutschland. Für **österreichische und Schweizer Karten** gelten folgende Nummern:
› Maestro-(EC-)Karte, (A) Tel. 0043 1 2048800; (CH) Tel. 0041 44 2712230, UBS: 0041 800 888601, Credit Suisse: 0041 800 800488
› MasterCard/VISA, (A) Tel. 0043 1 717014500 (MasterCard) bzw. Tel. 0043 1 71111770 (VISA); (CH) Tel. 0041 58 9588383 für alle Banken außer Credit Suisse, Corner Bank Lugano und UBS
› American Express, (A) Tel. 0049 69 97971000; (CH) Tel. 0041 44 6596333
› Diners Club, (A) Tel. 0043 1 5013514; (CH) Tel. 0041 44 8354545

Reisende mit Sprach- oder Hörproblemen können Karten unter der Sperrnummer 0049 116116 **per Fax** sperren lassen, Vorlagen gibt es unter www.sperr-notruf.de.

Passverlust

Hat man seinen Reisepass verloren, kann das jeweilige Generalkonsulat (s. S. 279) einen Reiseausweis als **Passersatz zur Rückreise** oder einen **vorläufigen Reisepass** ausstellen. Will man seine Reise durch China fortsetzen, muss man sich einen vorläufigen Reisepass ausstellen lassen. Dazu ist eine Ermächtigung der deutschen Passbehörde nötig.

Vor Beantragung des Ersatzpasses muss bei der chinesischen Ausländerpolizei eine **Verlust- bzw. Diebstahlsanzeige** (chinesisch und englisch) beantragt werden. Mit Anzeige und zwei Passfotos kann der Reiseausweis als Passersatz bzw. ein neuer Reisepass beantragt werden. Mit den neuen Ausweispapieren und dem Original der Verlustanzeige muss man noch einmal zur Ausländerpolizei, um ein neues Visum zu beantragen.

上海市出入境管理局, 民生路1500号
●355 **Amt für Aus- und Einreiseangelegenheiten**, 1500 Mingsheng Lu, Tel. 68541199, 68547109, 28951900, Öffnungszeiten: 9–17 Uhr, 24-Stunden-Bereitschaftsdienst (nur chinesisch): 68547110, Metro: Linie 2, Science and Technology Museum

Diebstahl

Im Falle eines Diebstahls sollte man unbedingt **sofort zur Polizei gehen,** um den Diebstahl anzuzeigen. Dies ist auch wichtig, um Ansprüche gegenüber Reisegepäckversicherungen geltend machen zu können. Die **Ausländerpolizei,** in der die meisten Beamten Englisch sprechen, befindet sich in der 333 Wusong Lu, Ecke Kunshan Lu, Tel. 63576666.

Öffnungszeiten

In China gibt es **kein Ladenschlussgesetz** und die **Öffnungszeiten differieren erheblich**. Behörden und Banken sind in der Regel Mo.–Fr. 8.30–12 Uhr und 14–17 Uhr geöffnet, einige größere Filialen der Bank of China auch am Samstag und an Feiertagen 9–13 Uhr. Kaufhäuser und Einkaufszentren öffnen üblicherweise täglich 10–22 Uhr, viele kleinere Supermärkte sind 24 Stunden täglich geöffnet und man kann sich dementsprechend auch nachts noch mit dem Notwendigsten versorgen. Folgende allgemeine Richtwerte sollen die zeitliche Orientierung vor Ort erleichtern:

> **Banken:** Mo.–Fr. 9–12 u. 14–17 Uhr, Sa. 8–11.30 Uhr
> **Behörden:** Mo.–Fr. 8–12 u. 13–17 Uhr
> **Geschäfte:** Mo.–Fr. 8–20 Uhr
> **Parks:** 7–20 Uhr
> **Post:** Mo.–Fr. 8–19 Uhr, Sa. 8–14 Uhr
> **Restaurants:** 10–24 Uhr
> **Sehenswürdigkeiten:** 9–16 Uhr

Post

Das **Hauptpostamt** mit Englisch sprechendem Personal liegt in der Suzhou Beilu (s. u.). Weitere Postämter liegen am Hauptbahnhof, am Shanghai Stadium, an der Huaihai Lu sowie im Shanghai Centre an der Nanjing Xilu.

Das **Porto** für Luftpostbriefe bis 20 g nach Europa beträgt 6 ¥, weitere 10 g jeweils 1,80 ¥, für Postkarten 4,50 ¥. Pakete sollte man unverschlossen zum Postamt bringen, denn häufig wird der Inhalt von den Postbeamten inspiziert. Päckchen bis 500 g nach Europa kosten 475 ¥. Post nach Europa benötigt etwa eine Woche. Briefmarken sind auch in Hotels erhältlich, dort können zudem Postkarten und Briefe aufgegeben werden, die zuverlässig weitergeleitet werden.

上海市邮政局, 苏州北路276号
✉ 356 [eh] **Shanghai Post Bureau**,
276 Suzhou Beilu, Tel. 63936666

上海体育场邮政支局, 天钥桥路855号
✉ 357 [bj] **Shanghai Stadium Post Office**,
855 Tianyaoqiao Lu

淮海中路邮政支局, 淮海中路1337号
✉ 358 [D4] **Huaihai Zhonglu Post Office**,
1337 Huaihai Zhonglu

Radfahren

Zum Thema Radfahren in Shanghai oder in chinesischen Großstädten im Allgemeinen gibt es unter westlichen Reisenden und Expats völlig unterschiedliche Meinungen. Wenn man Grundlegendes beachtet, werden auch längere Touren mit dem Drahtesel in Shanghai oder Peripherie ein Vergnügen.

Akzeptable Fahrräder bekommt man in einigen Fachgeschäften oder in den entsprechenden Abteilungen der großen Supermärkte wie Carrefour. Die Fertigungsqualität ist mit jener in Euro-

> **KURZ & KNAPP**
>
> **Compounds**
> Größere, nach außen hin abgeschirmte Wohnanlagen, die aus mehreren bis zahlreichen (Hoch-)Häusern und einem gesicherten Eingangsbereich bzw. einer gesicherten Einfahrt bestehen.

pa nicht zu vergleichen, dafür bekommt man **für wenig Geld ein Fortbewegungsmittel** und kann sich unabhängig in der Stadt bewegen. Die billigsten Fahrräder kosten in Shanghai 150 ¥, in ein brauchbares Bike mit Gangschaltung sollte man jedoch 350–450 ¥ investieren. Leider gibt es nur wenige Möglichkeiten – abgesehen von den Luxushotels –, um sich Fahrräder zu mieten.

Ist man erst einmal in Besitz eines Drahtesels, ob gemietet oder gekauft, kann es losgehen. Wichtig: Bremsen und Klingel müssen einwandfrei funktionieren! **Für kürzere Strecken** ist das Rad bei den chronischen Staus in der Stadt eine wirkliche Alternative, insbesondere für kleine Besorgungen. Wer in Shanghai in einem der Compounds am Stadtrand lebt, kann sogar längere Ausflüge in die Umgebung unternehmen.

Fährt man **passiv, langsam und vorausschauend**, kann eigentlich auch im Stadtzentrum nicht viel passieren. Man sollte aber jederzeit auf rechtsabbiegende Autos, Fußgänger und auch offene Kanaldeckel achten sowie viel befahrene Hauptverkehrsstraßen meiden.

Ein weiteres Problem ist, dass viele Straßen für Radfahrer eigentlich gesperrt sind. Die örtliche Polizei ahndet Vergehen bei Touristen oder westlichen Ausländern jedoch aufgrund der Verständigungsschwierigkeiten in den seltensten Fällen. Ob man nun die Unwägbarkeiten des Radfahrens in Shanghai auf sich nimmt oder nicht, sollte jeder für sich selbst entscheiden. Kindern ist davon dringend abzuraten und ein **Fahrradhelm** ist zur eigenen Sicherheit Pflicht.

Klappräder sind zurzeit der Renner in Shanghai. Sie passen in jedes Taxi, in Bus oder Bahn – hat man sein Ziel erreicht, radelt man einfach weiter. Solche Räder gibt es mittlerweile sogar mit Gangschaltung und Trommelbremsen für deutlich weniger als 1500 ¥. Ebenso populär und inzwischen auch mit Doppelsitzbank erhältlich sind **Elektroräder**. Für diese batteriebetriebenen, absolut geräusch- und geruchlosen Mofas benötigt man nicht einmal einen Führerschein. Brauchbare Räder kosten zwischen 1500 und 3000 ¥ und haben eine durchschnittliche Reichweite von 50 km. Fällt die Batterie einmal aus, so kann man die Elektroräder wie ein normales Fahrrad mit Pedalen bewegen. Für längere Strecken sind diese Modelle aufgrund ihres hohen Gewichts allerdings nicht zu empfehlen.

Wer sein Rad längere Zeit (besonders nachts) draußen stehen lassen muss, sollte es unbedingt **sicher an einen Pfosten anketten.** Fahrräder verschwinden hier noch schneller als Dumplings in den Mündern hungriger Restaurantgäste.

◿ *Mit dem Drahtesel unterwegs*

Schwule und Lesben

Bis 2001 galt Homosexualität im Reich der Mitte noch als Geisteskrankheit, nun **beginnt das Tabu zu bröckeln.** Chinas sexuelle Revolution erreicht die Hochschulen: Die Fudan-Universität Shanghai startet den ersten Kurs über schwule Kultur, das Interesse ist enorm. Seit 1997 ist Analverkehr zwischen Männern nicht mehr strafbar.

Zuvor waren Homosexuelle **als Symbolfiguren des dekadenten Westens** nach der kommunistischen Revolution, die im Jahr 1949 stattfand, **rücksichtslos verfolgt** worden.

Heute gibt es einige **Szenetreffs**, in denen aber auch Heterosexuelle willkommen sind.

嘉侬咖啡厅, 淮海中路1877号
❼**359** [B4] **Eddy's Bar**, 1877 Huaihai Zhonglu, Tel. 62820521, 19–2 Uhr. Eine der ersten und bekanntesten Gay-Bars in Shanghai. Preiswerte Getränke und gute Stimmung. Hier trifft man garantiert nette Gleichgesinnte.

淮海中路1950弄4号楼, 近武康路
❼**360** [B4] **Shanghai Studio**, Bldg. 4, 1950 Huaihai Zhonglu, Tel. 62831043, www.shanghai-studio.com, tgl. ab 21 Uhr. Immer noch schwer angesagter Szenetreff mit drei Bars, Tanzfläche, regelmäßigen Themenabenden und Shows in einem ehemaligen Luftschutzbunker.

Aktuelle Informationen zur Szene in Shanghai findet man unter den folgenden Websites:
› www.utopia-asia.com/chinshan.com
› www.gaychina.com
› www.gopinkchina.com

Sicherheit

Shanghai und auch die Städte Hangzhou und Suzhou sind – wie eigentlich ganz China – ein **sicheres Reiseziel.** Auch alleinreisende Frauen können sich in der Megacity Shanghai zu jeder Tages- und Nachtzeit sicher bewegen. Touristen finden sich lediglich wie in jedem anderen Urlaubsziel auch kleineren Gaunereien ausgesetzt. Man sollte die **üblichen Vorsichtsmaßnahmen** beachten: Wertsachen, Tickets und Papiere sollte man immer gegen Quittung im Safe der Hotelrezeption deponieren. Zudem sollte man auf Taschendiebe achtgeben (keine Geldbeutel in die hintere Hosentasche!), dies gilt insbesondere für touristische Zentren, Märkte, überfüllte Busse, die U-Bahn sowie belebte Plätze und Straßen. In der Gegend um den Hauptbahnhof ist es in letzter Zeit häufiger zu Diebstählen auch an Touristen gekommen. Nachts sollte man dieses Viertel daher meiden.

Besonders aufmerksam sollte der Besucher im **Straßenverkehr** sein. Auch auf Gehwegen ist man vor Fahrrädern und Motorrollern nicht sicher. Beim Überqueren von Straßen auch an grünen Ampeln sollte man sich vergewissern, ob sich nicht doch noch ein Taxi oder anderes Fahrzeug vordrängelt. Das **Betteln** ist eines der auffälligsten sozialen Probleme in Shanghai. Viele Kinder, Behinderte und Musikanten beschaffen sich auf diese Weise ihren Lebensunterhalt. Des Nachts sind sie in den Vergnügungsvierteln besonders aktiv, Bettler sind dann deutlich aggressiver als normalerweise. Sie halten Passanten sogar manchmal fest, um ein Almosen zu erhalten. Ob man etwas geben will, sollte jeder für sich selbst entscheiden.

In Shanghai besteht die Gefahr, auf nächtlichen Touren in Spelunken ausgenommen zu werden. Wird man auf der Straße von **vermeintlich günstigen Angeboten** gelockt, sollte man daher stets vorsichtig sein und im Zweifelsfall dankend ablehnen. In der Fußgängerzone der Nanjing Donglu wird man außerdem häufig von angeblichen Sprachstudenten angesprochen. Einer Bitte zu einer Einladung auf einen Kaffee in ein spezielles Restaurant folgt dann später oftmals eine überhöhte Rechnung, die man zu begleichen hat, sofern man Ärger vermeiden möchte.

Auch **Prostitution** ist in Shanghai trotz hoher Strafen ein alltägliches Phänomen. In vielen Barstraßen oder vor Diskotheken ist es für alleinreisende Männer häufig schwierig, ohne Damenbegleitung in ein Taxi zu steigen. Man sollte dann resolut auftreten oder versuchen, das Taxi zu wechseln. Diebstähle sind auch in diesem Geschäft an der Tagesordnung.

Sport und Erholung

Sportliche Naturen kommen in Shanghai nicht zu kurz. Chinesen sind begeisterte Sportler und das Angebot ist dementsprechend groß. Am einfachsten und preiswertesten ist der morgendliche Lauf durch einen der zahlreichen Parks. Hier trifft man dann auch garantiert Einheimische, die das Gleiche tun oder sich mit Tai-Chi, Gymnastik und anderen Aktivitäten beschäftigen. Aber auch für alle anderen Sport- und Erholungsmöglichkeiten hat man in der Stadt genügend Möglichkeiten. Hier eine kleine Auswahl:

Bowling

In Shanghai gibt es mehr als 2000 Bowlingbahnen, viele findet man in den Hotels oder Shoppingmalls. Abhängig von der Tageszeit liegen die Preise zwischen 10 und 20 ¥ pro Spiel, Schuhe können gemietet werden.

高点保龄球馆, 东江湾路456号
S361 **Shanghai High Point Bowling Alley**, 456 Dongjiangwan Lu, www.sh-hipoint.com, Tel. 56711111, Mo.–Fr. 10–3 Uhr, Sa.–So. 9–3 Uhr

青松城大酒店, 东安路8号2楼,
近肇嘉浜路
S362 [C6] **Pine City Hotel**, 8 Dongan Lu, Tel. 64433888, tgl. 8–1 Uhr

Fahrradfahren

上海自行车俱乐部,
中山北路2918号2号楼2308室
S363 [bg] **Bohdi Adventures**, Rm. 2308, Bldg. 2, 2918 Zhongshan Beilu, Tel. 52669013, www.bohdi.com.cn. Der Veranstalter organisiert an Sonntagen Fahrradtouren durch Shanghai, mit Fahrradverleih.

› **China Cycle Tours**, Tel. 13761115050 (Shanghai), 0512 62726507 (Suzhou), www.chinacycletours.com. Geführte Radtouren durch Shanghai, Suzhou und zu weiteren Zielen in der Umgebung.

Fußball

Auch Freunde des runden Leders müssen in Shanghai nicht auf ihren Lieblingssport verzichten und bleiben mit Shanghai Shenhua immer am Ball. Denn **Shanghai Shenhua** ist der bekannteste und erfolgreichste Klub in Shanghai und gewann 1995 und 2003 die chinesische Meisterschaft in der damals höchsten Spielklasse (Jia A). 2004 wurde die **Chinese Super League (CSL)** als neue oberste Liga gegründet. Die beste Saison in der CSL hatte Shanghai Shenhua 2005. In diesem Jahr holte der Verein den Vizemeistertitel. Der Verein wurde 1994 gegründet und ist seit Bestehen der ersten Liga vor elf Jahren einer der erfolgreichsten Vereine Chinas. Shanghai Shenhua führt eine Partnerschaft mit Manchester United und pflegt seit März 2005 eine **freundschaftliche Kooperation mit dem Hamburger SV**. Der ehemalige HSV-Spieler Jörg Albertz spielte von 2003 bis 2004 bei Shanghai Shenhua als erster deutscher Profifußballer in einer chinesischen Mannschaft. Der Klub war 2006 zudem Arbeitgeber des Ex-Nationalspielers Carsten Jancker, der nach seiner Ausmusterung beim 1. FC Kaiserslautern einen Kontrakt für ein Jahr unterschrieb. Heimat des Vereins ist das Hongkou Soccer Stadium westlich des Lu Xun Parks.

- **364 Ticketsshop Shenhua FC,** 2600 Hunan Lu, Pudong, www.shenhuafc.com.cn/en, Tel. 58128877

Einige Gruppenspiele der **olympischen Fußballwettbewerbe 2008** fanden in Shanghai statt: neun Vorrundenspiele, (sechs Spiele der Männer und drei Spiele der Frauen) begeisterten Tausende von Chinesen und ausländische Fußballfans.

虹口足球场, 东江湾路444号,
近花园路, 地铁3号, 线虹口足球场站
- **365 Hongkou Soccer Stadium,** 444 Dongjiangwan Lu, Huayuan Lu, Tel. 65400009, Metro: Line 3 und 8 bis Station „Hongkou Football Stadium"

Wer in Shanghai auch gerne selber Fußball spielen möchte, kann sich an die Klubs des **Malone's American Café** oder **Big Bamboo** wenden. Die Teams spielen in der Shanghai International Football League (SIFL). Informationen auf www.eteamz.com/sifl.

Golf

上海滨海高尔夫球场,
浦东南汇区滨海旅游度假区
- **S366 Shanghai Binhai Golf,** Binhai Resort, Nanhui County, Pudong, Tel. 38001888, www.binhaigolf.com

上海高尔夫俱乐部,
嘉定区嘉行公路3765号
- **S367 Shanghai Golf Club,** Shuang Tang Village, Jiading District, 3765 Jiahanggong Lu, www.s-gc.com.cn, Tel. 59950111

国际高尔夫球乡村俱乐部,
朱家角镇盈朱路961号
- **S368 Shanghai International Golf Country Club,** 961 Zhujiajiao, Tel. 59728111, www.shanghaicountryclub.com.cn/english

上海虹桥高尔夫俱乐部, 虹许路555号
- **S369 Hongqiao Golf Club,** 555 Hongxu Lu, Tel. 64215522, 18917344022, www.happygolf.com.cn

Gyms – Fitnessstudios

嘉里健身中心, 上海嘉里中心2楼,
南京西路1515号
- **S370 [E2] Kerry Centre Gym,** 2/F, 1515 Nanjing Xilu, Shanghai Kerry Centre, Tel. 62794625, 6–23 Uhr. Pool, Tennisplätze, Kletterwand, Aerobic, Yoga, Tai-Chi und Spa. Die Mitgliedsbeiträge betragen 4000/7000/13.000 ¥ für 3/6/12 Monate.

波特曼健身中心，南京西路1376号7楼
S371 [E1] Portman Ritz-Carlton Fitness Centre, 7/F, 1376 Nanjing Xilu, Tel. 62798888. Gym mit Vollausstattung: Kraftraum, Squash-Courts, Aerobicstudio, Hallen- und Freibad.

Kartbahnen

迪士卡赛车馆，枣阳路809号，
近光复西路
S372 [ag] DISC KART Indoor Karting, 809 Zaoyang Lu, Tel. 62222880, 62857778, www.kartingchina.com, 13–1 Uhr, 80 ¥ für 8 Minuten

上海国际卡丁车世界，伊宁路2000号
S373 Shanghai International Circuit Kart World, 2000 Yining Lu, Tel. 69569717, 69569764, 150 ¥ für 8 Minuten.

Laufen

Wer gerne läuft und in netter Gesellschaft ist, sollte sich einmal bei einer der **Laufvereinigungen** wie den Hash House Harriers umsehen. Diese international bekannte Lauf- und Gehvereinigung der „Trinker mit einem Laufproblem" veranstaltet jeden Sonntag Läufe in Shanghai oder der Umgebung. Ebenso wichtig wie das Laufen ist die soziale Komponente und so treffen sich die Hobbysportler nach jedem Lauf für gewöhnlich auf ein oder mehrere Getränke in einer Bar.

› **Shanghai Hash House Harriers**, www.shanghai-h3.com
› **Drunken Dragon Hash House Harriers**, 1376 Nanjing Xilu, www.drunkendragonhhh.com
› **Pudong Full Moon Hash**, Tel. 13918533716, https://groups.yahoo.com/neo/groups/Pudongfullmoonhash/info. Veranstaltet einmal im Monat an einem Mittwoch zum Vollmond Läufe durch das nächtliche Pudong.

Massage

In Shanghai kann man nach einem harten Arbeitstag oder nach den Mühen des Sightseeings in Massagezentren bei einer Gesundheitsmassage herrlich entspannen. Oftmals werden diese Salons von blinden Masseuren betrieben. Der Grund hierfür: Auf diese Weise kann sich auch die Damenwelt unbesorgt vor „lüsternen Blicken" einfach nur verwöhnen lassen.

Es gibt spezielle Zentren, in denen ausschließlich Fußmassagen und Fußpflegen angeboten werden. Bei normalen Friseuren wird oftmals eine sehr wohltuende Kopf- und Rückenmassage gleich mit angeboten, die einen Friseurbesuch zu einer echten Entspannung werden lassen. Angebote in kleineren Friseursalons in der Nähe größerer Hotels sind allerdings häufig unseriös.

悠庭保健会所，新乐路206号
●374 [E3] **Dragonfly**, 206 Xinle, www.dragonfly.net.cn, Tel. 54039982

青专业按摩，太仓路58号
●375 [I4] **Green Massage**, 58 Taicang Lu, www.greenmassage.com.cn, Tel. 53860222, traditionelle chinesische Massagen für 148 ¥ (45 Minuten), tgl. 10.30–2 Uhr

上海希尔顿酒店健体中心，
上海希尔顿酒店4楼，华山路250号
●376 [D2] **The Spa of the Hilton**, 4/F, The Hilton Shanghai, 250 Huashan Lu, Tel. 6248 0000, www.hilton.de. Großes Angebot an hervorragenden Gesichts-, Körper- und Ölmassagen sowie Sauna und Dampfbad.

Sport und Erholung

Motorsport

Motorsport hat in China keine lange Tradition. 2004 fand zum ersten Mal der **Große Preis von China der Formel 1** in Anting, 30 km nordwestlich von Shanghai, statt. Der **Shanghai International Circuit** wurde in weniger als 18 Monaten auf künstlichen Hügeln in einem ehemaligen Sumpfgebiet errichtet und bietet ca. 200.000 Zuschauern Platz. Die Gesamtkosten für die Rennstrecke betrugen 245 Millionen Euro. Shanghai hat einen Formel-1-Vertrag bis zum Jahr 2010 erhalten.

Der **Streckenverlauf** ist an die Form des chinesischen Schriftzeichens „shang" angelehnt, das übersetzt „hoch oben" bedeutet. Die längste Gerade befindet sich zwischen den Kurven 13 und 14. Dort können die Fahrer über 1,3 Kilometer lang Vollgas geben und erreichen dabei eine Höchstgeschwindigkeit von über 330 km/h. Tickets gibt es über die Internetseite der Rennstrecke:
› www.icsh.sh.cn

Auch Freunde des Motorradsports kommen in Shanghai auf ihre Kosten. Der **Moto GP Shanghai** wird ebenfalls auf dieser Rennstrecke ausgetragen. Informationen zum Moto GP gibt es auf
› www.motograndprix.de

嘉定区上海国际赛车场, 伊宁路2000号
- **377 F1 Shanghai Circuit**,
  2000 Yining Lu, Jiading

Schwimmen

Alle größeren Hotels haben auch ein Schwimmbad, das man, auch wenn man dort nicht residiert, gegen eine Gebühr benutzen kann. Der Eintrittspreis ist allerdings häufig recht hoch und das Schwimmbecken dafür oft eher klein. In den folgenden Bädern können Wasserratten ausgedehnt ihre Runden ziehen:

名都城酒店公寓, 虹许路788号
- S378 **Mandarine City**, Mindu Jiudian Gongyu, 788 Hongxu Lu, Tel. 64050404, Fax 64011302. Den riesigen Outdoorpool mit Bar und Liegen können auch Nichtbewohner des Compounds gegen eine Gebühr von 100 ¥ nutzen. Besonders in den heißen Sommermonaten bietet sich hier die Gelegenheit für eine eine willkommene Abkühlung.

浦东游泳馆, 浦东南路3669号
- S379 [ej] **Pudong Swimming Pool**,
  3669 Pudong Nanlu, Tel. 58890101

上海游泳馆, 中山南二路1300
- S380 [bj] **Shanghai Swimming Pool**,
  1300 Zhongshan Nan Er Lu,
  Tel. 64386902, www.shswim.com

Tai-Chi

富豪环球东亚酒店, 衡山路516号
- S381 [C5] **Regal Int'l East Asia Hotel**,
  516 Hengshan Lu, Tel. 64155588. Wöchentlich stattfindende Tai-Chi-Kurse für Anfänger und Fortgeschrittene.

武易馆, 兴国路372弄21号1楼, 近淮海中路
- S382 [B4] **Wu Yi Guan**, 1/F, No.21, Lane 372 Xingguo Lu, Huaihai Zhonglu, Tel. 62810783. Einer der ersten Tai-Chi-Klubs in Shanghai mit erfahrenen Ausbildern, liegt in sehr ruhiger Umgebung.

› *Beliebter Volkssport: Tai-Chi*

Yoga

卡玛生活瑜伽会所（老西门店），
西藏南路758号B座2楼
S383 [I5] **Karma Life Yoga Center**
(Laoximen Branch), 2F, 758 Xizang Nanlu,
www.karmayoga.com.cn, Tel. 53210688,
18016002407. Etabliertes und beliebtes Yoga-Zentrum mit unzähligen Kursen (Ashtanga, Hatha, Privatunterricht) in englischer Sprache. Ein weiteres Zentrum befindet sich in Pudong an der 160 Pucheng Lu (Tel. 58824388).

灵量瑜迦，江宁路495号15A08室，
近康定路
S384 [ch] **Kundalini Yoga Asia**, Rm. 15A08,
495 Jiangning Lu, Kangding Lu,
Tel. 13817758665, 4006212580,
www.haree.net

大唐瑜珈，愚园路546号10号楼309室
S385 [C1] **Yoga Shala Shanghai,** Rm. 309,
Bldg. 10, 546 Yuyuan Lu, www.drishtiyo
gach.com, Tel. 13917866484. Kurse in Ashtanga und Hatha Yoga, mit Garten im Hinterhof.

Sprache

In China gibt es **mehrere Dialekte.** Das **Hochchinesisch (Mandarin)** ist die offizielle Sprache in der Volksrepublik China und mit mehr als einer Milliarde Sprechern die meistgesprochene Sprache weltweit. Die Dialekte im Land sind so unterschiedlich, dass eine Kommunikation zwischen einem Sprecher des Mandarin und einem des Kantonesischen sehr schwierig bis fast unmöglich ist.

Spiel- oder Fernsehfilme werden daher mit chinesischen **Schriftzeichen** untertitelt, die im ganzen Land unabhängig vom Dialekt verstanden werden. Im Alltag kommen Chinesen mit 6000 Schriftzeichen schon relativ gut zurecht. In der Volksrepublik China werden die vereinfachten *(simplified chinese),* in Hongkong und Taiwan die traditionellen *(traditional chinese)* Schriftzeichen verwendet, wobei eine Silbe immer einem Schriftzeichen entspricht. Im Mandarin ist jeweils einer der vier sogenannten **Tonfälle** ausschlaggebend für die Identität der Silbe oder des Wortes. Shanghai hat seinen eigenen Dialekt der chinesischen Sprache Wu, der im Gegensatz zum Mandarin nur zwei ausgeprägte Töne besitzt. Es gibt im **Shanghaier Dialekt** zahlreiche Begriffe insbesondere aus der Wirtschafts- oder der Finanzwelt, die im Mandarin nicht existieren.

Für ausländische Reisende ist es selbst im westlich geprägten Shanghai mühsam, die Stadt ohne chinesische Sprachkenntnisse auf eigene Faust zu erkunden. In gehobenen Hotels, Restaurants und in den von Ausländern frequentierten Vergnügungsvierteln wird in der Regel Englisch gesprochen und verstanden. Spätestens im Taxi ist man aber auf chinesische Sprachkenntnisse oder andere Hilfsmittel angewiesen. Kaum ein Taxifahrer spricht mehr Englisch als „Hello" oder „Where are you going?". Nach der Antwort auf Englisch wird man normalerweise nur noch mit verständnislose, fragende Blicke stoßen. Man sollte sich daher einen guten **Sprachführer zulegen** und sich seine Fahrziele immer im Hotel oder von einem chinesischen Bekannten **in chinesischen Schriftzeichen aufschreiben lassen**. Bewährt hat sich auch das Sammeln von Visitenkarten der Restaurants oder Sehenswürdigkeiten, die man bereits besucht hat. So findet man zumindest immer wieder dorthin zurück und kann weitere Unternehmungen von dort aus starten.

Busfahrpläne und auch die Beschriftung von Tafeln an den Haltestellen sind nicht auf Englisch verfasst. Zumindest sind aber Straßennamen, Sehenswürdigkeiten und die Haltestellen der Metro fast immer auch in Pinyin, der phonetischen Umschrift auf der Basis des lateinischen Alphabets, ausgeschildert. Die Haltestellen der Metro werden zudem auf Englisch angesagt.

Sprachkurse in Shanghai

儒森对外汉语学校,
延安西路1358号迎龙大厦3楼
●386 [bh] **Mandarin Garden**, 3/F No. 1358 Yan'an Xilu, Tel. 4006002922, 52589881, Mo.–Fr. 9–18 Uhr, www.mandaringarden.org

美和汉语(人民广场学习中心),
汉口路650号12楼, 近西藏中路
●387 [J2] **Mandarin House**, 12/F, Asia Mansion, 650 Hankou Lu, www.mandarinhouse.com, Tel. 61371987, Mo.–Fr. 9–18 Uhr. Eine der besten Sprachschulen in Shanghai. Die Schule bietet Chinesischkurse in Kleingruppen mit professionellen Lehrern und Unterrichtsmaterialien. Ein Kurs bei Mandarin House ist viel mehr als ein einfacher Sprachunterricht, es ist ein internationaler und interkultureller Austausch sowie eine gute Gelegenheit, die eigenen Sprachkenntnisse zu erweitern.

Chinesisch im Internet

> www.mandarintools.com – Neben einem englisch-chinesischen Wörterbuch findet sich auf dieser Seite eine ganze Reihe nützlicher Hilfsmittel rund um die chinesische Hochsprache.
> www.zapchinese.com – Die Website beherbergt einen Online-Sprachkurs für Einsteiger mit den wichtigsten Redewendungen und Vokabeln als Audiodateien zum Nachsprechen.
> http://www.leo.org und
> www.chinalink.de/sprache – Wörterbücher Deutsch – Chinesisch

Stadttouren

Stadttouren und Gruppenreisen in die Umgebung Shanghais lassen sich in den meisten Hotels organisieren und buchen. Dort bekommt man auch Tickets für abendliche Unterhaltungen wie Akrobatenshows, die Peace Hotel Jazz Bar oder Bootsfahrten auf dem Huangpu. Überwiegend werden Touren von China International Travel Service (CITS) angeboten (siehe „Informationsquellen", www.cits.net/china-tours/city). Hier lassen sich auch **individuelle Touren mit Guide, Auto und Fahrer** buchen, die in den Hotels nicht angeboten werden.

Hat man eher wenig Zeit, sind organisierte **Gruppentouren** sehr angenehm, gut organisiert und preiswerter als individuell gebuchte Ausflüge. Gruppenausflüge kosten zwischen 400 und 600 ¥ pro Teilnehmer. Leider hat man auf diesen Gruppenreisen häufig wenig Zeit, um sich die Hauptsehenswürdigkeiten in Ruhe anzusehen, und man ist oft in sehr großen Gruppen unterwegs. Die Erklärungen zu den Zielen werden zum Großteil bereits auf der Busfahrt gegeben.

❶ 388 [E1] **Jin Jiang City Tours Center,** 191 Changle Lu, Tel. 64720354, Fax 64720184. Das Unternehmen organisiert Bustouren durch Shanghai mit Englisch sprechender Reiseleitung und Lunch für 400 ¥. Die Touren beinhalten touristisch interessante Ziele wie den Jade Buddha Tempel, Yu Yuan, Xintiandi, das Shanghai Museum, den Bund und einen kurzen Ausflug nach Pudong. Jin Jiang bietet auch Tagestouren nach Suzhou und Zhouzhuang (650 ¥) und Hangzhou (850 ¥) an. Diese sind deutlich preiswerter als entsprechende Touren, die in den Hotels angeboten werden. Es werden zudem individuelle Ganztagestouren durch Shanghai und Umgebung

> **EXTRATIPP**
>
> ### Mit dem Bus auf Erkundungstour
>
> Wer wenig Zeit hat, aber dennoch möglichst viel von der Stadt sehen möchte, sollte die City auf den Stadtrundfahrten von **Big Bus Tours** erkunden. Die drei Routen (rot, grün und blau) führen zu vielen wichtigen Sehenswürdigkeiten. Auf der roten Tour gelangt man vom Volksplatz zum Bund, Yu Garden und nach Xintiandi, mit der grünen Tour u. a. zum Jing'an sowie Jade Buddha Tempel und auf der blauen Tour nach Pudong. Die Tickets sind auf allen drei Linien 48 Stunden gültig und kosten inklusive einer Huangpu-Rundfahrt sowie Eintritt zu zwei Sehenswürdigkeiten 300 ¥ (24-Stunden-Ticket ohne Sehenswürdigkeiten 100 ¥).
> ❯ **Big Bus Tours,** Tel. 021 55100020, www.bigbustours.com.

156sh Abb.: jd

organisiert. Diese Touren mit Englisch sprechendem Guide, Fahrer mit klimatisiertem Auto und Abholung im Hotel kosten 950 ¥ inkl. Mittagessen. Bei zwei Teilnehmern reduziert sich der Preis auf 550 ¥ pro Person (480 ¥ bei drei oder vier Teilnehmern).

- **389** [A2] **China Spring Tour**, 6/F, 118 Zhaohua Lu, www.chinaspringtour.com, Tel. 62515777, Fax 52376977. Ein weiterer etablierter Tourenanbieter.
- **390** [E1] **Gray Line Shanghai**, 1399 Beijing Xilu, www.grayline.com, Tel. 62895221. Bietet Touren zu Zielen in Shanghai und die nähere Umgebung.

Telefonieren

Das Telefonnetz in Shanghai und im Osten Chinas ist **hervorragend ausgebaut**. Gespräche von Hotels ins Ausland sind jedoch sehr teuer. Hotels berechnen Extragebühren von mehr als 30 % und Mindestgesprächszeiten.

Wer günstig telefonieren will, sollte sich **Telefonkarten (IC-Cards)** kaufen. Diese kann man in den Shops der China Telecom und an Straßenständen erwerben. IC-Karten gibt es zu 20, 50, 100 und 200 ¥. Benutzen kann man diese Karten in den Shops der Telecom, in öffentlichen Telefonen sowie in den meisten Hotels. Ein 24 Stunden geöffnetes Office der China Telecom befindet sich neben dem Fairmont Peace Hotel (s. S. 306). Die meisten Auslandsgespräche kosten mit IC-Karten 8,2 ¥ pro Minute.

Auch mit dem **Mobiltelefon** kann man von Shanghai aus problemlos ins Ausland telefonieren. Das Telefonieren über D1-, D2-Vodafone-, E-Plus-Netze usw. ist möglich. Die Preise sollte man beim jeweiligen Anbieter erfragen. Der jederzeit günstigste Tarif für Gespräche von Deutschland nach China lässt sich im Internet über www.billiger-telefonieren.de ermitteln. Für ein- und ausgehende Gespräche werden dann allerdings **teure Roaminggebühren** berechnet. Empfehlenswert ist dies also nur für Kurzaufenthalte oder im Notfall.

Bei längeren Aufenthalten in China kauft man sich für private Telefonate innerhalb des Landes gleich nach Ankunft eine **chinesische Prepaid-SIM-Karte** – vorausgesetzt man verfügt über ein SIM-Lock-freies Mobiltelefon. Diese bekommt man an kleinen Ständen überall in der Stadt oder in einigen Mobilfunkabteilungen der Kaufhäuser (z. B. Carrefour). Die Preise für eine SIM-Karte schwanken zwischen 60 bis 300 ¥. Kurios: Eine Telefonnummer, in der die Zahl „8" gleich mehrfach vorkommt, kostet mehr, da die „8" eine Glückszahl ist.

Die Netzanbieter sind frei wählbar. China Mobile bietet derzeit den besten Empfang, vor allem wenn man in ganz China unterwegs ist. Die SIM-Karte wird mittels Prepaid-Karten mit 50 oder 100 ¥ aufgeladen. Die Kosten von China Mobile liegen bei 0,6 ¥ pro Minute. Möchte man mit diesen Karten auch ins Ausland telefonieren, muss man diese dafür freischalten lassen und mit mindestens 500 ¥ aufladen (entweder direkt im Geschäft oder direkt bei der Telefongesellschaft).

Es macht bei Inlandsgesprächen übrigens keinen finanziellen Unterschied, ob man jemanden anruft oder Anrufe entgegennimmt – man bezahlt dieselbe Gebühr. SIM-Karten mit Vertrag sind für Ausländer nur mit einem chinesischen Staatsbürger oder einer chinesischer Firma als Bürge zu bekommen.

Eine weitere Möglichkeit ist der Erwerb sogenannter **Internet Phonecards (IP-Cards)**. Diese funktionieren ähnlich wie Prepaid-Telefonkarten, die Verbindung erfolgt jedoch über das Internet. Der große Vorteil sind die geringen Telefonkosten gerade bei Auslandsgesprächen. IP-Cards kann man von jedem Festnetzanschluss und einigen öffentlichen Telefonen nutzen. Die Vorgehensweise ist recht simpel: Man wählt die auf der Karte angegebene Nummer, ein Passwort und dann die gewünschte Nummer (Anweisungen auf den Karten in Chinesisch und Englisch).

Derzeit zahlt man für Gespräche nach Nordamerika und Europa zwischen 2,4 und 3,2 ¥. Es gibt IP-Karten zu 50, 100, 200 und 500 ¥, erhältlich sind diese an vielen Ständen auf den Shoppingmeilen Nanjing Lu oder Huaihai Lu. Ortsgespräche und Gespräche innerhalb Chinas sind vergleichsweise günstig, manchmal sogar kostenlos. Da es sehr viele unterschiedliche IP-Karten gibt, sollte man sich diese beim Kauf genau ansehen. Mit einigen kann man im ganzen Land, mit anderen wieder nur in Shanghai telefonieren. Der Preis für diese IP-Karten ist – seltsamerweise – verhandelbar. Üblich für eine Karte mit einem Gesprächsguthaben von 100 ¥ ist ein Preis von 35 ¥. Lokale Gespräche lassen sich auch von vielen kleineren Geschäften oder Kiosken aus führen. Diese kosten dann 0,5–1 ¥.

Mobiltelefone gehören in Shanghai zum Alltag

Mobiltelefone sind in China recht preiswert, schon ab etwa 50 € bekommt man recht ordentliche Geräte ohne Vertragsabschluss. Das verbleibende Gesprächsguthaben auf einer SIM-Karte von China Mobile lässt sich mit der SMS „Yecx" an die Nummer 1861 erfragen.

Vorwahlnummern

› von D, Ö, CH nach Shanghai: 0086 21
› von D, Ö, CH nach Hangzhou: 0086 571
› von D, Ö, CH nach Suzhou: 0086 512
› von China nach Deutschland: 0049
› von China nach Österreich: 0043
› von China in die Schweiz: 0041

Wichtige Telefonnummern

› Notruf: 120
› Polizei: 110
› Polizei (englisch): 63576666
› Telefonauskunft: 114
› Tourist-Hotline: 962020
› Vorwahl China: 0086
› Wetter: 121

Uhrzeit

In China gibt es – im Gegensatz zu den USA oder Russland – keine verschiedenen Zeitzonen. Trotz der großen West-Ost-Ausdehnung gilt in ganz China **nur eine Zeitzone**. Es gibt zudem keine Sommerzeit, d. h., es gilt für ganz China die MEZ +7 Stunden. Im Winter bestehen also +7 Stunden Zeitunterschied zu Deutschland, Österreich und der Schweiz, im Sommer +6 Stunden.

Unterkunft

Unterkünfte gibt es in Shanghai **in allen Preisklassen und für jeden Anspruch**. Es überwiegen allerdings Hotels der gehobenen Klasse und Luxushotels. Angebot und Nachfrage bleiben aber in Shanghai im Gleichgewicht und so sind auch luxuriöse Unterkünfte in Shanghai nicht so teuer wie etwa in London, New York oder Tokio. Doch wo soll man nun übernachten in Shanghai? Bei der Wahl seines Hotels sollte man gerade im Hinblick auf die Verkehrssituation in der City auch die Lage mit einbeziehen. Viele Touristen wohnen gerne in Hotels nahe am Bund ❶ oder an der Nanjing Donglu ❷, von wo aus man viele der interessantesten Sehenswürdigkeiten gut zu Fuß erreichen kann.

Wer geschäftlich in Shanghai zu tun hat, sollte sich überlegen eine **Unterkunft in der Nähe des Arbeitsplatzes** oder der geschäftlichen Termine zu wählen. Dann lässt sich das alltägliche Verkehrschaos weitestgehend vermeiden und täglich kostbare Zeit sparen.

Im westlich vom Huangpu gelegenen Puxi sind so gut wie alle internationalen Hotelketten mindestens einmal vertreten. Zahlreiche kleinere und romantische Unterkünfte mit Atmosphäre findet man im Gebiet der ehemaligen Französischen Konzession: wunderschöne alte Villen aus der Kolonialzeit mit dem Flair der 1930er-Jahre. Wer länger in der Stadt lebt, sollte sich überlegen, ein **Service-Apartment** zu beziehen. Diese verfügen neben Küche, Bad, einem Wohn- und Schlafbereich häufig auch noch über Freizeiteinrichtungen wie ein Schwimmbad oder einen Fitnessraum.

Luxushotels

上海金茂凯悦大酒店，
浦东世纪大道88号

391 [N3] **Grand Hyatt Shanghai** €€€€, Shànghai Jin Mào Junyuè Dàjiudiàn, Jin Mao Tower, 88 Century Boulevard, Tel. 50491234, Fax 50491111, www.shanghai.grand.hyatt.com. Das einst höchste Hotel der Welt mit den besten Ausblicken auf Shanghai zwischen der 54. und der 87. Etage des Jin Mao Tower beherbergt das Feinste vom Feinen. Das Hotelatrium beginnt in der 53. Etage und ist mit einer Höhe von 152 m das höchste der Welt. Alle 555 luxuriösen Zimmer und Suiten haben mind. eine verglaste Wand – also wirklich nichts für Gäste mit Höhenangst.

> ## Preiskategorien
>
> Die angegebenen Preiskategorien beziehen sich auf ein Doppelzimmer.
>
> | | |
> |---|---|
> | € | bis 50 € |
> | €€ | 50–100 € |
> | €€€ | 100–150 € |
> | €€€€ | über 150 € |

Praktische Reisetipps
Unterkunft

古象大酒店，九江路595号，近浙江中路
392 [J2] **Howard Johnson Plaza Shanghai** €€-€€€€, 595 Jiujiang Lu, Zhejiang Zhonglu, Tel. 33134888, www.hojoshanghai. com. Luxushotel mit mehreren Restaurants, Bars und einer perfekten Lage im Zentrum der Stadt (zwischen People's Square und Bund) in der Nähe zu vielen Sehenswürdigkeiten.

外滩茂悦大酒店，黄浦路199号
393 [L1] **Hyatt on the Bund** €€€€, 199 Huangpu Lu, Tel. 63931234, www.shanghai. bund.hyatt.com. Was für eine Aussicht! Die meisten der mehr als 600 Zimmer im neuen Hyatt on the Bund bieten einen einmaligen Blick auf beide Ufer des Huangpu, auf die historische Promenade Bund im Westen und das funkelnde moderne Pudong im Osten. Der Gast bekommt hier alles, was man von einem guten Fünfsternehotel erwartet: Das Notebook kann geladen werden, während es im Safe liegt, die Lieblingssongs des eigenen iPods tönen via Dockingstation aus den Lautsprechern, in der Vue Bar lässt es sich herrlich chillen.

上海明天广场JW万豪酒店，南京西路399号
394 [H2] **JW Marriott Tomorrow Square** €€€€, Wànháo Jiudiàn, 399 Nanjing Xilu, www.marriott.com, Tel. 53594969, Fax 63755988. „The Rocket" heißt der höchste Turm in Puxi, in dem sich das 2003 eröffnete JW Marriott befindet. Ab dem 38. Stockwerk erwarten den Gast luxuriöse Zimmer, Cafés, Restaurants und Bars mit grandiosem Ausblick. In den Eckzimmern kann man den Blick über die Stadt auch noch aus der Badewanne genießen.

Das Hotel Shangri-La in Pudong

上海波特曼丽嘉大酒店，
南京西路1376号
395 [F1] **Portman Ritz Carlton** €€€€, Shànghǎi Botèmàn Lìjiā Dàjiǔdiàn, 1376 Nanjing Xilu, Tel. 62798888, Fax 62798800, www.ritzcarlton.com. Das Ritz Carlton liegt sehr zentral im Shanghai Center und ist auch deswegen bei Geschäftsleuten beliebt. Selbst George W. Bush wohnte hier während der APEC-Konferenz im Jahr 2001. Das Hotel punktet mit seinem professionellen und exzellenten Service. Eigentlich bräuchte man den Komplex des Shanghai Centre nicht einmal zu verlassen: Es gibt einen Supermarkt, eine Klinik, mehrere exklusive Boutiquen, Geldautomaten, Restaurants, Bars und sogar ein Starbucks-Café.

浦东香格里拉大酒店，浦东富城路33号
396 [M3] **Pudong Shangri-La** €€€€, Pudong Xiānggélǐlā Fàndiàn, 33 Fucheng Lu, www.shangri-la.com, Tel. 68828888, Fax 68826888. Das Shangri-La Hotel liegt direkt am Huangpu mit atemberaubenden Blicken

auf Shanghais Skyline und den Bund. Wenn das Hotel auch von außen nicht sehr ansprechend ist, so gehört das Shangri-La doch unbestritten zu den besten Hotels der Stadt. Nach der Eröffnung des zweiten Turms im Jahr 2005 ist das Shangri-La mit 981 Zimmern das größte Hotel Shanghais.

上海四季酒店，威海路500号
🏨 397 [G2] **Shanghai Four Seasons Hotel** €€€-€€€€, Shànghǎi Sìjì Jiǔdiàn, 500 Weihai Lu, Tel. 62568888, Fax 62565678, www.fourseasons.com/shanghai. Optimale Lage in der Nähe zur Nanjing und Huaihai Lu. Das Four Seasons zählt zu einer der besten Adressen über die Grenzen Shanghais hinaus. Ein Spa, verschiedene Restaurants und der angesagten Klub Jazz 37 mit Livemusik inklusive.

静安希尔顿酒店，华山路250号
🏨 398 [D3] **Shanghai Hilton** €€-€€€€, Jing An Xierdùn Dàjiudiàn, 250 Huashan Lu, Tel. 62480000, www.hilton.de/shanghai, Fax 62483868. Das Luxushotel der Hilton-Gruppe liegt in der ehemaligen Französischen Konzession. Die zentrale Lage in der Nähe zum Jing'an Tempel und dem umliegenden quirligen Geschäftsviertel macht das Hilton zu einem idealen Ausgangspunkt für Sightseeing. Das verglaste Atrium ist auch für sich sehenswert und lohnt den Besuch für eine kurze gemütliche Pause.

Gehobene Hotels

上海国际贵都大饭店，延安西路65号
🏨 399 [D2] **Equatorial Hotel** €€-€€€€, Guójì Guìdu Dàjiudiàn, 65 Yan'an Xilu, Tel. 62481688, Fax 62481773, www.equatorial.com/sha, DZ ab 59 €. Das Hotel liegt direkt neben dem Hilton und fällt durch seine preisgekrönte Architektur auf.

和平饭店，南京东路20号
🏨 400 [L2] **Fairmont Peace Hotel** €€€€, Hépíng Fàndiàn, 20 Nanjing Donglu, Tel. 63216888, Fax 63291888, www.fairmont.de/peacehotel. Das traditionsreiche Art-déco-Hotel von 1929 befindet sich in bester Lage direkt am Bund. Mit seinen weißen Marmorböden und teilweise noch ursprünglicher Jugendstileinrichtung lässt es die schillernde Vergangenheit Shanghais aufleben. Allabendlich lädt die stadtbekannte Alt-Herren-Jazzband zum Tanz ein. Das traditionell-chinesisch eingerichtete Dragon-&-Phoenix-Restaurant bietet einen unvergesslichen Blick auf das quirlige Treiben im Herzen der Stadt.

上海锦沧文华大酒店，南京西路1225号
🏨 401 [F2] **JC Mandarin Shanghai** €€€, Jincang Wénhuá Dàjiudiàn, 1225 Nanjing Xilu, Tel. 62791888, www.jcmandarin.com. Große und gemütliche Zimmer, Schwimmbad, Tennis- und Squashplätze sind die Vorzüge des JC Mandarin.

锦江饭店，茂名南路59号
🏨 402 [F3] **Jinjiang Fandian** €€€-€€€€, Jin Jiang Fàndiàn, 59 Maoming Lu, Tel. 32189888, Fax 64725588, http://jj.jinjianghotels.com. In dem historischen Gebäude aus den 1930er-Jahren unterzeichneten US-Präsident Richard Nixon und Zhou Enlai 1972 das Shanghai Communiqué zur Wiederaufnahme chinesisch-amerikanischer Beziehungen. Das Hotel mit allen Annehmlichkeiten liegt in zentraler Lage im Herzen des Französischen Viertels.

万豪虹桥大酒店，虹桥路2270号
🏨 403 **Marriott Hotel Hongqiao** €€€-€€€€, Shanghai Wanhao Hong Qiao Dajiudian, 2270 Hongqiao Lu, www.marriott.com, Tel. 62376000, Fax 62376222. Das in der

Praktische Reisetipps
Unterkunft

Nähe zum Hongqiao Airport und zum Zoo Shanghai gelegene Hotel ist bei Geschäftsleuten beliebt, die im Westen Shanghais zu tun haben. Empfehlenswert ist der sehr opulente und für ein Hotel dieser Klasse preiswerte Sunday Brunch.

上海巴黎春天新世界酒店,
定西路1555號

404 [A1] **New World Shanghai Hotel** €€-€€€, Balí Chuntian Dàjiudiàn, 1555 Dingxi Lu, www.shanghai.newworldhotels.com, Tel. 62408888, Fax 62407777. Das gehobenen Standards genügende Hotel liegt südlich des Zhongshan Park und gewährt häufig hohe Rabatte.

花园饭店, 茂名南路58号

405 [F3] **Okura Garden Hotel** €€-€€€, Huayuán Fàndiàn, 58 Maoming Lu, Tel. 64151111, Fax 64158866, www.gardenhotelshanghai.com. Im 1926 im Barockstil erbauten Gebäude befinden sich Lobby und Atrium, die modernen Gästezimmer liegen im 1990 eröffneten Anbau. Das Preis-Leistungs-Verhältnis ist sehr gut.

浦江青年旅舍, 黄浦路15号

406 [L1] **Pujiang Hotel** €€€, Pujiang Fàndiàn, 15 Huangpu Lu, Tel. 63246388, Fax 63243179, www.pujianghotel.com. Zentrale Lage, recht große Zimmer. Das älteste Grandhotel der Stadt liegt in der Nähe des Bund, hieß früher einmal Astor House Hotel und fängt wieder an, sich so zu nennen. Man sollte rechtzeitig reservieren, da das stilvolle alte Haus aus dem Jahr 1860 häufig ausgebucht ist. In den großen Zimmern nächtigten schon Charlie Chaplin und Albert Einstein.

> *Das Fairmont Peace Hotel mit seiner markanten Dachpyramide aus Kupfer*

上海扬子江万丽大酒店,
延安西路2099号

407 [ah] **Renaissance Yangtze Shanghai** €-€€€, Shànghǎi Yángzi Jiang Dàjiudiàn, 2099 Yan'an Xilu, Tel. 62750000, Fax 62750750, www.marriott.com. Komfortables Hotel im Westen der Stadt mit internationalem Standard und guter Verkehrsanbindung zum Hongqiao Airport und zu den westlichen Vororten Anting und Jiading.

喜来登豪达太平洋, 遵义南路5号

408 [ah] **Sheraton Grand Taipingyang** €€-€€€, Xi Lai Deng Hao Da Tai Ping Yang Da Fandian, 5 Zunyi Nanlu, Tel. 62758888, Fax 62755420, www.sheratongrand-shanghai.com. Ausgezeichnetes Hotel auf halbem Weg zwischen Hongqiao Airport und Innenstadt.

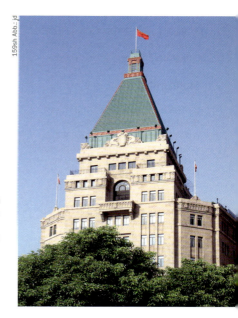

Praktische Reisetipps
Unterkunft

海仑宾馆, 南京东路505号, 近福建路
409 [J2] **Sofitel Hyland Shanghai** €€€, 505 Nanjing Donglu, Fujian Lu, Tel. 63515888, www.sofitel.com. Gehobenes Mittelklassehotel in absolut zentraler Lage.

上海瑞吉红塔大酒店, 东方路889号
410 [fi] **The St. Regis Shanghai** €€€€, Shànghai Ruìjí Hóngtǎ Dàjiudiàn, 889 Dongfang Lu, Pudong, Tel. 50504567, Fax 68756789, www.stregis.com. Die Standardzimmer des luxuriösen Hotels in Pudong sind wohl die größten in Shanghai. Die Lobby ähnelt einem Theatersaal. Der exzellente Service lässt keine Wünsche offen – es gibt sogar einen einzigartigen Butlerservice für alle Gäste rund um die Uhr.

上海威斯汀大饭店, 河南中路88号
411 [K2] **The Westin Shanghai** €€€, Shànghai Weisiting Dàfàndiàn, 88 Henan Zhonglu, Tel. 63351888, Fax 63352888, www.westin.com/shanghai, DZ ab 107 €. Angenehmes Hotel mit allem Komfort.

Standardhotels

龙柏饭店, 上海虹桥路2419号
412 **Cypress Hotel** €€, Lóngbǎi Fàndiàn, 2419 Hongqiao Lu, Tel. 62688868, Fax 62681878, www.cypresshotel-shanghai.com. Stilvolles Hotel in einer Villa mit schönem Park.

古北湾大酒店, 虹桥路1446号
413 [ah] **Gubei Garden Hotel** €€, Gubeiwan Dajiudian, 1446 Hongqiao Lu, Tel. 52574888, Fax 62958500. Mittelklassehotel im florierenden Gubei District, das in für Geschäftsleute verkehrstechnisch günstiger Lage zum Hongqiao Airport und zu den in den Nordwesten nach Anting und Jiading führenden Highways liegt.

上海斯波特大酒店, 南丹路15号
414 [bi] **Shanghai Sports Hotel** €-€€, 15 Nandan Lu, Tel. 24226200, Fax 64384486, www.sportshotelshanghai.cn. Ein ideales Hotel für sportliche Naturen im Herzen des Einkaufsviertels Xujiahui. Es gibt ein Fitnessstudio, Plätze für Tischtennis, Basketball, Tennis, Indoorsoccer, Badminton, Volleyball und einen Swimmingpool.

星程嘉馨酒店, 东江湾路230号
415 **Starway Jiaxin Hotel** €-€€, 230 Dongjiangwan Lu, Tel. 51288000, Fax 51288012, www.starwayhotel.com. Ruhiges, in einer Seitenstraße gelegenes, sauberes Hotel in Hongkou. Chinesisches Frühstücksbuffet. Wer möglichst wenig andere westliche Touristen sehen möchte, ist in diesem Hotel und Viertel goldrichtig aufgehoben. Das Hongkou Football Stadium sowie die Metro Linien 3 und 8 befinden sich in unmittelbarer Nähe. Im kleinen Mini-Supermarkt gegenüber bekommt man Getränke und kleine Snacks.

Preiswerte Unterkünfte

船长青年酒店, 福州路37号, 近四川中路
416 [K2] **Captain Hostel** €, Chuanzhang Qingnian Jiudian, 37 Fuzhou Lu, Sichuan Zhonglu, www.captainhostelshanghai.com, Tel. 33310000. Eine der preiswertesten Unterkünfte der Stadt, dabei in zentraler Lage in der Nähe vom Bund gelegen. Beliebt sind die Dachterrasse und der Fahrradverleih.

长阳饭店, 长阳路1800号
417 [fh] **Greentree Inn Shanghai North Bund Hotel** €, 1800 Changyang Lu, Tel. 65434890, Fax 65430986. Einfache, aber saubere Unterkunft im Nordosten der Stadt.

东亚饭店，南京东路680号

🏨 418 [J1] **East Asia Hotel** €, Dongya Fandian, 680 Nanjing Donglu, Tel. 63223222. Direkt im Herzen der Stadt an der Fußgängerzone der Nanjing Donglu im Gebäude des früheren Sincere (Shanghai Bekleidungsfirma). Preiswerter kann man in dieser Lage nicht übernachten.

临潼宾馆，临潼路188号

🏨 419 [fh] **Lintong Hotel** €, 188 Lintong Lu, Tel. 65465060, Fax 65373903. Angenehmes und sauberes Standardhotel am nördlichen Bund mit einem sehr guten Preis-Leistungs-Verhältnis.

莫泰连锁旅店，延安西路1119号

🏨 420 [A3] **Motel 168** €, 1119 Yan'an Xilu, Tel. 51177777. Wie der Name schon andeutet, kosten die Zimmer in dieser sauberen Unterkunft ab 17 €.

青年会宾馆，西藏南路123号

🏨 421 [I3] **Marvel Hotel Shanghai** €€, Shangyue Qingnianhui Binguan, 123 Xizang Nanlu, www.marvel-hotel.com, Tel. 33059999. Preiswertes Wohnen in bester Lage am People's Square in einem historischen Backsteingebäude aus dem Jahr 1929.

Hotels mit Flair

上海安亭别墅酒店，安亭路46号

🏨 422 [C5] **Anting Villa** €€, 46 Anting Lu, www.antingvillahotel-shanghai.com, Tel. 64331188, Fax 64339726. Das sympathische Hotel und die stilvolle Kolonialvilla bieten Zimmer mit Blick auf einen romantische alte Gartenanlage.

衡山马勒别墅饭店，陕西南路30号

🏨 423 [F2] **Hengshan-Moller-Villa** €€€, Héngshan Malè Biéshù Fàndiàn, 30 Shaanxi Nanlu, Tel. 62478881, www.mollervilla.com. Historische Villa mit modernem Komfort, das elf romantische Suiten mit Blick auf den Garten und zusätzlich 34 Zimmer im hellen Neubau im Hinterhof beherbergt.

老时光，长乐路946弄4号

🏨 424 [D3] **Kevin's Old House** €€€, No. 4 Lane, 946 Changle Lu, www.kevinsoldhouse.com, Tel. 62486800. Schöne kleine Pension mit sechs luxuriösen Zimmern in einer ruhigen Seitengasse der Changle Lu, das von netten, hilfsbereiten Menschen geführt wird. Es wird empfohlen, rechtzeitig zu reservieren, da die Zimmer in dieser 80 Jahre alten Villa häufig schon lange im Voraus ausgebucht sind.

首席公馆酒店，新乐路82号

🏨 425 [E3] **Mansion Hotel** €€€, 82 Xinle Lu, Tel. 54039888, www.chinamansionhotel.com. Die Villa aus dem Jahr 1932 wurde von dem französischen Architekten Lafayette als Clubhaus für den mächtigen Mafiaboss Du Yuesheng (s. S. 158) erbaut und vermischt französische und asiatische Baustile. Jedes der 30 Zimmer ist liebevoll gestaltet und verfügt über einen Whirlpool. Auf der Dachterrasse kann man zudem hervorragend essen und den Ausblick auf die Skyline der Stadt genießen. Es lohnt sich, die Umgebung zu erkunden, denn in unmittelbarer Nähe finden sich zahlreiche Restaurants, Cafés, Boutiquen und Kuriositätenläden.

新天地88酒店，黄陂南路388号

🏨 426 [H4] **88 Xintiandi** €€€, 380 Huangpi Nanlu, Tel. 53838833, http://shanghai.88xintiandi.com. Das „88" gilt als das erste luxuriöse Boutique-Hotel der Stadt. Die klimatisierten Zimmer und Suiten bieten neben großen Flachbildfernsehern alles, was sich verwöhnte Reisende wünschen: Sauna, Fitness- und Wellnesscenter sind vorhanden.

Service-Apartments

中福花苑青年汇酒店式公寓,
海潮路23号

427 [ei] **Zhong Fu Youth Garden Service Apartment,** 23 Hai Chao Lu, Tel. 63083966, ab 16 €. Apartments in der Nähe der Nanpu-Brücke mit Waschmaschine, Kühlschrank, Mikrowelle und Fernseher. Es gibt einen Supermarkt, Sauna sowie eine Bar und ein Restaurant.

名都城酒店公寓, 虹许路788号

› **Mandarine City,** Mindu Jiudian Gongyu, 788 Hongxu Lu, Tel. 64050404, Fax 64011302, ab 40 €. Compound im Herzen von Gubei in unmittelbarer Nähe zu zahlreichen, von in Shanghai lebenden Ausländern geschätzten Einrichtungen wie Carrefour. Im Sommer lädt der riesige Outdoor-Swimmingpool mit Bar zu einer willkommenen Abkühlung ein. Auch wer nicht zu den Gästen des Hotels gehört, kann die Poolanlage gegen eine Gebühr von 100 ¥ nutzen.

Verhaltenstipps und chinesische Sitten

China und damit auch die Menschen im Land haben in den vergangenen 25 Jahren einen **rasanten Wandel durchgemacht,** wie man sich ihn im Westen kaum vorstellen kann. Viele ältere Chinesen und Chinesen mittleren Alters, die heute durch Geschäfte wohlhabend geworden sind, hohe Positionen als Manager bekleiden oder mittelständische Unternehmen leiten, haben am eigenen Leib Armut, Hunger und den staatlichen Terror während der Kulturrevolution miterlebt.

Kommt man zum ersten Mal nach Shanghai bzw. China, fallen dem Reisenden unweigerlich **einige typische Verhaltensweisen** auf, die uns zumindest fremdartig, manchmal auch arrogant oder abstoßend vorkommen, denen man aber auch nicht ausweichen kann. Dabei sollte man aber immer daran denken, dass auch viele westliche Eigenarten bei Chinesen Unverständnis hervorrufen.

Als besonders unangenehm empfinden viele Besucher das **Spucken auf den Boden.** Dies ist eine chinesische Sitte, die im ganzen Land verbreitet ist. Der Schleim aus Nase und Hals wird lautstark hochgezogen, um dann ebenso lautstark auf die Straße gespuckt zu werden (s. S. 282). Vielen Chinesen aber ist die Vorstellung, sich mit einem Taschentuch die Nase zu putzen und diese dann in der eigenen Hosentasche verschwinden zu lassen, einfach zuwider. Zwischenzeitlich hatte man aber einen neuen Grund gefunden, der Hygieneforderung Nachdruck zu verleihen: die Weltausstellung 2010 in Shanghai. Was sollte denn das internationale Publikum denken, wenn das Gastgeber ihren Schleim überall in der Stadt verteilen? Als Besucher sollte man versuchen, über diese Unart zu schmunzeln und sie einfach zu akzeptieren. Lautstarker Protest wird kaum Verständnis finden und ist daher völlig sinnlos.

Gerade das **Drängeln** ist eine weitere, äußerst enervierende (Un-)Sitte. Überall wird gedrängelt und geschoben. Irgendwer versucht immer, irgendwo der Erste zu sein oder sich in einer Schlange nach vorne zu drängeln. Viele drängeln, um in einen Bus zu kommen oder auch vor den Regalen im Supermarkt. In öffentlichen Anstalten hat dieses Verhal-

Praktische Reisetipps
Verhaltenstipps und chinesische Sitten

ten zum Glück etwas nachgelassen, sei es durch das Ziehen von Nummern oder durch massive Eisengitter. Leider kann man auch gegen das Drängeln wenig machen. Daher bleibt nur die Möglichkeit, auch als westlicher Besucher, selbst die Ellbogen auszufahren und im täglichen Nahkampf kräftig einzusetzen.

Ähnlich unangenehm ist für uns das **Rülpsen und Schmatzen am Tisch**. Während man dies in Deutschland nicht (mehr) tun sollte, ist es in China durchaus normal und bedeutet nichts weiter, als dass es einem schmeckt. Als Ausländer sollte man jedoch besser darauf verzichten, in den Chor mit einzustimmen. Die Wahrscheinlichkeit, dass man sich dabei der Lächerlichkeit preisgibt, ist recht hoch.

⌐ *Frisches Obst in der Altstadt*

Westliche Verhaltensweisen sind in China zwar durchaus bekannt, können aber trotzdem ein unangenehmes Gefühl beim chinesischen Gegenüber hervorrufen. So wird ein tiefer, langer Blick in die Augen bei Gesprächen ebenso wie ein zu fester Händedruck bei der Begrüßung als unangenehm und aufdringlich empfunden. Bei einem ersten geschäftlichen Treffen überreicht man seinem Gegenüber seine **Visitenkarte** mit beiden Händen – der Text muss für den Empfänger lesbar sein – und sagt seinen Namen. Bekommt man eine Visitenkarte, liest man diese sorgfältig durch, bevor man sie einsteckt. Visitenkarten sollte man immer in der Brusttasche aufbewahren (nahe dem Herzen), niemals in der Hosentasche (nahe dem Gesäß) oder dem Portemonnaie!

Chinesen **rauchen sehr viel und fast überall.** Dies mag gerade in der heutigen Zeit angesichts der Verbote in Deutsch-

Praktische Reisetipps
Verhaltenstipps und chinesische Sitten

land viele Raucher erfreuen, doch für andere Reisende bedeutet das, dass sie ständig Rauch um sich haben. In den Restaurants wird viel geraucht – nicht selten wird kein Aschenbecher benutzt und der Glimmstengel auf den Boden geworfen. Auch manche Taxifahrer rauchen während der Fahrt. Da in China das Rauchen so weit verbreitet ist, stören sich wenig Chinesen daran und erwarten, dass sie fast überall rauchen dürfen. Seit 2011 sind aber auch in Shanghai Rauchverbote in der Diskussion und die Situation dürfte sich in absehbarer Zeit ändern. In einigen Hotels, gehobenen Restaurants und auf öffentlichen Plätzen wie auf der Flaniermeile Bund ist es bereits untersagt.

Mönche im Jade Buddha Tempel ⓫

Als Besucher in China sollte man sich stets bemühen, **möglichst neutrale Gesprächsthemen** zu wählen und Diskussionen über chinesische Außen- und Innenpolitik (Menschenrechte, Tibet usw.) ebenso zu vermeiden wie das Schimpfen über die deutsche, österreichische oder Schweizer Politik. Negative Äußerungen über das eigene Land würden in China auf erhebliches Unverständnis stoßen. Auf der anderen Seite gibt es Themen, die in Deutschland Befremden auslösen würden, über die man sich in China jedoch völlig unbefangen unterhält. Da ist zum Beispiel die direkte Frage nach den Familienverhältnissen oder dem eigenen Einkommen, die schon nach kurzer Zeit gestellt werden. Man kann diese Fragen beantworten, darf dabei jedoch gerne auch ein wenig schwindeln.

In brenzligen Situationen, bei Streitereien, Beschwerden oder anderem Ärger empfiehlt es sich, **ruhig und freundlich zu bleiben**. Nichts ist für Chinesen schlimmer, als wenn sich jemand lauthals aufregt. Man verliert sein Gesicht und das bringt einen keineswegs weiter – im Gegenteil.

Einen tieferen Einblick in die chinesischen Sitten und Gebräuche bietet der „KulturSchock China" von Hanne Chen aus dem REISE KNOW-HOW Verlag.

Verkehrsmittel

Metro

上海轨道交通

Die Shanghaier Metro (U- und S-Bahnen) ist für Reisende neben dem Taxi die beste Möglichkeit, Shanghai **kostengünstig und vor allem zeitsparend** zu entdecken. Die Bahnen sind modern und sicher, das Streckennetz wird seit einigen Jahren mit Höchstgeschwindigkeit ausgebaut (vgl. Metroplan in hinterer Umschlagklappe). Die nächstliegenden U- und S-Bahn-Stationen sind in der Stadt überall ausgeschildert. Gerade an Regentagen oder Wochenenden kann man so den unzähligen Staus auf den Hauptverkehrsstraßen der Stadt ausweichen und alle Sehenswürdigkeiten und Shoppingmeilen schnell und preiswert erreichen.

Allerdings sind die Bahnen dann auch häufig überfüllt und es herrscht ein ziemliches **Gedränge und Geschiebe**. Gerade an den großen Stationen wie People's Square oder in Xujiahui kann zur Rushhour oder an Samstagnachmittagen das Ein- und Aussteigen in einen regelrechten Kampf ausarten. Man sollte sich immer rechtzeitig in die Nähe der Türen begeben und kräftig mitschieben und drängeln. Ansonsten kommt man nicht sehr weit und schon so mancher Reisende ist unfreiwillig die eine oder andere Haltestelle zu weit gefahren. Obwohl die Bahren teilweise schon hoffnungslos überfüllt sind, versuchen viele Einheimische dennoch zuerst zuzusteigen, bevor man Fahrgäste aussteigen lässt. Europäische Höflichkeit und Zurückhaltung ist hier völlig fehl am Platz. Aus Sicherheitsgründen werden daher auch immer mehr Schutzwände aus Glas installiert, die erst öffnen, wenn eine Bahn eingefahren und zum Stillstand gekommen ist.

Der **Fahrpreis** beträgt in Abhängigkeit der Fahrtstrecke 3–14 ¥. Für Entfernungen bis 6 Kilometer zahlt man 3 ¥, weitere 10 Kilometer kosten jeweils 1 ¥, die Strecke vom Pudong Airport zum Hongqiao Airport beispielsweise kostet somit 8 ¥. Seit Dezember 2005 gibt es ein sogenanntes Ein-Ticket-System. Es ist nun möglich, zwischen allen Linien zu wechseln, ohne hierfür einen neuen Fahrschein lösen zu müssen. Vorher war dies nur zwischen den Linien 1 und 2 am People's Square möglich.

Fahrkarten bekommt man in den Metrostationen an den zahlreichen Fahrscheinautomaten oder am Schalter. Alle Kartenautomaten sind auch mit englischer Menüführung ausgestattet.

Einige Automaten akzeptieren ausschließlich Münzen und keine Banknoten. An den großen Stationen spricht man mittlerweile an den Fahrkartenschaltern auch ein paar Worte Englisch, sodass es eigentlich kein Problem sein sollte, auch ohne Chinesischkenntnisse ein Ticket zu lösen. Dieses **Plastikticket im Kreditkartenformat** benötigt man dann sowohl an den Zugängen zu den Bahnsteigen als auch nach Ende der Fahrt an den Ausgängen. Daher muss man die Plastikkarte bis zur Zielhaltestelle gut aufbewahren. Ohne gültiges Ticket kommt man nicht zu den Gleisen und Schwarzfahren ist somit unmöglich. Die meisten Bahnen fahren zwischen 5 und 23 Uhr.

Die einzelnen Haltestellen sind inzwischen **durchgängig in Chinesisch und Englisch ausgeschildert** und auch die Durchsagen in den Zügen erfolgen praktischerweise zweisprachig. Sollte man doch einmal eine länger als gezahlte Strecke zurücklegen, kann man an den Ausgängen der Zielhaltestelle entsprechend nachzahlen.

Wer viel mit der Metro und anderen öffentlichen Verkehrsmitteln unterwegs ist, besorgt sich am besten die **Shanghai Public Transportation Card**. Man bekommt diese aufladbare Karte für 100 ¥ an den Ticketschaltern der Metrostationen. 30 ¥ sind Pfand und werden bei Rückgabe erstattet. Man kann die Karte immer wieder mit der gewünschten Summe Yuan aufladen mit ihr nicht nur die Metro nutzen, sondern auch in Bus und Taxi zahlen. Gerade bei längeren Aufenthalten in der Stadt ist dies eine sehr sinnvolle Lösung.

In fast allen Metrostationen gibt es mannigfaltige **Möglichkeiten zum Shopping**: Getränke, Snacks, Bücher und Zeitschriften, SIM-Karten für Mobiltelefone usw. sind überall zu bekommen. In den größeren Stationen – allen voran Xujiahui – gibt es ganze Shoppingpassagen mit Bekleidungsgeschäften, Elektronikläden und etlichen Restaurants. Gerade an verregneten Tagen kann man sich hier gut einige Stunden aufhalten. Eine interaktive Karte der Shanghai Metro mit Berechnungsmöglichkeit von Fahrpreisen und -zeiten findet man unter www.exploreshanghai.com/metro und www.shmetro.com/EnglishPage/EnglishPage.jsp. **Tageskarten** sind an den Ticketschaltern für 18 ¥, **Dreitageskarten** für 45 ¥ erhältlich.

Taxi

Gerade wenn man nicht in der Nähe einer der zahlreichen Metrostationen wohnt, ist das Taxi **die beste Alternative**. In Shanghai gibt es mehr als 50.000 Taxis und mehr als 100.000 Fahrer. Man stellt sich also einfach an die Straße, gibt ein deutliches Handzeichen und es dauert selten länger als 30 Sekunden, bis man mitgenommen wird.

Allerdings gibt es auch hier Ausnahmen: Sobald es beginnt zu regnen, in den Rushhours (morgens 7.30–9 Uhr, abends 17–20 Uhr) oder am Samstag muss man mit teilweise sehr langen Wartezeiten rechnen. Ganz Shanghai scheint dann plötzlich mit dem Taxi unterwegs zu sein und gerade an Orten wie dem People's Square, Xujiahui oder auf der Huaihai Lu ist es fast unmöglich, eine Fahrgelegenheit zu ergattern. Auch hier heißt es: Keine Zurückhaltung oder höfliches Warten, sondern schnell sein – wer zuerst am Taxi ist, fährt mit. Nicht selten kommt es zu diesen Zeiten auch zu kleinen Auseinandersetzungen oder kleineren Rangeleien. Westler sind hiervon aber äußerst selten betroffen. Man ist daher gut beraten, zu diesen Stoßzeiten auf die Metro auszuweichen. Auch wenn diese überfüllt ist, so kommt man doch weit schneller an sein Ziel und steht nicht stundenlang im Stau.

Die **Grundgebühr** beträgt inklusive eines Benzinzuschlags von 1 ¥ pro Fahrt für die ersten 3 km 14 ¥ (23–5 Uhr: 18 ¥),

Praktische Reisetipps
Verkehrsmittel

jeder weitere Kilometer wird mit 2,40 ¥ berechnet, ab 10 km steigt dieser Preis auf 3,60 ¥. Für 35 ¥ kann man in Shanghai schon weite Strecken fahren und die Stadt von West nach Ost durchqueren. Am Ziel angekommen, zahlt man den Betrag, der auf dem Taxameter erscheint, und bekommt eine Quittung. Trinkgeld ist für Taxifahrer nicht üblich und ruft häufig Verwunderung hervor. Viele Taxis sind inzwischen mit kleinen Fernsehern vor dem Beifahrer und in den Kopfstützen der Vordersitze ausgerüstet. So kann man während der Fahrt noch chinesische Soaps, Werbung oder Sportübertragungen ansehen.

Da Taxifahrer in Shanghai **in der Regel kein Englisch sprechen**, sollte man sich sein Ziel vorher im Hotel in chinesischen Schriftzeichen aufschreiben lassen. Es macht daher Sinn, sich Visitenkarten in Restaurants oder Sehenswürdigkeiten aushändigen zu lassen, wenn man diese oder in der Nähe gelegene Ziele später noch einmal besuchen möchte.

Taxifahrer in Shanghai gehören zu den ehrlichsten in ganz China. **Betrügereien sind selten**, das mag wohl auch daran liegen, dass die Registriernummer mit dem Foto des Fahrers gut sichtbar vor dem Beifahrersitz angebracht ist. Die meisten Gauner trifft man am Flughafen Pudong. Hier werden ankommende Reisende häufig von selbsternannten Taxifahrern angesprochen, die Fahrten in die Innenstadt anbieten. Fahrpreise von bis zu 800 ¥ sind in diesen „Taxis" keine Seltenheit. Man sollte alle Angebote dieser Art daher ignorieren und direkt zu den offiziellen Taxiständen außerhalb der Flughafenterminals gehen. Fahrten ins Zentrum kosten je nach Ziel zwischen 200 und 250 ¥. Es gibt am Flughafen reichlich Taxis, sodass man nie lange warten muss.

◰ *Warten auf Kundschaft –*
Taxis vor dem Jin Mao Tower ㊷

Die Farben der Taxis

*Es gibt unzählige Taxiunternehmen in Shanghai. Bei genauerer Beobachtung stellt man sehr schnell fest, dass man diesen aber nur **acht verschiedene Farben** zuordnen kann. Die Farben sind den einzelnen Unternehmen fest vorgeschrieben und nicht frei wählbar.*

Vor mehr als zehn Jahren änderte das größte Unternehmen Da Zhong die Farbe aller seiner Taxis in ein kräftiges Rot. Man konnte Da-Zhong-Taxis also deutlich von Taxis anderer Unternehmen unterscheiden – und da die Qualität der Autos bekanntlich gut war und auch die Fahrer gut ausgebildet waren, bevorzugten immer mehr Menschen in Shanghai die roten Taxis. Doch bereits kurze Zeit später begannen auch andere Unternehmen, ihre Taxis in Rot zu lackieren und so gab es bald schon keine Möglichkeit, Da-Zhong-Taxis von anderen zu unterscheiden.

Vor einigen Jahren wechselte man erneut die Farbe und erhielt von der Stadtregierung das Recht, Türkis exklusiv zu nutzen. Ein Gesetz regelte nun, dass ausschließlich Unternehmen mit einer Größe von mehr als 1000 Fahrzeugen ihre Farbe frei wählen dürfen. Es gibt in Shanghai nur fünf Unternehmen, die diese Größe erreichen: Da Zhong (türkis), Qiang Sheng (gelb), Jin Jiang (weiß), Bashi (hellgrün) und Nong Gong Shang (blau).

*Blaue Taxis gehören zu Unternehmen mit mehr als 200, aber weniger als 1000 Fahrzeugen und bilden gemeinsam die **Blue Union** und werden auch von dieser Organisation auf ihre Qualität überprüft. Alle anderen Taxiunternehmen mit weniger als 100 Taxis haben rote Taxis bzw. genauer: Indian Red. Der Service und die Qualität der Autos ist im Allgemeinen niedriger als bei der Blue Union oder den großen Unternehmen. Häufig meiden auch die Einheimischen diese Taxiunternehmen.*

Es gibt mehrere große und unzählige kleinere **Taxiunternehmen** in Shanghai. Da Zhong (türkise Lackierung der Taxis) ist das größte und professionellste Taxiunternehmen. Die Fahrer sind durchgängig gut ausgebildet, die Autos relativ neu und in einem guten Zustand. Qiang Sheng (an der gelben Lackierung zu erkennen) arbeitet ebenfalls professionell. Weitere gute Unternehmen sind Jin Jiang (weiße Lackierung) und Bashi (hellgrün). Die zahlreichen roten und blauen Taxis, die man in Shanghai auf den Straßen sieht, gehören zu den zahlreichen kleineren Unternehmen und werden aufgrund der schlechten Qualität von Autos und Fahrern, die nicht unbedingt immer den kürzesten Weg zum Ziel wählen, auch von Chinesen im Normalfall gemieden. Seit 2010 bereichern 4000 nagelneue „Expo-Taxis", größtenteils vom Typ Volkswagen Touran, das Shanghaier Straßenbild. Die Telefonnummern der größeren Taxiunternehmen (ein wenig Englisch wird verstanden):

› Da Zhong: Tel. 96822
› Qiang Sheng: Tel. 62580000
› Jin Jiang: Tel. 96961
› Bashi: Tel. 96840
› Nong Gong Shang: Tel. 62145588
› Expo Taxi: Tel. 96822

Auf der Garden Bridge (s. S. 124)

Jin Jiang, Qiang Sheng und Da Zhong bieten für größere Gruppen **Großraumtaxis** an. Unter den Telefonnummern Tel. 62758800 (Jin Jiang) oder Tel. 62580000 (Qiang Sheng) lassen sich Fahrzeuge mieten, in denen bis zu zehn Personen Platz finden. Der Fahrpreis ist dabei der gleiche wie für die herkömmlichen Taxis, nur dass für die ersten drei Kilometer 5 ¥ hinzukommen. Da Zhong bietet unter der Nummer Tel. 82222 komfortable Limousinen für bis zu sieben Personen an.

Ein **Englisch sprechender Taxifahrer** mit hervorragenden Ortskenntnissen ist Chen Quan (David Chen) vom Unternehmen Jin Jiang. Man erreicht ihn unter der Nummer Tel. 13801929519 und kann mit ihm auch Tagestouren in die Umgebung organisieren. Unter der Telefonnummer Tel. 96965 gibt es zudem ein **Callcenter**, das alle 50.000 Taxis in Shanghai erfasst. Für anrufende Fahrgäste ist es heute immer möglich – auch wenn es bei Regen bislang fast unmöglich war, ein Taxi zu bekommen – das nächste freie Fahrzeug zu reservieren.

Bus

In Shanghai gibt es zurzeit mehr als 20 Busunternehmen mit mehr als 1200 Linien. Englische Fahrpläne existieren leider nicht, daher ist es für Reisende ohne Chinesischkenntnisse äußerst schwierig, die genaue Route zu finden. Fahrten mit den Stadtbussen sind aber die **preiswerteste und interessanteste Möglichkeit, Shanghai zu erkunden.**

Auch wenn die Situation sich langsam ändert, sind immer noch viele Busse veraltet, langsam, restlos überfüllt und vor den Haltestellen gibt es lange Warteschlangen und chaotisches Drängeln. Ältere Busse haben noch Sitze aus Holz und kosten 1 ¥, neuere klimatisierte Busse 2 ¥. Fährt man mit dem Bus, bietet sich einem auf der anderen Seite aber die **Möglichkeit, Shanghaier Alltag hautnah zu erleben.** Es lässt sich am Straßenrand so manche interessante Szene entdecken, die man aus der Metro oder aus dem Taxi auf einer der Stadtautobahnen nicht zu sehen bekommt. Unbedingt jedoch sollte man die Hauptverkehrszeiten

morgens und abends meiden! Mittlerweile verkehren auf vielen Routen **klimatisierte Busse**, die wesentlich komfortabler und nicht ganz so überfüllt sind. Gerade in den heißen Sommermonaten sind diese Linien wesentlich angenehmer. Ist man nicht im Besitz einer Shanghai Public Transportation Card (s. o.), sollte man genügend Kleingeld bereithalten, das man in eine Box wirft oder von einer Schaffnerin eingesammelt wird. Wechselgeld gibt es in der Regel nicht. Wer ein wenig auf Entdeckungstour gehen will, genügend Zeit hat und flexibel ist, trifft mit den Bussen eine gute Wahl. Und wenn man sich einmal verfahren hat und nicht mehr weiß, wie es weitergeht, springt man einfach in das nächste Taxi.

Ist man sich nicht sicher, welcher Bus denn nun wohin fährt, bekommt man unter der Infonummer Tel. 96900 Auskünfte auf Englisch. Unter derselben Nummer erhält man auch eine Fülle weiterer Informationen rund um den öffentlichen Nahverkehr in Shanghai.

Einige wichtige Buslinien in Shanghai

> **Die Linie 911: Quer durch Shanghai – von West nach Ost**

Die offenen Doppeldecker der 911 sind mit weitem Abstand die von Touristen und in der Stadt lebenden Ausländern frequentiertesten Busse. Die Linie 911 verbindet viele interessante Punkte Shanghais mit guter Aussicht und dem relativ angenehmen Komfort eines klimatisierten Doppeldeckers.

Der Startpunkt liegt im Westen Shanghais, kurz nach der Mündung der Wuzhong Lu in die Qixin Lu. Die Haltestelle ist benannt nach dem gewaltigen Wan Ke Cheng Shi Hua Yuan Compound. Von hier geht es mit der Linie 911 am Flughafen Hongqiao vorbei zur Yan'an Lu, weiter über die Hongqiao Lu vorbei am Shanghai Zoo in die Shuicheng Nanlu. Hier hat man neben den vielen Shoppingangeboten (u. a. ein Carrefour) auch die Möglichkeit, in die Linie 925 zum People's Square oder in die Linie 936 Richtung Pudong umzusteigen. Der Bus hält auf der Huaihai Lu an der Shanghai Library und einigen anderen Haltestellen, bis er schließlich auf die Renmin Lu stößt, dort rechts abbiegt und an der Ecke der Fuxing Lu (Metrostation Laoximen) seine Endstation erreicht.

Weitere Linien:
> **Linie 925** startet hinter dem Shanghai Museum ❻ von der Ringstraße um den People's Square und folgt der Yan'an Lu mit Stopps an allen wichtigen Querstraßen sowie der Pearl Line Station am Tianshan Gong Yuan, weiter über die Hongqiao Lu mit Halt an der Shuicheng Lu (Carrefour) zum Hongqiao Airport.

> **Linie 936**: Von Hongqiao über People's Square und Oriental Pearl Tower bis zur Pudong-Freihandelszone führt diese populäre Linie.

上海旅游集散中心, 中山南二路2409号
● **428** [bj] **Shanghai Sightseeing Bus Center**, 2409 Zhongshan Nan 2 Lu, Shanghai Indoor Stadium, Tel. 24095555, www.chinassbc.com. Weitere Filialen u. a. am Hongkou Football Stadium und an der Shanghai Railway Station. Das Shanghai Sightseeing Bus Center bietet mehr als 100 preiswerte Bustouren zu vielen Ausflugszielen und Sehenswürdigkeiten in der Umgebung.

> **Spring Tour** hat für 27 ¥ (Ticket gültig für 24 Stunden) auf zwei City-Sightseeing-Buslinien in roten Doppeldeckerbussen ebenfalls

Praktische Reisetipps
Verkehrsmittel

Stadttouren im Programm. Infos unter www.chinaspringtour.com

Bahn

Shanghai besitzt drei für Touristen interessante Bahnhöfe. Die **Shanghai Railway Station** [dg], die **Shanghai South Railway Station** [ak] und die recht neue **Hongqiao Railway Station**. Die wichtigsten Eisenbahnlinien sind die Jinghu Railway (Beijing – Shanghai) und die Shanghai-Hangzhou Railway (Hu Hang Line). Shanghai ist ohne Zweifel der bedeutendste Verkehrsknotenpunkt für den Zugverkehr mit sehr guten Verbindungen in alle Landesteile Chinas.

Die meisten Verbindungen gibt es von der Shanghai Railway Station. Dieser größte und älteste Bahnhof der Stadt ist an die Metrolinien 1, 3 und 4 angebunden. Verbindungen in den Süden Chinas und nach Hongkong gibt es ab der neuen, supermodernen Shanghai South Railway Station. Von hier starten auch viele Züge nach Hangzhou. Dieser moderne Bahnhof kann mit den Metrolinien 1 und 3 erreicht werden.

Die Hongqiao Railway Station wurde eigens für die neuen **Hochgeschwindigkeitszüge** (Bullet Trains, Typ G) mit Verbindungen zwischen Shanghai und Hangzhou, Nanjing, Suzhou, Wuxi, Fuzhou, Wenzhou, Nanchang, Xiamen, Beijing sowie einigen anderen Städten in China errichtet. Die Metrolinien 2 und 10 fahren zu diesem seit 2011 flächenmäßig größten Bahnhof Asiens.

Zugtickets bekommt man entweder am Bahnhof oder über ein Reisebüro. Normalerweise lässt sich an den Bahnhöfen zumindest ein Angestellter finden, der einige Brocken Englisch spricht. An der Shanghai Railway Station gibt es wie in der Metro zudem zahlreiche Fahrkartenautomaten mit englischsprachiger Menüführung – die einfachste und schnellste Methode, um an ein Ticket zu gelangen. Will man ganz sichergehen, wendet man sich bei längeren Fahrten durch China an ein Reisebüro und zahlt dort zusätzlich eine geringe Gebühr.

Für die chinesischen **Hochgeschwindigkeitszüge** der Typen C, D und G gibt es ausschließlich **personenbezogene Fahrkarten**. Ähnlich wie bei Flugtickets

> *Die Shanghai South Railway Station*

Praktische Reisetipps
Verkehrsmittel

ist der vollständige Name des Reisenden auf dem Ticket eingetragen und die Fahrscheine sind nicht auf andere Personen übertragbar. Ein Kauf der Tickets für diese Züge an Fahrscheinautomaten ist nicht möglich. Beim Kauf am Schalter und während der Reise müssen sich auch ausländische Reisende mit einem gültigen Reisedokument (Reisepass) ausweisen können.

Grundsätzlich gibt es sieben Klassen: **First Class Seat** und **Second Class Seat** gibt es ausschließlich in den Hochgeschwindigkeitszügen CRH (Chinese Railway High-Speed) der Serie EMU (Electric Multiple Unit), die auch auf den Strecken Shanghai – Hangzhou und Shanghai – Suzhou verkehren. Der Komfort der jeweiligen Sitzkategorie entspricht dem eines deutschen ICE. **Hardseater** sind die billigsten Plätze in häufig überfüllten Waggons mit harten Holzsitzen und für längere Reisen (vor allem bei Nachtfahrten) nicht zu empfehlen. **Softseater** gibt es auf einigen Strecken, z. B. zwischen Shanghai und Hangzhou, und sind für kurze Entfernungen durchaus ausreichend. Die Kategorie **Hardsleeper** ist für Nachtreisen vollkommen ausreichend. Es handelt sich hierbei um offene Abteile mit sechs engen Betten, so kommt man während der Reise gut mit chinesischen Mitreisenden ins Gespräch. Achtung: Hardsleeperplätze sind an Feiertagen oft ausgebucht. **Softsleeper** bilden die Luxusklasse und sind verhältnismäßig teuer. Es handelt sich um bequeme Abteile für zwei oder vier Personen, ein Ticket dieser Kategorie kostet fast genauso viel wie ein Flugticket. **Luxury Soft Sleeper** gibt es auf einigen wenigen Strecken wie Beijing – Lhasa oder Shanghai – Hongkong.

Nach Beijing gibt es Nachtzüge ab Shanghai Railway Station. Diese fahren abends ab 19 Uhr in einem Intervall von 10 bis 15 Minuten und erreichen Beijing am nächsten Morgen zwischen 7 und 8 Uhr (Softsleeper-Preis: ca. 500 ¥). Chinesische Züge sind sehr pünktlich und verkehren zwischen allen großen Städten Chinas.

Die Tickets werden bei Betreten des Bahnhofs kontrolliert und das Gepäck wie auf Flughäfen durchleuchtet. Eine zweite Kontrolle erfolgt beim Betreten des Bahnsteigs, eine dritte dann beim Einsteigen in den Zug. Auf jedem Zugticket sind die Nummer des Waggons und die Platznummer vermerkt. **Achtung:** Man muss die Tickets auf jeden Fall aufbewahren, da beim Verlassen des Bahnsteigs nochmal kontrolliert wird und man ansonsten das Ticket nochmals bezahlen muss!

上海火车站, 秣陵路303号, 近天目西路
●**429** [dg] **Shanghai Railway Station,**
303 Moling Lu, Tianmu Xilu, Tel. 63179090 (Info-Hotline), Tickets Tel. 8008207890 und 95109105

上海南站, 沪闵路289号
●**430** [ak] **Shanghai South Railway Station,**
289 Humin Lu, Tel. 645110390 und 63179090 (Info-Hotline)

上海虹桥站
●**431 Shanghai Hongqiao Railway Station,**
S20 Outer Ring Expressway,
Tel. 95109105 (Tickets)

Anhang

Glossar

- **Baijiu:** Báijiǔ ist ein auf Getreidebasis hergestellter chinesischer Schnaps, es wird hauptsächlich Hirse verwendet (ähnlich Kornbrand und Wodka).
- **Baozi:** Das chinesische Nationalgericht besteht aus kleinen Klößen aus Hefe- oder Reisteig, die mit Gemüse, Fleisch oder Fisch gefüllt sind. Die Klöße werden in einem Korb aus Bambus gedämpft und den ganzen Tag über gegessen, häufig schon zum Frühstück.
- **Bei:** Nord
- **Binguan:** Touristenhotel
- **Boxeraufstand:** ausländerfeindlicher Aufstand in China 1899–1901
- **Canting:** Restaurant
- **Chiang Kai-shek:** Chinesischer Politiker und Militärführer während der Zeit der chinesischen Bürgerkriege. Er war Präsident der Republik China, Führer der Kuomintang und Antikommunist (1887–1975).
- **CITS:** China International Travel Service
- **CYTS:** China Youth Travel Service
- **Dadao:** Boulevard
- **Deng Xiaoping:** Zwischen 1976 und 1997 der chinesische Staatspräsident (1904–1997). Unter seiner Führung entwickelte sich China zu einer der schnellstwachsenden Volkswirtschaften der Welt.
- **Dong:** Ost
- **Falun Gong:** Eine aus China stammende neue religiöse Bewegung auf der Basis von Qi Gong (siehe unten). Falun Gong wurde im Jahre 1992 in der Volksrepublik China bekannt und hat sich seitdem weltweit verbreitet. Hauptwerk ist das vom Gründer Li Hongzhi verfasste Buch „Zhuan Falun". Falun Gong wurde 1999 im Westen durch das Verbot in China und die darauf folgende staatliche Verfolgung bekannt.
- **Fandian:** Hotel bzw. Restaurant
- **Fen:** Kleinste Einheit der chinesischen Währung Renminbi, 100 Fen sind ein Yuan.
- **Gongyuan:** öffentlicher Park
- **Han:** größte der 57 Nationalitäten Chinas (benannt nach der Han-Dynastie)
- **Hu:** See
- **Jiao:** Währungseinheit, 10 Jiao sind ein Yuan.
- **Jiaozi:** Gekochte Teigtaschen mit Fleisch- oder Gemüsefüllung, häufig zu einer Mondsichel geformt.
- **Jie:** Straße
- **Jiudian:** Hotel
- **Kaiserkanal:** Der Kaiserkanal ist der längste jemals von Menschenhand geschaffene Wasserweg. Er verbindet auf einer Länge von 1800 km Hangzhou mit dem Norden Chinas und endet in Peking. Der Bau des Kaiserkanals wurde bereits vor über 2500 Jahren begonnen, aber erst 1200 Jahre später gab es einen von Hangzhou bis Luoyang durchgehend schiffbaren Kanal. Der Kanal diente als Transportweg der südlichen Provinzen und als Transportweg für die kaiserlichen Truppen.
- **Kalligrafie:** Die Kunst des „Schönschreibens" von Hand mit Feder, Pinsel, Tinte oder anderen Schreibutensilien. In China ist Kalligrafie eine Kunst und steht in einem engen Zusammenhang mit der chinesischen Malerei.
- **Kuai:** umgangssprachlich für die Währungseinheit Yuan
- **KPCh:** Kommunistische Partei Chinas

Glossar

› **Kulturrevolution:** Kommunistische Bewegung zwischen den Jahren 1966 und 1976, die von Mao Zedong ausgelöst wurde, um dessen Macht in der kommunistischen Partei zu behaupten und sein Lebenswerk, die Revolution, zu retten. Mao befürchtete, dass in China eine revisionistische Entwicklung nach Vorbild der Sowjetunion einsetzen könnte.

› **Kuomintang:** chinesische Nationalpartei unter Führung von Chiang Kai-shek und dominierende politische Kraft nach dem Fall der Qing-Dynastie

› **Longtang:** Gasse

› **Lu:** Straße

› **Mao Zedong:** Mitbegründer der Volksrepublik China (1893–1976). Nach der Ausrufung der Volksrepublik als unabhängiger und kommunistischer Staat am 1. Oktober 1949 lenkte Mao Zedong als Vorsitzender der Kommunistischen Partei Chinas fast 30 Jahre lang in diktatorischer Manier das Land.

› **Miao:** Tempel

› **Nan:** Süd

› **PRC:** Abkürzung für „People's Republic of China" (Volksrepublik China)

› **Qiao:** Brücke

› **Qi Gong:** Chinesische Meditations-, Konzentrations- und Bewegungsform zur Stärkung von Körper und Geist. Qi Gong ist auch ein Teil der Traditionellen Chinesischen Medizin (TCM).

› **Qipao:** Traditionelles chinesisches Frauenkleid aus Seide oder Satin. Wird zu besonderen Anlässen und Feierlichkeiten getragen.

› **Renmin:** Volk

› **Renminbi:** Name der chinesischen Währung (Volkswährung), Einheiten: 1 Yuan = 100 Fen

› **Shakyamuni:** Der Beiname „Shakyamuni" bezieht sich auf die Herkunft des Siddhartha Gautama und bedeutet „der Weise aus dem Geschlecht von Shakya".

› **Shan:** Berg

› **Shikumen:** Steintor

› **Si:** Tempel

› **Sun Yat-sen:** Dr. Sun Yat-sen (1866–1925) war Vorkämpfer der chinesischen demokratischen Revolution, Gründer der Kuomintang und erster provisorischer Präsident der Republik China. In China wird er als Gründer des modernen China verehrt.

› **Ta:** Pagode (auch Baota)

› **Taiping-Rebellion:** Der Taiping-Aufstand (1851–1864) ging als einer der blutigsten Konflikte in die chinesische Geschichte ein. In diesem Konflikt zwischen dem Kaiserreich China der Qing-Dynastie und einer Sekte um Hong Xiuquan starben vermutlich mehr als 30 Millionen Menschen. Der Aufstand ist nach dem Taiping Tianguo benannt, dem „Himmlischen Königreich des vollkommenen Friedens", das von den Aufständischen gegründet wurde.

› **Tang:** Kirche

› **Xi:** West(en)

› **Yuan:** größte Einheit der chinesischen Währung Renminbi

› **Zhong:** Mitte (beispielsweose auch bei Straßennamen)

› **Zhou Enlai:** Erster Außenminister der Volksrepublik China (1949–1958). Zhou Enlai gehörte zu den wichtigsten Politikern der Kommunistischen Partei des Landes und der Volksrepublik Chinas und zu den Gründern der chinesischen Volksbefreiungsarmee (1898–1976).

Zweisprachige Ortsliste

Shanghai 上海

Stadtbezirke in Shanghai

Baoshan	宝山区
Changning	长宁区
Chongming	崇明县区
Fengxian	奉贤区
Hongkou	虹口区
Huangpu	黄浦区
Jiading	嘉定区
Jing'an	静安区
Jinshan	金山区
Luwan	卢湾区
Minhang	闵行区
Nanhui	南汇区
Pudong	浦东新区
Putuo	普陀区
Qingpu	青浦区
Songjiang	松江区
Xuhui	徐汇区
Yangpu	杨浦区
Zhabei	闸北区

Orte in der Umgebung

Suzhou	苏州
Hangzhou	杭州
Anting	安亭
Jiading	嘉定
Jinze	金泽
Luzhi	甪直
Qingpu	青浦
Songjiang	松江
Zhujiajiao	朱家角
Zhouzhuang	周庄

Plätze und Straßen in Shanghai

Bund	外滩
Century Park	世纪公园
Renmin Guang Chang	人民广场
Shanghai Railway Station	上海火车站
Shanghai South Station	上海南站
Shanghai Stadium	上海体育馆
Xintiandi	新天地
Zhongshan Park	中山公园
Anren Lu	安仁路
Anting Lu	安亭路
Anyi Lu	安義路
Anyuan Lu	安远路
Aomen Lu	澳门路
Baoqing Lu	宝庆路
Beijing Xilu	北京西路
Beijing Donglu	北京东路
Biyun Lu	碧云路
Caobao Lu	漕宝路
Caoxi Beilu	漕溪北路
Changle Lu	长乐路
Changning Lu	长宁路
Changshou Lu	长寿路
Changshu Lu	常熟路
Changyang Lu	长阳路
Chengdu Beilu	成都北路
Chengdu Nanlu	成都南路
Chongqing Beilu	重庆北路
Chongqing Zhonglu	重庆中路
Chongqing Nanlu	重庆南路
Daduhe Lu	大渡河路
Daming Lu	大名路
Dingxi Lu	定西路
Dingxiang Lu	丁香路
Dongdaming Lu	东大名路
Donghu Lu	东湖路
Dongjiangwan Lu	东江湾路
Dongmen Lu	东门路
Dongping Lu	东平路
Dongtai Lu	东台路
Duolun Lu	多伦路
Fangbang Zhonglu	方浜中路
Fangdian Lu	芳甸路
Fenghe Lu	丰和路

Zweisprachige Ortsliste

Fengxian Lu	奉贤路	Jinfeng Lu	金丰路
Fenyang Lu	汾阳路	Jinling Donglu	金陵东路
Fucheng Lu	富城路	Jinling Xilu	金陵西路
Fujian Beilu	福建北路	Jinshajiang Lu	金沙江路
Fujian Zhonglu	福建中路	Jiujiang Lu	九江路
Fujian Nanlu	福建南路	Jiujiaochang Lu	旧校场路
Fumin Lu	富民路	Julu Lu	巨鹿路
Fuxing Xilu	复兴西路	Keyuan Lu	科苑路
Fuxing Zhonglu	复兴中路	Lantian Lu	蓝天路
Fuxing Donglu	复兴东路	Liuzhou Lu	柳州路
Fuyou Lu	福佑路	Longhua Lu	龙华路
Fuzhou Lu	福州路	Longwu Lu	龙吴路
Gao'an Lu	高安路	Longyang Lu	龙阳路
Gaolan Lu	皋兰路	Luban Lu	鲁班路
Guangdong Lu	广东路	Lujiabang Lu	陆家浜路
Guangyuan Lu	广元路	Lujiazui Xilu	陆家嘴路
Guohuo Lu	国货路	Madang Lu	马当路
Handan Lu	邯郸路	Maoming Beilu	茂名北路
Hankou Lu	汉口路	Maoming Nanlu	茂名南路
Henan Beilu	河南北路	Mingsheng Lu	明盛路
Henan Zhonglu	河南中路	Moganshan Lu	莫干山路
Henan Nanlu	河南南路	Moling Lu	秣陵路
Hengshan Lu	衡山路	Nanchang Lu	南昌路
Hongfeng Lu	红枫路	Nandan Lu	南丹路
Hongmei Lu	虹梅路	Nanjing Xilu	南京西路
Hongqiao Lu	虹桥路	Nanjing Donglu	南京东路
Hongxu Lu	虹许路	Nanyang Lu	南阳路
Huaihai Xilu	淮海西路	Panyu Lu	番禺路
Huaihai Zhonglu	淮海中路	Puxi Lu	蒲西路
Huaihai Donglu	淮海东路	Renmin Lu	人民路
Huanghe Lu	黄河路	Ruijin 1 Lu	瑞金一路
Huangpi Nanlu	黄陂南路	Ruijin 2 Lu	瑞金二路
Huangpu Lu	黄浦路	Shanxi Beilu	山西北路
Huashan Lu	华山路	Shanxi Nanlu	山西南路
Huayuan Lu	花园路	Shaoxing Lu	绍兴路
Hubin Lu	湖滨路	Shiji Dadao	世纪大道
Humin Lu	沪闵路	Shilong Lu	石龙路
Jiangning Lu	江宁路	Shimen 1 Lu	石门一路
Jiangsu Lu	江苏路	Shimen 2 Lu	石门二路
Jianguo Xilu	建国西路	Shuicheng Nanlu	水城南路
Jiangxi Beilu	江西北路	Sichuan Beilu	四川北路
Jiangxi Zhonglu	江西中路	Sichuan Zhonglu	四川中路
Jiangxi Nanlu	江西南路	Sichuan Nanlu	四川南路

Zweisprachige Ortsliste

Sinan Lu	思南路	Xujiahui Lu	徐家汇路
Siping Lu	四平路	Yan'an Xilu	延安西路
Songshan Lu	嵩山路	Yan'an Zhonglu	延安中路
Taikang Lu	泰康路	Yan'an Donglu	延安东路
Taicang Lu	太仓路	Yanchang Lu	延长路
Taojiang Lu	桃江路	Yandang Lu	雁荡路
Tianai Lu	甜爱路	Yanggao Zhonglu	杨高中路
Tianping Lu	天平路	Yanggao Nanlu	杨高南路
Tianyaoqiao Lu	天钥桥路	Yangshupu Lu	杨树浦路
Tongchuan Lu	铜川路	Yichang Lu	宜昌路
Tongren Lu	铜仁路	Yincheng Beilu	银城北路
Wanping Lu	宛平路	Yongfu Lu	永福路
Weihai Lu	威海路	Yongjia Lu	永嘉路
Wenmiao Lu	文庙路	Yueyang Lu	岳阳路
Wuding Xilu	武定西路	Yunnan Beilu	云南北路
Wujiang Lu	吴江路	Yunnan Zhonglu	云南中路
Wulumuqi Beilu	乌鲁木齐北路	Yunnan Nanlu	云南南路
Wulumuqi Zhonglu	乌鲁木齐中路	Yuqing Lu	余庆路
Wulumuqi Nanlu	乌鲁木齐南路	Zaoyang Lu	枣阳路
Wuning Lu	武宁路	Zhaojiabang Lu	肇嘉浜路
Wuxing Lu	吴兴路	Zhapu Lu	乍浦路
Wuzhong Lu	吴中路	Zhejiang Beilu	浙江北路
Xiangyang Beilu	襄阳北路	Zhejiang Zhonglu	浙江中路
Xiangyang Nanlu	襄阳南路	Zhejiang Nanlu	浙江南路
Xianxia Lu	仙霞路	Zhonghua Lu	中华路
Xingye Lu	兴业路	Zhongshan Bei 1 Lu	中山北一路
Xingyi Lu	兴义路	Zhongshan Bei 2 Lu	中山北二路
Xinhua Lu	新华路	Zhongshan Nan 1 Lu	中山南一路
Xinle Lu	新乐路	Zhongshan Nan 2 Lu	中山南二路
Xinzha Lu	新闸路	Zhongshan Xilu	中山西路
Xinzhen Lu	新镇路	Zhongshan Dong 1 Lu	中山东一路
Xizang Beilu	西藏北路	Zhongshan Dong 2 Lu	中山东二路
Xizang Zhonglu	西藏中路	Zizhong Lu	自忠路
Xizang Nanlu	西藏南路	Zunyi Lu	遵义路

Sehenswürdigkeiten

Aquaria 21	上海长风海洋世界	Shànghǎi Changfeng Haiyáng Shijie
Bund	外滩	Wàitān
Bund Tourist Tunnel	外滩观光隧道	Waitan Guanguang Suidao

Zweisprachige Ortsliste

Deutsch	中文	Pinyin
Botanischer Garten	上海植物园	Shànghǎi Zhíwùyuán
Century Park	世纪公园	Shiji Gongyuán
Changfeng Ocean World	长风公园	Changfeng Gongyuán
Fuxing Park	复兴公园	Fuxing Gongyuán
Gedenkpark der Märtyrer	龙华烈士陵园	Lónghuá Lièshì Língyuán
Gründungsstätte der KPCh	中共一大会址	Zhonggong Yida Huizhi
Jade Buddha Tempel	玉佛禅寺	Yùfó Chán Sì
Jin Mao Tower	金茂大厦	Jīn Mào Dàshà
Jing'an Tempel	静安寺	Jìng'ān Sì
Konfuziustempel	上海文庙	Wén Miào
Longhua Tempel	龙华寺	Lónghuá Sì
Lu Xun Park	鲁迅公园	Lǔ Xùn Gongyuán
Nanjing Donglu	南京东路	Nánjīng Dōnglù
Natural Wild Insect Kingdom	大自然野生昆虫馆	Shànghǎi Daziran Yesheng Kunchong Guan
Oriental Pearl Tower	东方明珠塔	Dōngfāng Míngzhūtǎ
Residenz Sun Yat-sen	中山故居	Sun Zhongshan Gùju Jìniànguan
Residenz Zhou Enlai	周公馆	Zhou Gong Guan
Shanghai Altstadt	南市区	Nánshì Qū
Shanghai Ocean Aquarium	上海海洋水族馆	Shànghǎi Haiyáng Shuizú Guan
Soong Qingling Mausoleum	宋庆龄故居	Song Qingling Lingyuan
Stadtgott-Tempel	上海城隍庙	Chénghuáng Miào
Wild Animal Park	上海野生动物园	Shànghǎi Yesheng Dòngwùyuán
World Financial Centre	上海环球金融中心	Shànghǎi Huánqiú Jinróng Zhōngxīn
Yu Garten	豫园	Yù Yuán
Zhongshan Park	中山公园	Zhongshan Gongyuán
Zoo Shanghai	上海动物园	Shànghǎi Dòngwùyuán

Museen

Deutsch	中文	Pinyin
Shanghai Duolun Modern Art Museum	上海多伦现代艺术博物馆	Shànghǎi Duolun Xian Dai Yi Shu Bowuguan
Museum of Contemporary Art (MoCA)	上海当代艺术馆	Shànghǎi Dangdai Yishu Guan
Shanghai Art Museum	上海美术馆新馆	Shànghǎi Meishùguan
Lu Xun Memorial Hall	鲁迅纪念馆	Lǔ Xùn Jìniànguǎn
Stadtplanungsmuseum	上海城市规划展示馆	Shànghǎi Chéngshì Guihuà Zhanshiguan
Shanghai Museum	上海博物馆	Shànghǎi Bówùguǎn

Shanghai Museum of Arts and Crafts	上海工艺美术馆	Shànghǎi Gongyi Meishu Bówùguǎn
Zendai Museum of Modern Art	证大现代艺术馆	Zendai Xian Dai Yi Shu Bowuguan
Shikumen Open House	石库门屋里厢博物馆	Wu Li Xiang Bo Wu Guan
Museum für Stadtgeschichte	上海市历史博物馆	Shànghǎi Shi Lishi Chenlieguan
Science- und Technologymuseum	上海科技博物馆	Shànghǎi Kejì Guan
Madame Tussaud's Museum	上海杜莎夫人蜡像馆	Dusha Furen Laxiangguan

Kirchen

International Community Church	衡山社区教堂	Guoji Libai Tang
Moore Memorial Church	沐恩堂	Mu'en Tang
Ohel Moishe Synagoge	摩西会堂	Moxi Huitang
Ohel Rachel Synagoge	西摩路会堂	Youtai Jiaotang
Russisch-Orthodoxe Kirche St. Nikolas	东正教堂	Dong Zheng Jiao Tang
Russisch-Orthodoxe Missionskirche	东正大教堂	Dong Zheng Da Jiao Tang
Xujiahui Kathedrale	徐家汇天主教堂	Xújiahuì Tianzhutáng

Kleine Sprachhilfe Chinesisch

Umschrift Pinyin: Pinyin ist die offizielle Romanisierung des Hochchinesischen und wird in diesem CityTrip PLIS verwendet.

Besonderheiten der PINYIN-Aussprache

c	wie deutsches z, aber stark behaucht (ts)
e	kurzes deutsches e wie in nett
h	ch wie in ich
j	wie dsch in Dschungel
q	deutsch tsch wie in Quatsch
r	wie englisch R
s	scharfes s, wie deutsches ß in Gruß
u	wie deutsches u, nach y, j, q und x wie ü
x	deutsches ch in ich
y	wie deutsches j
z	ähnlich wie ds
ch	wie tsch in Matsch
sh	ähnlich wie deutsches sch
zh	wie dsch in Dschungel
ai	wie ei in Eins oder Mai
ao	wie deutsch au
ou	ähnlich wie in Bowling

+++ NEU: Die wichtigsten Wörter mit dem Bonus-Audiotrack des Kauderwelsch-

Kleine Sprachhilfe Chinesisch

Tonhöhen

Es werden Töne für die Unterscheidung von Bedeutungen benutzt. Im Hochchinesischen gibt es 5 Töne, der „leichte Ton" wird aber oft nicht gezählt und man spricht von 4 Tönen. Beim ersten Ton bleibt die Stimme gleichmäßig hoch (ā), beim zweiten Ton steigt die Tonhöhe an (á), beim dritten fällt die Stimme erst ab, um dann leicht anzusteigen (ǎ), beim vierten fällt die Stimme (à).

Die wichtigsten Floskeln und Redewendungen

Guten Tag	你好	nǐ hǎo
Guten Morgen	早上好	zǎo shàng hǎo
Gute Nacht	晚安	wǎn ān
Hallo!	喂	wèi
Willkommen!	欢迎光临	huān yíng guāng lín
Wie geht's?	你好吗	nǐ hǎo ma?
Auf Wiedersehen!	再见	zài jiàn
Ich heiße…	我叫	wǒ jiào
Wie heißen Sie?	贵姓	guì xìng?
Sprechen Sie …	你说	nǐ shuō
…Deutsch?	德文吗	dé wén ma?
…Englisch?	英文吗	yīng wén ma?
Bitte geben Sie mir …	请给我	qǐng géi wǒ
Ich verstehe nicht.	我听不懂	wǒ tīng bù dǒng
Ich möchte nicht.	不要	bú yào
Ich möchte nach …	我要去	wǒ yào qù…
Danke	谢谢	xiè xie
Entschuldigung	对不起	duì bù qǐ
Ich bin …	我是…	wǒ shì…
Deutscher	德国人	dé guó rén
Österreicher	奥地利人	ào dì lì rén
Schweizer	瑞士人	ruì shì rén
Amerikaner	美国人	měi guó rén
Ja	是的	shì de
Nein	不是的	bù shì de

Wichtige Fragen

Haben Sie …?	你有 … 吗？	ni you … ma?
Gibt es …?	这里是？	zhe li shi?
Wieviel kostet das?	多少钱？	duō shǎo qián?
Was ist das?	那是什么？	na shi shen me?

AusspracheTrainers auf PC oder Smartphone lernen (siehe Umschlag hinten) +++

Anhang
Kleine Sprachhilfe Chinesisch

Wo ist / befindet sich ...	在哪里 ...?	zai na li ...?
Wo kann man ... kaufen?	我在哪里能买到 ...?	wo zai na li neng mai dao ...?
Ist das der Zug nach ...?	这是到 ... 的火车吗？	zhe shi dao ... de huo che ma?

Allgemeines

Eingang	入口	rùkǒu
Ausgang	出口	chūkǒu
China	中国	zhōngguó
Straße	路	lù
Gasse	街	jiē
Zentrum	中心	zhōngxīn

Fragewörter

Wer?	谁	shuí?
Was?	什么	shén me?
Wann?	什么时候	shén me shí hou
Wo?	在哪里	zài nálǐ?
Warum?	为什么	wèi shén me?
Wie lange?	多长时间	duōcháng shíjiān
Wie viel(e)	多少	duō shǎo
Wie?	怎么样	zěn me yàng

Personalpronomen

Ich	我	wǒ	Wir	我们	wǒmen
Du	你	nǐ	Ihr	你们	nǐmen
Er/Sie/Es	他/她/它	tā	Sie	他们	tāmen

Wochentage

Montag	星期一	xīng qī yī
Dienstag	星期二	xīng qī èr
Mittwoch	星期三	xīng qī sān
Donnerstag	星期四	xīng qī sì
Freitag	星期五	xīng qī wǔ
Samstag	星期六	xīng qī liù
Sonntag	星期天	xīng qī tiān

Zeitangaben

Heute	今天	jīn tiān
Morgen	明天	míng tiān
Übermorgen	后天	hòu tiān
Gestern	昨天	zuó tiān
Stunde	小时	xiǎo shí
Tag	天	tiān
Täglich	每天	měi tiān
Woche	星期	xīng qī
Nächste Woche	下个星期	xià gè xīng qī
Letzte Woche	上个星期	shàng gè xīng qī
Monat	月	yuè
Jahr	年	nián
Nächstes Jahr	来年	lái nián
Wie viel Uhr?	几点	jǐ diǎn
Morgens	早上	zǎo shàng
Abends	晚上	wǎn shàng
Nachts	夜间	yè jiān

Monate

Januar	一月	yī yuè
Februar	二月	èr yuè
März	三月	sān yuè
April	四月	sì yuè
Mai	五月	wǔ yuè
Juni	六月	liù yuè
Juli	七月	qī yuè
August	八月	bā yuè
September	九月	jiǔ yuè
Oktober	十月	shí yuè
November	十一月	shí yī yuè
Dezember	十二月	shí èr yuè

Zahlen

1	一	yī	8	八	bā
2	二	èr	9	九	jiǔ
3	三	sān	10	十	shí
4	四	sì	11	十一	shí yī
5	五	wǔ	12	十二	shí èr
6	六	liù	13	十三	shí sān
7	七	qī	20	二十	èr shí

Anhang
Kleine Sprachhilfe Chinesisch

21	二十一	èr shí yī
22	二十二	èr shí èr
23	二十三	èr shí sān
30	三十	sān shí
100	一百	yī bǎi

200	两百	liǎng bǎi
300	三百	sān bǎi
1000	一千	yī qiān
10000	一万	yī wàn

Im Taxi

Taxi	出租车	chū zū chē
links	左边	zuǒ biān
rechts	右边	yòu biān
links abbiegen	左拐	zuǒ guǎi
rechts abbiegen	右拐	yòu guǎi
anhalten/Stopp	停	tíng
geradeaus	一直	yī zhí
geradeaus	往前	wǎng qián
Nach ...	到	dào
Wir sind angekommen.	到了	dào le
Taxiquittung	发票	fā piào
Fahr zum Flughafen.	去机场	qù jī chǎng
Fahr zum Bahnhof.	去火车站	qù huǒ chē zhàn

Im Hotel

Einzelzimmer	单人房间	dān rén fáng jiān
Doppelzimmer	双人房间	shuāng rén fáng jiān
Schlafsaal	多人房间	duō rén fáng jiān
Toilettenpapier	卫生纸	wèi shēng zhǐ
Toilette	厕所	cè suǒ
Dusche	淋浴	lín yù
Badewanne	浴缸	yù gāng
Fernseher	电视机	diàn shì jī
Klimaanlage	空调	kōng tiáo

Die wichtigsten Begriffe Im Restaurant

Diverses

Teller	盘子	pán zi
Schale (Suppe)	汤碗	tāng wǎn
Zahnstocher	牙签	yá qiān
Servietten	餐巾纸	cān jīn zhǐ
Gabel	叉子	chā zi

Kleine Sprachhilfe Chinesisch

Deutsch	中文	Pinyin
Messer	刀子	dāo zi
Löffel	调羹	tiáo gēng
Essstäbchen	筷子	kuài zi
Speisekarte	菜单	cài dān
Prost	干杯	gān bēi
Ich esse mit Stäbchen.	我用筷子	wǒ yòng kuāi zi
Ich brauche Gabel und Messer.	请给我刀叉	qǐng geǐ wǒ dāo chā
Wo ist die Toilette?	厕所在哪里？	cè suǒ zài nǎ lǐ?
Ich bin Vegetarier.	我吃素	wǒ chī sù
Ist es möglich, einen separaten Raum zu bekommen?	这里有包房吗？	zhè lǐ yǒu bāo fáng ma?
Herr Ober!	服务员！	fú wù yuán
Bezahlen, bitte	买单	mǎi dān
Die Rechnung, bitte.	请买单	qǐng mǎi dān
Eine Quittung, bitte.	请开发票	qǐng kaī fā piào

Getränke

Deutsch	中文	Pinyin
Bier	啤酒	pí jiǔ
Kaffee	咖啡	kā fēi
Cappuccino	卡布奇诺	kǎ bù qí nuò
Espresso	浓咖啡	nóng kā fēi
Tee	茶	chá
Grüner Tee	绿茶	lù chá
Jasmintee	茉莉花茶	mò li huā chá
Schwarzer Tee	红茶	hóng chá
Milch	牛奶	niú nǎi
Wein	葡萄酒	pú táo jiǔ
Rotwein	红葡萄酒	hóng pú táo jiǔ
Weißwein	白葡萄酒	bái pú táo jiǔ
Whisky	威士忌	wēi shì jì
Apfelsaft	苹果汁	píng guǒ zhī
Orangensaft	橘汁	jú zhī
Wassermelonensaft	西瓜汁	xī guā zhī
Mineralwasser	矿泉水	kuàng quán shuǐ
Sprite	雪碧	xuě bì
Cola	可乐	kě lè
Cola Light	健怡可乐	jiàn yí kě lè
1 Dose	一罐	yī guàn
1 Flasche	一瓶	yī píng
1 Glas	一杯	yī bēi

Fisch und Meeresfrüchte

Garnele	虾	xiā
Flusskrebs	淡水龙虾	dàn shuǐ lóng xiā
Krabben	肉蟹	ròu xiè
Tintenfisch	鱿鱼	yóu yú
Krebs, gedämpft	清蒸大闸蟹	qīng zhēng dà zhá xiè
Jakobsmuschel	扇贝	shàn bèi
Hummer, gebraten in Sojasoße	红烧大虾	hóng shāo dà xiā
Garnelen (Shrimps), gekocht	盐水虾	yán shuǐ xiā
Garnelen (Shrimps), frittiert	软炸虾仁	ruǎn zhá xiā rén
Fisch, süß-sauer	糖醋鱼	táng cù yú
Fisch, gebraten	干烧鱼	gān shāo yú
Fisch in Sojasoße	红烧鱼	hóng shāo yú

Geflügel und Fleisch

Huhn	鸡	jī
Ente	鸭子	yā zi
Wurst	香肠	xiāng cháng
Schweinefleisch	猪肉	zhū ròu
Rindfleisch	牛肉	niú ròu
Lammfleisch	羊肉	yáng ròu
Steak	牛排	niú pái
Schinken	火腿	huǒ tuǐ
Speck	熏肉	xūn ròu

Hauptgerichte

Huhn mit Cashewnüssen	腰果鸡丁	yāo guǒ jī dīng
Huhn mit Erdnüssen nach Sichuan-Art	宫爆鸡丁	gōng bào jī dīng
Huhn Sichuan	辣子鸡丁	là zi jī dīng
Hühnerbrust	鸡胸肉	jī xiōng ròu
Hühnerfilet in süß-saurer Zitronensauce	酸甜柠烘鸡	suān tián níng hōng jī
Hühnerschenkel, gebraten	鸡腿	jī tuǐ
Peking-Ente	北京烤鸭	běi jīng kǎo yā
Schweinefleisch mit verschiedenem Gemüse	鱼香肉丝	yú xiāng ròu sī
Schweinsrippchen	京爆排骨	jīng bào pái gǔ
Schweinshaxe	红烧蹄膀	hóng shāo tí pàng
Schweinefleisch mit Erdnüssen	宫爆猪肉片	gōng bào zhū ròu piàn
Schweinefleisch Sichuan	辣子猪肉丁	là zi zhū ròu dīng
Schweinefleisch, geröstet	红烧猪肉	hóng shāo zhū ròu

Schweinefleisch in Sojasoße	京酱猪肉丝	jīng jiàng zhū ròu sī
Rindfleisch in Zwiebelsoße	洋葱牛肉	yáng cōng niú ròu
Rindfleisch in Austernsoße	蚝油牛柳	háo yóu niú liǔ
Rindfleisch mit Omelett	滑蛋牛肉	huá dàn niú ròu
Rindfleisch mit Paprika	青椒牛肉	qīng jiāo niú ròu
Trockenes Rindfleisch, gebraten	干煸牛肉丝	gān biān niú ruò sī
Hamburger	汉堡	hàn bǎo
Fleischklösschen	贡丸	gòng wán

Beilagen

Reis	米饭	mǐ fàn
Nudeln	面条	miàn tiáo
Gebratener Reis	炒饭	chǎo fàn
Gebratene Nudeln	炒面	chǎo miàn
Suppe	汤	tāng
Nudeln in Suppe mit Rindfleisch	牛肉面	niú ròu miàn
Reis, gebraten mit Ei	蛋炒饭	dàn chǎo fàn
Reis, gebraten mit Gemüse	扬州炒饭	yáng zhōu chǎo fàn
Nudeln mit scharfer Soße	担担面	dān dān miàn
Nudeln in Suppe mit Schweinefleisch	大排面	dà pái miàn
Weißer Reis	米饭	mǐ fàn
Reisnudeln	粉丝	fěn sī

Spezialitäten

Gefüllte Teigtaschen, gebraten	锅贴/煎饺	guō tiē / jiān jiǎo
Gefüllte Teigtaschen, gekocht	饺子	jiǎo zi
Gefüllte Teigtaschen mit Ei	蛋饺	dàn jiǎo
Gebratener Reis mit Gemüse und Soße	三鲜锅巴	sān xiān guō bā
Gebratene Hackfleischbällchen	焦熘丸子	jiāo liū wán zi
Tofu, kalt	冻豆腐	dòngdòufu
Hotpot	火锅	huǒ guō

Suppen und Vorspeisen

Hühnersuppe	鸡汤	jī tāng
Kürbissuppe	冬瓜汤	dōng guā tāng
Entensuppe	老鸭汤	lǎo yā tāng
Frühlingsrolle	春卷	chūn juǎn

Gemüse und Obst

Spargel	芦笋	lú sǔn
Gurke	黄瓜	huáng guā
Karotte	胡萝卜	hú luó bo
Sellerie	芹菜	qín cài
Chinakohl	大白菜	dà bái cài
Mais	玉米	yù mǐ
Spinat	菠菜	bō cài
Tomate	西红柿	xī hóng shì
Zwiebel	洋葱	yáng cōng
Broccoli mit Knoblauch	蒜茸花椰菜	suàn róng huā yē cài
Rosenkohl, gebraten	炒菜花	cháo cài huā
Kohlgemüse mit Pilzen	香菇菜心	xiāng gū cài xīn
Auberginen in Sojasoße	红烧茄子	hóng shāo qié zi
Bohnensprossen	炒豆芽	chǎo dòu yá
Erbsen, gebraten	炒荷兰豆	chǎo hé lán dòu
Gebratenes grünes Gemüse	青菜	qīng cài
Sojasprossen, frittiert	青炒豆苗	qīng Chǎo dòu miáo
Salat	莴苣	wō jù
Gemischter Salat	生菜	shēng cài
Paprika	辣椒	là jiāo
Rührei mit Tomaten	西红柿炒鸡蛋	xī hóng shì ch o ǎ jī dàn
Kartoffel	马铃薯	mǎ líng shǔ
Weißkohl	洋白菜	yang bái cài
Pilze	蘑菇	mó gu
Bambussprossen	竹笋	zhú sǔn
Erdnüsse	花生米	huā shēng mǐ
Apfel	苹果	píng guǒ
Ananas	菠萝	bō luó
Apfelsine	橘子	júzi
Banane	香蕉	xiāng jiāo
Birne	犁	lí
Erdbeere	草莓	cǎo méi
Kirsche	樱桃	yīng táo
Pfirsich	桃子	táozi
Trauben	葡萄	pú táo
Wassermelone	西瓜	xī guā
Zitrone	柠檬	níng méng

Desserts

Ananas mit Karamell	拔丝菠萝	bá sī bō luó
Apfel	苹果	píng guǒ
Speiseeis	冰淇淋	bīng qí lín

Kuchen mit Sesam (süß)	麻饼(甜的)	má bǐng (tián de)
Banane mit Karamell	拔丝香蕉	bá sī xiāng jiāo
Obst	水果	shuǐ guǒ
Wassermelone	西瓜	xī guā

Shopping und Handel

Preis	价钱	jià qián
Darf ich mir das anschauen?	我能看一下吗？	wǒ néng kàn yī xià ma?
Ich würde das gerne anprobieren	我想试穿一下	wǒ xiǎng shì chuān yī xià
Wie viel kostet das?	这个多少钱？	zhē gè duō shǎo qián?
Das ist zu teuer.	太贵了	taì guì le
Ich werde das nehmen.	我买这个	wǒ mǎi zhè gè
Es ist überhaupt nicht billig.	这可一点都不便宜	zhè kě yì diǎn dōu bù pián yi
Wie viele wollen Sie?	你要多少？	nǐ yào duō shǎo?
Die Qualität ist nicht gut.	质量不好	zhì liàng bù hǎo

In der Bank

Ich würde gerne ... Euro von meinem Konto in RMB wechseln.
我想把我帐户中的……欧元换成人民币
Wǒ xiǎng bǎ wǒ zhàng hù zhōng de ... Ouyuán huàn chéng Rénmínbì.

Ich würde gerne ...Euro Bargeld in RMB wechseln.
我想把……欧元换成人民币
Wǒ xiǎng bǎ ...Ouyuán huàn chéng Rénmínbì

Was ist der aktuelle Wechselkurs von Euro n RMB?
欧元换成人民币的汇率现在是多少？
Ouyuán huàn chéng Rénmínbìde huìl shì duōshǎo?

In der Post

Luftpost	航空快件	hángkōng kuàijiàn
Express	特快专递	tè kuài zhuān dì
Paket	包装箱	bāo zhuāng xiāng
Einschreiben	挂号信	guàhào xìn
Briefmarken	邮票	yóu piào

Wichtige Begriffe und Redewendungen unterwegs

Hotel	饭店	fàn diàn
Restaurant	饭店	fàn diàn
Bank	银行	yín háng
Bank of China	中国银行	zhōng guó yín háng

Bahnhof	火车站	huǒ chē zhàn
Flughafen	飞机场	fēi jī chǎng
Park	公园	gōng yuán
Straße	路	lù
Museum	博物馆	bó wù guǎn
Tempel	寺庙	sì miào
Krankenhaus	医院	yī yuàn
Hafen	海港	hǎi gǎng
Taxi	出租车	chū zū chē
Bus	公共汽车	gōng gòng qì chē
Busbahnhof	车站	chē zhàn
Zug	火车	huǒ chē
Hardseat	硬坐	yìng zuǒ
Softseat	软坐	ruǎnzuǒ
Hardsleeper	硬卧	yìngwò
Softsleeper	软卧	ruǎnwò
U-Bahn-Station	地铁站	dìtiě zhàn
Polizei	警察	jǐng chá
Post	邮	yóu
Internetcafé	网吧	wǎng bā
Welcher Bus fährt nach ...?	几路车到 ......去?	jǐ lù chē dào ... qù?
Ich möchte nach ...	我想到 .....去	wǒ xiǎng dào ... qù

Gesundheit

Krankenhaus	医院	yī yuàn
Apotheke	药店	yào diàn
Medizin	药	yào
Chinesische Medizin	中药	zhōng yào
Durchfall	腹泻	fù xiè
Erbrechen	呕吐	ǒu tù
Fieber	发烧	fā shāo
Ich bin krank.	我生病了	wǒ shēng bìng le
Ich habe Grippe.	我感冒了	wǒ gǎn mào le
Ich bin (nicht) allergisch gegen ...	我对.....(不)过敏	wǒ duì ... (bù) guò mǐn
Antibiotika	抗生素	kàng shēng sù
Kondom	避孕套	bì yùn tào

Weiterer Titel für die Region von REISE KNOW-HOW

Foto: Oliver Fülling

China - der Osten
mit Beijing und Shanghai

Oliver Fülling

978-3-8317-2010-1
660 Seiten | **24,90 Euro [D]**

Reisepraktische Informationen von A bis Z
Sorgfältige Beschreibung aller sehenswerten Orte und Landschaften
70 detaillierte Karten | Zahlreiche Fotos und Abbildungen
Sprachhilfe und Glossar | Kartenverweise und Griffmarken
Ortsangaben mit chinesischen Schriftzeichen
Ausführliche Kapitel zu Geschichte, Gesellschaft, Kultur & Natur
Unterkunfts- und Restaurantempfehlungen für jeden Geldbeutel
Hinweise zu allen Transportmöglichkeiten | Tipps für Aktivitäten u.v.m.

www.reise-know-how.de

Begleitender Titel für diesen CityTrip plus von REISE KNOW-HOW

Der Kauderwelsch-Jubiläumsband Chinesisch 3 in 1

Der Kauderwelsch-Band **Chinesisch 3 in 1** umfasst gleich 3 Sprachführer – damit ist man in China und Taiwan für jede Situation gewappnet!

- **Hochchinesisch Wort-für-Wort**
  In China gleich mit dem Sprechen loslegen

- **Chinesisch kulinarisch**
  Für alle, die unterwegs nicht verhungern wollen: 1000 Begriffe rund um die chinesische Küche

- **Taiwanisch Wort-für-Wort**
  In Taiwan gleich mit dem Sprechen loslegen

978-3-89416-585-7
448 Seiten | **12,00 Euro [D]**

www.reise-know-how.de

Register

A
Altstadt, chinesische 149
Anreise 254
Anting 210
Antiquitäten 49, 150
Apotheken 288
Arbeiten in Shanghai 276
Arbeitsvisum 261
Architektur 30
Architektur, moderne 34
Ärzte 287
Asia Building 134
Augenärzte 289
Ausflugsboote 135
Ausgehmeilen 72
Auslandskrankenversicherung 272
Ausreisebestimmungen 258
Ausrüstung 256
Austrocknung (Dehydration) 286
Autofahren 278

B
Ba Bao Ya 54
Babynahrung 286
Bäckereien 46
Bahn 319
Banken 270
Bank of China 125
Bank of Communications 131
Bank of Taiwan Building 130
Banque de l'Indochine 125
Baochu Pagode 242
Baozi 53
Barrierefreiheit 257
Bars 74
Beijing-Küche 57
Bekleidung 46
Benjamin Morriss 166
Bettler 294
Bevölkerungsdichte 93
Bewegung des 4. Mai 102
Bier 59
Big Bus Tours 301
Bildung 112
Botanischer Garten 174
Botschaften 258
Bowling 295
Boxeraufstand 100
Broadway Mansion 124
Brücke zur Freilassung 203
Bund 120
Bund Sightseeing Tunnel 134
Bürgerkrieg 104
Bus 317

C
Carrefour 45
Century Park 186
Century Square 137
Changfeng Park 194
Changle Lu 167
Chill-out-Bars 77
China Art Palace 35
Chinese Bank Building 130
CITS (China International Travel Service) 265
Citybummeln 28
Club Concordia 129
Consular Row 124

D
Deng Xiaoping 106
Deviseneinfuhr 262
Dialekt, Shanghaier 300
Diebstahl 291
Ding 141
Diplomatische Vertretungen 258, 279
Discos 79
Drachenbootfest 26
Drachenbrunnentee 233
Drängeln 310
Drei Teiche, die den Mond spiegeln 238
Dumpling 53
Duolun Lu 193
Duolun Museum of Modern Art 194
Du Yuesheng 158
Dynastien, chinesische 108

Register

E
EC-Karten 270
Einkaufen 40, 135
Einreisebestimmungen 258
Ein- und Ausfuhrbestimmungen 262
Einwohner 93, 111
Elektrizität 280
Elektronikartikel 48
Entspannen 83, 295
Erster KP-Kongress 163
Essen 51

F
Fahrkarten 313
Fahrrad 292
Fangbang Zhonglu Antiquitätenmarkt 150
Fast-Food-Ketten 51
Feiertage 23
Fernsehen 280
Fernsehturm 180
Feste 21, 24
Fitnessstudios 296
Flughäfen 254
Flugverbindungen 254
Formel 1 22
Fotografieren 280
Französische Konzession 156
Fremdenverkehrsämter 264
Früchte 57
Frühlingsfest 24
Fu'an-Brücke 207
Fun Dazzle 87
Fußball 295
Fuxing Park 163

G
Galerien 37
Garten der Augenweide 209
Garten der Herbstwolken 212
Garten der klassischen Eleganz 212
Garten der Politik des einfachen Mannes 215
Garten des mäandernden Flusses 199
Garten des Meisters der Netze 218
Garten des Verweilens 219
Gärten in Suzhou 213
Gastronomie 63
Gedenkpark der Märtyrer 173
Geld 270, 290
Geografie 92
Gerichte, chinesische 53
Geschäftvisum 261
Geschichte 95
Gesundheit 271, 287
Getränke 59
Gewichtseinheiten, chinesische 286
Glenn Line Building 125
Glossar 322
Golden Week 22
Golf 296
Grand Hyatt 184, 304
„Großer Sprung nach vorn" 104
Grüne Bande 158
Gruppentouren 301
Guangqi Park 171
Gubei 175
Guide 301
Guyi Yuan 212

H
Halle der Frühlingszeichen 154
Handy 302
Hangzhou 232
Hangzhou, Einkaufen 249
Hangzhou, Gastronomie 246
Hangzhou, Nachtleben 247
Hangzhou, Unterkunft 248
Haustiere 263
Hengshan Lu 168
Herbstfest 26
Hochchinesisch 299
Hochschulen 112
Homosexualität 294
Hongkong Shanghai Banking Corporation 132
Hongkou 191
Hongqiao 175
Hongqiao Airport 254
Hong Xiuquan 98
Hotels 304

Hot Pot 53, 144
Huaihai Lu (Avenue Joffre) 156
Hualian Commercial Building 137
Huangpu 92
Huangpu Park 121, 124
Huangpu River Tour 135
Hu Qingyu Apotheke 241
Hu Qingyu Tang 241
Huxin Ting Teehaus 151
Huzhu Pagode 201
Hygiene 282

I
Impfungen 271
Informationsquellen 264
International Community Church 169
International Finance Centre (IFC) 190
International Tourist Festival 23
Internetcafés 284
Internet Phonecards (IP-Cards) 303
Internettipps 269

J
Jade Buddha Tempel 147
Japanisch-Chinesischer Krieg 99
Jardine Matheson Building 125
Jiading 211
Jiao Huazi Ji 54
Jiaozi 53
Jing'an Park 147
Jing'an Tempel 146
Jingci-Tempel 243
Jinjiang Hotel 167
Jin Mao Tower 184
Jinze 204
Joggen 297
Juden in Shanghai 103
Jüdisches Viertel 195

K
Kaiserkanal 233
Kalligrafieausstellung 142
Kantonesische Küche 55
Kartbahnen 297

Kartensperrung 291
Kathedrale der heiligen Mutter 200
Kinder 85, 261, 285
Kinderärzte 289
Kinderpalast 148
Kirche Hong De Tang 193
Kleidung 46, 256
Klima 273
Kolonialarchitektur 32
Kommunistische Partei Chinas 102
Konfuzius-Tempel 155, 211
Kontoeröffnung 271
Konzerte 82
Krankenhäuser 287
Kreditkarten 270
Kulturrevolution 105
Kun-Oper 223
Kunst 35
Kunstszene 35

L
„Langer Marsch" 103
Laternenfest 25
Lebensmittel 45
Leifeng Pagode 242
Leitungswasser 272, 283
Lesben 294
Li Long 31
Lingyin Tempel 239
Literaturtipps 267
Lokale 63
Longhua-Pagode 173
Longhua Tempel 173
Löwenwald-Garten 218
Luftverschmutzung 274
Lujiazui Park 184
Lu Xun 192
Lu Xun Museum 36
Lu Xun Park 191
Lyceum Theatre 82

M
Madame Tussaud's Museum 143
Maestro-(EC-)Karte 271

Maglev 187, 256
Majestic Theatre 82
Mandarin 299
Mandschurei-Krise 102
Mantou 54
Mao Zedong 103
Märkte 49
Marshall Villa 168
Maße, chinesische 286
Mausoleum von Soong Qingling 177
Medizinische Versorgung 287
Medizin, traditionelle chinesische 289
Meldepflicht 264
Mentalität 114
Metro 313
Moller Residenz 145
Mondfest 26
M on the Bund 132
Moore Memorial Church 137
Münzsammlung 142
Museen 35
Museum der „Liga linker Schriftsteller" 194
Museum der Oper und des Theaters 223
Museum für Stadtgeschichte 180
Museum für Chinesische Medizin 190
Museum of Contemporary Art (MoCA) 36
Music Festival 22
Musik 48, 80

N
Nachtleben 72
Nanjing Donglu 135
Nanjinger Vertrag 97
Nanjing Xilu 144
Nanpu-Brücke 188
Nan Shi 149
Nanxiang 212
Nationalfeiertag 23
Neujahrsfest, chinesisches 24
Neun-Biegungen-Brücke 151
Nordtempel-Pagode 214
North China Daily News 130
Notfall 290
Notruf 290

O
Öffnungszeiten 292
Ohel Moishe Synagoge 196
Ohel Rachel Synagoge 145
Old Shanghai Street 150
Opiumkrieg 97
Oriental Pearl Tower 180

P
Pacific Hotel 139
Palace Hotel 130
Panmen-Tor 224
Passverlust 291
Pavillon der azurblauen Wellen 222
People's Park 139
Perlen 44
Pfirsichfest 21
Playa Maya Water Park 201
Plaza 66 144
Politik 109
Porto 292
Porzellanmuseum 244
Post 292
Prepaid-SIM-Karte 302
Produktpiraterie 50
Prostitution 295
Provinzen 92
Pudong 178
Puxijin Monument 168

Q
Qiantang-Flutfestival 250
Qian-Wang-Tempel 243
Qibao 177
Qingming-Fest 25
Qingpu 199
Quanfu Tempelkomplex 208

R
Radfahren 292
Rauchen 311
Reiseapotheke 272
Reisezeit 273
Reiswein 59

Renminbi 270
Renmin Gongyuan 139
Renmin Guangchang 138
Restaurants 63
Ricci, Matteo 170
Riverside Promenade 84
Romantiker 83
Rote Bande 158
Rückholdienst 289
Rückreise 254
Ruijin Park 166
Russisch-orthodoxe Missionskirche 167
Russisch-orthodoxe St.-Nikolas-Kirche 164

S

Schmatzen 311
Schwimmen 298
Schwule 294
Sechs-Harmonien-Pagode 239
Seide 44
Shanghai Broadway 125
Shanghai Centre 144
Shanghai Crab 54
Shanghai-Dialekt 116
Shanghaier 114
Shanghai Exhibition Centre 144
Shanghai-Küche 55
Shanghai Museum 141
Shanghai Tower 88
Shanghai World Financial Center 185
Sheshan 200
Shikumen 31
Shoppen 40, 135
Sicherheit 294
Sichuan-Küche 57
Siegelstempel 32
Sitten, chinesische 310
Smog 274
Snacks 57
Songjiang 202
Songjiang Sheshan National Forest Park 201
Soong Qingling 169, 176
Souvenirs 43
Spaziergänge 28, 126, 160, 182

Sport 295
Sprache 117, 299
Sprachhilfe 328
Sprachkurse 300
Stäbchen, Essen mit 56
Stadtbezirke 109
Stadtgott-Tempel 151
Stadtplanungsmuseum 140
Stadttouren, organisierte 301
Stellensuche 276
St.-Ignatius-Kathedrale 172
Stoffmärkte 43
Su-Damm 237
Sun Yat-sen 164
Sun Yat-sen Residenz 164
Supermärkte 45
Suzhou 213
Suzhou Creek 92
Suzhou, Einkaufen 228
Suzhou, Gastronomie 225
Suzhou, Nachtleben 226
Suzhou, Unterkunft 226

T

Tagesablauf 118
Tai-Chi 298
Taiping-Aufstand 98
Taipingqiao Park 163
Taschendiebstahl 294
Tausendjährige Eier 55
Taxi 314
Tea Culture Festival 22
Tee 44, 60
Teemuseum 244
Teich des Betrunkenen Bai 202
Telefonieren 302
Tempel des Geheimnisses 220
Tempelfest im Longhua Tempel 21
Teppanyaki-Restaurants 52
Termine 21
Theater 82
Tickets 82
Tigerhill 220
Tischsitten 61

Register

Toiletten 282
Tomorrow Square 146
Tongli 230
Tourismus 117
Touristenvisum 260
Transrapid 187, 256
Trinken 59

U
U-Bahn 313
Übernachten 304
Uferpromenade 120
Uhrzeit 304
Umgang mit Kindern 285
Umwelt 88
Umweltverschmutzung 113
Union Building 133
Universitäten 112, 277
Unterkunft 304

V
Veranstaltungen 21
Verbrechen, organisiertes 158
Verhaltenstipps 310
Verkehrsmittel 313
Versicherungen 272
Viereckige Pagode 202
Viererbande 105
Visa 258
Vorwahlnummern 303
V Pay 270

W
Währung 270
Wechselkurs 270
Wein 59
Westsee (Xi Hu) 236
Wetter 273
Wettersignalstation 134
Wild Animal Park 87
Wirtschaft 113
Wirtschaftswunder 106

Wochenendtrip 13
Wohnhaus der Familie Shen 207
Wohnhaus der Familie Zhang 207
Wohnsituation 111
Wohnungsbau 112
Wohnverhältnisse 31
Wolkenfels-Pagode 221
Wolkenkratzer 179

X
Xiangyang Park 168
Xiao Long Bao 53
Xi Hu 236
Xintiandi 157
Xujiahui 171
Xujiahui Kathedrale 172
Xujiahui Park 171

Y
Yandang Lu 163
Yangzi 92
Yoga 299
Yuan 270
Yue Fei 240
Yu Garten (Yu Yuan) 153

Z
Zahnärzte 288
Zeitungen,
    englischsprachige 266
Zeitzone 304
Zhabei 191
Zhejiang-
    Provinz-Museum 245
Zhongshan Park 177
Zhou Enlai 165
Zhouzhuang 205
Zhujiajiao 203
Zollamt 131
Zoo Shanghai 175
Zugtickets 319
Zweiter Weltkrieg 103

Shanghai mit PC, Smartphone & Co.

QR-Code auf dem Umschlag scannen oder
http://ctp-shanghai.reise-know-how.de
eingeben und die **kostenlose**
CityTrip-PLUS-App aufrufen!

★ **Anzeige der Lage und Luftbildansichten**
  aller beschriebenen Sehenswürdigkeiten
  und touristisch wichtigen Orte
★ **Routenführung** vom aktuellen Standort
  zum gewünschten Ziel
★ **Exakter Verlauf** der empfohlenen
  Stadtspaziergänge
★ **Audiotrainer** der wichtigsten Wörter
  und Redewendungen
★ **Aktuelle Infos** nach Redaktionsschluss

ctp-shanghai.reise-know-how.de

Unsere App-Empfehlungen zu Shanghai

› **Shanghai Taxi Guide:** App mit Telefonliste der Tax unternehmen, Routen-, Preis- und berechnung sowie Übersetzungsfunktion der chinesischen Adressen (kostenlos für iOS).
› **Explore Shanghai Metro Map:** Metro-Karte der Stadt mit allen Linien und Stationen, Routenplaner, GPS-Funktion und nützlichen Tipps (kostenlos für Android, 1,79 € für iOS).
› **Shanghai Stops:** Schafft einen Einblick in den Dschungel der ansonsten undurchschaubaren Shanghaier Buslinien (0,89 € für iOS).
› **Shanghai Mahjong:** Sollte doch einmal Langeweile auftreten, bietet diese App eine willkommene Abwechslung (kostenlos für iOS und Android).

Über den Autor

Joerg Dreckmann, Jahrgang 1966, studierte Maschinenbau in Osnabrück und ist mittlerweile seit fast zwanzig Jahren in der Luftfahrt- und Automobilindustrie tätig. Nach mehreren Reisen durch Nordamerika, Europa und den Norden Afrikas zog es ihn 1993 zum ersten Mal als Rucksackreisender nach Asien. Seitdem lässt ihn der Kontinent nicht mehr los. 2005 verschlug es ihn beruflich nach Shanghai, um im nahegelegenen Anting für SVW (Shanghai Volkswagen) in der Produktentwicklung tätig zu sein. In dieser Zeit ergaben sich intensive Kontakte zu in der Stadt lebenden Kollegen und Einheimischen und so lernte er diese faszinierende Metropole am Ostchinesischen Meer kennen und lieben. Immer wieder kommt er seitdem für mehrere Wochen im Jahr aus privaten oder beruflichen Gründen in die Megacity. Ständige Erkundungen der touristischen Zentren wie auch der abgelegenen Stadtviertel machen ihn zu einem ausgezeichneten Kenner von Stadt und Umgebung.

Bildnachweis

Soweit nicht direkt am Bild angegeben, stehen die Kürzel an den Abbildungen für folgende Fotografen und Einrichtungen.

fo	Fotolia.de
jd und	
S. 359	Joerg Dreckmann (der Autor)
jk	Jürgen Kleemann
jr	Joscha Remus
mm	Miguel A. Monjas
tb	Tim Beaven
Cover	dreamstime.com © Kstepien

Schreiben Sie uns

Dieser CityGuide-Band ist gespickt mit Adressen, Preisen, Tipps und Infos. Nur vor Ort kann überprüft werden, was noch stimmt, was sich verändert hat, ob Preise gestiegen oder gefallen sind, ob ein Hotel, ein Restaurant immer noch empfehlenswert ist oder nicht mehr usw. Unsere Autoren sind zwar stetig unterwegs und erstellen alle zwei Jahre eine komplette Aktualisierung, aber auf die Mithilfe von Reisenden können sie nicht verzichten.

Darum: Schreiben Sie uns, was sich geändert hat, was besser sein könnte, was gestrichen bzw. ergänzt werden soll. Wenn sich die Infos direkt auf das Buch beziehen, würde die Seitenangabe uns die Arbeit sehr erleichtern. Gut verwertbare Informationen belohnt der Verlag mit einem Sprechführer Ihrer Wahl aus der über 220 Bände umfassenden Reihe „Kauderwelsch".

Bitte schreiben Sie an:
REISE KNOW-HOW Verlag Peter Rump GmbH, Postfach 140666, D-33626 Bielefeld, oder per E-Mail an: info@reise-know-how.de

Danke!

Aktuelle Informationen nach Redaktionsschluss

Unter **www.reise-know-how.de** werden aktuelle Ergänzungen und Änderungen der Autoren und Leser zum vorliegenden Buch bereitgestellt. Sie sind auch in der **Gratis-App** zum Buch abrufbar.

Cityatlas

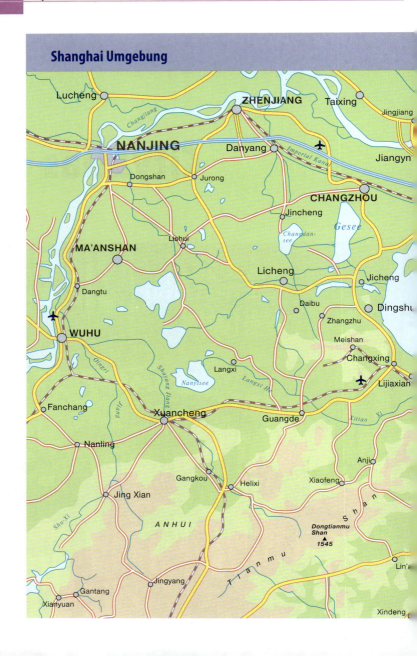

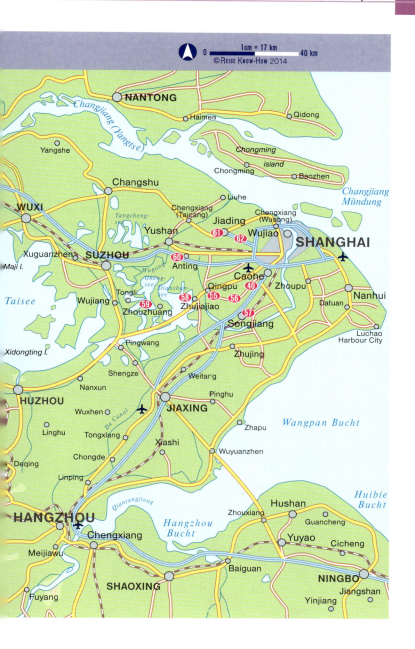

352 Cityatlas

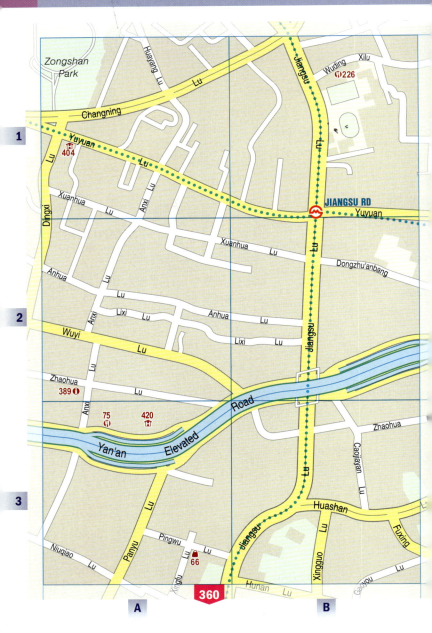

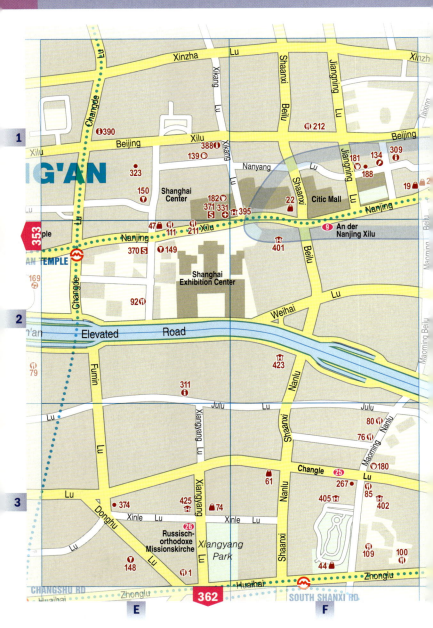

© Reise Know-How 2014 Cityatlas 355
☐ Liste der Karteneinträge Seite 367

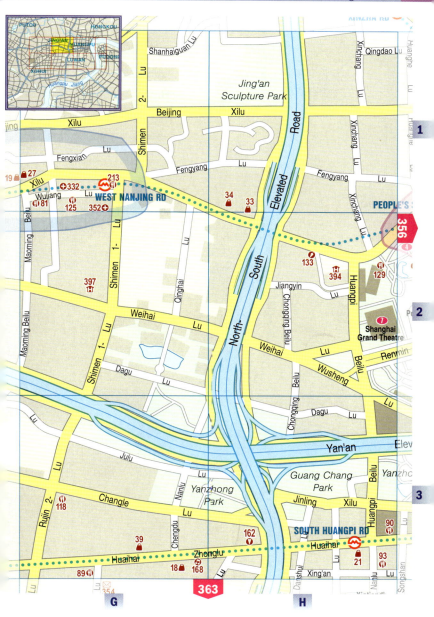

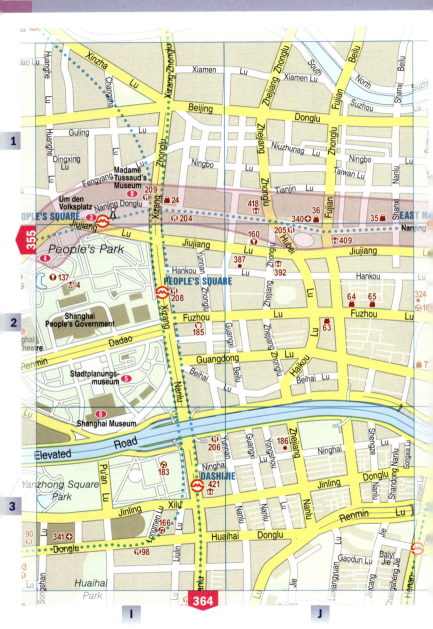

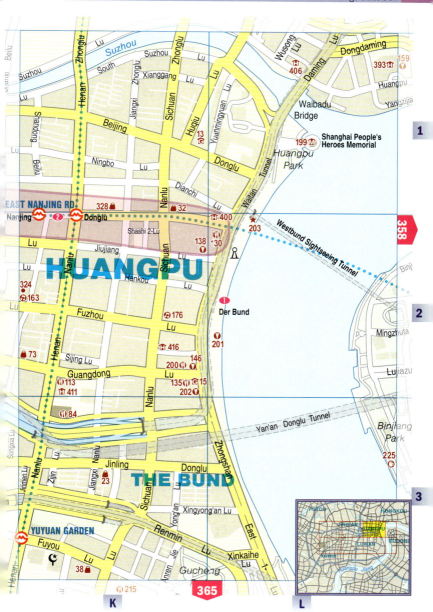

Cityatlas 358

1 cm = 125 m

© REISE KNOW-HOW 2014

Huangpu Jiang

- Dongdaming Lu
- Qingpu Lu
- Yangzijiang Lu
- Xinjian Lu Tunnel
- Shanghai Natural Wild Insect Kingdom
- Binjiang Dadao
- Mingzhu Park
- Oriental Pearl Tower (41)
- Shanghai Ocean Aquarium
- Binjiang Park
- Fenghe Lu
- Dongyuan Lu
- Balbu Jie
- Pudong Nanlu
- Lujiazui Ring
- Lujiazui Xilu
- Yincheng Zhonglu
- LUJIAZUI
- Bank of China Tower
- Shanghai Sen Mao International Building
- Mingshang Lu
- 396, 147, 117
- 191
- International Finance Centre (IFC) (49)
- Lujiazui Central Green Space
- 77, 88, 110, 115, 391
- 155, 158
- Lujiazui Donglu
- LUJIAZUI
- Jinzhou Lu
- Citygroup Tower
- Huayuanshiqiao Lu
- Jin Mao Tower (42)
- Zhonglu
- Century Dadao
- Lujiazui Central Green Space
- MEIYUAN XINCUN
- Shanghai World Financial Center (43)
- Fortsetzung des Spaziergangs
- Lujiazui Ring Lu
- 366

360 Cityatlas

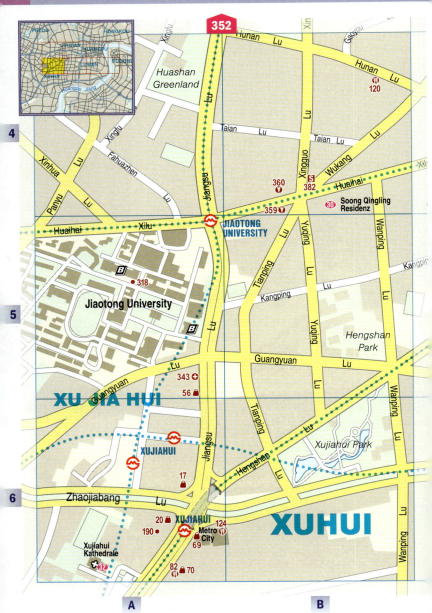

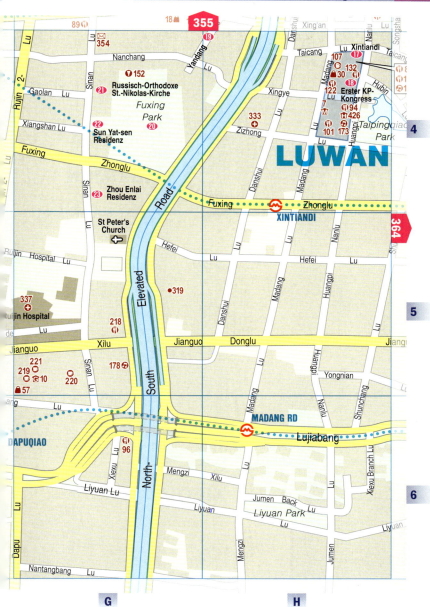

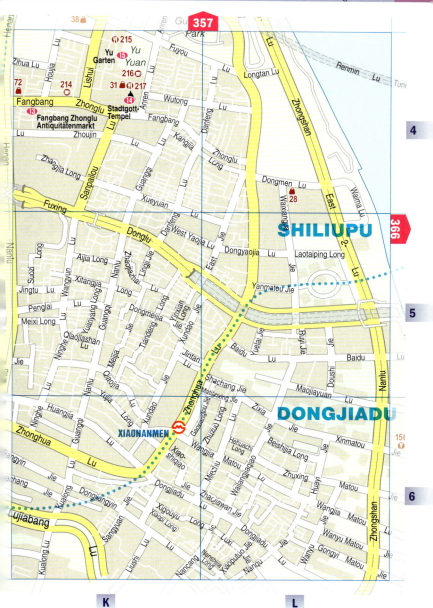

Liste der Karteneinträge

① [L2] Der Bund S. 120
② [K2] Nanjing Donglu S. 135
③ [I1] Um den Volksplatz S. 139
④ [I2] People's Park (Renmin Gongyuan) S. 139
⑤ [I2] Stadtplanungsmuseum S. 140
⑥ [I3] Shanghai Museum S. 141
⑦ [H2] Shanghai Grand Theatre S. 142
⑧ [I1] Madame Tussaud's Museum S. 143
⑨ [F2] An der Nanjing Xilu S. 144
⑩ [D2] Jing'an Tempel S. 146
⑪ [cg] Jade Buddha Tempel S. 147
⑫ [D2] Kinderpalast S. 148
⑬ [K4] Fangbang Zhonglu Antiquitätenmarkt S. 150
⑭ [K4] Stadtgott-Tempel S. 151
⑮ [K4] Yu Garten S. 153
⑯ [J5] Konfuzius-Tempel S. 155
⑰ [H4] Xintiandi S. 157
⑱ [H4] Erster KP-Kongress S. 163
⑲ [H4] Yandang Lu S. 163
⑳ [G4] Fuxing Park S. 163
㉑ [G4] Russisch-Orthodoxe St.-Nikolas-Kirche S. 164
㉒ [G4] Sun Yat-sen Residenz S. 164
㉓ [G4] Zhou Enlai Residenz S. 165
㉔ [F4] Ruijin Park S. 166
㉕ [F3] Changle Lu und Umgebung S. 167
㉖ [E3] Russisch-orthodoxe Missionskirche S. 167
㉗ [E4] Shanghai Museum of Arts and Crafts S. 168
㉘ [D5] Taiyuan Guesthouse – Marshall Villa S. 168
㉙ [C5] Hengshan Lu S. 168
㉚ [B4] Soong Qingling Residenz S. 169
㉛ [F6] Tianzifang S. 169
㉜ [A6] Xujiahui Kathedrale S. 172
㉝ [bj] Longhua Tempel und Pagode S. 173
㉞ [bj] Gedenkpark der Märtyrer S. 173
㉟ [ak] Botanischer Garten S. 174
㊱ [bj] Shanghai Stadium S. 174
㊳ [bh] Zhongshan Park S. 177
㊴ [ai] Soong Qingling Mausoleum und Park S. 177
㊶ [M2] Oriental Pearl Tower S. 180
㊷ [N3] Jin Mao Tower S. 184
㊸ [N3] Shanghai World Financial Center S. 185
㊹ [M2] Shanghai Ocean Aquarium S. 186
㊺ [fj] Century Park S. 186
㊻ [fi] Shanghai Science & Technology Museum S. 187
㊼ [M2] Shanghai Natural Wild Insect Kingdom S. 190
㊾ [M3] International Finance Centre (IFC) S. 190
(51) [eg] Duolun Lu S. 193
(52) [eg] Duolun Museum of Modern Art S. 194
(53) [ag] Changfeng Park S. 194
(54) [fh] Ohel Moishe Synagoge S. 196
1 [E3] Element Fresh S. 19
2 [dj] China Art Palace S. 36
4 [I2] Museum of Contemporary Art S. 36
5 [dj] Power Station of Art S. 36
7 [H4] Shikumen Open House S. 37
8 [C4] Art Scene China S. 38
9 [cg] Art Scene Warehouse S. 38
10 [G5] Deke Erh Art Center S. 38
12 [ai] Red Town S. 38
13 [K1] Rockbund Art Museum S. 38
14 [cg] ShanghART S. 38
15 [K2] Shanghai Gallery of Art S. 39
16 [cg] Vanguard Gallery S. 39
17 [A6] Grand Gateway Plaza S. 41
18 [G3] Isetan (1) S. 41
19 [F1] Isetan (2) S. 41
20 [A6] Oriental Department Store S. 41
21 [H3] Pacific Department Store S. 42
22 [F1] Plaza 66 S. 42

Cityatlas
Liste der Karteneinträge

- 🛍23 [K3] Shanghai Friendship Store S. 42
- 🛍24 [I1] Shanghai No. 1 Department Store S. 42
- 🛍25 [M2] Super Brand Mall S. 42
- 🛍26 [fi] Times Square S. 42
- 🛍27 [G1] Westgate Mall S. 42
- 🛍28 [L4] Shanghai Shiliupu Honqixiang Fabric Market S. 43
- 🛍29 [ei] Shanghai South Bund Fabric Market S. 43
- 🛍30 [H4] Simply Life S. 43
- 🛍31 [K4] Yu Yuan Market S. 43
- 🛍32 [K1] Silk King S. 44
- 🛍33 [H1] Amylin's Pearls & Jewelry S. 44
- 🛍34 [H1] Amylin's Downtown Store S. 44
- 🛍35 [J1] Lao Feng Xiang S. 44
- 🛍36 [J1] Pearl City S. 44
- 🛍38 [K3] Pearl Village S. 44
- 🛍39 [G3] Huangshan Tea Company S. 44
- 🛍40 [ah] Tian Shan Tea City S. 44
- 🛍41 [bg] Carrefour (1) S. 45
- 🛍44 [F3] Parkson S. 45
- 🛍46 [M2] Lotus (2) S. 46
- 🛍47 [E2] City Shop S. 46
- 🛍48 [F6] City Shop (2) S. 46
- 🛍53 [D1] Croissants de France Café & Bistro (1) S. 46
- 🛍54 [aj] Croissants de France Café & Bistro (2) S. 46
- 🛍55 [M2] Croissants de France Café & Bistro (3) S. 46
- 🛍56 [A5] Croissants de France Café & Bistro (4) S. 46
- 🛍57 [G5] Feel Shanghai S. 47
- 🛍58 [fj] Shanghai A. P. Xinyang Fashion & Gifts Market S. 47
- 🛍59 [M2] H&M S. 47
- 🛍60 [eh] Xin Qipu Costume Market S. 47
- 🛍61 [F3] Garden Books S. 48
- 🛍62 [F5] Old China Hand Reading Room S. 48
- 🛍63 [J2] Shanghai Book Mall S. 48
- 🛍64 [J2] Shanghai Chinese Classics Bookstore S. 48
- 🛍65 [J2] Shanghai Foreign Language Bookstore S. 48
- 🛍66 [A3] Uptown Record Store S. 48
- 🛍67 [E5] Hollywood CD DVD Store S. 48
- 🛍69 [A6] Metro City S. 48
- 🛍70 [A6] Pacific Digital Plaza S. 49
- 🛍71 [I4] Dongtai Lu Antique Market S. 49
- 🛍72 [K4] Fuyou Lu Market S. 49
- 🛍73 [K2] Shanghai Antique and Curio Store S. 49
- 🛍74 [E3] CD-Shop S. 49
- 🍴75 [A3] 1221 The Dining Room S. 63
- 🍴76 [F3] Chun Canting S. 63
- 🍴77 [N3] Club Jin Mao S. 63
- 🍴78 [E6] Jade Garden (1) S. 63
- 🍴79 [D2] Jade Garden (2) S. 63
- 🍴80 [F3] Jade Garden (3) S. 63
- 🍴81 [G1] Mei Long Zhen S. 64
- 🍴82 [A6] Old Station Restaurant S. 64
- 🍴83 [D4] Peace Mansion S. 64
- 🍴84 [K3] Shanghai Uncle S. 64
- 🍴85 [F3] The Chinoise Story S. 64
- 🍴86 [C4] The Yongfoo Elite S. 64
- 🍴87 [H4] Ye Shanghai S. 64
- 🍴88 [N3] Canton S. 64
- 🍴89 [G3] Cha Canting S. 64
- 🍴90 [H3] Fu Lin Xuan S. 65
- 🍴91 [D1] Grandma's Kitchen S. 65
- 🍴92 [E2] Summer Palace S. 65
- 🍴93 [H3] Zen (1) S. 65
- 🍴94 [H4] Zen (2) S. 65
- 🍴95 [bh] Ba Guo Bu Yi S. 65
- 🍴96 [G6] Chuan Guo Yan Yi S. 65
- 🍴97 [M2] South Beauty (1) S. 65
- 🍴98 [I3] South Beauty (2) S. 65
- 🍴99 [D4] South Beauty (3) S. 65
- 🍴100 [F3] Quan Ju De S. 66
- 🍴101 [H4] Din Tai Fung S. 66
- 🍴102 [ch] Legend Taste S. 66
- 🍴103 [D5] People 6 S. 66
- 🍴104 [D5] San Qian Yuan S. 66

Liste der Karteneinträge

- ❏106 [D4] Paulaner Brauhaus (1) S. 66
- ❏107 [H4] Paulaner Brauhaus (2) S. 66
- ❏109 [F3] Tandoor S. 67
- ❏110 [N3] Cucina S. 67
- ❏111 [E2] Palladio S. 67
- ❏112 [C5] Pasta Fresca Da Salvatore S. 67
- ❏113 [K2] Prego S. 67
- ❏114 [H4] Va Bene S. 68
- ❏115 [N3] Kabachi S. 68
- ❏116 [E4] El Patio S. 68
- ❏117 [M3] Nadaman S. 69
- ❏118 [G3] Tairyo (1) S. 69
- ❏120 [B4] Lapis Thai S. 69
- ❏121 [D4] Simply Thai (1) S. 69
- ❏122 [H4] Simply Thai (2) S. 69
- ❏124 [A6] Mekong River S. 69
- ❏125 [G1] Pho Sizzling S. 69
- ❏126 [C5] 1001 Nights S. 70
- ❏127 [F4] Café Sambal Shanghai S. 70
- ❏128 [F4] Las Tapas S. 70
- ❏129 [H2] Kathleen's 5 S. 70
- ❏130 [L2] Mr & Mrs Bund S. 70
- ❏131 [D4] Sasha's S. 70
- ❏132 [H4] T8 S. 70
- ❏133 [H2] Gong de Lin S. 71
- ❏134 [F1] Zao Zi Shu S. 71
- ❏135 [K2] Three on the Bund S. 71
- ❏136 [C5] 88 Bar S. 74
- ❏137 [I2] Barbarossa Lounge S. 74
- ❏138 [K2] Bar Rouge S. 74
- ❏139 [E1] Big Bamboo Sports Bar S. 74
- ❏141 [D4] Blarney Stone Irish Pub S. 74
- ❏142 [bi] Blue Frog S. 75
- ❏143 [C4] Boxing Cat Brewery S. 75
- ❏144 [C5] Cotton's S. 75
- ❏146 [K2] Glamour Bar S. 76
- ❏147 [M3] Jade on 36 Bar S. 76
- ❏148 [E3] Jenny's Blue Bar S. 76
- ❏149 [E2] Judy's S. 76
- ❏150 [E1] Malone's American Café S. 76
- ❏151 [C5] Mural Bar S. 76
- ❏152 [G4] Muse at Park 97 S. 77
- ❏153 [F5] On-On Kangaroo Bar S. 77
- ❏154 [D4] Oscar's Pub S. 77
- ❏155 [M3] Piano Bar S. 77
- ❏156 [M6] The Cool Docks S. 77
- ❏157 [D4] Zapata's S. 77
- ❏158 [N3] Cloud 9 S. 77
- ❏159 [M1] Vue Bar S. 77
- ❏160 [J2] Big Echo S. 79
- ❏161 [D2] Cash Box KTV S. 79
- ❏162 [H3] Haoledi KTV S. 79
- ❏163 [K2] M1NT S. 79
- ❏164 [cg] Muse S. 79
- ❏165 [C5] PHEBE 3D CLUB S. 79
- ❏166 [I3] Rich Baby S. 80
- ❏167 [C3] The Shelter S. 80
- ❏168 [G3] Windows Scoreboard S. 80
- ❏169 [D2] Windows Too S. 80
- ❏170 [D4] Arkham S. 80
- ❏171 [F5] Bar 288 The Melting Pot S. 80
- ❏172 [H4] Brown Sugar S. 80
- ❏173 [H4] CJW Cigar Jazz Wine S. 81
- ❏174 [D4] Cotton Club S. 81
- ❏175 [bi] Harley's Bar S. 81
- ❏176 [K2] House of Blues & Jazz S. 81
- ❏177 [C4] JZ Club S. 81
- ❏178 [G5] Mao Livehouse S. 81
- ❏179 [ah] Yuyintang S. 82
- ❏180 [F3] Lyceum Theatre S. 82
- ❏181 [F1] Majestic Theatre S. 82
- ❏182 [E1] Shanghai Centre Theatre S. 82
- ❏183 [I3] Shanghai Concert Hall S. 82
- ❏184 [bj] Shanghai Grand Stage S. 82
- ❏185 [I2] Yifu China Opera Theatre S. 82
- ●186 [J3] China Tickets S. 82
- ●188 [F1] Shanghai Cultural Information & Booking Center S. 82
- ●189 [ch] Tickets365 S. 82
- ●190 [A6] Tixone S. 82
- ❏191 [M3] Flair by The Ritz-Carlton S. 83
- ●192 [ag] Changfeng Ocean World S. 86
- ●194 [ag] Disc Kart Indoor Karting S. 86
- ●195 [bh] Fun Dazzle S. 87
- ❏199 [L1] Bund History Museum S. 124
- ❏200 [K2] M on the Bund S. 132

Liste der Karteneinträge

- ❶201 [L2] Atanu Bar S. 134
- ❶202 [K2] Long Bar S. 134
- ★203 [L2] Bund Sightseeing Tunnel S. 134
- ⓘ204 [I1] Allure French Restaurant S. 137
- ⓘ205 [J2] Sumo Sushi S. 137
- ⓘ206 [I3] Deda Cafe and Restaurant S. 143
- ⓘ207 [I4] Element Fresh S. 143
- ⓘ208 [I2] Gourmet Noodle House S. 143
- ⓘ209 [I1] 789 Xin Gai Nian S. 144
- ⓘ210 [D2] Bali Laguna S. 148
- ⓘ211 [E2] Element Fresh S. 148
- ⓘ212 [F1] Wagas S. 148
- ⓘ213 [G1] Wang Jia Sha S. 148
- ❍214 [K4] Old Shanghai Tea House S. 150
- ❍216 [K4] Huxin Ting Teehaus S. 156
- ⓘ217 [K4] Lu Bo Lang Restaurant S. 156
- ⓘ218 [G5] Kakadu S. 159
- ❍219 [G5] Bell Bar S. 170
- ❍220 [G5] Kommune Café S. 170
- ❍221 [G5] Tianzifang S. 170
- ⓘ224 [ah] The Door S. 178
- ❍225 [L3] Paulaner Brauhaus (3) S. 191
- ⓘ226 [B1] Le Bouchon S. 196
- ❍227 [eg] Old Film Café S. 196
- ⓘ228 [fh] Revolving 28 S. 196
- ●267 [F3] Jin Jiang Optional Tours Center S. 230
- ❶275 [C2] Eudora Station S. 247
- ❶309 [F1] Shanghai Cultural Information and Booking Centre S. 266
- ❶310 [dg] Shanghai Information Center for International Visitors (SICIV) S. 266
- ❶311 [E2] DAAD-Informationszentrum Shanghai S. 277
- ❶312 [fi] Deutsche Handelskammer, Delegiertenbüro der Deutschen Wirtschaft S. 277
- ●315 [ag] East China Normal University Shanghai, S. 277
- ●318 [A5] Shanghai Jiao Tong University S. 278
- ●319 [G5] Shanghai Second Medical University S. 278
- ●322 [C4] Gerneralkonsulat der Bundesrepublik Deutschland S. 279
- ●323 [E1] Büro für Konsular- und Visaangelegenheiten S. 279
- ●324 [K2] Abteilung Kultur und Bildung S. 279
- ●325 [D4] Österreichisches Generalkonsulat im Qi Hua Tower S. 279
- ●326 [ah] Schweizer Generalkonsulat S. 280
- ●327 [ch] Meshing Consultancy Services S. 280
- ▲328 [K1] Guan Long Camera Shop S. 281
- @329 [C4] Shanghai Library, Internet Café S. 284
- ✚331 [E1] Shanghai Centre Medical and Dental Centers S. 287
- ✚332 [G1] Shanghai Gleneagles International Medical, Dental and Surgical Centers S. 287
- ✚333 [H4] Specialty and Inpatient Center S. 287
- ✚336 [C3] Huashan Worldwide Medical Center S. 287
- ✚337 [G5] Ruijin Hospital S. 287
- ✚340 [J1] Shanghai No.1 Pharmacy S. 288
- ✚341 [I3] Arrail Dental S. 288
- ✚342 [D4] DDS Dental Care S. 288
- ✚343 [A5] Dr. Harriet Jin S. 288
- ✚347 [fj] Shanghai Children's Medical Centre S. 289
- ✚348 [I5] New Vision Eye Clinic: International Patient Services S. 289
- ✚349 [ai] Shanghai Aier Eye Hospital S. 289
- ✚350 [I5] Body & Soul, The TCM Clinic S. 289
- ✚351 [dg] Shanghai Chinese Medical Hospital S. 289
- ✚352 [G1] Shanghai Yue-yang Integrated Medicine Hospital S. 289
- ✉353 [D4] China Post S. 290
- ✉354 [G4] China Post S. 290
- ✉356 [eh] Shanghai Post Bureau S. 292
- ✉357 [bj] Shanghai Stadium Post Office S. 292

Cityatlas
Liste der Karteneinträge

- ✉ **358** [D4] Huaihai Zhonglu Post Office S. 292
- 🅾 **359** [B4] Eddy's Bar S. 294
- 🅾 **360** [B4] Shanghai Studio S. 294
- 🆂 **362** [C6] Pine City Hotel S. 295
- 🆂 **363** [bg] Bohdi Adventures S. 295
- 🆂 **370** [E2] Kerry Centre Gym S. 296
- 🆂 **371** [E1] Portman Ritz-Carlton Fitness Centre S. 297
- 🆂 **372** [ag] DISC KART Indoor Karting S. 297
- ● **374** [E3] Dragonfly S. 297
- ● **375** [I4] Green Massage S. 297
- ● **376** [D2] The Spa of the Hilton S. 297
- 🆂 **379** [ej] Pudong Swimming Pool S. 298
- 🆂 **380** [bj] Shanghai Swimming Pool S. 298
- 🆂 **381** [C5] Regal Int'l East Asia Hotel S. 298
- 🆂 **382** [B4] Wu Yi Guan S. 298
- 🆂 **383** [I5] Karma Life Yoga Center S. 299
- 🆂 **384** [ch] Kundalini Yoga Asia S. 299
- 🆂 **385** [C1] Yoga Shala Shanghai S. 299
- ● **386** [bh] Mandarin Garden S. 300
- ● **387** [J2] Mandarin House S. 300
- ℹ **388** [E1] Jin Jiang City Tours Center S. 301
- ℹ **389** [A2] China Spring Tour S. 302
- ℹ **390** [E1] Gray Line Shanghai S. 302
- 🏨 **391** [N3] Grand Hyatt Shanghai S. 304
- 🏨 **392** [J2] Howard Johnson Plaza Shanghai S. 305
- 🏨 **393** [L1] Hyatt on the Bund S. 305
- 🏨 **394** [H2] JW Marriott Tomorrow Square S. 305
- 🏨 **395** [F1] Portman Ritz Carlton S. 305
- 🏨 **396** [M3] Pudong Shangri-La S. 305
- 🏨 **397** [G2] Shanghai Four Seasons Hotel S. 306
- 🏨 **398** [D3] Shanghai Hilton S. 306
- 🏨 **399** [D2] Equatorial Hotel S. 306
- 🏨 **400** [L2] Fairmont Peace Hotel S. 306
- 🏨 **401** [F2] JC Mandarin Shanghai S. 306
- 🏨 **402** [F3] Jinjiang Fandian S. 306
- 🏨 **404** [A1] New World Shanghai Hotel S. 307
- 🏨 **405** [F3] Okura Garden Hotel S. 307
- 🏨 **406** [L1] Pujiang Hotel S. 307
- 🏨 **407** [ah] Renaissance Yangtze Shanghai S. 307
- 🏨 **408** [ah] Sheraton Grand Taipingyang S. 307
- 🏨 **409** [J2] Sofitel Hyland Shanghai S. 308
- 🏨 **410** [fi] The St. Regis Shanghai S. 308
- 🏨 **411** [K2] The Westin Shanghai S. 308
- 🏨 **413** [ah] Gubei Garden Hotel S. 308
- 🏨 **414** [bi] Shanghai Sports Hotel S. 308
- 🏨 **416** [K2] Captain Hostel S. 308
- 🏨 **417** [fh] Greentree Inn Shanghai North Bund Hotel S. 308
- 🏨 **418** [J1] East Asia Hotel S. 309
- 🏨 **419** [fh] Lintong Hotel S. 309
- 🏨 **420** [A3] Motel 168 S. 309
- 🏨 **421** [I3] Marvel Hotel Shanghai S. 309
- 🏨 **422** [C5] Anting Villa S. 309
- 🏨 **423** [F2] Hengshan-Moller-Villa S. 309
- 🏨 **424** [D3] Kevin's Old House S. 309
- 🏨 **425** [E3] Mansion Hotel S. 309
- 🏨 **426** [H4] 88 Xintiandi S. 309
- 🏨 **427** [ei] Zhong Fu Youth Garden Service Apartment S. 310
- ● **428** [bj] Shanghai Sightseeing Bus Center S. 318
- ● **429** [dg] Shanghai Railway Station S. 320
- ● **430** [ak] Shanghai South Railway Station S. 320

Hier nicht aufgeführte Nummern liegen außerhalb der abgebildeten Karten. Ihre Lage kann aber wie bei allen Ortsmarken im Buch mithilfe unserer Kartenansichten unter Google Maps™ gefunden werden (s. S. 347).

Metroplan Shanghai